L(I)eben auf dem Weg

Zu Fuß auf dem Jakobsweg
vom Niederrhein bis ans »Ende der Welt«

Kaarst

Köln

Trier

Metz

Dijon

Cluny

Le Puy

Moissac

San Sebastián

Santander

Oviedo

Lugo

Santiago de Compostela

Kurt-Peter Gertz

L(I)eben auf dem Weg

Ein Pilgertagebuch

Verlag U. Nink

Für Meinhard mit herzlichem Dank

Herausgeber | Sankt Jakobusbruderschaft Düsseldorf e.V.
Lektorat | Heinrich Wipper, M.A.
Grafische Gestaltung | Hubert Röser, Essen
Druck und Verarbeitung | Druckerei Limberg, Kaarst

ISBN 3-934159-11-7

Printed in Germany

Nein – leibhaftig ist mir (auch im Traum nicht!) der heilige Jacobus bisher noch nicht erschienen: wie es so wunderbar auf dem Aachener Karlsschrein in Goldblech getrieben ist. Aber das, was er dort dem Kaiser sagt, das spüre ich auch schon seit Jahren: »Surge!« Mach dich auf! Erhebe dich! Und geh diesen Weg! Vielleicht wird es ja ein Weg ins Innere deiner selbst!

Vor Jahren war es nur eine Idee, vielleicht auch ein wenig Abenteuerlust, vielleicht etwas Besonderes zu machen, vielleicht eigene Grenzen auszutesten – das alles ist es jetzt auch noch; aber dazu kommt: ins Innere zu gehen; ein Stück »révision de vie« zu versuchen. Wo stehe ich mit 61 Jahren? Mit (fast) 29 Jahren als Priester? Will ich, kann ich diesen Weg weitergehen? Ich hoffe, der camino hilft mir, Klarheit zu finden! Was wird wohl auf den letzten Seiten der Tagebücher stehen?

Die Spannung und die Freude nehmen zu; aber auch das Grummeln im Bauch: Werde ich es schaffen? Werden meine Füße und Gelenke mitmachen? Kann ich den inneren Schweinehund überwinden?

Gedanken, die mir schon vor einem Monat im Tunesien-Urlaub kamen:

Vor Beginn

Zaghafte Flügelschläge über einem unplanbaren Abgrund
Zitternde Gedanken in eine ungewisse Zukunft
Zweifelnde Bittgebete an den Apostel und seinen Herrn
Die himmlische Antwort meiner Großmutter: »So Gott will!«

Ich sitze vor »meinem« Jacobus (Ist es überhaupt ein Jacobus? Oder doch eher ein Rochus?) im Arbeitszimmer und blicke ihn an und höre ihm zu – auch wenn er mich nicht anschaut, auch wenn er nicht mit mir spricht. Er blickt in mein Inneres und spricht zu meinem Herzen: Geh! Lass dich darauf ein! Habe Mut! Geh mit diesem äußeren Weg in dein Inneres! Ich begleite dich bis zum »Pórtico de la Gloria«! Dort wirst du mein Angesicht wiederfinden.

Kaarster Jacobus

Mit geschlossenen Augen sieht er in die undurchsichtige Zukunft
Mit hoheitsvoller Nachdenklichkeit verbindet er sich mit sich am Portal des Zieles
Mit seinen zehn Muscheln zeigt er den Weg der befreienden Gebote

Mein Plan umfasst 120 Tage – diese Zahl kommt an einigen Stellen in der Bibel vor:

Gen 6,3: »Da sprach der Herr: Mein Geist soll nicht für immer im Menschen bleiben, weil er auch Fleisch ist; daher soll seine Lebenszeit hundertzwanzig Jahre betragen.« – Schön wär's!

Deut 34,7: »Mose war hundertzwanzig Jahre alt, als er starb.« – Er hat's geschafft!

Apg 1,15: »In diesen Tagen erhob sich Petrus im Kreis seiner Brüder – etwa hundertzwanzig waren zusammengekommen – und sagte: ...« – Wachstum der Kirche: Es sind schon zehnmal so viele wie die Anfangsapostel!

120 Tage

Das Dreifache der Tage, die Elija brauchte, um den Gottesberg zu erreichen, werde ich »unterwegs« zum Berg der Freude sein

Das Dreifache der Tage, die Jesus in der Wüste versucht wurde, werde ich gegen meinen inneren Schweinehund ankämpfen müssen

Das Dreifache der Tage, in denen die Apostel dem Auferstandenen begegneten, werde ich bis zu meiner Heimfahrt brauchen

Einen Schritt in mein Inneres habe ich heute getan: Nach langer Zeit habe ich heute gebeichtet! – Leichteren Gewissens kann ich mich auf den schweren Weg machen. Damit habe ich auch den Rat des alten Pilgerliedes »Wer daz elend bauen will« an jeden Pilger erfüllt:

»... er lug, daz er gebeichtet sei,
gebeichtet und gebüßet,
kumpt er in die welschen lant,
er findt kein teutschen priester.«

6 Tage vor dem Aufbruch — 16/6/04

Wie eine hohe Mauer, wie ein riesiger Berg, wie ein unwirklicher Traum – so steht das Unternehmen »Wallfahrt« vor meinem inneren Auge. Ich kann es kaum glauben und noch weniger realisieren, dass ich nächste Woche »unterwegs« bin – für vier Monate! Ein gewaltiger innerer und äußerer Erwartungsdruck liegt auf mir. Im Inneren frage ich mich: Werde ich es schaffen? Werden meine Füße und Knie durchhalten? Werde ich meinen inneren Schweinehund überwinden können? Werde ich genügend Motivation haben, um weiterzugehen –

auch in schwierigen Situationen, auch bei Regen, auch mit Blasen, auch bei Schmerzen?

Und dann die Erwartungen der »anderen«: Die vielen Fragen und Anfragen: Wie viele Kilometer jeden Tag? Wie viele Kilometer insgesamt? Wie lange? Wie viel Gepäck? Wie haben Sie sich vorbereitet? ...

Und die vielen Wünsche und Bitten und Ratschläge: Nehmen Sie uns mit in Ihr Gepäck! (Das sagte Schwester Hildegard für Kinder aus dem Düsseldorfer Raffaelheim ebenso wie etliche aus dem Kaarster Seniorenclub). Denken Sie an uns! (Deshalb bekam ich vom Seniorenclub eine Bronzemuschel mit Inschrift). Beten Sie für uns!

Und die vielen »öffentlichen« Erwartungen: Vom Artikel in der »Rheinischen Post« in Ratingen bis hin zum »sponsored pilgriming« (eine Aktion zugunsten des Kaarster Orgelbauvereins), von der Stellwand in der Kirche mit meinem Weg bis zu einer geplanten Telefonaktion zum Pfarrfest am 4. Juli, von der Anfrage eines Pressetermins morgen hier in Kaarst bis zur Anfrage eines Pressetermins auf meinem Weg durch Düsseldorf. Es wird langsam Zeit, diesem Rummel, diesen äußeren Erwartungen, diesen Äußerlichkeiten zu entkommen und loszupilgern: hoffentlich mit Ruhe, mit Gedanken über mich und bei mir selbst, mit dem Weg nach »Innen«.

Eine bemerkenswerte Anregung hat mir Pfarrer Hubert Köllen am Fest des heiligen Barnabas (11.Juni) geschrieben mit einem Hinweis auf Apg 11,23 als »klassische Stelle für eine révision de vie«: »Als er ankam und die Gnade Gottes sah, freute er sich und ermahnte alle, dem Herrn treu zu bleiben, wie sie es sich vorgenommen hatten.« Hubert: »... wie er die Umstände nach seiner Ankunft als Gnade Gottes bezeichnet, sich freut und dann Mahnungen ausspricht. Wünsche Dir auch für Deinen Weg diesen Blick der Wahrnehmung.« – Mal sehen, wie sich das entwickelt!

Manche Leute fragen: Kommen Sie auch wieder? Sie kommen doch wieder? – Meine Antwort: Das habe ich eigentlich vor! Wenn ich nicht in ein spanisches Kloster eintrete oder eine spanische Bäuerin kennen lerne! – Daraufhin Frau Anni Schmidt aus Kaarst: »Dann wünsche ich Ihnen aber Letzteres!«

Am Tag »davor« 20/6/04

»Wenn dir's vergönnt je, dann richt es so ein,
Daß dir ein Spaziergang das Leben soll sein!«

Dieses schöne Zitat fand ich in der Carl-Spitzweg-Ausstellung in Wuppertal, die ich am Freitag noch besuchte. Vorher war ich auf dem Friedhof und habe (vorläufigen) Abschied von meinen Eltern genommen. Noch ist das Ganze ein »Spaziergang«, aber morgen wird es ernst! Jetzt ist es aber auch Zeit, dass es losgeht: Alle Hände sind geschüttelt, alle guten Wünsche gesagt, alle Predigten gehalten, alle Kindergartenkinder haben gesungen, alle Presseinformationen sind gegeben, alle Sachen gepackt – besonders gelungen war gestern Abend die »Abschiedsparty«: gute Stimmung, leckeres Essen, reichlich Alkohol, viele Umarmungen. Die Rahmenbedingungen stimmen alle, nun kann der erste Schritt getan werden:

Der erste Schritt

Im ersten Schritt ist alles eingeschlossen:
Vergangenheit – Gegenwart – Zukunft
Angst – Zweifel – Hoffnung
Unsicherheit – Neugierde – Freude
Und so wage ich den zweiten Schritt

Versprochen ist versprochen! Gerade habe ich meiner Lieblingscousine Hildegard – wenn auch nicht in die Hand, so doch durchs Telefon in die Ohrmuschel – versprochen, wenn ich meine körperlichen oder psychischen Grenzen auf dem Weg merke, mich nicht zu überfordern, sondern gegebenenfalls auch aufzuhören. Hoffentlich muss ich mich nicht an dieses Versprechen zu oft erinnern (lassen)!

Noch 120 Tage! Sommeranfang, 21/6/04

11.15 Uhr in der Suitbertus-Basilika
in Düsseldorf-Kaiserswerth

Endlich bin ich auf dem Weg; auch wenn ich es noch kaum glauben kann! Der längste Weg beginnt mit dem ersten Schritt: Der erste Schritt war in die Kaarster Sankt-Martinus-Kirche heute morgen: Pilgersegen durch das ganze Team: »Du bist gesegnet und du sollst ein Segen sein« – dann das alte Pilgergebet aus Roncesvalles – unter dem Lied »Großer Gott, wir loben dich ...« zog ich mit dem Team nach draußen – und dann alleine weiter. Auf der Neusser Straße hielt neben mir Frau Eleonore Kaps aus unserer Gemeinde mit ihrem Auto an und wollte mich ein Stück mitnehmen, was ich dankend ablehnte. Sie: »Mit Ihrem Optimismus und mit Ihrem Frohsinn kommen Sie noch weiter als

Compostela!« – Leichter Regen, der in Büderich immer heftiger wurde – in den Rheinwiesen begleitete mich der Ruf eines (mehrerer?) Kuckucks: Ich dachte an mein Geld – Rheinfähre nach Kaiserswerth – Empfang durch den Kaiserswerther Pfarrer und »alten« Studienfreund Hermann-Josef Schmitz und seinen evangelischen Kollegen Pfarrer Jonas Marquardt.

Am Bronze-Jacobus von Bert Gerresheim auf dem Stiftsplatz (einer der neun Abgüsse des Homberger Jacobus-Reliquiars von 1990, von dem auch ein Exemplar jeden Besucher in meinem Flur begrüßt) habe ich einen Augenblick inne gehalten, seine Muschel am Hut berührt und über den Hinweis auf dem Schriftband am Sockel nachgedacht: »Homo viator« – der Mensch »unterwegs« – hier auf Erden, hin zur Ewigkeit.

17.15 Uhr in der St. Jacobus-Kirche in Ratingen-Homberg

Nach gut 30 Kilometern die erste Station erreicht! Es ist schon ein merkwürdiges Gefühl, zu Fuß dort angekommen zu sein, wo ich 16 Jahre Pfarrer war. Schön ist die Kirche geworden nach der Restaurierung: Ein Zeichen für Kirche und Glauben insgesamt: Der Grundbestand bleibt, aber er muss immer wieder aufgefrischt werden und die »Beilagen« müssen ab und zu umgestellt oder erneuert werden. So ist die Kirche jetzt viel heller; die dunkle Decke trägt ein helles Grau; ein neuer (sehr schöner!) Altar ist da; der neue Ambo ist ein wenig zu klotzig; der Seitenaltar ist weg; das Tabernakel steht auf einer Stele; das Irmer-Bild hängt viel höher (seinem Charakter nicht angemessen!); die Holzfiguren von Jacobus und Georg sind an zwei Pfeilern postiert (dadurch zeigt der Jacobus nicht mehr in Richtung Compostela); die Fische im letzten Fenster des Seitenschiffs schwimmen jetzt nicht mehr auf dem Rücken; die beiden Fenster an der Nordwand sind vertauscht (dadurch ist ihr Sinn verdreht!) – Na ja, aber insgesamt schön! Ich freue mich auf den Gottesdienst heute Abend!

Der Weg hierher ging einigermaßen: Mal Sonne, mal Regen; eine kleine »Lustrunde« habe ich hinter Kalkum gedreht. Aber es ist schon seltsam, eine Strecke, die ich sonst ab und zu mit dem Auto fahre, nun zu Fuß gegangen zu sein.

»Du wirst gesegnet und du sollst ein Segen sein!«: Heute Morgen hat mir Anna Bonsmann, meine gute Haushalts-»Perle«, ein Kreuz auf die Stirn gezeichnet, und ich habe heute Mittag Anne Billion, der Kaiserswerther »Pastoralen«, ein Kreuz auf die Stirn gezeichnet: Abschiedsumarmung mit Tränen. Davor gemeinsames Mahl bei Hermann-Josef.

Eine nette Geschichte aus Ratingen: Ein kleiner Junge – ca. acht Jahre – sieht mich dort und fragt mich: »Sind Sie ein Leihopa?« – Ich frage ein wenig verwundert zurück: »Was ist ein Leihopa?« – »Na eben ein Opa, den man leihen kann!« – Ich: »So weit bin ich noch nicht!« – Er geht weiter. Das mit dem »leihen« hat mich weniger stutzig gemacht als das mit dem »Opa«! Na ja, das Alter habe ich ja!

Heute ist Sommeranfang: Eine ganze Jahreszeit werde ich – So Gott will! – »unterwegs« sein.

Auf dem Weg nach Homberg
Mit der Vergangenheit im Gepäck
Machen mich die »Wiesnasen« neugierig auf meine Zukunft.

Noch 119 Tage! 22/6/04
10.45 Uhr in der Franziskus-Kirche
in Düsseldorf-Mörsenbroich

Das letzte Mal war ich vor zweieinhalb Jahren hier in der Kirche: Silvester 2001; nach meiner Herzoperation und vor der Reha-Klinik. Damals habe ich in der Reha den Arzt gefragt, ob ich denn wohl irgendwann noch einmal meinen Lebenstraum verwirklichen und zu Fuß nach Compostela gehen könne. Und er sagte damals: »Besser als vorher!« – Und nun versuche ich es; bis jetzt klappt es ganz gut. Danke Dir, Du Arzt-Gott, dass ich wieder »repariert« bin und das Wallfahrts-Unternehmen angehe!

Im Blick auf den Tabernakel hinter dem Altar sehe ich eine Darstellung des am Boden liegenden Elija, dem ein Engel Mut macht: Und so ging er 40 Tage gestärkt zum Berg Horeb! Guter Schutzengel, begleite mich dreimal so weit!

Gestern Abend der Gottesdienst war sehr schön: volle Kirche, auch einige Kaarster. Ich habe am Anfang gesagt: Ein Prozent – das ist inzwischen bei der Sparkasse viel – bei einer langen Wallfahrt wenig: Aber immerhin habe ich heute schon ein Prozent der Wegstrecke zurückgelegt! Einige Zitate aus meiner Predigt:

»Sogleich verließen Jacobus und Johannes das Boot und ihren Vater und folgten Jesus« (Mt 4,22): Altes zurücklassen und Neues in den Blick nehmen – das ist die Grundstruktur der Nachfolge Jesu; nur so kann sich etwas entwickeln, nur so kann sich Leben entfalten, nur so kann Glaube wachsen … Das Stichwort »verlassen« sollte uns auch heute nicht in Ruhe

lassen; sicherlich nicht so extrem wie damals, aber deshalb nicht weniger ernst. »Verlassen«; Überprüfen von eingefahrenen Meinungen und Standpunkten; »verlassen« von liebgewonnenen oder belastenden Gewohnheiten; Aufgeben von verkrusteten Ideen und Vorstellungen; Verzichten auf Bequemlichkeiten und Annehmlichkeiten; dem Alltagstrott entfliehen; das Selbstverständliche in Frage stellen; manches »Es war schon immer so« mit einem dicken Fragezeichen versehen; jedenfalls über einen zu engen und eingrenzenden Bootsrand blicken und sich von zu engen und fesselnden menschlichen Bindungen lösen – all das meint »verlassen« heute.

Wenn ich jetzt diesen langen Weg Richtung Compostela beginne, dann hat das – neben anderen Gründen der Neugierde, der Entdeckerfreude, des Erkundens eigener Grenzen und Möglichkeiten – auch diesen Aspekt »verlassen«, Abstand gewinnen, Vergangenes und Gegenwärtiges kritisch in den Blick nehmen, Standpunkte und Entwicklungen überprüfen, Nachdenken über den bisherigen Lebens- und Glaubensweg.

Deshalb auch das Einbeziehen verschiedener Stationen meines bisherigen Berufsweges: Hier in Homberg, wo ich die längste Zeit meines Berufsweges tätig war; in Düsseldorf, wo ich als Kaplan begann und als Studentenpfarrer in der Sonderseelsorge tätig war; in Köln, wo ich meine ersten Erfahrungen als Diakon sammelte; und im Kölner Dom, wo ich an meinem Weihetag sein werde.

Ich kann nicht voraussehen und abschätzen, was der lange Weg mit mir machen wird; das Ende ist offen. So wie ich gar nicht weiß, ob ich überhaupt am Ziel ankomme …, so weiß ich auch nicht, ob ich bei mir selbst ankomme; ob nicht nur der Blick zurück, das »Verlassen« gelingt; sondern auch der Blick nach vorne, das »Nachfolgen« glückt.

Manfred Hamm, ein Mit-Pilger auf früheren Wegen, sprach ein selbstformuliertes Segensgebet; der Schluss lautete:

»Mit Gottes Segen und unter seinem Schutz mögest du erschöpft und gestärkt die Kathedrale in Compostela erreichen.
Wenn du dann dort den Apostel umarmst und ihm dein Adsum zuflüsterst, möge er dich bei unserem Herrn und Meister Jesus Christus empfehlen und dir Kraft verleihen bis Finisterre.
Um dieses bitten wir und das gewähre dir
der gütige Gott,
der Vater, der Sohn und der Heilige Geist. Amen.«

Nach der Messe war ein sehr gemütliches Zusammensein im Pfarrsaal. Verabschiedung von allen – besonders von Agnes, Anna und deren

Tochter Monika. Ein paar feuchte Augen auf beiden Seiten, herzliche Umarmungen und Abschiedsküsse. Vorher in der Kirche noch eine kurze Berührung mit dem Apostel in der Nische. Die Berührung der Muschel soll mich stärken. In den nächsten Tagen habe ich das auch nötig: mit über 10 Kilo auf dem Rücken. Hoffentlich geht das gut – bis jetzt noch! Das Wetter ist heute Morgen ideal: trocken und ca. 20 Grad. Ultreia!

13.15 Uhr in der Kapelle des Carl Sonnenschein Hauses

Um 11.45 Uhr war ich in St. Apollinaris: welch eine Überraschung! Dort waren über ein Dutzend ältere Gemeindemitglieder. Der Küster und Sekretär hatte meine Ankunft im Schaukasten veröffentlicht. Ich gab einige Erklärungen zu meinem Vorhaben, wir beteten gemeinsam das Vater unser und ich sprach den Segen.

Im Volksgarten machte ich kurze Mittagsrast. Auf dem Weg hierher kam mir Kurt Hamm (zu meiner Apollinariszeit war er Pfarrgemeinderatsvorsitzender) entgegen und ging mit mir bis hierher. Hier warteten Brigitte und Karl-Heinz Men (Diakon in Düsseldorfs Norden) auf mich. Ein merkwürdiges Gefühl, dass bisher überall »am Wege« auch Bekannte auftauchen zu letzten Grüßen und Wünschen.

Der Weg bis hierher ist von ganz viel Vergangenheit geprägt:

Homberg als Gemeinde, wo ich wohl die längste Zeit meines Lebens tätig war (1984 bis 2000): mit vielen Kontakten auf inhaltlicher und persönlicher Ebene. Wo die Verehrung des Pfarrpatrons, die Ökumene und viele Homberger »Eigenarten« (Wallfahrt nach Neviges, Osternacht, Translatio ...) das Gemeindeleben prägten: eine eingeschworene, familiäre Gemeinschaft, ein starkes »Wir«-Gefühl. Eine tiefe Verbundenheit auf intellektueller und emotionaler Ebene. Und für mich eine »Nische«: Als »Einzelkämpfer« konnte ich praktisch machen, was ich wollte – meine Vorstellungen, Ideen und Überzeugungen ausleben. Der Grundgedanke der Wallfahrt spielte dabei eine große Rolle – Fundament für mein jetziges Unternehmen.

St. Apollinaris – meine erste Kaplanstelle in Oberbilk; damals wie heute ein verrufenes Viertel, aber Menschen aus Schrot und Korn. Als Kaplan voller Tatendrang und Enthusiasmus und Engagement. Die Blüten des Konzils reiften noch, wurden dann aber von Jahr zu Jahr welker. Aber mit St. Apollinaris verbinde ich diesen Gemeindefrühling: Gemeindekatechese, Jugendarbeit, neue geistliche Lieder, Besinnungsurlaub ... ohne Nostalgie: Es war eine schöne Zeit von 1975 bis 1979.

Und dann die Hochschulgemeinde – 5 Jahre Sonderseelsorge: intellektuelle Herausforderung, Kunstausstellungen, Gestaltung einer Kirche, viele persönliche Kontakte, die bis heute andauern, die erste Zu-Fuß-Wallfahrt 1983 nach Compostela – als Pioniere dieses Weges.

Zwei schöne Details aus der Kapelle – auf den Arbeiten von Bert Gerresheim: Pilgerstab und Pilgermuschel am Hut auf dem Weihwasser-»Becken«. Und: der alte Adam auf der Auferstehungsseite des Altars, dem man beim Knien zur Wandlung immer ganz nahe kam (ich habe es jetzt auch noch mal getan).

Der Studentenpfarrer Frank Müller und seine Assistentin Susanne Körber hatten für mich eine Postkarte mit einem Steinemotiv hinterlegt und geschrieben:

»... dass keine unüberwindlichen Felsbrocken auf Ihrem Weg liegen, sondern schöne Steine, die das Auge erfreuen ... Wir wünschen Ihnen alles Gute für Ihren Weg – und kommen Sie gesund zurück!«

In der »Rheinischen Post« stand am nächsten Tag unter der Überschrift »Kraft in Kapelle« folgende Notiz:

»Einen christlichen Traum erfüllt sich der ehemalige Studentenpfarrer Kurt Peter Gertz. Er wandert von Düsseldorf aus alle Pilgeretappen des Jakobsweges bis nach Santiago de Compostela in Spanien. Gestern startete er zu der rund vier Monate langen Fußreise und kam zu seinem alten Arbeitsort in der Hochschulgemeinde. Knapp eine halbe Stunde sammelte er in der Kapelle Kraft und Schwung für seine Unternehmung und erinnerte sich an seine Lebensstation in Düsseldorf.«

Noch 118 Tage! 23/6/04

12.45 Uhr in Leverkusen-Rheindorf

Mittagsrast an dem Fluss, dessen Namen ich in meinem Leben zuerst kannte: an der Wupper. Einige Erinnerungen an meine Heimatstadt Wuppertal steigen auf – der Fluss bringt sie mit und schwemmt sie mir zu: die Trümmerspiele in der zerbombten Spichernstraße – die Enge in der Zweizimmer-Wohnung – die Kindheit an der Hand meines Großvaters – meine Abneigung gegen den Kindergarten – frohe Begegnungen in der Jugendgruppe »Neudeutschland« (»ND«) – meine frommen, aber nüchternen Eltern – sportliche Erfolge während der Schulzeit im Langstreckenlauf – Abitur – Bundeswehr – bei jedem Heimaturlaub ein

Geldscheinchen und ein Schnäpschen von Omi – später während des Studiums als Diakon in St. Josef …

Eigentlich war es eine schöne, harmonische Kindheit und Jugend: (fast) ohne Probleme, (fast) ohne Alkohol, ohne Zigaretten, das Wörtchen »Drogen« war unbekannt, Mädchen kamen nur in meinen Träumen und Phantasien vor, keine gravierenden Ablösungsprobleme vom Elternhaus, nicht-hinterfragte, selbstverständliche Kontakte zur Kirche … »Wuppertal« – damit verbinde ich einen unbeschwerten Ursprung meines Lebens …

Zu Gestern: Gegen 17.15 Uhr kam ich in Hilden an; wiederum gut 30 Kilometer. Die Füße machen gut mit (wenn auch mein linker Fuß unter dem kleinen Zeh immer nach gut fünf Kilometern schmerzhaft zu brennen anfängt; das geht aber wieder weg); das Gepäck (ca. 10 Kilo) macht mir auch nicht viel aus: Bis jetzt ist alles im »grünen Bereich«. Bei den Eltern von unserem ehemaligen Kaplan, Andreas Brocke, gab es ein leckeres Abendessen. Früh war ich im Bett und habe prima und fest geschlafen.

Heute Morgen war ich um 8 Uhr »auf der Strecke«; zuerst in die Hildener Jacobus-Kirche; dort habe ich den ehemaligen Mettmanner Pfarrer und ND-Bundesbruder Theo Buter getroffen und vom dortigen Pfarrer Hermann Joseph Kremer den Stempel bekommen. Ein kurzes Gebet vor der schönen Jacobus-Figur: Oder ist es gar kein Jacobus mehr? Gestern stand in der hiesigen Zeitung ein Bericht über die Figur: Sie wurde restauriert und dabei stellte sich heraus, dass der Hut mit der Muschel, der Bart und ein weiteres Gewand erst nachträglich mit der Figur verbunden wurden. Vorher war es vielleicht ein anderer Apostel oder der heilige Antonius. Was aber nützt ein solches Wissen? Nichts! Es ist und bleibt eine der schönsten Jacobus-Figuren! Das ist so wie mit der gesamten Jacobus-Wallfahrt und Jacobus-Verehrung: die Geschichte ist uninteressant – die Geschichten sind wichtig!

Hildener Jacobus

Mit seinem diagonalen Pilgerstab streichen ihn die Wissenschaftler durch.
Als ob ein Hut, ein Bart, ein Gewand eine Persönlichkeit ausmachen!
Das Wesen des Pilger-Apostels drückt sich in seinem Lächeln aus.

Jetzt kommt sogar die Sonne durch, und ich mache mich wieder auf den Weg: Richtung Köln-Höhenhaus.

16 Uhr im Dünnwalder Wald

Im Dünnwalder Wald
Die Blätter rauschen längst vergangene Geschichten
Einzelne Sonnenstrahlen erwärmen Herzenswinkel
Erste Koseworte, erste Küsse, erste Körperkontakte
Gedanken an die erste Liebe bleiben lebenslang

Was wäre gewesen, wenn ...
... wenn sie noch einen Hauch schöner gewesen wäre?
... wenn sie mir eine etwas bessere Gesprächspartnerin gewesen wäre?
... wenn sie mich noch ein wenig mehr bedrängt hätte?
... wenn sie mich vor eine endgültige Entscheidung gestellt hätte?
Dann würde ich jetzt vielleicht den Kinderwagen meiner Enkel hier durch den Wald schieben, vielleicht kurz vor der Lehrer-Pensionierung stehen, aber wahrscheinlich nicht alleine zu Fuß nach Compostela gehen.

Wie zur Bestätigung meiner Freiheit ließ sich gerade ein bunter Schmetterling wie ein Orden auf meiner Brust nieder und fühlte sich dort anscheinend sehr wohl.

20.15 Uhr im Kloster der Salesianer in Köln-Mülheim

Vor einer Stunde bin ich hier angekommen (nach ca. 30 Kilometer) und habe es prima vorgefunden. Man wusste zwar nichts von meiner Ankunft (obwohl ich mich schon lange angemeldet habe), aber jetzt steht ein Erdinger Weißbier auf dem Schreibtisch meines Zimmers.

Um 16.30 Uhr war ich beim ehemaligen Höhenhauser Pfarrer Burkhard Boxler: ein Wasser – ein Plausch – eine Vespermahlzeit – ein Bier – ein Stempel – ein Segen ...

Es waren nur sieben Monate und doch eine ungemein prägende Zeit: damals als Diakon Ende 1970 bis Anfang 1971. Der Aufbruch in der Kirche und vor allem in der Höhenhauser Gemeinde war an allen Ecken und Enden zu spüren. Alle Blütenträume des Konzils reiften noch: kreative und unkonventionelle Liturgie, Mitarbeit der Laien in allen Bereichen, Reduktion jedes Pomps, Gesprächskreise, Wanderungen, Fahrten, mein einziger Ski-Urlaub, herzliche Kommunikation, mutige Predigten ... Und heute?

Als »Bindestrich« war ich vielen in der Gemeinde wohlbekannt und auf »Du« und »Du« – bis heute gibt es noch Kontakte, vor allem zu Burkhard, einem »Pfarrer gegen den Strich«: offen, kommunikativ, unkonventionell, kein Freund der Ordnung. Gerne erinnere ich mich seiner Predigt-Worte anlässlich meines Silbernen Priesterjubiläums und meiner Verabschiedung in Homberg. Wenn es heute noch priesterliche Vorbilder gibt, dann ist er bestimmt eines!

Und dann war da meine erste Liebe: ganz neue Erfahrungen in meinem Leben mit fast 30 Jahren! Aufregend und verwirrend, schön und beklemmend, befreiend und anfragend. Und so machte ich erst mal einen Schnitt in meiner bisherigen gradlinigen Entwicklung und ließ mich zur Promotion beurlauben: weniger aus wissenschaftlichem Interesse (das kam aber dann wie der Appetit beim Essen) als aus Selbstklärung und Selbstfindung. Das Thema allerdings hat mir schon eine bestimmte theologische Richtung gegeben: Die Geschichtlichkeit der Dogmen ist nur ein Beispiel für die Relativität aller Gedanken und Überzeugungen. Spätestens von da an wusste ich, dass niemand die Wahrheit besitzt, sondern dass wir alle auf irgendeinem Weg hin zur Wahrheit sind. Wie viel Rechthaberei, wie viel Auseinandersetzung, wie viele Instruktionen, wie viele Kreuzzüge, wie viele heilige Kriege hätten sich vermeiden lassen und ließen sich vermeiden, wenn sich alle Ideologien und Religionen eingestehen würden: Wir sind auf der Suche nach der Wahrheit! ... So hat die Dissertation über Joseph Turmel denn doch noch Früchte getragen – neben dem Titel »Dr.«, der manchmal auch ganz hilfreich ist, weil viele Menschen eben so titel-hörig sind.

Noch 117 Tage! 24/6/04

10.30 Uhr im Kölner Dom vor dem Klaren-Altar

Gerade hat mich Pfarrer Klaus Bußmann von unserem »Montagsclub« vor der Maternus-Kapelle (der früheren Jacobus-Kapelle) im Chorumgang mit dem alten Pilgersegen von Roncesvalles auf den Weg geschickt, in dem es u.a. heißt: »... die Heimat, die unter seiner Abwesenheit leidet ...«. Ob das so ist oder ob die »Heimat« die pfarrerlose Freiheit genießt, sei dahin gestellt. Jedenfalls sang das Team am letzten Samstagabend bei der Abschiedsparty folgende Abschiedsstrophe (auf die Melodie »Sankt Martin ...«):

»Der Chef geht, der Chef geht,
der Chef, der geht und wir sind frei –
was wir jetzt tun ist einerlei.
Wir schaffen nicht mehr treu und brav,
den Seinen gibt's der Herr im Schlaf.«

In der Jacobus-Kapelle gibt es im Fenster eine schöne hochgotische Darstellung des Pilger-Heiligen: seine Verurteilung durch Herodes Agrippa, seine Taufe des Josias auf dem Marterweg, seine Enthauptung: Als erster der Apostel gab er sein Leben für Jesus Christus hin; Apg 12,2. »Zuerst ließ er Jacobus, den Bruder des Johannes, enthaupten.« Der Weg der Nachfolge kann manchmal bis zum Äußersten gehen: nicht immer bis zu Enthauptungen, sondern auch bis zu Nackenschlägen, Rückgratverkrümmungen, Kopf-in-den-Nacken-Ziehen, sich ducken, sich in »Nischen« zurückziehen ...

Heute vor 29 Jahren lag ich hier auf dem Boden, versprach anschließend in die Hände von Bischof Joseph Kardinal Höffner »Ehrfurcht und Gehorsam« und bekam dann die Hände aufgelegt: meine Priesterweihe im Nachfrühling des Konzils mit allen Hoffnungen, Erwartungen, Träumen. Vieles ist davon »auf der Strecke« geblieben; manches konnte ich in meinen verschiedenen Arbeitsstätten verwirklichen; etliches lässt sich wohl nicht mehr umsetzen. Damals sah die Zukunft der Kirche anders aus als heute. Was wäre gewesen, wenn ...

Heute Morgen habe ich um 7 Uhr an der Laudes und anschließend an der Messe bei den Salesianern teilgenommen: ein schöner Start an meinem Weihetag. Nach dem Frühstück (Hauptthema dabei war die Niederlage und das Ausscheiden der Deutschen Fußball-Nationalmannschaft bei der Europameisterschaft) ging es los – bei stürmischem Wind Richtung Dom. In Mülheim habe ich an einem Laternenmast das erste Pilgerzeichen entdeckt (gelbe Muschel auf blauem Grund), die sich dann auf jedem dritten Mast oder Baum wiederfanden. Wenn die Strecke bis Trier so intensiv markiert ist, kann ich mich wohl kaum verlaufen.

Hier im Dom bei der kleinen Segensfeier waren anwesend: die Pfarrer Günther Liewerscheidt und Andreas Brocke; und aus Homberg Meinhard Trennhaus und Peter Peiffer. Vor der Feier habe ich mir im Dompfarramt (im Domforum) den schönen Domstempel geholt.

Mit dem Überqueren des Rheins über die Deutzer Brücke habe ich meinen rechtsrheinischen Nostalgie-Schlenker abgeschlossen. Die Vergangenheit von Homberg, Oberbilk, Carl Sonnenschein Haus, Heilige Familie ist eingeschlossen und eingebunden in meinen Weg. Jetzt geht er in die Zukunft: Richtung Eifel – Le Puy – Pyrenäen – Atlantik – Compostela: »So Gott will!« Aber bis jetzt macht der »Bruder Leib« (vor allem die Füße!) prima mit. Hoffentlich bleibt es so!

Viermal zeigt der Klarenaltar das Jesus-Kind »unterwegs«: Einmal im Bauch seiner schwangeren Mutter auf dem Weg von Nazareth nach Bethlehem; dann als Kleinkind auf dem Schoß seiner Mutter auf der Flucht nach Ägypten; zum anderen als Knabe an der Hand Mariens beim Rückweg aus Ägypten. Und ganz rechts unten der Zwölfjährige unter den Schriftgelehrten – ER als Pilger zum Heiligtum seines Vaters. Immer war Jesus »unterwegs« – ohne ein festes »Zuhause« (Mt 8,20: »Die Füchse haben ihre Höhlen und die Vögel ihre Nester; der Menschensohn aber hat keinen Ort, wo er sein Haupt hinlegen kann.«). Nachfolge ist Mitgehen, Pilgern ist eine Form des Mitgehens: das pilgernde Gottesvolk »unterwegs«. Dazu bin ich als Mit-Begleiter vor 29 Jahren geweiht worden.

»Herr, bleibe bei mir – auch wenn es mal Abend und dunkel wird!«

14.30 Uhr auf freiem Feld kurz vor Hürth-Fischenich – die Spitzen der Domtürme sind noch zu sehen

Johannistag 2004
Geweiht zum Mitarbeiter
Gesendet zum pilgernden Gottesvolk
Gewandelt zum Befehlsempfänger
Geworden zum Pausenclown

Würde ich mich heute nochmals zu diesem Beruf entscheiden? Schon höre ich die belehrenden Worte und sehe die erhobenen Zeigefinger der »Oberen«: »Du hast dich nicht entschieden – du bist berufen worden!« Aber ist das wirklich so einfach zu sagen? Nach dem alten scholastischen Grundsatz »Die Gnade setzt die Natur voraus« stimmte Anfang der sechziger Jahre die »Natur«: Das Konzil eröffnete ganz neue kirchliche Perspektiven; davon wurde ich angesteckt; deshalb habe ich mich für das Studium der Theologie interessiert; deshalb bin ich dabei geblieben; deshalb habe ich mich weihen lassen. Die Berufung war in der besonderen kirchengeschichtlichen Situation verborgen, und ich habe mich dazu entschieden. Vielleicht liegt darin auch eine gewisse Fehlentscheidung: Weil mich nicht so sehr eine besondere Gottes- oder Christusbeziehung zum Amt hingeführt hat, sondern weil ich mich zu sehr von der Kirchenatmosphäre damals habe faszinieren lassen. Damit ist aber auch die Anfangsfrage »Würde ich mich heute …?« mit einem »Wahrscheinlich nicht!« zu beantworten – bei dieser heutigen Kirchensituation!

Bleibt die Frage: Warum mache ich trotzdem weiter? Weil ich schon immer ein starkes Beharrungsvermögen hatte! Weil ich bisher »vor Ort« (fast) immer gute Erfahrungen mit den Menschen gemacht habe!

Weil sich in meinem Alter die Petrus-Frage sehr intensiv stellt: »Wohin sollen wir gehen?« (Joh 6,68)! Weil es auch ein wenig Lust macht, wider den Stachel zu löcken! »Graben kann ich nicht, zu betteln schäme ich mich – also bleibe ich dabei!«

Der heutige 24. Juni ist aber nicht nur mein Weihetag, sondern auch mein Errettungstag. Heute vor 61 Jahren bin ich aus den Flammen und Trümmern der brennenden Spichernstraße in Elberfeld gerettet worden. Nach dem schweren Luftangriff auf Elberfeld hat mich meine Mutter – ich war auf den Tag genau neun Monate alt – in den Kinderwagen gepackt und mehrere Eimer Wasser über die Decken und mich geschüttet, damit ich unversehrt aus dem Feuerofen herauskommen sollte. Es gelang, und meine Mutter erzählte mir später immer wieder: Als sie mich tropfnass an der Tannenbergstraße aus dem Kinderwagen hob, habe ich herzhaft gelächelt. So fangen Heiligenlegenden an! Jedenfalls habe ich diesen Tag im vorigen Jahr als meinen eigentlichen 60. Geburtstag gefeiert.

Noch 116 Tage! 25/6/04

13 Uhr am Ufer des kleinen Baches Erft
und damit in Verbindung zu Kaarst und Neuss

Gestern war ich gegen 16.30 Uhr nach ca. 30 Kilometern in Brühl-Kierberg. Bei Pfarrer Günther Liewerscheidt kam ich gut unter: Er stellte mir sogar sein eigenes Bett zur Verfügung. Was Pilgern nicht alles bewirkt! Nach einer Dusche und einem Kaffee gingen wir in die Servatius-Kirche. Dort vor allem zum Matthias-Altar (1641) mit einer barocken Darstellung des heiligen Jacobus. Drei Muscheln trägt er: am Hut, an der Pelerine und am Bordon, dem Pilgerstab. Davor kniet die Stifterin – ebenfalls als Jacobspilgerin gekennzeichnet. Dass sich der heilige Jacobus auf dem Matthias-Altar findet, ist eine schöne Verbindung zur Trier-Wallfahrt, an der ich nun auch schon viermal teilgenommen habe und bei der ich in diesem Jahr meine halbhohen Wanderschuhe eingelaufen habe. Die Pilgerheiligen müssen zusammenhalten!

Nach dem Abendessen bin ich früh ins Bett gegangen – die jeweils ca. 30 Tageskilometer schlauchen doch und versetzen in einen himmlischen Tiefschlaf.

Heute Morgen war ich um kurz nach acht Uhr auf der Straße, denn heute muss ich ca. 35 Kilometer bis nach »Maria Rast« zurücklegen.

Zuerst führte der Weg an der wohl einzigen evangelischen Jacobus-Kirche, die am Weg liegt, vorbei – in Brühl-Badorf: eine moderne Kirche von 1996 mit einem Pfarrer, der ein großer Jacobus-Fan ist. So stand eine kleine Jacobus-Figur aus Bronze im Eingang, und es fanden sich mehrere Wallfahrts-Hinweise. Diese evangelische Kirche kostete mich zwar eine halbe Stunde Umweg, der sich aber gelohnt hat und bei meinem ökumenischen Interesse einfach ein »Muss« war. Verbindungen zur evangelischen Geschwisterkirche prägten mich schon früh: Auseinandersetzungen in der Klasse des Gymnasiums mit einer Überzahl evangelischer Mitschüler (von denen einer auch Pfarrer wurde, mit dem ich viel später – während der Studentenpfarrerzeit – einmal einen ökumenischen Gottesdienst feierte); Teilnahme an evangelischen Seminarübungen in der Universität Bonn; Teilnahme an einem Seminar bei Professor Karl Barth in Basel; mein Hebraicum habe ich an der evangelischen Fakultät in Bonn gemacht; beste ökumenische Kontakte während der Studentenpfarrerzeit (mit Pfarrer Klaus Schneidewind) und in Homberg (vor allem mit Pfarrerin Susanne Storck: regelmäßige Treffen, Ökumenische Osternacht, Ökumenische Pfarrfeste ... vieles, was nicht erlaubt, aber sinnvoll war!); in Kaarst läuft die Ökumene etwas auf »Sparflamme« – das liegt vielleicht an der allgemeinen Situation, das liegt vielleicht auch an der personellen Zusammensetzung.

Weiter ging es heute Morgen am Kloster Walberberg vorbei (Pater Bernhard Venske war nicht da, den ich vor 20 Jahren mit Helmut und Agnes Friedberg im Dominikanerkonvent in Leipzig besucht habe und der damals heftig mit seiner Berufung rang) – durch die Ville (ein sehr schöner Weg, bei dem aber an den entscheidenden Punkten die Wallfahrtsmarkierungen fehlten, so dass ich einmal sogar einen Förster fragen musste) – durch Weilerswist mit der Mauritius-Kirche (darin eine Darstellung der Fides, Spes und Caritas als drei Frauengestalten) – und jetzt hier zur Mittagsrast an der Erft. Das Wetter ist heute abwechslungsreich: Sonne, Wind und dunkle Wolken türmen sich auf.

Noch zu den Wanderzeichen: die gelben Muscheln auf blauem Grund mit dem Wort »Pilgerweg«; sie sind ansprechend gestaltet, leuchten schon von Ferne und sind auch meist sinnvoll und in ausreichender Zahl angebracht. Die gelben Strahlen der Muschel deuten die verschiedenen Pilgerwege von Ost nach West an, die sich alle an einem Punkt, an einem Ort, eben in Santiago de Compostela treffen. Diese Wege sind wie ein goldgelber Schatz, der die Menschen und Völker miteinander verbindet. Deshalb hat der Europarat am 23. Oktober 1987 in Compostela die gesamten Jacobuswege zur ersten europäischen Kulturstrasse erklärt und den Schutz des »historischen, literarischen, musikalischen und künstlerischen Erbes«, das durch das Pilgerwesen entstand, empfohlen.

Das Blau des Grundes erinnert mich an zwei Blau-Farben, die ich mit dem heiligen Jacobus verbinde: das Blau des Wassers und das Blau des Himmels. Am See Gennesaret wurde er berufen – durch sein Martyrium wurde er in den Himmel aufgenommen: das Blau des Ursprungs und das Blau der Zukunft, der Unendlichkeit. Zur gold-gelben Muschel auf blauem Grund ein kurzes Gebet, das ich 1999 auf der »via de la plata« formulierte:

»Sancte Jacobe, ora pro nobis!
Der Strahlenkranz deiner Verherrlichung
begann mit deiner Berufung am See.«

22 Uhr auf der Bettkante im Haus »Maria Rast« der Schönstätter Schwestern bei Euskirchen

Heute habe ich ca. 35 Kilometer zurückgelegt: schon ein wenig hart! Aber das Schleppen des schweren Gepäcks (ca. 10 Kilo) hat nun ein Ende: Heute ist Meinhard Trennhaus, ein pensionierter Leitender Oberstaatsanwalt, aus Ratingen-Homberg angekommen, und er wird mich (»So Gott will!«) den »Rest« der Strecke mit dem Auto begleiten und (fast) alle meine Sachen transportieren. Heute hat er mich schon an der St. Martinus-Kirche in Euskirchen erwartet und mir den großen Rucksack abgenommen, so dass ich die restlichen ca. 7 Kilometer nach hier unbeschwert gehen konnte. Ab Morgen also mit kleinem Gepäck!

Die Wegstrecken heute waren landschaftlich sehr schön und prägend: der Weg durch den Wald der Ville und die über 15 Kilometer entlang der Erft. In der Martinus-Kirche in Euskirchen konnte ich einen herrlichen Schnitzaltar mit einer »Heiligen Sippe« bewundern, bei der der kleine Jacobus auf einem Steckenpferd reitet. Außerdem gibt es dort eine in einen Jacobus umfunktionierte Petrus-Figur: Was die Apostel nicht alles mit sich machen lassen müssen – die Apostelnachfolger machen etwas mit anderen!

Dazu noch eine aktuelle Meldung: Friedhelm Hofmann wurde heute zum Diözesanbischof in Würzburg ernannt (schon gestern hatte mir Benedikt Schmetz, Kreisjugendseelsorger im Oberbergischen, diese Meldung per Handy mitgeteilt). Schade, dass er weggeht: Man konnte sich immer so zwanglos und ungefährlich und unverfänglich mit ihm über Kunst unterhalten und so andere (vielleicht wichtigere) Themen ausklammern.

Nochmals zu Meinhard: Ich finde es ganz toll, dass er mir schon vor einiger Zeit angeboten hat, mich auf meiner Tour mit dem Auto zu begleiten und mir damit erst die Wallfahrt ermöglicht hat. Er akzeptiert meine »Spielregeln«, lässt mich alleine gehen und sorgt für das logistische Umfeld. Ich hoffe, dass wir uns (wie bisher!) gut verstehen und dass alles in beiderseitigem Einverständnis und zur Zufriedenheit beider klappt.

Noch eine Kurzmeldung zu Gestern: An meinem Weihetag bekam ich eine SMS von Anne und von Monika.

Gute Nacht!

Noch 115 Tage! 26/6/04

13 Uhr auf einer Bank »Stiftung Feuerwehr Roderath« vor Roderath zwischen Münstereifel und Blankenheim

Diese Bank habe ich schleunigst wieder verlassen, da sie fest im Besitz von Waldameisen war, die sich sehr schnell meiner unteren Extremitäten bemächtigten. Jetzt sitze ich fünf Minuten später auf einem Hochsitz und blicke auf eine saftig-grüne Wiese.

Ein Hochsitz in der Eifel lässt in mir einige Erinnerungen und Gefühle wach werden: ein paar zaghafte, zweideutige Annäherungsworte; ein paar halbherzige Erklärungsversuche; ein paar offene »wenn und aber« und »vielleicht« und »warum?« – später wurde mehr daraus!

Heute Morgen um 7.30 Uhr Teilnahme an der Messe in der Schönstatt-Kapelle: Zügig, aber lieblos wurde am Mariensamstag von einem pensionierten Paderborner Priester (Weihejahrgang von Pfarrer Theo Schulte, einem alten Jacobus-Fan aus Breckerfeld, der einzigen Stadt in Deutschland mit zwei Jacobus-Kirchen) mit einem Dutzend Schönstatt-Schwestern die Messe zelebriert. Am Schluss ein Marienlied, das ich seit Jahrzehnten nicht mehr gehört habe, das aber meine Mutter manchmal vor sich hinsang oder summte: »Segne, Mutter, unseren Bund!«. Nach dem Frühstück und dem »Rödeln« war ich gegen 9 Uhr auf dem Weg: durch Wiesen und Felder, durch Tannen- und Laubwälder, über kleine geteerte oder schmutzige Waldwege – anfangs bei strahlend blauem Himmel; jetzt bewölkt es sich etwas. Ein Reh mit Kitz sprang über den Weg, ein Hase schaute mich ungläubig an und hoppelte davon, ein Vater erklärte stolz seinen Kindern: »Das ist ein Jacobus-Pilger«. Ein herrlicher Tag, ein herrlicher Weg, mir geht es prima!

Zweimal habe ich mich allerdings kurz verlaufen. Einmal waren die Zeichen unübersichtlich gesetzt; zum anderen war es meine Dusseligkeit. Ich muss noch mehr auf die Markierungen achten. Aber das ist wie im richtigen Leben: Umwege, Seitenwege, Hohlwege, Nebenwege gehören dazu; es geht nicht immer nur glatt auf dem Hauptweg, wie es schon Paul Klee auf seinem Bild »Haupt- und Nebenwege« vor Augen stellt.

In Münstereifel bin ich durch das Werther-Tor eingezogen, obwohl nach einer alten Ratsbestimmung von 1670 beschlossen wurde, dass keine »Jakobsbrüder bij bürgerlicher Strafe ingelassen werden sollen.« In der Stiftskirche habe ich mir das freigelegte Jacobus-Fresko und ein Wappen mit drei Muscheln angeschaut.

Von Münstereifel aus habe ich unseren Kaplan Christian Voßhenrich (in der Pfarre alles o.k.; Firmung gut verlaufen) und Agnes und Helmut angerufen: einige Kontakte zur »Heimat« sind doch ganz aufbauend.

Nochmals zu Gestern, zur Martinskirche in Euskirchen: Der in einen Jacobus umgewandelte Petrus ist vielleicht ein Zeichen für mich und meine Orientierung. Früher habe ich mich viel mehr an meinem Namenspatron Petrus orientiert – jetzt ist mir sein Apostelkollege Jacobus von Jahr zu Jahr wichtiger geworden. Die Auseinandersetzung zwischen Rom und Compostela im Mittelalter (vor allem unter dem Erzbischof Gelmirez von Compostela) hat im Kleinen auch in mir stattgefunden. Nur ist sie bei mir anders ausgegangen: zugunsten des Pilgerheiligen!

Zu dieser Auseinandersetzung im Mittelalter zwischen Rom und Compostela – Erzbischof Gelmirez (1100–1140) wollte Compostela anstelle von Rom zum Mittelpunkt der Christenheit machen, da Jacobus treuer zu Jesus gestanden habe als der verleugnende Petrus und da Jacobus als erster der Apostel sein Leben für den Herrn hingegeben habe – gibt es einen sprechenden Hinweis auf dem Sockel eines Wegekreuzes am Ortseingang von Compostela. Dort lautet die alte Inschrift: »PEREGRINO. TODOS-LOS-CAMINOS-DEL-MUNDO-LLEGAN-A-COMPOSTELA« – »Pilger, alle Wege der Welt führen nach Compostela«. Dies ist eine deutliche Überbietung des Sprichworts »Viele Wege führen nach Rom«. Geholfen hat diese Verbalschlacht nichts. Der Machtkampf wurde zugunsten Roms entschieden.

Noch 114 Tage! **27/6/04**

10.15 Uhr in der St. Mariae-Himmelfahrt-Kirche in Blankenheim

In Erwartung des Sonntagsgottesdienstes und nach Abholen der Pilgerstempel beim Pfarrer (er ist für neun Gemeinden zuständig – da bin ich doch froh, dass ich nur eine habe!) sitze ich hier mit Meinhard unter dem Pilgerapostel. Bemerkenswerte Aposteldarstellungen sind das hier in der hochgotischen Kirche. Im Chorraum sind die Apostelfürsten Petrus und Paulus einzeln auf Sockeln dargestellt; im Längsschiff sind die Apostel jeweils zu zweit dargestellt: »Jesus sandte sie aus, jeweils zwei zusammen« (Mk 6,7). Glauben und Glaubensverkündigung gelingen nie den Einzelkämpfern, sondern Glauben geht nur gemeinsam, zusammen mit anderen; nur so können Freud und Leid, Glaube und Zweifel miteinander geteilt werden.

Hier in der Kirche stehen nicht die Brüderpaare zusammen (also Andreas steht nicht bei Petrus und Johannes nicht bei seinem Bruder Jacobus), sondern Jacobus steht zusammen mit seinem Kollegen Thomas (mit Winkelmaß). Jacobus mit einem langen dunklen Bart; ein Hut mit Muschel auf dem Kopf; in seiner Rechten ein Pilgerstab mit Knauf; in seiner Linken ein aufgeschlagenes Buch, in dem er liest; barfüßig. Der Heilige, der die Frohe Botschaft in Spanien verkündet hat, liest selbst im Buch der Bücher und holt sich daraus Kraft. Wer die Frohe Botschaft verkündet, muss sich selbst in die Bibel vertiefen; wer den anderen Gottes Wort mitteilen will, muss selbst aus dieser Quelle schöpfen – vielleicht sollte ich mich auch auf dem Weg und nach meiner Rückkehr noch mehr in diese Frohe Botschaft vertiefen.

Gestern ging's über die Ahe-Kapelle (in einem wunderschönen, bunten Wiesental) über die alte Römerstraße (von der aber nichts mehr zu entdecken war) schnurgerade bis zur Burg Blankenheim (Tageskilometer: ca. 30 Kilometer). Dort traf ich Meinhard, und wir gingen zusammen zu unserer noblen Pilgerherberge »Kölner Hof«, wo wir gut untergebracht waren, wo es hervorragendes Essen gab (Schweinefiletpfanne) und wo die Bitburger Pils ganz besonders gut schmeckten. Nach einer geruhsamen Nacht regnete es heute Morgen in Strömen, aber inzwischen hat es sich aufgeklärt und einige blaue Flecken am Himmel sind zu sehen. Wie es heute wohl werden wird!

Vor mir in der Bank sitzt ein kleines, vielleicht sechsjähriges Mädchen mit einem orange-farbenen Anorak, auf dessen Rücken ein kleines Kind eingestickt ist mit einer Sonnenblume, einem Hasen und einer Ente an der Hand; darunter die Feststellung: »C'est un beau jour!« – Ja, es wird sicherlich ein herrlicher Tag; mit dem Segen und der Zusage des Schlussliedes (GL 268): »Bleibt doch seines Armes Macht über unserm Wallen« – »wallen«: ein schöner alter Ausdruck für gehen, für »unterwegs-sein«, für pilgern, für den Lebensweg; »wallen« und »wallfahren« gehören ganz eng zusammen.

Gleich »walle« ich auf einem der alten Matthias-Wege Richtung Kronenburg. Draußen vor der Kirche steht auch ein Matthias-Stein mit einer Darstellung des Heiligen (mit Beil) und der Bitte: »Heiliger Matthias, bitte für uns!« – Es kann nicht schaden, gleich zwei Apostel als Bittsteller und Fürsprecher bei Gott für mein Unternehmen zu haben!

Blankenheimer Jacobus

Lesend im Buch der Bücher wird er zum Verkünder
Schulter an Schulter mit seinem Kollegen wird er zum Glaubenden
Gut behütet mit der Muschel wird er mir zum Wegbegleiter

12.45 Uhr in der Dionysius-Kapelle in Waldorf

Auf dem Weg hierher, auf dem alten Matthiasweg habe ich unwillkürlich angefangen, ein paar Gesätze des Rosenkranzes laut zu beten – mit dem Zusatz der Matthias-Pilger: »Heilige Maria, Mutter Gottes, heiliger Apostel Matthias, bittet für uns Sünder, jetzt und in der Stunde unseres Todes. Amen.« Vor lauter Beten bin ich ein wenig vom Weg abgekommen, bis jemand hinter mir her rief: »Der Jacobsweg geht hier unten lang!« – Schon war ich wieder auf dem richtigen Weg und sitze jetzt hier in der Dionysius-Kapelle, die auf ihrem barocken Hauptaltar den Kirchenpatron zeigt, wie er mit der eigenen Haut über dem Arm den Menschen sein Martyrium anschaulich und (im wahrsten Sinne des Wortes!) »haut-nah« vor Augen stellt. Hier habe ich auch ein Kerzlein entzündet und an alle die gedacht, die mir verbunden sind oder mich durch ihre Anliegen, Bitten, Wünsche, Tränen ... mit sich verbunden haben. Über dem Lichtständer bei der Gottesmutter steht ein Licht-Gebet: »Herr, möge diese Kerze, die ich entzünde, Licht sein; Licht, das meinen Weg hell macht, das mir Freude und Hoffnung schenkt. Erleuchte mich in allen Schwierigkeiten und bei allen Entscheidungen mit deinem Licht. Erwärme mein Herz durch die Flamme deines Lichtes: Verbrenne allen Egoismus, Stolz und Hass in mir durch das Feuer deiner Liebe ...«

»Zur Freiheit hat uns Christus befreit« – hieß es in der heutigen Sonntagslesung aus dem Galater-Brief (Gal 5,1). Viel von dieser Freiheit spüre ich schon jetzt auf dem Weg: die äußere Freiheit des Zeithabens, die Freiheit von Verpflichtungen und Terminen … aber auch eine innere Freiheit und Gelassenheit: Sorgen und Probleme relativieren sich, Ärger wird geringer – je reduzierter das Leben wird, desto freier wird es!

17.30 Uhr in der Kirche »St. Mariae Geburt« in Baasem

Direkt, wenn man die Kirche betritt, fällt der Blick auf den unteren Teil des Abraham-Fensters; dort sind die Schuhe, der Pilgerstab und die Pilgertasche des Abraham dargestellt: »Zieh weg aus deinem Land … in das Land, das ich dir zeigen werde.« (Gen 12,1): Abraham – der Urtyp aller, die sich aufmachen, die auf Wallfahrt gehen, die »unterwegs« sind, die mit dem pilgernden Gottesvolk ziehen, die ein Wanderleben mit Gott wagen. Dabei erinnere ich mich an mein Primizbildchen und meinen Primizspruch vor 29 Jahren. Das Primizbild: die Abraham-Darstellung aus der Wiener-Genesis (6. Jahrhundert). Abraham tritt vor die Tür seines Hauses, verlässt alle Sicherheiten und Geborgenheiten und steht auf einem langen, schmalen Weg, der rechts – in der Zukunft – endet. »Oben« – in einem abgegrenzten Bereich – ist die Hand Gottes zu sehen, die Abraham den Weg weist und ihn an die zahlreiche Nachkommenschaft erinnert; die göttliche Hand weist nicht nur den Weg, sie segnet auch – mit dem orthodoxen Segensgestus – diesen Weg: Abrahams Weg ist gezeichnet und gesegnet. So wollte ich auch meinen priesterlichen Weg verstanden wissen: gezeichnet und gesegnet. Und als Primizspruch wählte ich Genesis 17,1 (in der Übersetzung von Martin Buber): »Ich bin der Gewaltige Gott, Geh einher vor meinem Antlitz! Sei ganz!« – Dieses »Sei ganz!« habe ich 25 Jahre später – bei meinem Silbernen Priesterjubiläum, wo ich wieder dieses Bild und diesen Spruch verwendete – weggelassen. »Sei ganz!« – das ist eine Überforderung und kommt der Realität nicht nahe. Es gibt immer nur Teile und Anteile von mir, die sich mit dem Beruf und der Aufgabe »ganz« identifizieren können; aber immerhin genug, um weiter zu machen – und das keineswegs »halbherzig«! Und wenn ein Bischof bei einer Priesterweihe in der Predigt sagt, dass ihm ein ganzer Priester lieber sei als 50 halbe (vor Jahren hat er noch 10 halbe gesagt), dann zeugt das von seiner realitätsfernen Wahrnehmung und seinen rosaroten Wunschvorstellungen. Mir jedenfalls würde ein halber Bischof genügen, der sich wenigstens halbwegs um seine Mitarbeiterinnen und Mitarbeiter kümmert!

In dieser Kirche gibt es ebenfalls eine moderne Glasfenster-Darstellung von Elija unter dem Ginsterstrauch, dem ein Engel Brot und Wasser zum Weitermachen und Weitergehen reicht. Außerdem noch eine Spätrenaissance-Darstellung des kleinen Jerusalem-Pilgers Jesus unter den Schriftgelehrten – einer meiner Lieblingstexte aus dem Neuen Testament (Lk 2,41–52).

Noch 113 Tage! 28/6/04

12.45 Uhr auf dem Loipenparkplatz in der Nähe des »Schwarzen Mannes« in der Schneifel

Nun bin ich schon eine Woche unterwegs. Wie schnell die Zeit vergeht! Bei der kurzen Segensfeier vor einer Woche in der Kaarster Kirche haben wir gemeinsam einige Verse aus Psalm 18 gebetet; darunter: »Du hast den Weg vor mir frei gemacht, nun kann ich ohne Straucheln vorwärts gehen« (Ps 18,33) – Dieser Psalmvers hat sich bisher bewahrheitet: Alles hat bisher bestens geklappt. Das Wetter spielt prima mit (bis auf einige Regengüsse am Anfang), die Füße machen bestens mit (keinerlei Anzeichen von Blasen; das anfängliche Brennen unter dem linken kleinen Zeh ist weitgehend verschwunden; ich pflege sie aber auch: abends werden sie nach dem Duschen mit Latschenkiefer eingerieben und morgens vor dem Aufbruch kommt Fußpuder auf und unter die Füße); der Weg ist meist gut zu finden; die Gedanken schweifen in die Vergangenheit und in die Zukunft; das Gepäck ist jetzt erträglich (die 10 Kilo in den ersten Tagen drückten doch kräftig nieder); ein anfänglicher Anflug eines »Wolfs« hat sich verkrümelt; die Unterkünfte waren bisher alle o.k.; die Schuhe sind hervorragend; alle Planungen haben sich bisher erfüllt; und die »Arbeitsteilung« mit Meinhard hat sich gut eingespielt (ich laufe, und er macht die Quartiere).

Gestern Abend bin ich nach ca. 24 Kilometern (zwei Kilometer »Lustrunde«) um Punkt 18 Uhr in Spanien angekommen – das heißt Kronenburg gehörte mal eine zeitlang zu Spanien und war als »spanisches Ländchen« eine Exklave der Weltmacht mitten in der Eifel. In der Kirche »St. Johannes Baptist« – einer stimmungsvollen Einpfeilerkirche (gleichsam eine Taschenausgabe der Jakobiner-Kirche von 1260 in Toulouse) – befindet sich unter dem Triumphbogen eine Darstellung des Gleichnisses von den fünf klugen und den fünf törichten Jungfrauen: die einen halten ihre vollen Ölgefäße zum Himmel, die anderen ihre leeren Becher zur Erde. Sicher ein ungewöhnlicher Ort für diese

Darstellung aus dem 25. Kapitel des Matthäus-Evangeliums (Mt 25,1–13) in der Abtrennung zum Altarraum. Aber etwas Wichtiges kann dieses Gleichnis den Menschen vermitteln: Es geht nicht um das Thema »Wachsamkeit« (denn schließlich sind alle Mädchen eingeschlafen!); es geht meiner Meinung nach um das Problem und die Zuordnung von Form und Inhalt: die äußere Form (die tönernen Öllampen oder Becher) haben alle, aber der wichtige Inhalt (das Öl) fehlt den einen. Es kommt nicht auf die äußeren Formen (auf Riten, Gesetze, Kleiderordnung, Formeln, Lehrsätze, Brustkreuze ...), sondern auf die innere Haltung an: auf ein liebendes Herz, auf Demut, auf Bescheidenheit, auf Freude, auf ein feines Gespür für die Dinge und die Menschen. Solche Menschen sind dem Herrn nahe und können mit ihm Mahl feiern.

Danach fanden wir eine prima Unterkunft im »Liudger-Haus« des Ferienwerks Oberhausen. Dort Abendessen, einige weltliche TV-Genüsse (ein Krimi; ein Fußballspiel: Tschechien – Dänemark 3:0), dazu einige »Bitte ein Bit« (ein köstliches Pils!), eine geruhsame Nacht, ein kräftiges Frühstück, ein gemeinsam gesungenes »Regina caeli« in der Kirche von Kronenburg – und dann wieder »Ultreia!«: Das gehört nämlich inzwischen zum Ritual zwischen Meinhard und mir: Wenn wir uns abends wiedertreffen, reichen wir uns die Hand, und wenn wir uns morgens verabschieden, geben wir uns die Hand, und er wünscht: »Ultreia!« – diesen uralten Ruf und Wunsch der Jacobspilger: Auf! Es geht weiter! Nur Mut!

Auf dem Weg hierher bin ich an einigen Resten (Betonklötzen, Erdlöchern und Erdwällen) des sinnlosen »Westwalls« vorbeigekommen – Zeugnis der Verblendung, des Hasses, des Krieges zwischen Menschen. Warum muss der Mensch immer wieder zum Wolf des Menschen werden? Gott sei Dank gibt es auch das andere: Versöhnung und Frieden unter den Menschen. Davon ist auch die Jacobus-Wallfahrt ein beredtes Zeugnis: Neben all dem Dunklen im Mittelalter – neben Kriegen, Kreuzzügen, Inquisition, Hexenverbrennungen ... – gibt es auch diese lichte Seite: eine völkerbindende und grenzüberschreitende Wallfahrt, die viele Menschen zu einem friedvollen und verständnisvollen Miteinander auf die Beine gebracht hat. Gott sei Dank wird auch diese lichte Seite des »finsteren« Mittelalters immer bekannter; und immer mehr Menschen lassen sich von diesen Gedanken anstecken und machen sich selbst auf den Weg, der vor allem auch inneren Frieden erfahren lässt.

Diese Gedanken berühren aber auch einen ganz persönlichen, recht zwiespältigen Abschnitt meines Lebens: meine zweijährige Bundeswehrzeit (von 1963 bis 1965). Ein Lebensabschnitt, bei dem ich nicht recht weiß, wie ich damit umgehen soll und wie ich ihn bewerten soll: Einerseits war diese Zeit für meine Lebenserfahrungen (bis dahin kannte ich fast nur Gymnasiasten und die etwas elitäre Jugendgruppe »Neudeutschland«) und für meine Persönlichkeitsentwicklung (hier habe ich Planen und Leiten gelernt; u. a. auch den Grundsatz, dass der beste Führer der ist, der delegieren kann) und für meine Berufsentscheidung (erste, zaghafte Überlegungen, Theologie zu studieren) wichtig – andererseits war es eine Zeit, in der militärische Gedanken eine große Rolle spielten, ja sogar die Faszination des Kriegerischen spürbar wurde; und das alles unkritisch, unreflektiert, ja sogar als großes Spiel von mir erlebt (bis dahin, dass ich bei einem Manöver wie wild mit Leuchtmunition um mich schoss und immer wieder brüllte: »Der Krieg muss bunt sein!«). In der Lebensreflexion gehören diese beiden Jahre sicherlich zu denen, die mit den meisten Fragezeichen zu versehen sind.

Heute Morgen habe ich bei Domkapitular Norbert Trippen angerufen und gute Grüße bestellt. Dort in Köln trifft sich heute der »Pastoralkreis« oder »Montagsclub« – ein Priestertreffen, das es seit über 30 Jahren gibt und das der »Seelenhygiene« ausgesprochen gut tut. Dort kann man sich den Frust aus dem Kopf und aus der Seele reden, dort kann man über Gott und die Welt lästern, dort können äußere und innere Erfahrungen mit der Kirche ausgetauscht werden.

Solche telefonischen Kontakte zur »Heimat« schaffen informative und emotionale Verbindungen: So weiß ich jetzt, dass Anna jeden Tag ein Teelicht vor der Muttergottes entzündet; dass Agnes, Heidi, Anne, Hermann Josef, Otto, Hilde ... jeden Tag meine Tagesstrecken verfolgen und abhaken; dass Frau Gertraud Schümchen aus Kaarst bei ihren Krankenbesuchen den Kranken verspricht, dass ich ihre Leiden und Schmerzen mit in mein Gepäck packe ...

17 Uhr in der St. Salvator-Kirche in Prüm (nach ca. 25 Tageskilometern)

Auf dem Weg hierher entdeckte ich an einem Haus in Gondenbrett zwei Schilder fast nebeneinander: »Honig aus Gottes Natur« und »Honig aus eigener Imkerei«: Zwei Weltbilder treffen aufeinander: das alte Weltbild – das moderne Weltbild. Ob beide jemals wieder zusammen kommen werden? – So wie es das Gebet zur Gabenbereitung in der Messe versucht: »Früchte der Erde und der menschlichen Arbeit«.

Die Muschel-Hinweisschilder auf den letzten zehn Kilometern tragen kaum noch das Stichwort »Pilgerweg« und sind alle (meiner Meinung nach) verkehrt befestigt: In die Laufrichtung zeigen immer die Strahlen – und nicht der gebündelte Endpunkt.

Hier in der Basilika wird eine Jesus-Reliquie, Partikel seiner Sandalen, aufbewahrt: Eigentlich ein schönes Überbleibsel vom Wanderprediger Jesus, der kein »Zuhause« hatte, sondern der in Israel von Ort zu Ort gezogen ist und der seine Freunde auch »jeweils zwei zusammen« in die Welt geschickt hat mit dem Auftrag. »Zieht Sandalen an!« (Mk 6,9) (beim Evangelisten Lukas steht allerdings: »Nehmt keine Schuhe mit!«; Lk 10,4); und ihnen die Mahnung mitgab, dort, wo man sie nicht aufnimmt, den Staub von den Füßen gegen die Menschen zu schütteln (Mk 6,11).

»Sandalen Jesu« – wie jede Reliquie stellen sie durch ihre Materialität eine Verbindung zum Sinn her; wie jede Reliquie verbinden sie die Gegenwart handfest und anschaulich mit der Vergangenheit. Und wie sagt Umberto Eco (in »Baudelino«) so treffend von Reliquien: »Es ist der Glaube, der sie echt macht, nicht sie den Glauben.«

Prümer Jesus-Latschen

Nach Deinem steinigen und staubigen Erdenweg hast Du sie wohl auf dem Ölberg abgestreift.
Der Abdruck dort von Deiner Auffahrt in den Himmel zeigt Deine Füße bar.
Deine Wiederkunft auf dieser dornigen Erde wirst Du wohl in Prüm antreten müssen.
Ich weiß allerdings nicht, wo die restlichen Überbleibsel verehrt werden.

Noch 112 Tage! 29/6/04 – mein Namenstag

11.45 Uhr an der »Burgkapelle« in Schönecken

Auf einer der bisher schönsten, idyllischsten und romantischsten Wegestrecken durch die »Schönecker Schweiz« bin ich bis hierher gekommen: eine Vielfalt von Bäumen und Gewächsen, zerklüftete Felsformationen und ein ausgetrockneter Bach, Sonnenstrahlen durch die dunklen Tannen und ein blauer Himmel begleiteten mich.

Gestern Abend – nach dem Frischmachen im »Haus am Kurpark« (empfehlenswert!) – haben wir zusammen gegessen und dann bei etlichen »Bitburgern« in Erinnerungen an ehemalige Reisen zu Studentenzeiten und mit der Homberger Gemeinde geschwelgt; und dazwischen auch »Männerprobleme« voller Wehmut und Bitterkeit ausgetauscht: von Verlassen-werden und Vorwürfen, von Unverständnis und Missverständnissen – aber mit der Hoffnung, dass es der heilige Jacobus vielleicht richten wird.

Heute Morgen wurde ich um kurz nach 6 Uhr vom Handy geweckt: Wie ich später las, war es eine SMS von Anna und Norbert mit Glückwünschen zum Namenstag und besten Wünschen für den Tag. Später – nach dem »richtigen« Wecken gegen 7.15 Uhr – gratulierte mir Meinhard mit einer Flasche »Jacobi«-Weinbrand: Sie kann meine kleine Trinkflasche immer wieder auffüllen helfen, so dass ich die alte Pilgertradition fortsetzen kann, jeden Mittag nach dem »Mittagsmahl« einen Müsli-Riegel mit einem Schluck Weinbrand oder Cognac zu genießen.

Frühstück – Stempel im Pfarramt besorgen – kurzes Gebet in der Basilika – »Ultreia!«

Nun schlägt hinter mir die Glocke der Kapelle zur Mittagszeit und lädt mich ein, den »Angelus« zu beten: »Und das Wort ist Fleisch geworden und hat unter uns gewohnt« – wobei dieses »wohnen« sich zu statisch, zu häuslich, zu etabliert anhört. Angemessener sollte man es mit dem Johannes-Evangelium als »gezeltet« (Joh 1,14) übersetzen und damit die Unbeständigkeit und Ungesichertheit, das Vorübergehende und Zeit-begrenzte der Jesus-Existenz andeuten.

Jedenfalls ist hier in die Südwand der Kapelle ein herrlich-rötlicher Sandstein-Altaraufsatz eingelassen (von 1622), der eine Schriftplatte zeigt, die von drei Engeln gehalten wird. Darüber ist links ein Bischof zu sehen, in der Mitte der Erzengel Michael mit der Seelenwaage (der Teufel in Gestalt eines kleinen Drachens hat keine Chance, so sehr er sich auch anstrengt, die Waage zu seinen Gunsten herabzuziehen) und rechts der heilige Jacobus: mit dem Pilgerstab in seiner Rechten, dem geschlossenen Buch in seiner Linken, zwei Muscheln an seinem – von einer Schließe gehaltenen – Obergewand und einer Muschel an der hochgeschlagenen Krempe seines Pilgerhutes: Er wird mich auf meinem weiteren Weg heute begleiten.

Aber am heutigen Tag geht es vor allem um zwei andere Apostel: um die »Apostelfürsten« Petrus und Paulus. Das war mal eine geniale Idee der Kirchenoberen im 4. Jahrhundert, beide zusammen auf einem Tag zu feiern und damit anzudeuten, dass beide sich in ihrer Eigenständigkeit gegenseitig ergänzen müssen; und dass »Kirche« von beiden geprägt sein muss: vom Amt und vom Charisma, von der Tradition und dem Blick in die Zukunft, vom Beharren und Sich-öffnen, vom Gesetz und von der Freiheit, von den Werken und dem Glauben, vom Buchstaben und von der Phantasie, vom Kirchenrecht und von der Pastoral! Dabei sollte und müsste es immer eine Balance geben; keine Seite sollte die andere in den Hintergrund drängen und sich selbst als die »wahre« und »richtige« herausstellen. Leider scheint die momentane kirchliche Situation nur von einer, der petrinischen Seite geprägt und beherrscht zu werden.

Heiliger Jacobus, hilf deinem Kollegen Paulus, denn die Schlüssel des Petrus schlagen zur Zeit kräftiger zu als dessen Schwert!

Noch ein charakteristisches Merkmal des Pilger-Heiligen und ein bemerkenswerter Nachtrag zu den gestrigen Krieg-Frieden-Überlegungen: Jacobus als Patron des Friedens! So steht es jedenfalls auf der Jacobus-Glocke (von 1954) der Basilika »St. Salvator« in Prüm: »Heiliger Jacobus, der du auf der Richtstätte dem Henker den Friedenskuss gegeben hast, schenke unseren Zeiten einen fruchtbaren Frieden.«

?? Uhr hochoben auf einer Bank mit Blick auf die Autobahn kurz hinter der A-60-Brücke

Ich weiß nicht mehr, wie viel Uhr es ist und habe keine Möglichkeit mehr, mit der »Welt« in Kontakt zu treten: Der Aku des Handys ist leer. Nichts tut sich mehr. Nachdem Kaplan Christian Voßhenrich kurz hinter Schönecken anrief, um mir die Namenstagsgrüße des gesamten Teams zu übermitteln und mich zu fragen, ob ich damit einverstanden wäre, dass mich ein Team des Fernseh-Senders »Phoenix« kontaktiert (ich habe zugestimmt), tat sich nichts mehr mit meinem Handy: Ob Meinhard wohl schon versucht hat, mich zu erreichen? Ob wohl weitere Namenstagsgratulanten versucht haben, mich zu erreichen? Ob wohl schon weitere SMS-Verschicker versucht haben, mich zu erreichen? Ich werde es irgendwann erfahren! Aber jetzt bin ich zur Zeit abgeschnitten von allen Menschen (öffentliche Telefonzellen gibt es immer weniger und hier in den Eifeldörfern wohl gar nicht mehr!) und von der Zeitvorstellung. Das darf aber in Zukunft nicht mehr passieren! Ich hoffe nur, dass unsere alte Verabredung klappt: jeweils Treffen zur vollen Stunde an der Kirche des Zielortes!

Noch 111 Tage! 30/6/04

9.45 Uhr im Zimmer des »Hotels am Schwimmbad« in Waxweiler

»Ein schöner Tag, die Welt steht still – ein schöner Tag …« so klang es eben aus dem Radio beim Frühstück und weckte in mir Gedanken an viele Urlaube in der Bretagne, in denen täglich zum Abschluss des Tages bei der Fahrt vom »Plage Bonaparte« zum Monsieur dieses Lied im Auto erklang – in diesem Jahr nicht und im nächsten unter anderen Bedingungen! Heute ist aber auch wirklich ein »schöner Tag«: Nicht nur vom Wetter her, sondern es ist der erste Ruhetag. Nach neun Lauf-Tagen heute Ausruhen: Der liebe Gott ruhte zwar schon nach sechs Tagen, aber der hatte auch Beschwerlicheres hinter sich und vor allem viel mehr Zeit! Ich habe bei meinen 120 Tagen insgesamt zwölf Ruhetage eingeplant – diesen ersten werde ich genießen.

Und er gibt Zeit und Muße, die Dinge zu betrachten, die mir mit auf den Weg gegeben wurden und die mich täglich begleiten: Da ist zunächst die kleine Bronzemuschel, die ich an einem Lederband um den Hals trage, und die mir vom Seniorenclub in Kaarst umgehängt wurde. Ihre Inschrift auf der Rückseite: »Gottes Segen. Seniorentreff St. Martinus. Für Ihren Weg.« Sie erinnert mich an alle Gruppierungen und Personen, die ich »am Hals« habe, für die ich Verantwortung trage und die mir zum Teil sehr lieb geworden sind (dazu gehört der Seniorenclub!) oder mit denen ich Probleme habe. Aber für alle bin ich mit-verantwortlich, auch wenn ich nicht für »alle alles« werden kann und will (wie der heilige Paulus im 1. Korinther-Brief – 9,22 – von sich selbst behauptet; obwohl ich glaube, dass auch er das nicht leisten konnte!).

Und dann ist da das kleine »Kaarster Kreuz« aus Silber, das am gleichen Halsband baumelt: Es wurde mir vom Pastoralteam in der Vorabendmesse samstags vor meinem Aufbruch überreicht. Inschrift auf der Rückseite: »Katholische Kirchengemeinde St. Martinus Kaarst«. Das Kreuz in der Form des Autobahnkreuzes Kaarst zeigt auf der Vorderseite den Mantel-teilenden Martin. Es erinnert mich an das Pastoralteam und daran, dass dies zu den schönsten und bereicherndsten Erfahrungen seit vier Jahren gehört: die Zusammenarbeit mit anderen, das Absprechen eigenverantwortlicher Arbeitsbereiche, die menschliche Kommunikation auf gleicher theologischer und emotionaler Wellenlänge.

In der rechten Tasche meiner Weste trage ich ein kleines leichtes Holzkreuz: als »Handschmeichler« anschmiegsam und griffig. Es wurde mir von Herrn Matthias Haermeyer am »Weißen Samstag« geschenkt, als ich ihm und zwei weiteren Fahrradpilgern den Pilgersegen zusprach. Er ist auch wirklich in Compostela angekommen. Das Kreuz ist mir ein guter Begleiter.

In derselben Tasche befindet sich ein kleiner Stein, den mir die Pfarrgemeinderatsvorsitzende, Frau Klaudia Schuch, bei der letzten Pfarrgemeinderatssitzung überreichte: Ich soll alle belastenden »Steine« der Gemeindearbeit mitnehmen und zum heiligen Jacobus tragen.

Und dann ist da noch ein kleines Büchlein, das mir Frau Irmgard König aus Homberg mit auf den Weg gab: mit vielen Zitaten aus der Bibel zum Thema »Weg«.

In meinem Portemonnaie befindet sich ein Finger-Rosenkranz, den mir Heidi Hennemann, eine Mit-Pilgerin auf früheren Wegen, in Homberg mitgab. Aber Rosenkranz-beten geht auch gut mit den zehn Fingern, die uns der liebe Gott dafür geschenkt hat.

An der Seitentasche meines Rucksacks hängt ein »Schutzengel«, den mir Benedikt zur Abschiedsfete mitgebracht hat: mit Fliegermütze – »Fahre nicht schneller als dein Schutzengel fliegen kann«: das trifft wohl für Fußpilger weniger zu: trotzdem ein köstlicher Talisman und bis jetzt hat er mich gut beschützt.

Schließlich die Muschel, die auf meinem Rucksack baumelt – Zeichen der Jacobus-Pilgerschaft seit vielen Jahrhunderten. Dazu Gedanken, die mir 1999 auf der »via de la plata« kamen:

Jacobsmuschel

Mal außen – mal innen
Mal konvex – mal konkav
Mal rauh – mal glatt
Mal stumpf – mal glänzend
Mal abwehrend – mal schützend
Mal Schild – mal Schale
Beidseitig geprägte Lebenslinien
Beidseitig Konzentration auf einen einzigen Punkt am oberen Rand
Beidseitig Zeichen für unser Unterwegs-Sein hin zu ihrem Ziel

Gestern gegen 16 Uhr habe ich Meinhard unterhalb der Mariensäule von Waxweiler getroffen. Im »Hotel am Schwimmbad« sind wir gut und preiswert für zwei Nächte untergekommen. Nach ausgiebigem Wäschewaschen und Abendessen sind wir zur Abendmesse nach Lambertsberg (3 Kilometer entfernt) zu Ehren der Apostelfürsten gefahren. Dort in der gotischen »Einsäulenkirche« gibt es eine herrliche Kanzel von 1618 mit köstlichen Darstellungen aus der Kindheit Jesu; darunter, wie er die Stube der heiligen Familie auskehrt. Anschließend genehmigten wir uns ein paar Bierchen zum Ausklang des Namensfestes und genossen eine erholsame Nachtruhe.

16.30 Uhr ebd. (Gut und preiswert! Und mit einem wunderbar gezapften Bitburger Pils!)

Nach dem Stempel-Holen im Pfarrhaus und einem kurzen Plausch mit dem etwas exotischen Pfarrer Hubert Colling (Er ist für die Katholiken in Dubai zuständig!) und nach einem Auto-Ausflug am Ruhetag sind wir wieder wohlbehalten in Waxweiler angekommen. Der Ort ist für die Entstehung der Echternacher Springprozession von großer Bedeutung. Nach der Legende kam der heilige Willibrord auf seiner Missionsreise auch nach Waxweiler, um dort das Evangelium zu verkünden. Die Einwohner führten aber während seiner Predigt heidnische Tänze auf und ließen trotz Ermahnung nicht davon ab. Da rief Willibrord schließlich voller Zorn: »So springet und tanzet denn ohne Unterlass, wenn ihr von den Werken des Teufels nicht lassen wollt.« Und tatsächlich konnten die Tänzer von diesem Moment an nicht mehr aufhören zu tanzen. Erst als sie Besserung gelobten, befreite sie Willibrord von dem Tanzzwang, legte ihnen aber als Buße auf, nach Echternach zu wallfahren und dort »mit heiliger Andacht« zu springen und zu tanzen. Die Echternacher Springprozession am Pfingstdienstag wird jedes Jahr durch eine Waxweiler Springergruppe angeführt.

Unser Auto-Ausflug führte uns zu zwei Jacobus-Kirchen in der näheren Umgebung – nach Dasburg (hier trägt der Jacobus feste Wanderstiefel) und nach Rodershausen (hier ist Jacobus auf einem modernen Glasfenster wie ein Weltenherrscher dargestellt; ihm haben wir gemeinsam auf der Orgelbühne das »Dum pater familias« gesungen).

Schließlich fuhren wir noch nach Neuerburg: Besichtigung der St. Nikolaus-Kirche (hier muss der heilige Jacobus als Konsole die ganze Last des Kirchengewölbes tragen – allerdings zusammen mit den anderen Aposteln), der Burg Neuerburg und der Eligius-Kapelle.

Die Neuerburg weckte in mir wehmütige Kindheits- und Jugenderinnerungen. Sie gehörte auch schon in den 50er und 60er Jahren dem »Bund Neudeutschland«; und alle, die dort einmal sein durften, erzählten von romantischen Burgerlebnissen mit Lagerfeuer, Wanderliedern und Schlossgespenstern. Ich selbst war nie dort, weil die Entfernung von Wuppertal recht weit und deshalb zu kostspielig war. Dem

»Bund Neudeutschland« – damals eine Vereinigung »katholischer höherer Schüler« – gehöre ich seit 1952 an. Die Erfahrungen dort in den Jugendgruppen bei wöchentlichen Treffen, gemeinsamen Zeltlagern und Fahrten, bei Bildungsveranstaltungen und Elternabenden, bei Chor- und Theaterauftritten (ich durfte mehrmals den »kleinen Prinzen« von Saint-Exupéry spielen) haben mich während meiner Gymnasialzeit sehr geprägt. Zeitweilig habe ich mehr Zeit und Kraft in die Leitung meines »Fähnleins« und später der Wuppertaler »Gruppe« investiert als in die Schule. Es war eine schöne, aber auch nicht ganz ungefährliche Zeit. Die äußeren Formen und Rituale knüpften unbedenklich an die Zeit der Jugendbewegung an; die Lagerfeuer- und Zeltromantik überdeckte oft kritische und gesellschaftskritische Entwicklungen (bis es dann 1968 zum großen Bruch kam); kirchlich waren wir oft stark rückwärts orientiert (so erzählte uns der damalige Gruppenkaplan, dass man das Wörtchen »modern« nur anders betonen brauche, um seine Vergänglichkeit zu dokumentieren!); politisch waren wir kaum interessiert; die einseitig geschlechtliche Orientierung auf Jungen und Männer hat sicherlich bei manchen zu einigen Verkrampfungen geführt – bei mir zumindest zu Unbeholfenheiten, Schüchternheiten und Verklemmungen während meiner Schul– und frühen Studienzeit dem anderen Geschlecht gegenüber. Gott (und einigen Frauen, die in mein Leben traten,) sei Dank, hat sich das später gelegt und ist relativ »normal« geworden. Aber vielleicht hängt meine Berufsentscheidung auch noch mit einer gewissen Ängstlichkeit vor dem »starken Geschlecht« zusammen. Wer weiß? Andererseits hat der »Bund Neudeutschland«, dem ich bis heute angehöre, mir auch viel Gemeinschaftsbewusstsein, Verantwortungsgefühl, Kommunikationsbereitschaft, Solidaritätsverhalten vermittelt. »Neue Lebensgestaltung in Christus« hieß das Grundmotto des Bundes – jedes einzelne Wort dieses Mottos hat bis heute nichts von seiner Bedeutung verloren.

Noch 110 Tage! 1/7/04

14 Uhr an der Nepomuk-Figur von 1740 in Neuerburg

Heute ist der erste Tag, an dem ich nicht mehr an die »mensa episcopi« geladen bin: Drei Monate kein Gehalt! Wieso kann sich ein Bischof eigentlich einfach seiner Fürsorgepflicht entziehen, die er mir bei der Priesterweihe versprochen hat? Schon bei meiner ersten Anfrage im Jahr 1996, ob ich aus spirituellen Gründen eine Wallfahrt nach Compostela zu Fuß unternehmen dürfe, wurde mir im Auftrag des Bischofs mitgeteilt, dass – wenn das überhaupt mal genehmigt würde – ich dann drei Monate kein Gehalt bekommen würde. So wird die Spiritualität seiner Mitarbeiter durch den Bischof gefördert! Aber es ist ja auch »nur« eine Wallfahrt und kein Rosenkranzgebet (obwohl ich das auch pflege!) und keine eucharistische Anbetung (obwohl ich die bei Gelegenheit auch pflegen würde!)! Aber: Wes Brot ich nicht esse, des Lied ich nicht singe!

Pssst! – macht der kleine Engel mit der Palme der Martyrer in seiner Rechten mit seinem linken Zeigefinger vor dem Mund; und er blickt dabei nach oben zum Heiligen des Schweigens und des Bewahrens von Geheimnissen: zum heiligen Johannes Nepomuk. Auch eine Wallfahrt und ein Tagebuch mit Lebenserinnerungen ist voller Geheimnisse und vieles muss auch im Schweigen und Verschweigen verbleiben. Nicht die Geheimnisse des Bösen, sondern die Geheimnisse der Liebe. Und nicht um die Geheimnisse der allgemeinen Liebe geht es, über die in der Kirche immer so viele Worte gemacht werden, sondern es geht um das Geheimnis der konkreten Liebe, zu einem konkreten Menschen. »Liebe deinen Nächsten (oder deine Nächste) wie dich selbst!« – das kann im Leben auch eine ganz konkrete Person betreffen. Es ist schön, schon seit vielen Jahren um eine solch konkrete Person zu wissen, mit der vieles zu besprechen, vieles zu erleben, sich an vielem gemeinsam zu erfreuen und vieles gemeinsam zu durchleiden ist. Eine Person, mit der man vieles unternehmen kann: kurze und weitere Reisen – vor allem irgendwo ans Meer. Das »Rezept«, mit dem dieses »Geheimnis der Liebe« schon seit vielen Jahren »klappt«, ist die Spannung und Zuordnung von Distanz und Nähe. Immer wieder zeitlicher und räumlicher Abstand – und dann wieder Nähe, Austausch, Zusammensein … Pssst! macht der kleine Engel nochmals.

Heute vor vier Jahren habe ich meinen Dienst in Kaarst begonnen. Wie die Zeit vergeht! Nach langer Entscheidungszeit und dem Abwägen von vielen »pros« und »contras« habe ich schließlich »Ja« gesagt und bin von Homberg nach Kaarst gegangen. Anfangs (und manchmal bis heute!) war es recht schwer, Fuß zu fassen: die Grundmentalität der Gemeinde ist viel beharrender, allem Neuen stehen viele zunächst einmal skeptisch gegenüber, die theologische, intellektuelle und gesellschaftliche Bandbreite der Gemeinde ist enorm und die Erwartungen riesig. Immer wieder habe ich mich gefragt, ob ich dort am richtigen Platz bin. Dabei hat mich vielleicht manchmal auch der wehmütig-nostalgische Blick auf die 16 Jahre in Homberg blockiert; wobei ich mir sicherlich nicht immer bewusst war, dass es auch dort gewisse Anfangsschwierigkeiten gab. Inzwischen aber habe ich in

Kaarst einigermaßen Fuß gefasst, viele Menschen werden mir immer vertrauter und ein Gefühl von »zu Hause sein« kommt auf. Das habe ich gerade auch in den letzten Wochen gespürt – bis hin zu meinem Wallfahrts-Abschied: dass doch viele Anteil nahmen an meinem Vorhaben, dass viele mir ihre Sorgen und Anliegen mit auf den Weg gegeben haben, dass viele mich verabschiedet haben und mir gewünscht haben, gut und heil zurückzukehren. Vielleicht hilft mir ja der Weg nach Compostela auch, noch mehr und intensiver und froher und unvoreingenommener auf die Kaarster Gemeinde zuzugehen.

16.45 Uhr in der Kirche »St. Margarete« in Mettendorf

Nach ca. 26 Kilometern Tagesetappe bin ich wohlbehalten hier angekommen. Bei ständig bewölktem Himmel, einigen wenigen Regentropfen und ca. 18 Grad war es ein angenehmes Wanderwetter. Bis Neuerburg ging es wieder bergauf-bergab durch die wunderschöne Südeifel mit vielen bunt-farbigen Ackerrändern: rote Mohnblumen, weiße Margeritten, blaue Kornblumen, gelber Ginster – eine wahre Farbenpracht.

Ab Neuerburg bin ich ca. 10 Kilometer auf der Landstraße gelaufen, um Zeit zu sparen und mir ein mühsames Aufsteigen und Absteigen zu ersparen.

Den hiesigen Pilgerstempel habe ich mir eben schon im Pfarrbüro geholt.

Hier in der modernen Kirche gibt es im linken Seitenschiff einen steinernen Altar aus dem 17. Jahrhundert. Das Hauptrelief stellt einen »Gnadenstuhl« dar; darunter in Nischen vier Heilige: ganz links Matthias und daneben Jacobus. Schön, dass die beiden Pilgerheiligen und Pilgerpatrone, denen ich seit vier Jahren – seit ich mit der Kaarster Matthias-Bruderschaft nach Trier pilgere – meine Sympathien gleichmäßig verteilen muss (wobei Jacobus immer noch ein gutes Stück besser wegkommt!), hier einträchtig nebeneinander stehen.

Dabei ist – meiner Erinnerung nach – der heilige Jacobus hier zum ersten Mal auf meinem Weg mit einer Kalebasse dargestellt, diesem Trinkgefäß in Kürbisform: eigentlich das wichtigste Ausstattungsstück für einen Pilger – wichtiger als das Essen ist das Trinken! Und so fülle ich jeden Morgen meine Wasserflasche mit frischem Wasser (und die kleine Flasche mit einem Schluck Weinbrand!). Jetzt geht es ins Hotel »Kickert«, das Meinhard für uns gebucht hat.

Noch 109 Tage! 2/7/04

12.15 Uhr in einer Schutzhütte beim »Fraubillenkreuz« bei strömendem Regen

Heute Morgen musste ich zum ersten Mal meine Regenhose anziehen, die sich unterwegs auch immer wieder bewährt hat. Dicke Regenschauer gibt es heute und ein ständig bedeckter Himmel. Aber es kann ja auch nicht vier Monate lang trockenes, schönes Wetter sein. Der Weg bis hierher war wunderschön: über Nusbaum und dann auf das »Ferschweiler Plateau« – eine der schönsten Landschaften der Südeifel: wildromantisch, mit dichten Buchen- und Tannenwäldern; dazwischen Zeugnisse aus längst vergangenen Zeiten: Menhire, Fliehburgen, Wälle, Opfersteine. So bin ich an der »Wikinger Burg« vorbeigekommen und schaue jetzt hier auf das »Fraubillenkreuz«: ein keltischer Menhir, der wahrscheinlich schon im 2./3. Jahrtausend vor Christus errichtet wurde und der Götterverehrung oder dem Totenkult diente. Der ca. 3,5 Meter hohe Stein wurde mit der Christianisierung der Region zu einem Kreuz umgestaltet – einer Legende zufolge soll er sogar vom heiligen Willibrord (657–739) persönlich umgemeißelt worden sein.

Zu dem Namen des Kreuzes: In diesem sagenumwobenen Stein soll sich tagsüber die Fee Frau Sybille, eine nachts heilbringende Jägerin, verborgen halten. Nach einer anderen Version hört man im Kreuz eine Frau spinnen.

Jedenfalls meint man gerade heute – an diesem Freitag bei Regen, Dunst, Schwaden, Wolken und Nebel, dass die Göttin Freia – diese »germanische Venus« – jeden Augenblick vor mir stehen und einen berückenden Schleiertanz aufführen könnte.

Bei all den Diskussionen um den Gottesbezug in der Europäischen Verfassung und um die Verweise auf das christliche Abendland, wird ja auch ein wenig vergessen, dass es sich hierbei um eine Siegerperspektive handelt; dass das Christentum ja ganz viele andere Religionen und Völker beiseite gedrängt hat, die auch Teile Europas geschaffen haben: Wikinger, Germanen, Kelten, Westgoten, Hunnen ... Sie und alle anderen sollte man auch nicht vergessen. Dieses »Fraubillenkreuz« ist ein beredtes Zeugnis für sogenannte »heidnische« Wurzeln Europas, die später unter das Zeichen des Kreuzes geformt wurden.

Heute feiert die Kirche das Fest der »Heimsuchung Mariens« – jenes Treffen der beiden schwangeren Frauen Maria und Elisabeth. Warum dieses Fest gerade heute gefeiert wird, ist mir unverständlich, da der

Johannes, der doch bei der Ankunft Marias im Leibe seiner Mutter Elisabeth hüpfte, vor gut einer Woche seinen Geburtstag feierte. Na ja, auf jeden Fall zeigt diese Begebenheit, die uns der Evangelist Lukas aufgeschrieben hat (Lk 1,39–56), dass Jesus schon im Schoß seiner Mutter »unterwegs« war, ein Wanderer und Pilger: »Maria machte sich auf ... sie eilte ins Bergland ... sie kehrte zurück«: Jesus macht mit seiner Mutter schon hier Wegeerfahrungen, die später sein öffentliches Wirken so sehr prägten, dass er von sich sagen konnte: »Ich bin der Weg« (Joh 14,6).

14.50 Uhr mitten auf der Alfred-Toepfer-Brücke, die Deutschland mit Luxemburg über die Sauer verbindet

»Wallfahrt kennt keine Grenzen!« – so lautete der Titel einer Wallfahrtsausstellung 1984 in München. Und in der Tat: das, was die wallfahrenden Menschen im Mittelalter erfuhren – dass sie Grenzen passieren, durch verfeindete Gebiete hindurchgehen und Gemeinschaft überall in Europa erleben konnten – das erfahre ich heute bei der ersten Grenzüberschreitung (es werden noch mehrere in den nächsten Tagen und Wochen sein) von Deutschland nach Luxemburg: Länder und Völker in Europa verstehen sich immer besser, alte Erbfeindstreitigkeiten sind zu Ende, Grenzpfähle spielen kaum noch eine Rolle und wir alle werden mehr und mehr zu »Europäern«.

»Wallfahrt kennt keine Grenzen!« meint aber auch ganz persönlich und individuell, eigene Grenzen zu überschreiten: So lange war ich nie an einem Stück von zu Hause fort, einen so langen Weg habe ich noch nie in meinem Leben unternommen, so intensiv und vielschichtig habe ich noch nie über mein Leben nachgedacht. Auch ich kenne keine Grenzen in meinen Gedanken und Überlegungen: Die Fußspitzen regen die grauen Gehirnzellen ungeheuerlich an!

Nach heftigen Regengüssen auf dem »Plateau« gelangte ich nach Bollendorf; dort besuchte ich die St. Michael-Kirche mit einem Pilger-Jacobus und einer Bronzeplakette mit Muschel und Pilgerstab am Apostelleuchter. Dann ging es bei strahlender Sonne auf einem angenehmen Fuß-Rad-Weg entlang der Sauer, so dass ich meine Regenhose endlich ausziehen konnte – aber jetzt fängt es schon wieder an leicht zu regnen. Nun werde ich auf der luxemburgischen Seite bis Echternach laufen und mich dort um 17 Uhr mit Meinhard treffen, der im Hotel »Postillon« für uns Quartier gemacht hat.

Noch 108 Tage! **3/7/04**

11.30 Uhr in der kleinen Martinus-Kirche
in Born (Luxemburg)

Gestern war ich um Punkt 16 Uhr (nach ca. 23 Kilometer) an der Kirche in Echternach. Dort erwarteten mich zwei Filmemacher aus Köln, die einen Dokumentarfilm über den »Jacobsweg« drehen und mich darin als lebendes Subjekt einspannen wollen. Ein Gespräch bei einer Tasse Kaffee zeigte, dass die beiden eigentlich keine Ahnung haben – aber wir können es ja mal miteinander versuchen: Sie wollen mich dreimal »unterwegs« kontaktieren, filmen und interviewen – mal sehen, was daraus wird. Danach: kleiner Bummel mit Meinhard durch Echternach, Stempel im Pfarrhaus holen, ein Glas Elbling trinken, um 18.30 Uhr Teilnahme in der Sakramentskapelle der Kirche an einer deutsch-luxemburgischen Messe zu Ehren des Festes »Mariae Heimsuchung«, Frisch-machen im Hotel, Abendessen (mit einigen Gläsern Elbling, diesem Wein der Gegend, den schon die Römer getrunken haben sollen), Schlafen (etwas unruhig durch den Lärm der Straße) – Frühstück um 7.30 Uhr, um 8.30 Uhr war ich auf der Piste und bin dann über den Radwanderweg auf luxemburgischer Seite bis hierher gelaufen – bis auf einen kurzen Schauer ging es sich sehr gut.

Heute ist das Fest des Apostels Thomas. Warum man dem einmal die erste Charakterisierung Jesu (Joh 20,27: »Sei nicht ungläubig, sondern gläubig«) und nicht die zweite zugewiesen hat und ständig vom »ungläubigen Thomas« spricht, ist mir völlig unverständlich. Eigentlich ist er doch der Prototyp des wirklich Glaubenden. Denn er glaubt nicht unbesehen, sondern er will für sich Klarheit und »Beweise« – Er will davon überzeugt sein, dass der Auferstandene mit dem Gekreuzigten identisch ist. Er will keinem Hirngespinst vertrauen, und er will sich nicht auf das Zeugnis anderer verlassen, sondern er will seine eigenen Erfahrungen machen. Und Jesus lässt das zu und gewährt ihm diese eigene Erfahrung – und so kann Thomas für sich zum Glaubensbekenntnis kommen: »Mein Herr und mein Gott«. Diese Szene aus dem Johannes-Evangelium ist besonders eindrucksvoll am »camino francés« im Kreuzgang des Klosters Sto. Domingo de Silos – ca. 50 Kilometer südlich von Burgos – dargestellt. Da lässt Jesus den Thomas seine ganz persönlichen hand-festen Erfahrungen machen; und Jesus hält dabei schützend seinen Arm über Thomas, um ihn vor dem Gerede und dem Gelächter der anderen Apostel zu bewahren. Im Nimbus des Thomas ist dort zu lesen: »Unus ex duodecim« – »Einer der zwölf« (Joh 20,24). Damit wird deutlich: Dieser Thomas gehört zu den Zwölf dazu, er ist in ihre Gemeinschaft eingebunden – aber er ist und bleibt auch ein einzelner, eine individuelle Persönlichkeit. Und er darf als Individuum auch seine ihm eigenen, ganz persönlichen Erfahrungen machen.

Auch ich bin in die Gemeinschaft der Kirche und einer Gemeinde eingebunden. Vieles dieser Gemeinschaft ist mir wichtig, hat mich geprägt, wird von mir angenommen – aber ich bin und bleibe auch ein Individuum, mit meiner ganz persönlichen Lebens- und Glaubensgeschichte, und so darf ich auch meine persönlichen Eigenarten, Vorstellungen, Zweifel, Träume und Geheimnisse einfordern, leben und verwirklichen.

Im Zusammenhang mit dem heiligen Thomas fällt mir noch ein nettes Bonmot ein, das einmal auf Besinnungstagen mit Homberger Jugendlichen gefallen ist: »Selig, die nicht glauben und doch sehen!«

15.15 Uhr an der Igeler Säule (vor Trier)

Auf dem Weg hierher – bei Metzdorf habe ich Luxemburg verlassen, die Sauer überquert, den Sauertalfahrradweg und dann den Moselradweg bis hierher genommen – fiel mir noch ein Stoßgebet zum heiligen Thomas ein:

Heiliger Thomas, hilf mir, zweifelnd zum gemeinsamen Glauben zu kommen
Und glaubend meine Zweifel zu ertragen!

In diesem Zusammenhang erinnerte ich mich auch, dass meine allererste Probepredigt im Priesterseminar Ende 1969 unter der strengen Obhut von Prälat Johannes Overath den Ruf des Vaters des besessenen Jungen zum Thema hatte: »Ich glaube; hilf meinem Unglauben!« (Mk 9,24). Seither habe ich viele, viele Predigten gehalten; aber in den meisten von ihnen taucht diese Spannung und Zuordnung von Glaube und Zweifel, von Zustimmung und Infragestellung, von Ausrufezeichen und Fragezeichen immer wieder auf.

Nun sitze ich hier an der Igeler Säule: einem 23 Meter hohen Monument aus dem 3. Jahrhundert. Diese Säule war wohl ein Grabmal und zeigt als oberen Abschluss die Entführung des Ganymed durch den Adler des Jupiter. In einem Giebeldreieck ist die Himmelfahrt des Herkules dargestellt: mit Rossen wie bei der Himmelfahrt des Elija und mit einem Sonnenstrahlenkranz wie beim »sol invictus«: die mythologischen Themen wiederholen sich immer wieder! Wie sich wohl die Römer das Leben nach dem Tod vorgestellt haben? Goethe schrieb zu dieser Säule (am 26. August 1792): »... ein herrliches Denkmal, den würdigsten Menschen, ihren Lebensgenüssen und Verdiensten gar wohl errichtet.«

21.15 Uhr im noblen Rokoko-bestuckten Gästezimmer der Benediktinerabtei St. Matthias in Trier

»Heiliger Matthias zu dir kommen wir, um deine Fürsprache bitten wir!« – Dieses Bittgebet der Matthias-Bruderschaft hat sich heute wieder einmal bewahrheitet: Um 17.15 Uhr bin ich nach ca. 33 Tageskilometern beim nachgewählten Apostel – dem einzigen, der nördlich der Alpen begraben ist – angekommen: das erste Mal ganz zu Fuß, denn mit der Kaarster Bruderschaft laufen wir immer nur streckenweise: »Schlemmerwallfahrt« habe ich das einmal genannt, weil es mehr zum Essen als zum Laufen gibt. Dem heiligen Matthias habe ich nach meiner Ankunft an die Zehen gefasst und ihn um ein gutes Weiterpilgern gebeten. Danach Begrüßung durch Bruder Markus, Frischmachen, Stempel besorgen, Abendessen (mit Tischlesung), Vigil – darin der herrliche Vers aus Psalm 25 (Ps 25,12): »Wie steht es mit dem, der den Herrn ernst nimmt? Der Herr zeigt ihm den Weg, den er gehen soll.«

Auf dem Platz vor der Basilika steht eine Säule aus dem Jahr 1927 mit den Kilometerangaben an der Basis zum Grab des Petrus in Rom und zum Grab des Jacobus in Compostela: 1395 Kilometer sind dort angegeben – leider sind das nur die Luftlinien-Kilometer. Ich muss noch etliche mehr laufen!

Kurz hinter der Säule in Igel hat mich eine Frau angesprochen (aufgrund meiner Muschel) und mir gesagt, sie sei auch schon in Compostela gewesen und dass der richtige Jacobsweg aber auf der anderen Seite der Mosel entlang laufen würde. Ich antwortete ihr, dass ich nach St. Matthias gehen wolle und von dort weiter nach Compostela. »Und das Gepäck?« fragte sie; und als ich ihr erklärte, das würde von einem Bekannten im Auto transportiert, meinte sie: »Das ist ja geschummelt!« Ich darauf: »Aber im Mittelalter haben auch viele den Weg mit einem Pferd gemacht und so das Gepäck tragen lassen.« Also ich denke: Pilgern definiert sich nicht vom Gepäck-tragen her, sondern vom Gehen des Weges. Und wie das Gepäck nach Compostela kommt – ob mit einem Pferd oder auf einem Esel (wie Carmen Rohrbach in ihrem köstlichen Büchlein beschreibt, das ich kurz vor meinem Weggehen gelesen habe) oder im Beutel eines Kängeruhs (wie ich mal scherzhaft vorgeschlagen habe) – das ist doch egal. Außerdem hätte ich das schwere Gepäck gar nicht den gesamten Weg tragen können, und durch die Auto-Lösung ergeben sich viel mehr Möglichkeiten, Kleidungsstücke, Informationen, Bücher, Kartenmaterial, Filme ... mitzunehmen. Also: Das Gehen macht den Pilger – nicht das Schleppen!

Noch 107 Tage! 4/7/04

11.45 Uhr auf einem Stein mit einer Keramik-Muschel-Wegmarkierung zwischen Konz und Tawern

Unterwegs hierher fielen mir folgende Matthias-Verse ein:

Matthias

Großes Glück hat dich geführt nach Trier
So lesen wir in der Apostelgeschichte von dir
Denn wäre die Wahl damals anders ausgefallen
Würden wir heute zum heiligen Barsabbas wallen

Nach einer erholsamen Nachtruhe, nach einer Laudes um 7 Uhr, nach einem Frühstück und nach einer Gemeindemesse in St. Matthias habe ich unter Sonntagsglocken-Läuten Trier verlassen: auf demselben Weg Richtung Konz, den ich gestern schon einmal in umgekehrter Richtung gegangen bin.

Noch zu Trier: Damit verbinde ich die herrliche Kanzel im Trierer Dom von 1570 – geschaffen von Hans Rupprecht Hoffmann. Auf ihr sind die »Sieben Werke der Leiblichen Barmherzigkeit« dargestellt – darunter auch das Thema »Fremde beherbergen«: Die Fremden sind hier als Jacobus-Pilger zu erkennen: mit Pilgertasche, Pilgerstab, Kalebasse und einem Pilgerhut mit Muschel. Trier war schon immer eine wichtige Station auf dem Weg nach Compostela.

Trier – damit verbinde ich auch den »Codex Egberti«, jene wunderbare Echternacher Handschrift aus dem Jahr 980, die wohl als einzige Handschrift bis heute nie ihren Bestimmungsort verlassen hat. Aus dieser Handschrift für den Trierer Bischof Egbert habe ich in meinem ersten und einzigen Büchlein »Wir haben seine Herrlichkeit gesehen« 1984 den »Kindermord zu Bethlehem« meditiert. Leider war das Weihnachtsbuch nicht gerade der große Renner (obwohl ich immer noch von seiner hervorragenden Qualität überzeugt bin!) und so bleibt wohl ein weiteres Buch über moderne Weihnachtsdarstellungen ein unerfüllter Wunschtraum.

Im heutigen Sonntagsevangelium (Lk 10,1–12.17–30) hörten wir, dass die »zu zweit« ausgesandten Jünger »voller Freude« zurückkehrten, denn sie hatten viele Dämonen ausgetrieben. Ich hoffe, dass ich von meinem Weg auch »voller Freude« zurückkehre – welche »Dämonen« sollte ich dann ausgetrieben haben? Den inneren Schweinehund? Zersetzende und resignative Gedanken? Spott und Ironie über manchen Kirchenoberen? Flüche und Verwünschungen gegen gemeindliche »Stinkstiefel« und Angstmacher?

Papst Gregor der Große hat übrigens einen bemerkenswerten Hinweis dazu gegeben, warum Jesus seine Jünger »zu zweit« aussandte: Sie sollten gemeinsam das Doppelgebot der Gottes- und Nächstenliebe verkünden und vertreten! Da ich nun alleine laufe, muss ich beide Gebote in mir vereinen! Es wird mir nicht immer gelingen!

15.30 Uhr in der St. Jakobus-Kirche von Litdorf-Rehlingen

Der kleine moderne schmiedeeiserne Jacobus mit Hut, Kalebasse und Jacobus-Ritter-Orden-Kreuz-Stab am Gitter zum Kirchenraum blickt mich an und fragt mich: »Wie hast du es denn im Benediktiner-Kloster in St. Matthias empfunden?« Und ich denke nach und antworte ihm und mir: Die Teilnahme an den Stundengebeten, das gemeinsame Essen im Refektorium, die Gastfreundschaft, die Stille: Das alles tat sehr gut – aber auf Dauer wäre das nichts für mich. Zwar habe ich auch mal kurzfristig – Ende der 60er und Anfang der 70er Jahre – mehr gespielt als geliebäugelt mit dem Gedanken, in ein Kloster einzutreten. Damals hatte ich intensiven Kontakt zum italienischen Pater Daniel im belgischen Benediktinerkloster von Chevetogne. Mehrmals war ich damals dort, habe intensiv an der Liturgie teilgenommen, mit den Mönchen gesprochen und in der Bibliothek gestöbert. Pater Daniel hat mir damals auch sehr bei meiner Dissertation geholfen, vor allem bei der Differenzierung mehrerer französischer Wörter, die um den Begriff »Entwicklung« kreisen (»développement«, »progrès«, »évolution«, »variation«, »modification«, »transformation«, »métamorphose«). Vor allem die Teilnahme an der Kar- und Osterliturgie ist mir bestens in Erinnerung geblieben: eine die ganze Nacht durchgefeierte Ostervigil, bei der am Anfang die gesamte »Apostelgeschichte« verlesen wurde: jedes Kapitel in einer anderen

Sprache (Ich durfte damals das 9. Kapitel mit der Bekehrung des Paulus in lateinischer Sprache vortragen). Diese Osternacht endete morgens mit einem festlichen Halleluja und einem fröhlichen Osterfrühstück. Vielleicht bin ich seither ein Verfechter der Osternacht in der Frühe des Ostermorgens als Feier aus der Dunkelheit des Todes in das Licht des neuen Lebens. Solche Osternächte haben wir jahrelang in Homberg gefeiert (mit Beteiligung der evangelischen Christen); und in diesem Jahr gab es nach langen, mühsamen Diskussionen eine solche Ostermorgen-Liturgie auch in Kaarst. Ja, aber zum Thema »Klostereintritt«: Ich bin doch zu sehr Individualist und zu sehr Querdenker als dass ich mich in der Gemeinschaft eines Klosters auf Dauer wohlgefühlt hätte. Wer weiß?

Kurz nach meiner Mittagsrast auf dem Jacobus-Stein wurde ich von Diakon Norbert Schmitz vom Pfarrfest in Kaarst angerufen und interviewt. Irgendwie klappte aber die Verbindung nicht richtig. Dennoch sind die Grüße und Wünsche hin und her ausgetauscht worden: an die Gemeinde, an das Pastoralteam, an den Festausschuss. Danach habe ich in Wipperfürth bei meinen Verwandten angerufen und einen kurzen Lagebericht gegeben.

Ein Radfahrer hielt bei mir an und erkundigte sich nach meinem Vorhaben. Er war gerade von einer 14tägigen Wanderung auf dem spanischen »camino francés« zurückgekommen, beneidete mich wegen der langen zeitlichen Möglichkeit und wünschte mir »buen camino«.

Vorbei am Römertempel auf dem Metzenberg bei Tawern, über die alte Römerstraße, geleitet von Jacobus-Steinen mit eingelassener Muschel-Kachel habe ich dieses idyllisch gelegene Kirchlein erreicht, in dem man leider den Pilger-Jacobus auf dem Hauptaltar nur durch das schön gestaltete Absperrgitter aus der Ferne bewundern kann. Die Kirche hat auch eine alte Wetterglocke mit der Inschrift: IN – GOTTES – NAMEN – LAUTEN – ICK – BOES – WETTER – VERTREIBEN – ICK – JAKOB – DER – GROER – HISCHEN – ICK – ANNO – DOMINI – 1594.

Möge diese Inschrift immer (oder fast immer!) Recht behalten!

Mit schönen Stempeln versehen ziehe ich jetzt weiter!

Noch 106 Tage! 5/7/04

10 Uhr in der St. Remigius-Kirche in Kirf

Gestern hat es von der Jacobus-Kirche bis Merzkirchen ununterbrochen geregnet – die Glockeninschrift hat versagt!

Dennoch bin ich gut im »Gasthof zur Zentrale« nach ca. 26 Tageskilometern gelandet, wo wir mit Familien- und Hundeanschluss einfach, aber bestens unterkamen. Das Bitburger und die Schnäpse flossen reichlich, die Hähnchenflügel zum Abendessen schmeckten prima. Nach einem deftigen Frühstück und einem kurzen Blick in die Zeitung (Überschrift: »Das Wunder von Otto« – die Griechen sind mit 1:0 über die Portugiesen Europameister geworden. Toll!) war ich um 9 Uhr auf dem Weg.

Heute ist das Wetter sehr angenehm: klarer Himmel, Sonne, ein wenig Wind …

Ohne Kirf hätte es wahrscheinlich nie ein christliches Abendland gegeben! Denn hier am Dorfbrunnen soll nach einer alten Legende der Frankenkönig Chlodwig im Jahre 496 durch Remigius von Reims getauft worden sein. Was wäre gewesen, wenn Chlodwig sich dem Drängen seiner Frau Chlothilde und des heiligen Remigius, dem »Apostel der Franken«, widersetzt hätte?

Neben dieser Heilsgeschichte des Christentums erinnert dieser Ort auch an die Unheilsgeschichte der Christen. Direkt neben der Kirche steht eine zu einem Wohnhaus umgebaute Synagoge, die 1938 beschädigt wurde und die damit ein Zeugnis eines der dunkelsten Kapitel der Christen in Deutschland ist. Wie konnte es dazu kommen, dass das Neben- und Miteinander zwischen Christen und Juden so brutal zerstört wurde?

Der Jacobus-Weg in dieser Gegend ist gut gekennzeichnet. Jeweils an Wegekreuzungen oder Wegegabelungen oder Abzweigungen steht ein kleiner Felsbrocken, in den eine kleine quadratische Keramik-Tafel mit der gelben Muschel auf blauem Grund eingelassen ist. Die Strahlen der Muschel zeigen die Wegrichtung an (was meiner Meinung nach immer noch falsch ist, aber ich habe mich daran gewöhnt). Auf vielen dieser Felsbrocken liegen mehrere Steinchen, die von Pilgern darauf abgelegt wurden. All das Schwere, das Belastende, das, was drückend auf dem Herzen oder im Magen liegt, ist hier abgelegt und zurückgelassen worden. Dies ist der Brauch im Kleinen, der im Großen auf dem spanischen »camino francés« am Kreuz von Foncebadon, am »cruz de ferro«, ausgeübt wird: Dort werfen seit Jahrhunderten Pilger Steine, die sie von zu Hause oder von »unterwegs« mitgebracht haben, auf einen riesigen Steinhaufen zu Füßen des Kreuzes. Ich behalte meinen kleinen Pfarrgemeinderatsstein aber (noch) in der Westentasche!

Zum Kreuz von Foncebadon habe ich 1988 folgende Gedanken aufgeschrieben:

CRUZ DE FERRO

Das rostige Zeichen des Heils scheint in den blauen Himmel einzutauchen
Jeder Pilger hat versucht, mit seinem Stein diesem Zeichen auf der Erde Halt zu geben
Ein steinernes Glaubens-Zeugnis der Vergangenheit
Ein steinernes Gemeinschafts-Zeugnis in der Gegenwart
Ein steinernes Hoffnungs-Zeugnis für die Zukunft
Die Steine werden den Himmel nicht erreichen

Noch zum Thema »Steine«: Eine Frau aus dem Kaarster Seniorenclub bat mich vor meinem Aufbruch, ihr doch einen Stein von meiner Wallfahrt mitzubringen, über den ich möglicherweise gestolpert bin oder wäre. Ein merkwürdiges Anliegen! Und sicher müsste ich eine ganze Schubkarre solcher Steine nach Hause fahren.

Eben habe ich – wie ich es öfters montags tue – mit meiner Lieblingscousine Hildegard telefoniert. Sie freute sich, dass es mir gut geht, und ich erfreute mich an ihrer Stimme und ihrer Herzlichkeit. »Ich drück dich!« – so schloss unser Telefonat. Es ist schon ein eigenartiges Verhältnis zwischen uns beiden – viel Gleichklang, viel Verständnis und Offenheit. Besonders nach ihrer Scheidung vor Jahren sind wir uns sehr nahe gekommen und tauschen uns seither immer wieder über unser »Gertzsches Syndrom« (ihre Mutter war eine Schwester meines Vaters) aus – über Ängstlichkeiten, Verklemmtheiten, die Tendenz zur Gut-Bürgerlichkeit, den Hang zur »Nesthocker«-Mentalität und mangelnden Wagemut: Eigenschaften, die unsere Familie oft bestimmen und die wir beide (so versichern wir es uns jedenfalls gegenseitig) als »kleine Chaoten« ein wenig überwunden haben. Ob es so ist?

17.15 Uhr im Garten des Schengener Schlosses mit Blick auf die Mosel

Nach ca. 23 Kilometern bin ich gegen 16 Uhr hier angekommen – nach einem trockenen, recht windigen, manchmal sonnigen Gang über die Höhen des Saarlandes. Von Kirf ging es nach Borg (mit zehn alten Kreuzwegstationen von 1813; die erste Station die Ölbergszene, die zweite der Judaskuss und dann erst kamen die üblichen Themen in Auswahl); von dort nach Perl (mit schönem Jacobus in einer Nische über dem Kirchenportal – wahrscheinlich einer der jüngsten, die ich treffen werde: aus dem Jahr 2000); und dann über die Moselbrücke, wo mich Meinhard abholte, zu Schwester Franziska an die Pforte des Schlosses. Dort gab es ein merkwürdiges Zusammentreffen mit einem Professor Gertz aus Amerika, der hier mit anderen Kollegen zu einer interdisziplinären Tagung ist – komisch, jemanden mit demselben Namen zu treffen, mit dem man (höchstwahrscheinlich) nicht verwandt ist!

Schengen ist erst seit 1985 vielen bekannt geworden durch das »Schengener Abkommen«, durch das sich die Benelux-Länder, Frankreich und Deutschland verpflichteten, alle Grenzkontrollen fallen zu lassen. Damit wurde zwischen diesen Ländern das vollzogen, was für Wallfahrer schon im Mittelalter galt: »Wallfahrt kennt keine Grenzen!«

Noch 105 Tage! 6/7/04

11.30 Uhr auf dem Gelände der »Ferme de Koenigsberg«

Gestern Abend haben Meinhard und ich im chinesischen Lokal von Schengen gut, preiswert und scharf gegessen (schon merkwürdig: Deutsche in Luxemburg bei Chinesen!). Da die »Winzerstube« montags geschlossen war, haben wir uns bei einem Winzer eine Literflasche Elbling geholt, die wir im Schloss gemütlich leerten. Dabei sprachen wir über Möglichkeiten und Unmöglichkeiten einer Zukunftsplanung – über den eventuellen Kauf einer Eigentumswohnung. Eigentlich widersinnig: »auf dem Weg« über ein festes »Zuhause« nachzudenken.

Nach einer ruhigen Nacht im Schloss, einem guten Frühstück, Bezahlen (25 € pro Person mit Frühstück!), Stempel-eintragen bin ich gegen 9.15 Uhr gestartet: längs der Mosel, bei Sierck-les-Bains über die Moselbrücke und von dort an bin ich dank des Hinweises von Professor Horst Degen in der »Kalebasse« Nr. 33 (aus dem Jahr 2003) dem Wanderzeichen »gelbes Quadrat« (es ist mehr orange!) gefolgt und so über wunderschöne Feld-, Wald- und Wiesenwege bis hierher gelangt. Dabei sah man immer wieder die Kühltürme des Kernkraftwerkes Cattenom in weniger als 10 Kilometer Luftlinie. Ein wenig bedrohlich schicken sie dicke Qualmwolken wie kleine Atompilze in den Himmel. Es wäre sicherlich gut, wenn es damit irgendwann ein Ende hätte! Denn so ganz traue ich den technischen Fähigkeiten der Menschen nicht!

Die »Kalebasse« ist das Publikationsorgan der »Jakobusbruderschaft Düsseldorf«, die ich 1979 zusammen mit Heinrich Wipper und anderen gegründet habe. In dieser Zeitschrift habe ich selbst schon viele Hinweise zur Jacobuswallfahrt gegeben und schon viele Informationen aus ihr bezogen. Heinz (= Heinrich Wipper) hat mich vor meinem Aufbruch mit vielen nützlichen und hilfreichen Hinweisen und Informationen und Kartenmaterial versorgt.

Nun bin ich also in Frankreich – dem Land, das ich so sehr mag. In der Schule habe ich morgens in der »Nullten Stunde« (ab 7.15 Uhr) freiwillig mit zwei anderen Schülern Französisch bis zum Abitur gelernt und darin auch (aufgrund einer »Erpressung« des Französischlehrers – entweder wir bekommen eine gute Note oder wir hören auf) ein »sehr gut« bekommen (neben der »eins« in Kunst die einzige gute Note auf einem sonst sehr mittelmäßigen Abi-Zeugnis; selbst in Religion bekam ich nur »befriedigend«). Dann bin ich 1962 zusammen mit meinem Schul-Banknachbarn vier Wochen lang in Paris gewesen: ein richtiger Gammelurlaub mit Rotwein, Baguette, Zeichenblock und Kreidestiften: die »künstlerischen« Ergebnisse dieses Aufenthaltes sind gar nicht so schlecht! Mit meinem Bruder war ich Mitte der sechziger Jahre und danach viele Male in dieser unvergleichlichen Stadt. Von Freiburg aus war ich mehrfach in den Vogesen; mit meinem Freund Helmut 1975 in Südfrankreich; ein oder zwei Jahre später mit dem damaligen Düsseldorfer Kaplan Georg Remke in der Gegend von Le Puy – damals fingen das Jacobus-Fieber und der Muschel-Blick bei mir an! Ja, und dann vor allem die Bretagne: Während meines Schreibens der Dissertation war ich länger dort, weil das Subjekt meiner Arbeit – der Dogmenhistoriker Joseph Julien Turmel – in Rennes gelebt und gelehrt hat. In den letzten 14 (!) Jahren war ich jedes Jahr in dem kleinen Dorf Plouha in einem 'runtergekommenen Hotel bei »Monsieur«, in der Nähe des herrlichen Strandes »Plage Bonaparte«, mit abendlichen Köstlichkeiten aus der Küche von Monsieur. Leider wird es diese Möglichkeit in Zukunft nicht mehr geben, da Monsieur sein Hotel auf behördliche Anweisung schließen musste. Mal schauen, was im nächsten Jahr ist! Aber jetzt genieße ich erst mal dieses Frankreich und seinen Lebensstil, die mein Leben stark mit-geprägt haben. Das erste Mal bin ich zu Fuß in diesem Land und werde sicherlich in den kommenden Wochen viele neue Erfahrungen erwandern.

Heute wäre meine Großmutter 119 Jahre alt geworden: eine herrliche Frau – unsere »Omi«, die mich (vor allem während der Bundeswehrzeit) öfters mit einem Scheinchen und immer mit einem Schnäpschen versorgte. Ihrer Bitte, ihr auch ab und zu einen Schnaps übers Grab zu gießen, bin ich allerdings bisher nicht nachgekommen. Jedenfalls: Herzlichen Glückwunsch nach »oben«; und »wenn wir glauben, was wir glauben« begleitet sie mich auf all meinen Wegen; immer mit dem mahnend erhobenen Zeigefinger: »So Gott will!«

15.30 Uhr an der Kapelle auf dem Hackenberg

Über wunderschöne Wege bei herrlichem Wetter bin ich hier oben angekommen: Von der »Ferme de Koenigsberg« über die »Chartreuse« (einem Bauernhof) und das Forsthaus »Maison des quatre Seigneurs«. Von dort an war der Weg gut markiert mit einem grünen Kreis-Zeichen (nicht blau, wie Horst Degen angibt; trotzdem: Ihm nochmals herzlichen Dank für die Hinweise auf die Wegmarkierungen; sonst wäre ich heute vielleicht nur Landstraße gelaufen). Von hier oben hat man eine phantastische Sicht weit, weit ins Land hinein. Deshalb war dieser Hackenberg auch strategisch so wichtig; und hier oben war eines der größten Festungswerke der sogenannten Maginot-Linie: einem wahnsinnigen Unterfangen des französischen Kriegsministers André Maginot in den Jahren 1929 bis 1936, die französische Nord-Ost-Grenze mit vielen Festungswerken, Panzerhindernissen und betonierten Stellungen zu sichern. Noch heute sind etliche dieser Anlagen vorhanden. Und so steht man auf einmal mitten im Wald vor einem riesigen Festungswerk, das einen drohend anstarrt. Irrsinn und Wahnsinn, der hoffentlich in Europa überwunden ist! Leise habe ich angesichts der vielen Kreuze eines alten Friedhofs, eines schönen Wegekreuzes (mit der Darstellung des heiligen Hubertus), eines typisch-amerikanisch-kitschigen Mahnmals aus dem Jahr 2004 (»A nos liberateurs«), der Kapelle, der Rauchschwaden von Cattenom und einer Sonnenuhr vor mich hingesungen: »Hewenu schalom alechem – Wir wollen Frieden für alle«.

Noch 104 Tage! 7/7/04

12 Uhr in der Kirche St. Léger von Vigy – ziemlich genau auf der Hälfte der heutigen Tagesetappe von Kédange-sur-Canner nach Metz (30 Kilometer)

Der Rest des gestrigen Tages ist schnell abgehakt. Die restlichen sechs Kilometer der gesamten Tagesstrecke von 26 Kilometern führte über Landstraße durch Veckring hindurch, wo mich ein Mann ansprach, der im vorigen Jahr eine Teilstrecke auf dem »camino francés« gelaufen ist: bis ins letzte Nest ist dieser Weg bekannt!; bis hin zum kleinen, modernen, schnuckeligen »Hôtel de la Canner«, wo wir gut unterkamen, ein vorzügliches Abendmenü bei einem guten Tropfen genossen, hervorragend schliefen, heute Morgen gut frühstückten, so dass ich um 8.45 Uhr auf der Strecke war.

Heute gibt es wirklich nur Landstraße: Kédange – Hombourg – Luttange (wo ich in der »Mairie« einen Stempel bekam) – Bettelainville – bis hierher: D2 und D52.

»Straßen« und »Wege« – was für ein Unterschied: »Straßen« als kürzeste Verbindung zwischen zwei Punkten: unattraktiv, schnell, stupide, langweilig, gefährlich, eintönig – »Wege« als Erlebnisstrecke: lebendig, vielfältig, abwechslungsreich, anstrengend ... Eigentlich müsste das Irische Segenslied nicht heißen »Möge die Straße uns zusammenführen ...«, sondern: »Mögen die Wege uns zusammenführen ...«

Ich bin froh und genieße es, dass ich den Weg alleine gehen kann. Nachdem ich schon etliche Teilstrecken des Jacobsweges in kleineren Gruppen gegangen bin (was auch sehr schön war!), ist es jetzt eine neue und befreiende Erfahrung, den ganzen Tag über alleine zu sein. Ich kann meine Geschwindigkeit selbst bestimmen; ich kann Pausen machen, wann und wo ich will; ich kann laut singen oder beten, wenn es mir gefällt; ich kann so laut rülpsen, wie ich eben kann; ich kann meinen Gedanken nachgehen, ohne Kommunikation betreiben zu müssen; ich bin nur für mich selbst verantwortlich – ohne Rücksicht auf andere. Allerdings ist es dann auch wieder angenehm, abends und morgens mit Meinhard zusammen zu sein, die Erlebnisse auszutauschen, sich über Gott und die Welt zu unterhalten und die nächste Tagesetappe gemeinsam zu planen und durchzusprechen.

Ich wurde eigens alleine zu ihm einbestellt: zum damaligen Direktor des »Kastens« (wie wir das »Collegium Albertinum« in Bonn etwas despektierlich nannten), Klaus Dick, der später wegen seiner »Verdienste« um die Theologenausbildung zum Weihbischof in Köln ernannt wurde. Es war in den ersten Maitagen des Jahres 1965, und er fragte mich mit gestrenger Stimme, warum ich auf meinem Abiturzeugnis im Fach »Religion« lediglich ein »befriedigend« hätte (ich war wohl der einzige von über 40 Kandidaten, die damals im Sommersemester anfingen, mit solch einer »schlechten« Reli-Note). Ich antwortete ihm, dass unser Religionsunterricht ein wenig langweilig gewesen wäre (was tatsächlich bei »Charly«, unserem Religionslehrer so war!) und dass mich das Fach nie so ganz sonderlich interessiert hätte. Daraufhin der Direktor: »Das muss sich aber ändern!«. Ich versprach es ihm und habe ihn viel später (als er Pfarrer in Wuppertal war) um einige Anregungen zu meiner Dissertation gebeten. Ich denke, dass ich mich ganz intensiv der »heiligen Theologie« gewidmet habe und das Interesse für das Fach von Jahr zu Jahr zunahm (solange es noch spannende Theologen gab! In den letzten Jahren hat die Beschäftigung mit theologischer Literatur stark abgenommen). Umso unverschämter fand ich im vergangenen Jahr die Frage einer Kaarster Frau, ob ich eigentlich Theologie studiert hätte. Auf meine erstaunte Frage und Bemerkung »Wieso? Ich meine schon!« antwortete sie: Weil ich den Unterschied zwischen »Jünger« und »Freunde« nicht kennen würde. Damit spielte sie darauf an, dass ich bei den Einsetzungsworten in der Messe immer »Freunde« statt »Jünger« sage, weil ich mich an die Aussage Jesu seinen Jüngern gegenüber halte: »Freunde habe ich euch genannt« (Joh 15,15). Ich habe die Frau schließlich einfach stehen lassen.

Zu meinem Reli-Lehrer »Charly«, Karl Schraaf, fällt mir noch ein: Als er nach dem Abitur und meiner Bundeswehrzeit erfuhr, dass ich Theologie studieren wollte, sagte er mir: »Hätte ich gewusst, dass du Theologie studieren wolltest, hätte ich dir für das Abitur-Zeugnis eine zwei gegeben!« Ich habe dankend dieses irreale Angebot abgelehnt. Mit diesen Gedanken an »Charly« ziehe ich jetzt weiter nach »Charly-Oradour«: Ein Ort, von dem Horst Degen in der »Kalebasse« Nr. 33 schreibt (Seite 25): »Der Name ... hatte tatsächlich etwas mit dem bekannt gewordenen Ort Oradour-sur-Glane bei Limoges zu tun, der am 10. Juni 1944 von deutschen SS-Verbänden als Vergeltung von Partisanentätigkeit eingeäschert worden ist. Alle Einwohner wurden dabei getötet. Unter den Getöteten befanden sich auch zahlreiche Personen, die aus dem lothringischen Charly stammten und nach Oradour zwangsrekrutiert worden waren. Seitdem trägt der Ort Charly den Zusatz »Oradour«.«

Die schrecklichen Zeugnisse unserer unseligen Vergangenheit sind ständige Mahnmale auf dem Pilgerweg. Auch hier im Ort steht ein Gedenkstein für die in den Jahren 1940 bis 1945 Vertriebenen. Möge der Gedanke des Friedens und der Versöhnung auch immer mehr vom Jacobsweg und seinen Pilgern ausgehen!

Noch 103 Tage! 8/7/04

11.45 Uhr in der Kathedrale St. Etienne von Metz

Gerade habe ich zusammen mit Meinhard in der Krypta eine heilige Messe gefeiert, Gott für den bisherigen Weg gedankt und seinen Segen für unseren weiteren Weg erbeten. Dabei haben wir gemeinsam vor der Kommunion das alte Jacobus-Lied aus dem »Codex Calixtinus« (der in der Kathedrale von Compostela aufbewahrt wird) aus dem 12. Jahrhundert gesungen: »Dum Pater familias« – ein Lied, das die Erwählung des

Apostels Jacobus und seinen Martertod als erster der Apostel besingt. In kunstvoller Form beginnt jede Strophe mit dem Namen des Apostels, der vom Nominativ bis zum Vokativ durchdekliniert wird. So wird der Pilger-Apostel ein Helfer und Beistand »für alle Fälle«. In einer Predigt vom 7.11.1988 habe ich dazu einmal gesagt: »Er ist ein Heiliger für alle Fälle – für alle Glücks-Fälle, aber auch für alle Trauer-Fälle; er ist ein Heiliger für alle Lebenslagen, für alle Zeiten.«

Als ich gestern gegen 17 Uhr hier in der Kirche ankam (nach einem regenreichen Weg über Landstraßen von Vigy über Charly-Oradour nach Metz hinein – die Beschreibung von Heinrich Wipper für den Weg in die Stadt hinein ist sehr hilfreich!), da habe ich den Sakristan getroffen, bei ihm den Stempel erbeten, und er hat mir angeboten, eine Messe hier in der Kathedrale zu feiern. Im schützenden Gotteshaus habe ich nach meiner Ankunft ein tosendes Gewitter überstanden, mit heftigen Blitzen, krachenden Donnern und sintflutartigen Wolkenbrüchen. Gegen 18 Uhr traf ich Meinhard, und wir fuhren mit dem Bus in unsere Unterkunft »L'hermitage St. Jean« (etwas außerhalb von Metz): einfach, aber ausreichend für Pilger. Auch in der Nacht gab es wiederum heftige Gewitter.

Den zweiten freien Tag können wir jetzt gestärkt mit Gottes Wort, seinem Sakrament und seinem Segen richtig genießen. Einen angebotenen Obolus lehnte der Sakristan vehement ab; stattdessen: »Beten Sie für mich beim heiligen Jacobus!«

Jetzt sitze ich hier unter einem der Chagall-Fenster von 1964 im nördlichen Querschiff: Auf gelbem Grund (Zeichen der göttlichen Herrlichkeit und des göttlichen Glanzes) stellt es in vier Szenen die Urgeschichte vor Augen: Links trägt ein Engel (als Hinweis auf Gott, den der Jude Chagall nicht darstellt) den leblosen Körper des ersten Menschen in den Garten Eden. Rot-flammende Gluten der Liebe umgeben den Engel und den Menschen. Darüber sind die Gottesmutter mit dem Kind und der Gekreuzigte dargestellt: ein Bogen zur Heilsgeschichte des neuen Bundes wird geschlagen. Im zweiten Feld dominiert (neben dem Gelb, das die Grundfarbe bleibt) das Grün des Lebens: der Paradiesesgarten mit Pflanzen, Tieren und Engeln. Unten entsteigt die Frau Eva dem liegenden Adam. Beide sind als Liebespaar oben nochmals im Inneren einer riesigen Sonnenblume zu sehen: ein ungetrübtes Glück. Dieses Glück »kippt« im nächsten Feld. In die Anti-Hoffnungs-Diagonale ist Adam nach rechts unten auf den Boden geworfen; während Eva in einem kitschig-verführerischen Rosa die Frucht von der Schlange am rechten Rand entgegennimmt. Das rechte Feld ist zweigeteilt: Links oben bleibt die göttliche Herrlichkeit Gold-gelb bestehen und darin ein Bote Gottes. Dieser weist das Menschenpaar in die dunkelblaue irdische Zone unten rechts. Der Weg der beiden in die ungewisse Zukunft, in Arbeit, Geburtswehen, Not, Krankheit und Tod beginnt: »Vertreibung aus dem Paradies«. Mit dieser »Vertreibung« aus dem göttlichen Bereich beginnt aber zugleich die Eigenständigkeit und Freiheit des Menschen. Schopenhauer hat darauf hingewiesen, dass mit der Vertreibungsgeschichte auch die Geschichte unserer menschlichen Eigenverantwortung, Selbständigkeit und Freiheit begonnen hat. Hoffentlich nutzen wir sie immer in der rechten Weise!

Chagalls »Vertreibung aus dem Paradies«
Himmel und Erde sind fast deckungsgleich
Zwischen Gold-gelb und Blau-schwarz ist eine endgültige Trennungslinie gezogen
Die Menschen lassen Gott hinter sich und haben ihren Gotteskomplex vor sich

Noch 102 Tage! 9/7/04

12.30 Uhr in der Kirche St. Clement von Dornot

Den gestrigen freien Tag gestalteten wir nach der ausführlichen Besichtigung der Kathedrale (im Westfenster ein Jacobus aus dem 14. Jahrhundert und im Westportal von 1902 ein Jacobus mit Schwert (seinem Marterwerkzeug) und sechs (!) Muscheln auf seiner Pilgertasche) mit einem kleinen Rundgang durch Metz: Templerkirche, »Sankt Peter zu den Nonnen«, Briefmarkenkauf, Markthallen (mit Kauf einer Flasche Rotwein, um abends nicht wieder – wie vorgestern Abend – »auf dem Trockenen« zu sitzen), Geld abheben ... Abends haben wir dann gemütlich die Flasche Rotwein geleert und dabei Gespräche über den Sinn und vor allem Unsinn von Eheannullierungen geführt.

Heute Morgen bin ich mit dem Bus bis zur Kathedrale gefahren und dann immer auf dem rot-gelb (als Vorgeschmack auf die spanische Flagge) markierten Wanderweg »Metz – Nancy« bei Nieselregen und teilweise heftigem Regen, bei Wind und ungemütlichem Wetter bis hierher gelaufen. Unterwegs ein Zeugnis hervorragender römischer Baukunst: ein Aquädukt bei Ars sur Moselle. Hier in der Kirche steht eine Gipsfigur des heiligen Klemens mit dem Drachen. Dazu gibt es eine köstliche Legende:

Das Amphitheater von Metz war der Schlupfwinkel einer unglaublichen Menge von Schlangen, die die ganze Umgebung vergifteten, so dass jedermann, der sich näherte oder die Stadt verließ, sein Leben riskierte. In dieser Lage versprach der aus Rom gekommene heilige Klemens, das Volk von Metz zu retten, wenn es der Anbetung der falschen Götter abschwören würde. Man schlug in die Bedingung ein. Sobald der Heilige sich dem Amphitheater näherte, zischten die Schlangen aus ihren Höhlen hervor, um ihn zu verschlingen. Eine Bekreuzigung besänftigte sie. Der eifrige Missionar griff die größte unter ihnen, band sie an seine Stola und brachte sie so bis zum Ufer der Seille, wo er ihr freien Lauf ließ und befahl, auf der Stelle mit ihrer Brut den Fluss zu überqueren und das Weite zu suchen. Das Ungeheuer folgte ihm aufs Wort, warf sich in die Fluten; die anderen Schlangen folgten ihm und sie verschwanden alle. Nach diesem glanzvollen Wunder bekehrten sich die Bewohner von Metz und ließen sich taufen.

Wenn ich vorgestern davon sprach, dass ich mich während der Studienzeit und danach recht intensiv mit der »heiligen Theologie« beschäftigt habe, dann muss ich auch eine Ausnahme erwähnen: Kirchenrecht und vor allem Eherecht hat mich nie (bis heute!) interessiert. Dazu gibt es eine Geschichte, über die ich später lachen konnte, die aber für mich zunächst sehr ernst war. Bei der Semi-Introitus-Prüfung (das war die Prüfung vor der kirchlichen Abschlussprüfung »Introitus«) bekam ich vom Kirchenrechtsprofessor Heinrich Flatten (er sollte mal anstelle von Höffner Erzbischof in Köln werden, wollte aber das »Katheder« nicht mit der »cathedra« tauschen) einen komplizierten Ehefall zur Lösung vorgelegt. Die Lösung wäre gewesen: »sanatio in radice«. Heute weiß ich, was das ist – damals wusste ich es nicht. Ich weigerte mich sogar beharrlich, das Wort »radice« richtig zu betonen und betonte es mit einer gewissen Sturheit auf der zweiten Silbe. Um mir zu helfen, fragte der Professor: »Wo liegt denn im vorliegenden Fall die »Wurzel« des Übels?« – worauf ich spontan antwortete: »Die Wurzel allen Übels liegt immer bei der Frau!«. Das reichte für ein »mangelhaft« – und heute würde ich eine solch allgemeine Feststellung nicht mehr treffen!

19.30 Uhr in einer Pizzeria in Pont-à-Mousson direkt neben unserem Hotel »Bagatelle«

Eine Bagatelle war der heutige Tag nicht! Es waren auch nicht 26 Kilometer, sondern ca. 33 Kilometer, da ich vom Zentrum in Metz und nicht von Moulins-les-Metz losgelaufen bin. Nach so vielen Kilometern schmerzt es doch stark unter dem Ringzeh (nennt man den so?) des linken Fußes; und es zieht und reißt im rechten Oberschenkel: vor allem, wenn es bergab geht! Aber nach einer kalten Dusche für die Füße und einer heißen für die Waden und Oberschenkel geht es jetzt schon wieder prima. Das erste Bier zischt gewaltig, und die »Vier-Jahreszeiten-Pizza« ist schon im Ofen.

Nochmals zum Thema von heute Mittag: Ich hatte aber auch mächtig Glück, in einer Zeit zu studieren, in der viele Sterne am Theologenhimmel leuchteten; viele davon habe ich kennen gelernt oder war mit ihnen in Kontakt: So habe ich schon 1966 auf einer interdisziplinären Tagung in Darmstadt Karl Rahner und Johannes B. Metz erlebt und gehört – auf dieser Tagung waren auch Ernst Bloch und Alexander Mitscherlich als Gesprächspartner; in Bonn habe ich den Kirchenhistoriker Karl Baus, den Moraltheologen Franz Böckle, den Dogmatiker Wilhelm Breuning und natürlich meinen Doktorvater Hans Jorissen gehört, der viele bedeutende Beiträge zum Thema »Ökumene« veröffentlicht hat, die leider von den Offiziellen in der Kirche nicht wahrgenommen, geschweige denn umgesetzt wurden. Im Freisemester in Freiburg habe ich die beiden hervorragenden Exegeten Alfons Deissler (Altes Testament) und Anton Vögtle (Neues Testament) gehört; in Freiburg habe ich vor allem bei dem etwas extravaganten, aber liebenswerten Adolf Kolping gearbeitet (als studentische Hilfskraft); und von dort bin ich jeden Samstag mit meinem 2 CV nach Basel gefahren und habe zwei Semester lang an einem Seminar bei Karl Barth teilgenommen (Welcher katholische Theologe hat schon einen Seminarschein vom größten protestantischen Theologen seit Martin Luther?). In dieser Zeit habe ich auch Vorträge von Mario von Galli und Hans Küng in Freiburg gehört; mit Küng habe ich mal kurz korrespondiert, als ich ihm ein Zeitungsfoto schickte, das ihn mit dem amerikanischen Präsidenten vertauschte; er hat sich dafür bedankt. Weitere Theologen: Hans Urs von Balthasar, dem ich etliche Zitationsfehler in seinem Artikel »Mysterium Paschale« im Dogmatik-Handbuch »Mysterium Salutis« nachwies und der mir daraufhin einige Bücher schenkte; Heinrich Schlier in Bonn habe ich noch bei Meditationen gehört und der Dogmatiker Otto Hermann Pesch hat jahrelang unseren »Pastoralkreis« theologisch begleitet; der einzige, den ich nie gehört oder erlebt habe, ist Josef Ratzinger! Was sagt uns das?

Jetzt kommt die Pizza. Köstlich sieht sie aus! Guten Appetit!

Noch 101 Tage! 10/7/04
12 Uhr in der Krypta der Kirche St. Laurent in Dieulouard

Der Weg bis hierher (bei bestem Pilgerwetter: trocken und unter 20 Grad): Hotel »Bagatelle« in Pont-à-Mousson (die Buchstaben PAM auf fast allen Kanaldeckeln erinnern an diesen Ort mit seiner Stahlindustrie) – Place Duroc (mit dem Haus der sieben Todsünden, wo die Karyatiden an der Fassade die Laster der Menschen zeigen: Die Wollust greift unzweideutig in ihre Lustwolle) – Maidières (wo ich einen schönen bikoloren Stempel in der Mairie erhielt) – D 958 – Montauville – hinter der Kirche links: »Rue de la solle« – Wanderzeichen »Metz – Nancy« – lange durch einen herrlichen Buchenwald mit den morgendlichen Sonnenstrahlen – Jesainville (wo die Kirche – wie die meisten am Weg – leider geschlossen war) – Zitat »Kalebasse« 33, S. 36: »Zwischen Jesainville und Dieulouard gibt es eine Anzahl von nebeneinander liegenden Erosionstälern (sogenannten »vans«), die unter Naturschutz stehen und von der Höhe hinab ins Tal des Bächleins »Esch« führen.« – Dieulouard – Kirche St. Laurent, die eine Krypta besitzt, die auf ottonische Zeit zurückgeht.

Hier sitze ich nun im Angesicht der steinernen Madonna mit einem nackten Jesuskind auf dem Schoß, dessen Füße sich in einem Rosenkranz verheddert haben, aus dem frühen 15. Jahrhundert, der sogenannten »Vierge-en-Terre«. Der Ort ist sehr geschichtsträchtig. Die modernen Fester erinnern daran, dass hier u. a. ein Konzil stattgefunden hat (im Jahr 1140) und dass Jeanne d'Arc hier war (1429).

Dass ich dem Theologen und Kurzzeitkardinal Hans Urs von Balthasar Anfang der 70er Jahre etliche Zitationsfehler in »Mysterium Salutis« nachweisen konnte, hatte damit zu tun, dass ich gerade meine Diplomarbeit über das Thema »Der descensus Christi ad inferos bei Thomas von Aquin« abgeschlossen hatte. Dieser dunkle Artikel des Glaubensbekenntnisses (»Hinabgestiegen in das Reich des Todes« – früher hieß er »abgestiegen zu der Hölle«) erinnert daran, dass Jesus mit seinem Tod auch die erlöst hat, die vor ihm gelebt haben (deshalb zieht Jesus auf den Anastasis-Ikonen der Ostkirche den Adam am Handgelenk aus dem Reich des Todes) und dass Jesus mit seiner Erlösungstat alle dunklen Mächte, alle »Höllen« dieser Welt, alle Verfolgungen, Folterungen, Vergewaltigungen, Kriege – ja, selbst den Tod! – überwunden hat. Auch die konservativsten Theologen werden wohl heutzutage zugeben, dass die realistische Aussage »Hinabgestiegen in das Reich des Todes« keinen »Raum« meint, sondern eine mythologisch-symbolische Ausdrucksweise für einen Glaubensinhalt ist. Wenn dies für diesen Glaubensartikel gilt, warum dann nicht auch für den davor stehenden »empfangen durch den Heiligen Geist«? Schon in Ratzingers Buch »Einführung in das Christentum« von 1968 fiel mir diese merkwürdige Diskrepanz auf: die symbolisch-allegorische Interpretation des einen Artikels; und die biologisch-realistische Betonung des anderen Artikels! Ist dieses zweierlei Maß legitim?

Die Diplomarbeit über die »Höllenfahrt« war Anlass für meine Dissertation; denn Joseph Turmel hat 1905 ein dogmengeschichtliches Büchlein über dieses Thema veröffentlicht; dabei ist mir dieser Autor zum ersten Mal begegnet.

»Straßen« sind eintönig und langweilig: die einzige Abwechslung besteht darin, dass die weiße Linie mal durchgezogen, mal unterbrochen ist. »Wege« sind dagegen vielfältig und abwechslungsreich: da gibt es Wege, die vom Regen oder von Fuhrwerken tiefe Rinnen haben, bei denen man aufpassen muss, nicht abzurutschen; da gibt es Wege, die mal rechts, mal links Pfützen haben, so dass man ständig in Schlangenlinien läuft; da gibt es Wege, über die sich Baumwurzeln schlängeln, die bei Feuchtigkeit glatt und glitschig sein können, so dass man stolpern oder ausrutschen kann; da gibt es Wege mit hochgewachsenem Gras, das im Morgentau zu nassen Schuhen und Hosenbeinen führt; da gibt es Wege mit vielen spitzen Steinen, die sich selbst durch das dicke Profil der Schuhsohlen drücken und die Fußsohlen schmerzen; da gibt es Wege, auf denen dick die Samen von Bäumen oder Sträuchern liegen und auf denen es sich wie auf weichen Teppichen geht (dasselbe gilt von feuchten Sandwegen); da gibt es Wege, die sind so matschig (vom Regen, von Pferdehufen oder von Baumstamm-Transporten), dass sich dicke Lehmklumpen unter den Schuhsohlen bilden, die wie Blei die Sohlen beschweren; da gibt es Wege, die sind mit so vielen kleinen runden Steinen übersät, dass man auf ihnen – wie auf Rollschuhen – dahingleitet; da gibt es Wege, über die quer vom Blitz getroffene Bäume liegen, die man mühsam überklettern muss; da gibt es Wege, auf denen so viele Schnecken mit und ohne Haus kriechen, dass man ganz behutsam gehen muss; da gibt es Wege, auf denen man die Brombeerzweige in Augenhöhe vorsichtig zur Seite biegen muss, um nicht verletzt zu werden; da gibt es Wege, die führen so steil bergauf, dass man ab und zu stehen bleiben muss, um neue Luft zu tanken; da gibt es Wege, die führen so steil bergab, dass man fast von alleine geht. Jeder merkt sofort: Die Vielfalt dieser Wege ist wie die Vielfalt im richtigen Leben!

Einige gesammelte Pilger-Splitter:

- *Seit etlichen Tagen habe ich ein spanisches 1-Cent-Stück in meinem Portemonnaie; es zeigt die Kathedrale von Compostela. So trage ich das Ziel schon jetzt bei mir.*
- *Mein Bart wächst langsam, aber stetig. Er verleiht meinem Gesicht das Aussehen eines verwegenen Pilgers. Aber nach einem alten Brauch muss das so sein; rasieren auf einer Wallfahrt ist nicht gestattet.*
- *Seit gestern trage ich zwei Handys mit mir: Eines (mit Vertrag) für die »Heimat«; ein zweites (mit Karte) zur täglichen Kommunikation mit Meinhard: Snobbistisch, aber hilfreich!*
- *Die kleine Lupe, die ich bei mir habe, ist sehr nützlich. Um die Details auf der Karte mit dem Maßstab 1:100000 zu erkennen, leistet sie gute Dienste.*
- *In Metz habe ich die ersten Postkarten geschrieben: Vor allem an die drei Kaarster Kindergärten, die mir zum Abschied in der letzten Familienmesse gemeinsam ein Lied gesungen haben und mir vorgefertigte Karten mit Adressen überreichten mit der Bitte, ihnen zu schreiben.*
- *Heute musste ich zum ersten Mal die Batterie in meinem Fotoapparat wechseln.*
- *Ständig läuft oder dröppelt mir die Nase!*
- *Jeden Morgen bete ich unterwegs das »Vater unser« und segne mich für den Tag.*

Heute Morgen habe ich gegen 9 Uhr aus Pont-à-Mousson meinen Freund Helmut angerufen und ihm zum 61. Geburtstag gratuliert. Wir kennen uns schon seit 1967. Damals haben wir uns in der Küche beim »Frollein« (der Haushälterin von Professor Kolping) kennen gelernt. Seither haben wir ganz viel gemeinsam erlebt und zusammen Freud und Leid getragen. Sehr viele Feste haben wir miteinander gefeiert: meine Priesterweihe und Primiz, meine Promotion, seine Hochzeit mit Agnes, die Geburten und Taufen ihrer Söhne Martin und Andreas, alle Geburtstage (vor allem die runden: vom 30sten angefangen) und im letzten Jahr das Fest der Silberhochzeit in Staufen. Sehr viele Reisen haben wir miteinander unternommen: mehrmals nach Südtirol (dort haben wir mal den über 3000 Meter hohen »Tschigatt« gemeinsam mit der Bergführerin Rosi bestiegen), 1974 nach Südfrankreich (wo er die ersten Liebeskarten an Agnes schrieb), später nach Rom, Paris, Griechenland, Sizilien, Israel; 1999 eine Busreise nach Compostela, 2001 ein Wanderurlaub auf Mallorca, von dem noch zu berichten sein wird.

Aber auch die dunklen Stunden hat er mitgetragen: Unsicherheiten und Zweifel bei meiner Berufsentscheidung, den Tod und die Beerdigung meines Vaters und meiner Mutter, die Vermittlung bei Problemen oder Auseinandersetzungen mit meiner Mutter, die täglichen Besuche im Krankenhaus während meiner Krankheit und das Mit-tragen und Mit-bewältigen vieler kleinerer und größerer Problemchen und Probleme. Es ist schön, solch einen Freund zu haben. Ein herzliches Danke! Ad multos annos!

Nach dem Glückwunsch-Telefonat sprach mich ein Mann wegen der Muschel an: Ob ich auf dem Weg nach Compostela wäre? Ob Compostela in Portugal oder in Spanien liege? Wie alt ich wäre? Nach einem anerkennenden Nicken und einem »bon courage« verabschiedete er sich.

»Nur« noch 100 Tage! 11/7/04

14 Uhr Rast auf einer Wiese am rechten Moselufer – gegenüber von Villey-Saint-Etienne

Gestern bin ich gegen 17 Uhr nach 23 Tageskilometern in Liverdun angekommen – der Weg führte immer über den gelb-roten »Metz – Nancy« bis zum Abzweig (ca. eine Stunde vor Liverdun) auf den GR5 – es fing auch ein wenig an zu regnen – in Liverdun habe ich die erste Rad-Wanderkarte Nr. 11 im Maßstab 1:100000 »abgelaufen« – in Liverdun erwartete mich Meinhard – da es in diesem Ort keine Herberge gibt, fuhren wir nach Toul und machten dort im »Hôtel de l'Europe« für zwei Nächte Quartier – Frisch-machen – Stadtbummel – die Kathedrale St. Etienne im herrlichen Abendlicht – verzweifelte Suche nach einem Restaurant: entweder gab es keine oder sie waren voll oder die Tische reserviert – schließlich landeten wir in einer Bar beim Bahnhof – Fritten, eine Frikadelle und ein wenig Salat dämpften unseren Hunger – unseren Frust spülten wir mit viel Bier und Rotwein hinunter – entschädigt wurden wir durch einen faszinierenden doppelten Regenbogen (die Franzosen nennen ihn »Himmelsbogen«), der sich über die ganze Stadt wölbte – Professor Deissler in Freiburg hat uns mehrfach darauf hingewiesen, dass wir auch heute noch beim Anblick eines Regenbogens an den Bundesschluss Gottes mit uns Menschen denken dürften; ich tat es bei diesem seltenen Anblick – nach dem Frühstück heute Morgen mit dem Auto zur Kathedrale, die gerade geöffnet wurde (hier finden nur noch Weihnachten und Ostern Messen statt) – ein nettes Mädel geleitete uns zur Kirche St. Mansuy (er war der erste Bischof von Toul im 3. Jahrhundert; seine Kopf-Reliquie ist sichtbar in der Kathedrale ausgestellt), wo wir unseren Stempel bekamen – dann mit dem Auto zurück nach Liverdun – unterwegs Stop in Villey-St.Etienne (das ich jetzt am gegenüberliegenden Ufer sehe und wo es eine »Auberge« gibt) zum Einkauf eines Brötchens und zum Fotografieren einer kleinen Jacobus-Figur an einer Hausfassade – in Liverdun um 11 Uhr heilige Messe in der Kirche St. Eucharius: sehr fein gestaltet – dabei wurde ein Lied gesungen, bei dem eine Zeile hieß: »aus deinem Schritt kann ein Tanz geboren werden!«: schön wäre es ja, aber die ein wenig schmerzenden Füße wollen nicht so recht mittanzen (ich weiß nicht, ob sich nicht am rechten dicken Zeh eine Blase anbahnt!?) – der heilige Eucharius liegt direkt links vom Eingang in einem prächtigen Renaissance-Epitaph und hält seinen eigenen Kopf mit seinen eigenen Händen; spontaner Zweizeiler: »Wenn Kopf und Herz zusammenliegen, muss man sein Rückgrat nicht verbiegen« – im strömenden Regen, der aber bald aufhörte, verließ ich Liverdun: am linken Ufer auf der Landstraße hinunter; bis zur Staustufe; über die Mosel; auf dem Fahrrad- bzw. Fuhrweg immer längs der Mosel (von der Staustufe an sollen es 17 Kilometer bis Toul sein) – das heutige Evangelium ist das bekannte Gleichnis vom »Barmherzigen Samariter« (Lk 10,25–37) – dazu habe ich vor Jahren mal eine Fortsetzungsgeschichte geschrieben:

Gedanken des Priesters in der Sakristei des Tempels von Jerusalem

Nun bin ich wieder hier – im Vorraum der heiligen Stätte. Ganz nahe beim Allerhöchsten. Gleich beginnt der Gottesdienst. Blut von Stieren und Böcken wird fließen. Und meine Aufgabe wird es sein, dass dieses Blut in geregelten Bahnen fließt, dass alles ordentlich und ehrfürchtig abläuft. Blut – das Erlebnis von Gestern geht mir nicht aus dem Kopf: Da liegt einer am Weg von Jerusalem nach Jericho, als ich nach Hause gehe, in seinem eigenen Blut. Aber ich will nach Hause – zu Frau und Kindern, zum eigenen Blut. Ich habe keine Lust, mich um das Blut Fremder zu kümmern. Außerdem: Was kann ich als einzelner schon machen mit einem Halbtoten – oder vielleicht war er sogar tot. Ganz sicher war er schon tot, und ich hätte mich durch die Berührung unrein gemacht, ich hätte mich in den nächsten Tagen nicht um das liturgische Blut kümmern dürfen. So ging ich weiter, nach einem kurzen Seitenblick einfach weiter, nach Hause – ich wollte meine Ruhe haben. Aber Ruhe fand ich nicht: Ich hetzte nach Hause, ich schlang das Abendbrot in mich hinein, ich fand auf unangenehme Nachfragen meiner Frau und meiner Kinder ausweichende Antworten: »Ach nichts! Ein wenig Ärger mit dem

Vorgesetzten! Nicht der Rede wert!« – Aber es redete in mir, ich fand keine Ruhe: »Du bist vorbeigegangen! Du Diener Gottes bist an diesem Menschen vorbeigegangen! Das Blut von Tieren ist dir wohl wichtiger als das Blut von Menschen!« – Ich konnte die ganze Nacht kein Auge zu tun, ich wälzte mich hin und her, ich kam mir wie erschlagen vor. Heute Morgen bin ich sehr früh aufgestanden, um zur Arbeit, zum Tempel zu gehen. Ich hatte nur einen einzigen Gedanken: Hoffentlich liegt er noch da am Weg. Dann kannst du ihm helfen. Oder: Vielleicht ist diese Nacht wieder einer überfallen worden. Dann kannst du dem helfen. Aber an der besagten Stelle war nichts und niemand. Nur ein paar Tropfen Blut auf der Erde. Aber kein Zusammengeschlagener, kein Verletzter, kein Toter. Ich konnte keinem helfen. Ich musste weitergehen – hin zu meinem Tempel-Blutdienst. Ich muss auf das nächste Mal warten, bis ich zum Nächsten werden kann. Wann wird das sein? Da ertönt die Tempelglocke: »Unsere Hilfe steht im Namen des Herrn« – höre ich mich murmeln. Gestern auch? Frage ich mich beim feierlichen Einzug ins Gotteshaus …

19 Uhr auf der Bettkante von Zimmer 32 im »Hôtel de l'Europe«

Es ist tatsächlich die erste Blase! Nach fast drei Wochen! Zwischen dem rechten dicken Zeh und dem Zeige-Zeh: eine merkwürdige Stelle. Ich habe sie heute Mittag nach der Mittagsrast mit »Compeed«, einem Blasenpflaster, das Wunder wirken soll (ich habe es zum ersten Mal eingesetzt), behandelt: Mal schauen, wie sich das entwickelt!?

Nach der Mittagsrast wollte ich den schönen, bequemen, ebenen Weg an der Mosel entlang weitergehen, aber schon nach wenigen Metern sagte mir ein Angler, dass dieser Weg bald »coupé« sei. So bin ich umgekehrt, über Bahngleise gestiegen und zur Landstraße zurückgekehrt. Die hatte einige Steigungen und Biegungen, bis sie in Fontenoy sur Moselle landete. Dort habe ich die ellenlange Brücke über die Mosel überschritten und bin dann auf dem breiten grünen Seitenstreifen der D 191 bis Toul gegangen. Wäre ich direkt links der Mosel geblieben, wäre es wohl schneller gegangen. So musste ich, weil ich es bequem und angenehm haben wollte, einige Unannehmlichkeiten und Umwege in Kauf nehmen: Fast wieder wie im richtigen Leben! Nach 22 Kilometern (plus zwei oder drei »Lustkilometer«) bin ich wieder hier gelandet, habe mich schon geduscht und bin nun bereit zum Essen und vor allem zum Trinken! Bis Morgen!

Noch 99 Tage! 12/7/04

Punkt 12 Uhr in der Kirche St. Médard in Blénod-lès-Toul

Ich genieße (mit den Einschränkungen der etwas lädierten Füße) den ersten zweistelligen Tag. Heute Morgen wurde ich von einer modernen Sirene geweckt – nicht mit süßen, verführerischen Liedern, sondern mit einer krächzenden Stimme: die Ansagerin des Hauptbahnhofs von Toul, direkt neben unserem Hotel. Die Stimme erinnerte mich schon beim Erwachen daran, dass es zum Zurücklegen von Strecken auch andere Fortbewegungsmittel gibt als die Füße: Fahrräder, Autos, Eisenbahnen, Flugzeuge! Warum mache ich den Weg zu Fuß? Solch eine lange Strecke? Alleine? Mit all den Unannehmlichkeiten und manchmal auch Schmerzen? Ich werde mir über meine Motive wohl noch öfters Rechenschaft geben müssen. Vielleicht melden sich ja die beiden Filmemacher nochmals und fragen dann: Warum tun Sie das?

Um 8.45 Uhr bin ich heute Morgen aufgebrochen – D 11 B – Fünf Kilometer über Landstraße – an Kasernen und dem Soldatenfriedhof Choloy-Menillot vorbei – bis Domgermain – dort wollte ich die Kirche St. Maurice besichtigen: geschlossen – da ich aber schon mal die Grande Rue weit hinaufgestiegen war, ging ich bis zum Ende und fragte eine Frau nach dem Weg Richtung Charmes – sie wies mich über die Straße Rue du Fiacre – auf ihr überholte mich (als ich gerade mal wieder auf die Karte schaute) ein Mann (Forstaufseher?) mit einem geländegängigen Krad – er hielt an und fragte, wohin ich wolle – dann nötigte er mich aufzusteigen (so habe ich ein paar Hundert Meter »geschummelt«: Der Pilger-Heilige möge es mir verzeihen) und fuhr zu einem Plateau, wo er mir den richtigen Weg zeigte: den linken Weg bei der Gabelung – immer die Richtung beibehalten – eine schmale Asphaltstraße überqueren – durch ein altes Eisentor hindurch – durch Weinberge hinabsteigen in diesen Ort – der nette Mann hatte noch acht (!) Mal einen Pfeil mit Ästen gelegt, um mir den richtigen Weg zu weisen – er will im nächsten Jahr den Jacobsweg gehen – »Bonne route« sagte er zum Abschied – und so konnte ich die letzten fünf Kilometer statt über Asphalt über einen herrlichen Waldweg laufen – in dem Wald immer wieder Zeugnisse aus den Kriegen.

Ich hoffe, dass hier die Kirche noch einen Augenblick hält: das Gewölbe zeigt mächtige Risse und wird von vielen Holzstützen getragen.

Die Kirche wurde 1506 bis 1512 im Renaissance-Stil vom 74. Bischof von Toul, Hugues des Hazards, der am 14. Oktober 1517 verstarb, erbaut; von ihm gibt es ein riesiges Epitaph im Chorraum, auf dem ganz viele Nonnen (oder sind es die untröstlichen Witwen?) weinend und wehklagend dargestellt sind; außerdem ein paar herrliche Renaissance-Fenster mit Heiligendarstellungen (hl. Katharina; hl. Nikolaus; hl. Johannes der Täufer; hl. Barbara); vom Kirchenpatron, dem heiligen Medardus, gibt es eine Darstellung aus dem 14. Jahrhundert als thronender Bischof. Dieser war Bischof von Noyon und ist als Patron der Bauern für die Korn- und Weinernte zuständig.

Auf dem Soldatenfriedhof Choloy-Menillot kurz hinter Toul liegen 1926 Franzosen und 144 Alliierte vor allem aus dem Ersten Weltkrieg: Die vielen Kreuze und einige moslemische Grabsteine Richtung Mekka erinnern eindringlich an den Wahnsinn der Menschen: Warum tun sich Menschen so etwas an? Warum werden sie immer wieder einander zum Wolf? Liegt das im Menschen verborgen und wird dieser Hass durch Machtinteressen der jeweils Mächtigen geschürt? Bei diesen Gedanken erinnerte ich mich meines Vaters: Er hat nie viel vom Krieg erzählt – und wenn, dann klang das meist so, als ob er in einem verlängerten Urlaub gewesen wäre. Fotos, auf denen er Gitarre spielt, stehen mir vor Augen; an Erzählungen, wonach sie jeden Tag ein Fässchen Rotwein leerten, erinnere ich mich. Vielleicht hat er aber auch wirklich nichts Schreckliches erlebt. Er war die meiste Zeit in Südfrankreich an der französisch-spanischen Grenze (in Port-Vendres), hat nie Feindberührung gehabt, hatte die Kleiderkammer unter sich und hat es dort bis zum Kriegsende zum Obergefreiten gebracht. Erst in der französischen Gefangenschaft ist es ihm recht schlecht ergangen: Er musste dort hart arbeiten und er, der keine Tomaten mochte, musste Tomaten pflücken und sich davon ernähren. So hat er (und unsere Familie) insgesamt Glück gehabt! Was wäre gewesen, wenn ... Die vielen Kreuze auf den Soldatenfriedhöfen erinnern und mahnen. So kann ich dankbar sein, dass mein Vater im Weihnachtsurlaub 1941 daheim war und ich als Kind seiner Liebe zu meiner Mutter neun Monate nach dem Heiligen Abend geboren wurde.

»Felix« hat heute Namenstag: »Felix« ist ein Abschiedsgeschenk der Ratinger »Kuschelgruppe« (ein jahrelanges Treffen aller hauptamtlichen Seelsorgerinnen und Seelsorger) bei meiner Verabschiedung in Homberg 2000, überreicht vom leider viel zu früh verstorbenen Pfarrer Werner Oermann. Felix, »der Glückliche«, hat schon viel von der Welt gesehen! (Und »wenn wir glauben, was wir glauben« war Werner immer dabei!).

14.30 Uhr Mittagsrast auf einer Wiese kurz hinter dem Weindorf Bulligny

Heute hat Agnes Geburtstag – die Frau meines Freundes Helmut, also meine Freundin. Vor 35 Jahren habe ich sie kennen gelernt. Damals musste sie Helmut und mir, den beiden »Herren«, als Dreizehnjährige auf der Flöte in der Küche des Hauses Gutmann vorspielen, während wir »Herren« dabei »Speck uffm Brettle« aßen. Zum 17. Geburtstag habe ich ihr eine Postkarte geschrieben: »Mit 17 hat man noch Träume …« Viele schöne Erlebnisse haben wir miteinander gehabt: Altstadtbummel, viele Male zur »Fasnet« in Staufen, Reisen (Paris, Griechenland, Sizilien, Compostela, Mallorca …), Kulturveranstaltungen (Theater, Reinhard Mey, Konrad Beikircher …); viele gemeinsame Feste haben wir miteinander gefeiert, aber auch viele schwere Stunden miteinander getragen. Eines hat sie mir allerdings bis heute nicht ganz verziehen: dass ich sie nicht zu meiner Priesterweihe und Primiz 1975 eingeladen habe. Trotzdem darf ich seit meiner Kaarster Zeit fast jeden Sonntag am reich gedeckten Tisch der Familie Friedberg Platz nehmen und die guten Gaben genießen, »die uns liebevolle Hände zubereitet haben«. Herzlichen Glückwunsch! Und wenn ich sie heute Abend anrufe, werde ich mit dem Glückwunsch ein dickes »Danke!« sagen.

Was mir auffällt: Die Kinder hier in Frankreich sind viel freundlicher und hilfsbereiter als bei uns. Fast jedes Kind, ja auch mancher Jugendliche, grüßt auf der Straße »Bonjour, Monsieur!«, und sie bieten auch ihre Hilfe an – so hat mich heute Mittag ein kleiner Junge bis zur Kirche in Blénod geleitet. Davon kann sich mancher bei uns eine dicke Freundlichkeits-Scheibe abschneiden!

Noch 98 Tage! 13/7/04

12.15 Uhr an der Kirche St. Elophe im gleichnamigen Ort unter den gestrengen Blicken einer Riesenstatue dieses Heiligen

Bei fast trockenem (von einigen kurzen Schauern abgesehen) und erfrischend kühlem (unter 20 Grad; heute Morgen fingerkalt) Wetter bin ich gestern Nachmittag und heute Morgen ca. 20 Kilometer auf der alten Römerstraße gelaufen, die selbst auf der Landkarte IGN Nr. 23 verzeichnet ist: »Ancienne voie Romaine de Langres«, von Bagneux bis hierher fast immer schnurstracks geradeaus; mit einem kleinen Abstecher gestern Abend nach Harmonville, wo ich gegen 18.30 Uhr ankam (nach ca. 28 Tageskilometern) und wo wir (statt in Autreville) in einem »Chambres d'Hôtes« nur ein Bett (das ist wörtlich zu nehmen!) bekamen. Vorher hatte ich mir in der Kirche von Autreville das bemerkenswerte farbig-gefasste steinerne Altarbild angeschaut: eine Anbetung der heiligen drei Könige – eine der drei klassischen (neben der Emmaus-Geschichte und dem Gang der Frauen am Ostermorgen zum Grab) Wegegeschichten aus dem Neuen Testament, denen ich sicherlich noch öfters begegnen werde. Besonders die Erzählung von den »Weisen aus dem Morgenland« (Mt 2,1–12) kann mich und alle Pilger daran erinnern, dass es sich lohnt, aufzubrechen, den Zeichen der Zeit und des Lebens zu folgen, lange Strecken zurückzulegen, auch Umwege und Irrwege in Kauf zu nehmen, um dann schließlich (hoffentlich und »So Gott will!«) anzukommen. In Autreville ist über den Weisen (die etwas hilflos und verlegen nicht das Kind, sondern die Menschen in der Kirche anschauen) ein Engel dargestellt, aus dessen Mund drei Strahlen herauskommen. Vielleicht war darauf einmal das »Gloria in exelsis deo« zu lesen. Über dem Engel ist der Stern zu sehen, der die Weisen führte. »Engel mit Stern« erinnerte mich an eine Geschichte, die ich einmal vor Jahren zu diesem Thema geschrieben habe:

Ich hätte nicht so laut »Hier! Ich!« schreien sollen, als Balaam, der himmlische Sternenmeister, fragte: »Wer übernimmt die Sonderaufgabe, einen Stern von Osten nach Westen zu transportieren?« Augenblicklich hatte ich, der kleine Engel Nr. 240942, der von den anderen immer liebevoll-spöttisch »Jacobángel« genannt wird, das Ding auch schon in der Hand: groß und zackig und strahlend. Am Anfang ging alles sehr leicht. Das Ding ließ sich gut in Gang setzen und auf der eigens für diese Sondermission angelegten Sternenstraße leicht vorwärtsrollen. Ab und zu riskierte ich beim Schibbeln auch mal einen Blick nach unten: Und da sah ich mit einem Mal drei exotisch gekleidete Männer auf Pferden in die gleiche Richtung reiten, in der sich mein Transport-Unternehmen bewegte. Einer von ihnen zeigte nach oben und lachte: Hatte er mich entdeckt? Ich winkte verstohlen mit einer Hand zurück, doch da ich wenig Übung in der Disziplin »Sternenrollen mit einer Hand« hatte, fing das Ding an zu schlingern und zu trudeln. Erschrocken hielten die Exoten da unten ihre Hände vor die Augen, und da dämmerte mir, dass ihnen ausschließlich mein Stern wichtig war. Um mich ging es ihnen gar nicht. Schade, dachte ich, dass die Menschen sich mehr an Sternbildern und Stars und Sternchen orientieren als an Engeln. Ich hatte den Stern wieder unter Kontrolle. Da hörten meine Engelsohren den Stoßseufzer aus meinem Engelsmund: »Jacobángel, Jacobángel, was bist du doch für ein Dummkopf: Du hättest doch wenigstens fragen müssen: Wie weit ist es denn von Osten nach Westen?«. Die Sternstraße zog sich nämlich endlos lang dahin, vom ständigen Sternendrehen taten mir schon Hände und Arme weh und von meiner blondgelockten Engelsstirn fiel ein Schweißtropfen nach dem anderen auf den goldenen Stern. Mit jedem Schweißtropfen wurde sein glänzendes Gold stumpfer und stumpfer und sein Leuchten matter und matter. Die Exoten unten ritten schließlich aufgeregt durcheinander, jeder in eine andere Richtung; sie fassten sich an ihre Köpfe, schreiend, gestikulierend: Sie hatten offensichtlich die Richtung verloren: Vielleicht lag das an meinem Stern?! Mit einem Zipfel meines Engelgewandes fing ich an, ihn wieder blank zu putzen; und im neu erstrahlenden Glanz spiegelte sich bald wieder ein zeigender und lachender Exot. Wir – der Stern, die Exoten und ich – zogen weiter. Westwärts. Immer weiter. »Jacobángel, Jacobángel, was bist du für ein Idiot: Deine Zeit und deine Kraft als Sterndreher für ein paar Exoten zu vergeuden!« entquoll absolut un-englisch ein Stoßseufzer aus meiner Engelsbrust. Vom Drehen und von den scharfen Kanten und Zacken wurden die Blasen in meinen zarten Engelshänden immer größer – bis schließlich die ersten Blutflecken das strahlende Gold beschmierten. Bald hielt ich einen roten Blutstern in meinen zerschundenen Händen – fahl und matt. Unter mir flüchteten die Exoten ratsuchend in einen riesigen Palast mit Zinnen und Türmen, bewacht von Soldaten mit blutrünstigen Blicken und bis zu den Zähnen bewaffnet. Nur noch ein kurzes Stück und ich konnte nicht mehr weiter: Ich war am Ende meiner Kräfte. Ich hielt den Stern an und sah abwechselnd auf meine blutbefleckten Hände und auf den blutbeschmierten Stern. Tränen der Wut und Tränen der Trauer traten in meine Augen. Ich fing an zu weinen, immer heftiger. Und merkwürdig: Jede Träne wischte einen Blutstropfen weg. Ich weinte, bis der Stern wieder strahlend erglänzte. Und als ich mir die letzte Träne aus den Augen wischte, sah ich unter mir einen Stall, einen Mann, eine Frau, ein kleines Kind – und die drei Exoten, kniend und betend vor diesem Kind. Ich wollte meinen Stern weiterrollen, aber er ließ sich nicht mehr bewegen. »Jacobángel«, flüsterte ich mir leise zu, »vielleicht hast du deinen Auftrag hier erfüllt!?«. Und ich nickte mir selbst flüchtig zu, so wie eben nur ein Engel nicken kann.

Auf der Römerstraße hierher bin ich zum ersten Mal an einem Sonnenblumenfeld vorbeigekommen. Einzelne Blüten dieser schönen Blume waren schon aufgegangen. Sicher werden sie mich noch weiter begleiten: Bald werde ich wohl riesige gelbe Felder sehen und irgendwann die Gerippe vertrockneter Sonnenblumen. Im Französischen heißt die Sonnenblume »tournesol« und erinnert so daran, dass sie sich immer dem Licht der Sonne zuwendet. Ein schönes Gleichnis und eine Aufforderung an uns Menschen, uns immer dem Licht – und vor allem dem, der von sich selbst gesagt hat »Ich bin das Licht der Welt« (Joh 8,12) – zuzuwenden: Herr, lass mich wie eine Sonnenblume sein!

Der Ortsheilige hier – der Saint Elophe – ist mir völlig unbekannt: Er ist auch enthauptet worden und trägt deshalb ebenfalls seinen Kopf mit eigenen Händen (wie der heilige Dionysius und der heilige Eucharius): die »Kephalophoren«, die »Kopfträger«, vermehren sich!

Nach meiner »Heimkehr« erhielt ich von Heinrich Wipper Informationen über diesen Heiligen, der dem Ort auch seinen Namen gegeben hat: »Was ist das für ein Heiliger? Sehen wir uns die Stätten des Lebens und Sterbens des hl. Eliphius etwas genauer an. Ein Wanderweg von Soulosse-sous-Saint Elophe nach Saint-Elophe zeichnet den letzten Gang des Heiligen nach. Man zählt das Jahr 362 n. Chr., und Julian Apostata ist alleiniger Herrscher des römischen Imperiums. Der Kaiser versuchte, das Rad der Geschichte zurückzudrehen. Auf Kosten des überall vordringenden Christentums sollten wieder die heidnischen Götter, deren Tempel noch vorhanden sind, ihre alten Rechte zurückerhalten. Um diese Zeit lebt in Soulosse, dem antiken Solimariaca, an der Römerstraße Lyon – Köln der fromme Christ Eliphius. Er weigert sich, den alten Göttern Roms zu opfern, und wird von den römischen Truppen im Land gefangen genommen. Er soll dem neuen Glauben abschwören. Man bietet ihm Ämter und Güter dafür an. Doch Eliphius bleibt standhaft und wird zum Tode durch Enthauptung verurteilt. Am Ufer des Vair, wo heute die Kapelle Sainte-Epéothe steht, wird das Urteil vollstreckt. Doch zuvor sucht sich Eliphius den Ort seines Grabes aus: den nahen Hügel über dem Bach. Als sein Kopf vom Leib getrennt wird, ist der Heilige zum Erstaunen der anwesenden Henkersknechte noch keineswegs tot. Er steht auf, nimmt seinen Kopf in die Hand und macht sich auf den Weg zu der Stelle, wo er begraben werden möchte. In der Mitte des Weges schlägt er mit seinem Stock gegen einen Felsen. Eine wunderbare Quelle entspringt, und Eliphius wäscht in ihr sein blutiges Haupt. Heute ist die Quelle kunstvoll in Stein gefasst. Dem Wasser wird Heilkraft nachgesagt. Als sich die römischen Soldaten vom ersten Schreck erholt haben, machen sie sich auf die Verfolgung des Enthaupteten. Und wieder geschieht ein Wunder. Ein Felsen öffnet sich und entzieht den Heiligen den Blicken seiner Verfolger. Bis heute hat sich das »Versteck des hl. Eliphius« erhalten, in das eine Statue des Heiligen gestellt wurde. Unbehelligt setzt Eliphius seinen Aufstieg auf den Hügel fort. Oben bricht er auf einem großen Stein tot zusammen, der seinem Körper nachgibt und sich zum »Stuhl des hl. Eliphius« formt. In einer offenen Kapelle des Friedhofs der Kirche von Saint-Elophe kann man ihn noch heute sehen. Daneben wird im 12. Jahrhundert eine romanische Kirche errichtet, die im 13. und 16. Jahrhundert im gotischen Sinne umgebaut wird. Ihr Inneres beherbergt das Grabmal mit einer Liegefigur des Heiligen in hellem Kalkstein. Auch hier hält er sein Haupt in der Hand. Die wenigen Gebeine des Heiligen, die am Ort verblieben sind, werden in einem neugotischen Schrein aus gelbem Kupfer verwahrt. Den größten Teil der sterblichen Überreste des hl. Eliphius machte Gerhard, Bischof von Toul, im Jahre 964 seinem Freund, dem Kölner Erzbischof Bruno zum Geschenk. Dieser ließ sie nach Groß St. Martin in Köln übertragen. Als Todes- und Festtag des Heiligen ist der 16. Oktober überliefert. Von der Kirche Saint-Elophe hat man einen herrlichen Blick auf das Tal des Vair und der Maas. Rechts erkennt man Domrémy-la-Pucelle, den Geburtsort der Jeanne d'Arc. Bevor sie sich aufmachte, um dem französischen König im Kampf gegen die Engländer beizustehen, wird sie wohl öfters die Kirche des hl. Eliphius besucht haben.«

Noch 97 Tage! 14/7/04

11.20 Uhr an der Kapelle »ND du Pilier de Saragosse«

Gestern bin ich so früh wie nie am Zielort angekommen: Um 15 Uhr war ich nach 18 Kilometern im Hotel »Eden« am Bahnhof von Neufchâteau. Nach den üblichen Ankunfts-Reinigungs-Ritualen habe ich mit Meinhard die beiden Sehenswürdigkeiten der Stadt besucht: die Kirche des heiligen Nikolaus (mit einer Statue des heiligen Elophe aus dem 15. Jahrhundert in der Krypta) und die Kirche des heiligen Christophorus. Danach sind wir mit dem Auto zum Geburtsort der Jeanne d'Arc, nach Domrémy, gefahren: das Geburtshaus, die Kirche, wo sie getauft wurde und die riesige »Kathedrale« des 19. Jahrhunderts haben wir besichtigt.

Eine merkwürdige, geheimnisvolle und gleichzeitig faszinierende Gestalt – dieses einfache Hirtenmädchen, das kurzzeitig Weltpolitik bestimmt hat und dann mit 19 Jahren auf dem Scheiterhaufen in Rouen landete. Auf der ca. 10 Kilometer schnurgerade verlaufenden D 1 (alte Römerstraße) hierher kamen mir zu ihr folgende Gedanken:

Jeanne d'Arc

Als Hirtenmädchen vernahmst du in deinem Herzen den Anruf der Heiligen
Als Heldin erklangen in deinen Ohren die Lobgesänge der Menschen
Als Hexe verstummten deine Gebete in den Flammen der Mächtigen
Als Heilige erhörtest du nur selten die Bittrufe deiner Landsleute

Gestern Abend haben wir fürstlich gespeist: Lachscreme als Vorspeise, Ente mit leckeren Beilagen als Hauptspeise, Käseplatte zum Nachtisch; dazu haben wir jeder eine Flasche Rotwein konsumiert und hatten so die nötige Bettschwere.

Heute ist der Nationalfeiertag der Franzosen. An den Hinweisen auf Veranstaltungen (Tanzangebote, Feuerwerk ...), vielen Trikoloren, vielen frisch gepflanzten Blumen, aufpolierten Plätzen merkte man es überall. Gedenken der eigenen Nation – für die Franzosen hat das einen ganz hohen Stellenwert; für uns Deutsche ist alles, was mit dem Stichwort »Nation« zu tun hat, mehr als fragwürdig geworden. Es ist ja auch Zufall, dass ich nicht als Franzose, sondern als Deutscher geboren wurde. Und welches Verhältnis kann man zu dem Land entwickeln, in dem man zufälligerweise geboren wurde? Auf keinen Fall darf so etwas wie Nationalstolz entstehen; denn »stolz« kann man nur auf das sein, was man selbst geleistet hat (wenn ich in Compostela ankommen sollte, dann darf ich ein wenig stolz sein). Aber zur eigenen »Nation«, zum eigenen »Vaterland« darf man keinen Stolz entwickeln. Allenfalls kann man sich über geschichtliche Ereignisse und herausragende Persönlichkeiten freuen, die mit Deutschland verbunden sind (so wie man sich über Geschenke freuen kann). Und man kann sich über dunkle geschichtliche Vorkommnisse und düstere Personen der Geschichte ärgern oder darüber trauern (so wie man sich über schlechtes Wetter ärgert oder über einen Todesfall trauert). Nicht mehr, aber auch nicht weniger darf das Verhältnis zum eigenen Land bestimmen!

Allerdings kann ich nicht ausschließen, dass ich zu bestimmten anderen Zeiten vielleicht anders gedacht oder gehandelt hätte. Ob ich wohl ein überzeugter Nazi gewesen wäre? Ein paar bräunliche Gedanken sind mir schon während der Bundeswehrzeit und in den ersten Semestern gekommen. Doch Dank der »Gnade der späten Geburt« bleiben solche Fragen rein hypothetisch!

Die kleine Kapelle, vor der ich bei strahlendem Sonnenschein und unter blauem Himmel sitze, ist der »Maria von der Säule in Saragossa« geweiht. Auf dem Holzbalken über dem Eingang steht: »Notre Dame du

Pilier de Saragosse. Protectrice des voyageurs priez pour nous«. Dass die »Maria von der Säule in Saragossa« die Schutzpatronin der Reisenden und Pilger ist, wusste ich bisher noch nicht. Bekannt ist mir aber die Geschichte im Zusammenhang mit dem heiligen Jacobus: Als er frustriert nach seiner erfolglosen Verkündigung der Frohen Botschaft in Spanien nach Hause zog, da erschien ihm in Saragossa am Ebro die Muttergottes auf einer Säule – getragen und umgeben von Engeln – und sprach ihm Mut und Ausdauer zu. Darstellungen dieser Legende gibt es in Spanien häufig. Hier in der Kapelle an der D 1 sind nur noch die Engel und die Säule übrig geblieben. So muss ich mir selbst Mut zusprechen: Ultreia!

17 Uhr vor unserem Hotel »Auberge du Cheval Blanc« in Saint-Thiébault (das noch geschlossen ist, wo Meinhard aber schon ein Zimmer reserviert hat)

Nach der gemeinsamen Besichtigung (ich traf dort Meinhard) des »figurenreichsten Portals der lothringischen Romanik« an der St. Martin-Kirche in Pompierre (mit einer wunderschönen Darstellung des Einzugs Christi in Jerusalem) habe ich das erste richtige Abenteuer auf dieser Wallfahrt überstanden. Der »Römerweg« führte hinter …

18.30 Uhr auf der Bettkante des Zimmer Nr. 6 im Hotel »St. Martin« (»Logis de France«) in Bourg-Sainte-Marie

Gerade als ich mein Abenteuer erzählen wollte, kam der Besitzer des Hotels »Zum weißen Rössl« und erklärte bedauernd, dass er kein Zimmer für uns habe. So sind wir die drei Kilometer bis hierher gefahren und haben es gut angetroffen: Ist ja auch stilvoller, beim heiligen Martin zu übernachten!

Nun also zu meinem Abenteuer: … Vaudrecourt über einen Feldweg durch Gestrüpp auf einen Bach zu, über den sich eine klapprige und morsche Holzbrücke spannte, die sehr an solche Brückchen erinnerte, wie sie auf kitschigen Schutzengel-Bildern des 19. Jahrhundert zu sehen ist. Ich habe dreimal gezögert, diese Brücke zu passieren: unten – in anderthalb bis zwei Meter Tiefe – ein modriger Bach und darüber die morschen Bretter und Balken. Dann habe ich mir schließlich ein Herz gefasst und schon mal meinen Rucksack auf die andere Seite geschmissen. Fast auf allen vieren bin ich hinterher gekrochen, und es wäre auch fast alles gut gegangen – bis auf das letzte Brett: Es krachte und ich landete – Gott sei Dank schon am anderen Ufer – anderthalb Meter tiefer. Der Schutzengel hatte es fast geschafft. Aber ich muss ihm trotzdem danken, denn es hätte alles viel schlimmer ausgehen können. Die Pilgertour hätte heute für mich zu Ende sein können. So gab es nur ein zerrissenes Hemd (mein schönes Baumwollhemd, das mich bisher gut auf dem Weg gekleidet hat), ein Loch in meiner Weste, ein paar blutige Schrammen am linken Oberarm (ich sah aus wie der heilige Sebastian!) und ein paar brennende Brennesselflecken. So etwas riskiere ich nicht mehr!

(Dieses Abenteuer habe ich nach meiner Rückkehr den Kindern der Kaarster Kindergärten erzählt. Einige Tage später sprach mich eine Mutter an und sagte, ihr kleiner Sohn sei nach Hause gekommen und habe aufgeregt berichtet: »Mama, stell dir vor, der Gott ist ins Wasser gefallen!«)

Der Feiertag war heute überall zu spüren: die Menschen grillten vor ihren Häusern, spielten Boule, zündeten Knallkörper an, hielten einfach nur Ruhe, waren auf der Jagd (es knallte ein paar Mal bedenklich), hatten Spielzeuge für die Kinder herausgestellt …

Ich bin heute vier Kilometer mehr gelaufen als das Tagesprogramm vorsah: bis Malaincourt-sur-Meuse, so dass ich heute 25 Kilometer hinter mich gebracht habe und morgen »nur« 26 Kilometer laufen muss.

Noch 96 Tage! 15/7/04

12.15 Uhr in der Georgs-Kirche zu Meuvy (18. Jahrhundert) mit einem stark geneigten Kirchturm

Gestern Abend haben wir wieder vorzüglich diniert: Salat de Langres als Vorspeise, Hühnchen in Weißweinsoße als Hauptgericht, Käse auf Salat, Eis mit Wodka: So lässt sich Pilgern aushalten!

Heute Morgen bin ich gegen 9.30 Uhr bei gutem Wanderwetter (knapp 20 Grad; gestern war es schon ein wenig zu warm!) in Malaincourt gestartet. Heute mit zwei neuen Ausrüstungsgegenständen: Ich habe heute mal die Tracking-Halbschuhe von Wrangler angezogen (denn gegen die Anweisung Jesu an seine Freunde habe ich ein zweites Paar Schuhe mitgenommen); und dann habe ich von Meinhard ein Baumwollhemd mit langen Ärmeln bekommen (Er teilt das letzte Hemd mit mir); das mit zerrissenem linken Ärmel haben wir heute Morgen feierlich in einer Mülltonne »begraben«.

Zu meinem gestrigen »Abenteuer« fielen mir unterwegs diese Gedanken ein:

Mein Schutzengel

Du hast mich gewarnt – Ich habe mir selbst vertraut
Du hast mich fallengelassen – Ich landete in Brennesseln und Stacheldraht
Du hast mich aufgefangen – Ich ging mit warnend roten Schrammen weiter

Heute feiert die Kirche das Fest des heiligen Bonaventura. Ich hoffe, dass sein Name für mich Wirklichkeit wird: »gute Zukunft«.

Hier in der Georgs-Kirche von Meuvy gibt es zwei Fenster im Chorraum von 1950, die an zwei unterschiedliche Friedensvorstellungen erinnern. Das linke Fenster stellt die »Pax Romana« vor Augen und darauf ist zu lesen: »«Mosa« Station militaire sur la voie romaine Langres – Trèves«; das rechte Fenster erinnert an die »Pax Christi« mit dem Satz: »«Meuvy« pays du Bassigny crée par le travail et la prière des moines de Morimond«.

Trotz meines Abenteuers gestern auf der »Römerstraße« werde ich gleich auf selbiger weiterziehen.

14 Uhr auf einer Bank bei einem Wegekreuz von 1608 in Lénizeul

Die »Römerstraße« hat ihre Tücken! Gestern die durchgekrachte Brücke – heute stand ich nach gut einem Kilometer hinter Meuvy wieder im Gestrüpp an dem Flüsschen Meuse, und es gab keine Brücke! Also musste ich wieder umkehren und über die Landstraße laufen: über Bassoncourt, Lénizeul und Damphal nach Montigny-le-Roi.

An dem Flüsschen Meuse habe ich einen Fischreiher aufgeschreckt, wobei ich mich ebenso wie er erschrocken habe. Ich erschrecke Tiere – Tiere erschrecken mich: Das ist mir nun schon zwei oder drei Mal mit einem Reh passiert, das mir über den Weg lief (heute Morgen noch!); das ist mir vor Tagen bei einer Mittagsrast mit zwei Hasen passiert, die plötzlich fast vor mir standen und dann aber schleunigst Reißaus nahmen; das ist mir schon in der Eifel mit einem Stier passiert, dem ich auf einer unumzäunten Wiese Aug' in Aug' gegenüberstand, wobei er sich als der Klügere erwies und davon trottete.

Das spätgotische Wegekreuz hier im Ort mit einer Inschrift und einer kleinen Sonnenuhr von 1608 am Schaft ist – wie viele Kreuze solcher Art – auf beiden Seiten gestaltet, auf der einen Seite der Gekreuzigte, auf der anderen Maria mit dem Jesus-Kind auf dem Arm (in der

Bretagne ist dort oft eine Pieta zu sehen). Solche Wegekreuze hatten und haben für die Menschen, besonders für die Pilger früherer Zeiten, eine doppelte Bedeutung. Einerseits zeigen sie ihnen, dass sie sich nicht verlaufen haben, dass sie auf dem richtigen Weg sind und welche Richtung sie einschlagen sollen: Das ist die horizontale Bedeutung. Andererseits weisen die Kreuze auch nach »oben«, zum Himmel, zu Gott und erinnern damit daran, wohin der Weg der Menschen und Pilger letztendlich führt und dass sie diese Richtung nicht aus den Augen verlieren sollen: Das ist die vertikale Bedeutung. Mit der Sonnenuhr am Schaft des Pilgerkreuzes kommt zu der horizontalen und vertikalen Dimension auch noch die Dimension »Zeit« hinzu. Auf all ihren horizontalen Wegen ist den Menschen und Pilgern nur ein bestimmtes Maß an Zeit zugewiesen, ehe sie den endgültigen vertikalen Weg antreten. Ich hoffe, noch ein gutes Stück horizontal weiter gehen zu dürfen!

Noch 95 Tage! 16/7/04

12.15 Uhr in der Kirche St. Remy in Changey
mit schönem Chor aus dem 13. Jahrhundert

Gestern bin ich um 16.30 Uhr nach 26 Kilometern in Montigny-le-Roi angekommen. Meinhard hatte das Zimmer im »Hôtel Moderne« schon reserviert, das teuerste, das wir bisher auf unserer Tour gebucht haben: 68 € (dafür hatte es auch eine riesige Übereck-Badewanne). Nicht nur, aber auch für die Zimmerpreise ist es gut, dass Meinhard dabei ist. Das Zimmer für eine Person würde dasselbe kosten; so können wir uns den Spaß teilen und können unser angepeiltes Tageslimit von 50 € ungefähr einhalten. Die Abendgetränke übernimmt mal der eine, mal der andere – so kommen wir mit unserer Rechnerei einigermaßen klar. Es ist wirklich eine große Hilfe, dass Meinhard mich mit dem Auto begleitet: So kann er die Zimmer rechtzeitig reservieren (vor dem Ansturm der Holländer, die in dieser Gegend stark vertreten sind), er kann Einkäufe tätigen (Müsli-Riegel), er kann Karten für die Handys besorgen – ja und der Transport des Gepäcks und der Unterlagen (Kartenmaterial, Bücher, Informationen der Jacobus-Bruderschaft ...) ist mehr als hilfreich. Allein die vielen Medikamente hätte ich gar nicht alleine tragen können! Hoffentlich ist und wird es ihm nicht langweilig tagsüber. Bis jetzt schaut er sich ganz viele Dorfkirchen an und verbringt manche Stunde mit Sticken. Wenn Peter Peiffer aus Homberg als zweiter Begleiter irgendwann dazu stößt, ist es sicherlich für ihn abwechslungsreicher.

Bisher bin ich mit kurz-ärmeligem Hemd bei schwül-warmen Temperaturen (es soll gut 25 Grad werden), aber bedecktem Himmel, der allmählich aufklart, seit 8.45 Uhr durch die herrliche Landschaft der »Haute-Marne« über kleine Landstraßen und Schotter-Waldwegen (die auf der Karte im Maßstab 1:100 000 oft schwer zu finden sind; vor allem hier vor dem Ort in der »Reserve de Champ Blanche«) gelaufen: weite Sicht, sanfte Hügel, Wälder, saftige Wiesen, Kornfelder, Bäche, Maisfelder, Kühe – vor allem hellgrau-braune (die alle schrecklich neugierig sind und den Pilger mit großen Augen anstarren), bunte Wege- und Feld-Ränder, bei denen vor allem die Mohnblumen strahlend leuchten. An einem Feld waren Hinweistafeln angebracht: »Vorsicht Stiere« – es grasten darauf aber nur ein paar Schafe friedlich vor sich hin, blühende Brombeersträucher, Schmetterlinge, kleine Dörfer und einige schön herausgeputzte Häuser, andere aber verfallen und verlassen, Vogelgezwitscher, Raubvögel, die sich auf ihre Beute stürzen, summende Bienen, kleine Kirchen in den Dörfern, von denen viele romanischen oder gotischen Ursprungs sind, Libellen, runde Heuballen, Seen, violett-blühende Disteln – eine herrliche Ruhe, die nur manchmal vom Lärm der Düsenjäger gestört wird. Das einzige, was es bisher in dieser Gegend nicht gibt: Kirchen mit dem Patrozinium des heiligen Jacobus oder Figuren des Pilgerheiligen oder Spuren der Santiago-Wallfahrt – Warten wir's ab!

Gestern habe ich die Landkarte Nr. 23 »abgelaufen«; ab heute ist Nr. 29 dran.

17 Uhr in der Bar des »Hôtel de la Poste« in Langres

Nach 23 Kilometern und einem steilen, schweißtreibenden Aufstieg in die Stadt bin ich gelandet. Die erste Besichtigungstour durch die Stadt habe ich schon hinter mir – zusammen mit Meinhard: Die Kathedrale St. Mammes (er starb als Hirte in den Christenverfolgungen des 3. Jahrhunderts den Martertod) mit einem wunderschönen Chorraum aus der Mitte des 12. Jahrhunderts und einigen interessanten Details. Über dem nördlichen Seitenportal sind in der französischen Revolution die Zeichen der Kirche (bischöfliche Mitra und Stab – »la crosse«: laut Wörterbuch: »Hockeyschläger«) ausgetauscht worden gegen die phrygische Mütze und das Stab-Bündel der Liktoren; innen eine ungewöhnliche Darstellung der heiligen Katharina, die auf einem großen, zerbrochenen Rad sitzt; und ein steinernes Relief, das die Auferweckung des Lazarus zeigt. Mehrere Personen bringen deutlich zum Ausdruck: »Herr, er riecht schon!« (Joh 11,39).

Nach einer alten Legende soll Lazarus nach seiner »Auferweckung« sein ganzes Leben lang nie mehr gelacht haben, weil er das Angesicht des Todes und der Unterwelt geschaut habe. Was ist das aber für ein Leben – ohne Lachen? Wer will schon dahin zurückkehren?

Hier in diesem Hotel mitten in der Altstadt haben wir es gut angetroffen (39 € pro Nacht) für unseren Ruhetag morgen.

Heute Nachmittag habe ich Marianne Riethmüller mit dem Handy aus Champigny-les-Langres angerufen und ihr zum Geburtstag gratuliert. Marianne ist eine aus unserer Studentengemeinden-Sechsergruppe von der ersten Zu-Fuß-Tour 1983 von den Pyrenäen nach Compostela – damals mit 22 Jahren blutjung. Wenn ich irgendwo meinen Vortrag über die Jacobuswallfahrt halte (und das habe ich schon ein paar Dutzend Mal getan), dann zeige ich immer ein Dia von ihr, wie sie hingebungsvoll und andächtig am »Pórtico de la Gloria« der Kathedrale von Compostela dem alten Brauch folgt und ihre fünf Finger in die Mittelsäule legt und dem Heiligen einen Wunsch äußert. Dann sage ich: »Diesen Wunsch darf man aber keinem sagen, er muss geheim bleiben. Und so weiß ich nicht, was sie sich gewünscht hat; ich weiß aber, dass ich sie einige Jahre später mit einem Mitpilger, mit Gerhard, getraut habe.«

Mal schauen, welches Geheimnis ich dem Heiligen ans Herz legen werde!?

Meine Klage darüber, dass es in dieser Gegend keine Jacobüsse gibt, muss ich einschränken. Hier in der Altstadt, in der Rue Charles Beligné, gibt es an einem Haus in einer Nische eine Darstellung des Heiligen von 1671, mit Muschel und Pilgerabzeichen an der Pelerine, mit aufgeschlagenem Buch, mit Kalebasse und einem (abgebrochenen) Pilgerstab. Er erstrahlte im wunderschönen Abendlicht.

Noch 94 Tage! 17/7/04

Bei morgendlichem strahlendem Sonnenschein und nachmittäglichem starkem Gewitter ein Ruhetag in Langres, der Geburtsstadt des Philosophen Denis Diderot. Zitat aus seinem Buch »Traité du Beau«, das im Museum von Langres ausgestellt ist: »Tout le monde raisonne du beau: On l'admire dans les ouvrages de la nature: On l'exige dans les productions des Arts.« (»Die ganze Welt denkt über das Schöne nach: Man bewundert es in den Werken der Natur: Man fordert es in den Erzeugnissen der Künste.«) Wie wahr!

Heute am Ruhetag gibt es keine Aufzeichnungen, um nicht unter den Zwang zu geraten, jeden Tag etwas schreiben zu müssen!

Noch 93 Tage! 18/7/04

11.45 Uhr im Turmraum der St. Martin Kirche in Perrogney-les-Fontaines (der Kirchenraum ist verschlossen)

Langres ist ein herrliches Fleckchen Erde für einen Ruhetag!

Gestern Morgen (nach längerem Schlafen und späterem Frühstück) sind wir durchs Städtchen gebummelt – vor allem über die Remparts.

Dann habe ich Onkel Heinz in Münster angerufen und ihm zum 80. Geburtstag gratuliert. Er hat sich sehr gefreut. Mit Onkel Heinz und Tante Agnes, der einzigen noch lebenden Schwester meines Vaters, verbinde ich ganz viele Kindheits- und Jugenderinnerungen. Anfang der 50er Jahre bin ich mehrmals in Ascheberg, wo sie damals wohnten, gewesen und habe dort meine Ferien verbracht. Aus dieser Zeit ist mir besonders in Erinnerung, wie ich mit Onkel Heinz auf seinem kleinen Motorrad durch die umliegenden Dörfer fuhr, um dort die Neuigkeiten aufzuschnappen. Er schrieb nämlich für eine Zeitung die Lokalmeldungen und da er zeilenweise bezahlt wurde, schrieb er sehr ausführlich. Außerdem habe ich in Ascheberg schon zu dieser Zeit den Brauch der Sternsinger kennen gelernt. Ich weiß noch, dass ich ein wenig Angst vor dem Mohr hatte. Eine Kleinigkeit verbindet mich bis heute mit der glücklichen Zeit von damals: Onkel Heinz kaufte mir schon damals immer Lakritz und er tut es bis heute! Immer, wenn ich ihn besuche (das ist selten genug), drückt er mir ein paar Tüten Harribo-Schnecken in die Hand, oder er lässt sie durch andere Verwandte an mich überbringen.

Insgesamt sind die Kontakte zur Verwandtschaft seit einigen Jahren spärlicher geworden. Viele sind schon verstorben, zu einigen Cousinen und Cousins habe ich gar keinen Kontakt mehr, zu anderen ganz sporadisch. Es fehlt aber auch die verbindende Kontaktperson – meine Mutter. Sie sorgte für die nötige Kommunikation, schrieb Karten oder rief an oder schlug vor, diesen oder jenen mal zu besuchen. Seit ihrem Tod bröselt vieles auseinander.

Nach einem kleinen Mittagsmahl und einem ausgiebigen Mittagsschlaf besuchten Meinhard und ich das Museum von Langres, ein sehr ansprechender Neubau mit vielen interessanten Ausstellungsstücken, vor allem natürlich aus der Römerzeit. Da Langres an der Römerstraße lag, ist verständlich, dass hier auch vieles ausgegraben wurde. Für mich, der ich etliche Etappen auf dieser Römerstraße gelaufen bin (wenn auch nicht immer mit den besten Erfahrungen) und noch laufen werde, waren vor allem eine Säule mit einer Entfernungsangabe (21000 Schritte von Langres entfernt) und Darstellungen von Reisefuhrwerken von Interesse. In das moderne Museumsgebäude sind auch die Reste einer Kirche integriert, die wohl dem heiligen Didier, dem dritten Bischof von Langres, geweiht war, der ebenfalls geköpft wurde (der vierte Kephalophore!) und von dem zwei herrliche Darstellungen aus dem 14. und 15. Jahrhundert zu sehen sind.

Abends um 19 Uhr waren wir zum Gottesdienst in der Kirche St. Martin. Außer einem schönen Pilgerstempel, den wir dort erhielten, erlebten wir dort einen sehr ansprechenden Gottesdienst, in dem viel gesungen wurde. Aus der Predigt zum Sonntagsevangelium (Jesus bei Maria und Marta: Lk 10,38–42) sind mir drei anregende Punkte in Erinnerung geblieben: Erstens: Wenn man sich beschweren will oder etwas am anderen auszusetzen hat, soll man es ihm direkt sagen; und nicht wie Marta »hintenherum« einem anderen.

Zweitens: Den Aposteln war wohl das Verhalten der Marta lieber, »denn sie hatten Hunger«.

Drittens: Ein Vergleich mit dem vergangenen Sonntagsevangelium (»Barmherziger Samariter«); dort: »Frömmigkeit« (Priester und Levit) ohne »Nächstenliebe«; heute: »Frömmigkeit« (Maria) und »Dienst am Nächsten« (Marta).

Von diesem Evangelium habe ich vor Jahren einmal eine Gedanken-Verbindung zur Emmaus-Geschichte gezogen (angesichts eines Holzschnitts »Christus bei Maria und Marta« von Karl Schmidt-Rottluff von 1919):

Am Ostertag waren zwei von den Jüngerinnen Jesu in ein Dorf namens Betanien unterwegs, das fünfzehn Stadien von Jerusalem entfernt ist. Die beiden hießen Marta und Maria.

Sie sprachen miteinander über all das, was sich ereignet hatte. Ob Jesus wohl wegen seiner Worte oder wegen seiner Taten angeeckt und gescheitert sei. Maria vertrat den Standpunkt, dass ihn seine Taten ans Kreuz gebracht hätten, denn das viele Planen und Tun mache jeden Menschen innerlich und äußerlich kaputt. Marta dagegen beharrte auf ihrer Meinung, dass Jesus wegen seiner Worte am Galgen geendet sei, denn nur Worte und Meinungen könnten missverstanden werden, Taten seien immer eindeutig.

Während sie so redeten und ihre Gedanken austauschten, kam Jesus hinzu und ging mit ihnen. Doch sie waren wie mit Blindheit geschlagen, so dass sie ihn nicht erkannten. Er fragte die beiden: Was sind das für Dinge, über die ihr auf eurem Weg miteinander redet?

Da blieben die beiden traurig stehen, und die eine von ihnen – Marta – antwortete ihm: Bist du so fremd in Jerusalem, dass du als einziger nicht weißt, was in diesen Tagen dort geschehen ist? Er fragte sie: Was denn? Sie antwortete ihm: Das mit Jesus aus Nazaret. Er war ein Prophet, mächtig in Wort und Tat vor Gott und dem ganzen Volk. Doch unsere Hohenpriester und Führer haben ihn zum Tode verurteilen und ans Kreuz schlagen lassen. Wir aber hatten gehofft, dass er der sei, der Israel erlösen werde. Und dazu ist heute schon der dritte Tag, seit dem das alles geschehen ist. Aber nicht nur das: Auch einige Männer aus unserem Kreis haben uns in große Aufregung versetzt. Sie waren beim Grab, fanden aber seinen Leichnam nicht.

Da sagte er zu ihnen: Begreift ihr denn immer noch nicht? Wie schwer fällt es euch, alles zu glauben, was die Propheten vorhergesagt haben. Musste nicht der Messias wegen seiner Taten und seiner Worte all das erleiden, um so in seine Herrlichkeit zu gelangen? Und er legte ihnen dar, ausgehend von Mose und allen Propheten, was in der gesamten Schrift über ihn geschrieben steht.

So erreichten sie das Dorf, zu dem sie unterwegs waren. Jesus tat, als wolle er weitergehen, aber sie drängten ihn und sagten: Bleib doch bei uns; denn es wird bald Abend, Sterne sind schon am Himmel, der Tag hat sich schon geneigt.

Da ging er mit ins Haus, um bei ihnen zu bleiben. Maria und Jesus setzten sich sofort an den blankgescheuerten alten Holztisch. Als Marta aus der Küche kam, in der Hand eine Schale mit drei Broten, hörte sie den Fremden sagen: Wer meine Worte hört und danach handelt, kann das irdische Leben verlieren, wird aber ewiges Leben gewinnen. Mit geschlossenen Augen dachte Marta über den Sinn dieser Worte nach, während sie die Schale auf den Tisch stellte, der sie nun alle drei verband.

Da nahm Jesus ein Brotstück, sprach den Lobpreis, brach das Brot und gab es ihnen. Da gingen beiden – Marta und Maria – die Augen auf, und sie erkannten Jesus. Dann sahen sie ihn nicht mehr. Nur seine Lichtstrahlen erfüllten noch den Raum.

»Hast du verstanden?«, fragte Maria ihre Schwester: »Hört auf meine Worte, hat er gesagt!« – »Ja«, antwortete Marta lächelnd, »aber auch: Tut dies zu meinem Gedächtnis!«.

Von dieser Stunde an vereinte die Schrift und der Tisch die beiden unterschiedlichen Schwestern an jedem Herrentag.

Wenn auch der Gottesdienst schön gestaltet war, so ist doch erschreckend, dass fast nur ältere Frauen anwesend waren: keine Messdiener, kein hauptamtlicher Küster (ein älterer Mann besorgte alles), kein Orgelspiel (aber eine engagierte Vorsängerin). So oder ähnlich wird sich auch die Zukunft der Kirche in Deutschland in wenigen Jahren gestalten: wenig Geld, wenige Menschen, alles ehrenamtlich, ohne großen Aufwand … Allerdings muss bei uns noch ein großer Bewusstseinswandel stattfinden: dass nichts mehr so selbstverständlich sein wird im Dienstleistungsbetrieb »Kirche« wie es einmal war. Wir müssen von der versorgten zur sich selbst versorgenden Gemeinde kommen!

Auf die hiesige Finanzsituation machte ein Plakat in der Kirche von Noidant-le-Rocheux aufmerksam: Früher gaben die Franzosen fast alle 10 französische Francs in die Sonntagskollekte. Das Plakat erinnerte anschaulich daran, dass dem seit der Einführung des Euro doch wohl zwei Euro entsprechen und angemessen sind.

Gestern bekam Meinhard eine SMS mit der traurigen Mitteilung, dass Peter Peiffer im Urlaub mit dem Fahrrad schwer gestürzt ist und sich einen Wirbel gebrochen hat. Ob es jetzt wohl noch klappen wird, dass er Anfang September zu uns stoßen wird!?

Heute Morgen war ich schon – gut ausgeschlafen – um 8.20 Uhr auf der Piste. Der Weg hierher – bei angenehmen Temperaturen und ein paar Regentropfen – war hinter Langres schwer zu finden. Ohne in Buzon einen Bauern zu fragen, hätte ich den Hauptwanderweg GR 7 kaum entdeckt. Von Noidant an bis hierher ist er sehr gut (mit vielen neuen rot-weißen Schildchen) markiert. Mal sehen, wie es weitergeht.

18.30 Uhr auf der Bettkante der »Auberge de l'Abbatiale« in Auberive

Nun sind wir mehr als stilvoll, wenn auch mehr als überteuert (Meinhard will mir den Zimmerpreis nicht sagen; (erst sehr viel später – in Oviedo – hat er ihn verraten: 110 €)), untergebracht: in der ehemaligen – 1135 gegründeten – Abtei. Jeder hat ein Zimmer für sich, ich mit einem großen Bett, einem alten Kamin, altem Mobiliar, Bruchsteinfußboden, Holzbalkendecke – und alles ein bisschen kühl und feucht.

Heute Mittag fing es an zu regnen, so dass ich nur einen Teil des wunderschönen GR 7 durch Wälder gegangen bin. Aber weil es auf den Wurzeln, den Steinen und dem Laub beim 'rauf und 'runter glatt und glitschig war, bin ich die restlichen ca. 8 Kilometer auf der Landstraße D 428 bis hierher in dieses kleine idyllische Örtchen am Flüsschen Aube gegangen, insgesamt ca. 26 oder 27 Kilometer: Ankunft gegen 16 Uhr.

Auf einem Parkplatz an der Landstraße sprach mich eine Frau aufgrund meiner Muschel an und erzählte mir, dass sie auch schon von Vézelay aus den Jacobsweg bis zu den Pyrenäen gegangen sei.

Unterwegs bekam ich eine SMS von Monika Bonsmann mit dem Hinweis, dass heute in Kaarst in allen Messen meine Postkarte (die ich von Metz aus geschrieben habe) der Gemeinde verlesen worden sei.

Nun ist schon das Reinigungsritual vollzogen, die ersten Ankunfts-Biere getrunken, der Dorf-Bummel erledigt. Ab 19.30 Uhr gibt es im »Lion d'Or«, wo wir eigentlich unterkommen wollten (aber heute am Sonntag muss es wohl mal hoch-herrschaftlich sein!), Abendessen. Nach dem Croissant heute Mittag, einem Müsli-Riegel und einem Apfel habe ich jetzt auch ein wenig Hunger!

Noch 92 Tage! 19/7/04

12 Uhr in der Marien-Kirche in Vivey

Gestern Abend gab es zur stilvollen Unterkunft auch das passende Essen im »Lion d'Or«: Kir als Aperitif, Chadonney zum Essen, eine Fischerplatte (mit Jakobsmuschel-Nüsschen) als Vorspeise und Rind aus der Gegend zur Hauptspeise. Fürst-äbtlich geschlafen!

Erst um 8.30 Uhr Frühstück (mit hausgemachter Cassis-Marmelade); um 9.50 Uhr Abmarsch (nach einigen Telefonaten in die »Heimat«) und dann sieben Kilometer auf dem GR 7 wildromantisch bergauf bergab, kreuz und quer durch Wälder; Weg gut gekennzeichnet, aber schlecht freigeräumt, ein wenig urwaldähnlich; keine Menschenseele getroffen. Zusammen mit etlichen Schweißtropfen (das Wetter ist angenehm!) habe ich mir folgenden Vierzeiler zum gestrigen Evangelium ausgedrückt:

Marta zur Maria sprach:
»Hilf mir doch im Küchengemach!«
Die antwortete ihrer Schwester:
»Dort ist mir genommen mein Bester!«

18 Uhr in der »Ferme de Borgirault« (die von einem Deutschen betrieben wird), einer »Gite d'Etape« bei Grancey-le-Château-Neuvelle

Jetzt haben wir die »Haute Marne« verlassen und sind in »La Côte-d'Or«, das heißt in Burgund! Die gut 15 Kilometer bis hierher waren ganz schön schweißtreibend, aber landschaftlich herrlich. Gegen 15.30 Uhr bin ich hier angekommen. Das Besichtigungsprogramm haben wir schon abgeschlossen. Die Stiftskirche St. Jean in Grancey-le-Chateau war nicht zu besichtigen und der Innenraum der Kirche St. Germain nur durch ein Gitter zu sehen.

Schade, dass so viele Gotteshäuser hier verschlossen sind. Aber bei uns ist es ja auch nicht anders. Vielleicht muss man sich da wirklich etwas einfallen lassen. Man kann die Menschen nicht immer nur zur Ruhe und Muße (zur Haltung der Maria aus dem gestrigen Evangelium) auffordern, man muss ihnen auch Räume zur Verfügung stellen, in denen Stille herrscht, in denen man zum Beten, zum Meditieren, zur inneren Einkehr kommen kann. Und welche Räume eignen sich da besser als die Kirchen?

Hier auf der »Ferme« herrscht auch eine himmlische Ruhe – trotz der 40 französischen Kinder, die hier Urlaub machen. Der Betreiber der »Ferme« bestätigt, dass es Riesen-Unterschiede zwischen französischen und deutschen Kindern und Jugendlichen gibt, dass die französischen Kinder und Jugendlichen viel disziplinierter, ruhiger, kreativer in der Tagesgestaltung und höflicher sind. Vielleicht sind bei uns die »Sekundärtugenden«, die vor Jahren mal so lächerlich gemacht wurden, doch zu stark abhanden gekommen!?

Noch 91 Tage! 20/7/04

12 Uhr auf einer Bank am Ortseingang von Avot

In der »Ferme« waren wir sehr gut untergekommen: deftiges, schmackhaftes Abendessen zusammen mit 40 Kindern und deren Betreuerinnen und Betreuer. Dabei habe ich ein neues Wort vom Betreiber gelernt: »étouffe chrétiens« – »Christenersticker«: »Streuselkuchen« (den gab es aber nicht zum Nachtisch); gut geschlafen (von einem Gewitterregen mal wach geworden); Frühstück; um 9 Uhr war ich unterwegs (anfangs Regen, jetzt ideales Wanderwetter). In dem Waldstück hinter Grancey-le-Château waren auf mehreren Kilometern neben den rot-weißen Markierungen des GR 7 auch einige Muschel-Markierungen angebracht. Hier in der – meiner Meinung nach – richtigen Anordnung: die gebündelten Strahlen in Wegrichtung. Schön, wenigstens mal wieder ein klein wenig an den Jacobsweg erinnert zu werden!

Als ich den Betreiber der »Ferme«, der hier seit 15 Jahren zusammen mit seiner Frau lebt, fragte, was ihn denn hierher verschlagen habe, da antwortete er: »Diese Weite und diese Freiheit!« – und dabei machte er eine ausladende Geste wie der Herrscher von Samos im

»Ring des Polykrates«: »Dies alles ist mir untertänig …« – Vielleicht ist es auch das, was ich mir von dieser Pilgertour erhoffte und hoffentlich noch mehr erfahre: Weite und Freiheit, eine weite, lange, offene Zeit (noch nie habe ich über einen so langen Zeitraum etwas an einem Stück unternommen), ohne die belastenden, manchmal nervigen Alltagsgeschäfte, Alltagssorgen, Alltagsquerelen. Und eine ungebundene, ungeplante, freie Zeit, die nicht bestimmt ist vom Druck des Terminkalenders, der beruflichen Verpflichtungen, der vielfältigen Erwartungen. Etwas spüre ich schon von dieser Weite und Freiheit – je länger, je mehr.

Die Düsenjäger, die manchmal über die Gegend donnern und die himmlische Ruhe stören, wecken in mir Erinnerungen an zwei Albträume, die ich in meiner Kindheit und bis hinein in meine Jugendzeit sehr oft hatte. Obwohl ich den Krieg ja nicht bewusst erlebt habe, sah ich in ihnen doch schreckliche Kriegsbilder; im Albtraum mit ganz vielen Flugzeugen, die sich lautlos am Himmel bewegten; und im Albtraum, in dem ich mehr und mehr von Steinen verschüttet wurde. Schweißgebadet und weinend wurde ich dann oft wach, und meine Mutter legte mir tröstend die Hände auf den Kopf.

An diese schreckliche Zeit erinnert auch der heutige Tag: Heute vor 60 Jahren war das erfolglose Attentat auf Hitler. Guter Gott, gib diesen mutigen und tapferen Männern die Krone des ewigen Lebens!

Heute feiert die Kirche den Gedenktag der heiligen Margareta. Zu ihr gibt es einen einprägsamen bayrischen Merkvers, der auch zur Erkennung vieler Figuren in den Kirchen am Weg nützlich ist (allerdings ist die Häufigkeit der Darstellung der heiligen drei Frauen umgekehrt proportional zur Reihenfolge ihrer Erwähnung – will heißen: Katharinen-Darstellungen sind besonders zahlreich!):

Margareta mit dem Wurm,
Barbara mit dem Turm,
Katharina mit dem Radl:
Das soan die heiligen drei Madl.

Hier am Ortseingang von Avot rostet im Garten ein uralter 2 CV vor sich hin. Solch ein Exemplar war mein erstes Auto: Auf einer Fahrt nach Griechenland (1966), in den Freisemestern in Freiburg und zu Brautschau-Fahrten meines Bruders nach Wipperfürth hat es gute Dienste getan.

Noch 90 Tage! 21/7/04

14 Uhr auf einer Bank am Ortsausgang von Étaules

Ich bin dem Rat der Planungshilfe der »Jakobusbruderschaft« gefolgt und habe bei Ste-Foy (ein Ort, der sich nach der heiligen Fides benennt, die uns in Conques schon sehnsüchtig erwartet und ihre goldenen Arme nach uns ausstreckt) den GR 7 verlassen, »um einen kürzeren Weg nach Étaules zu nehmen«. Kürzer war der Weg zwar, dafür aber umso steiler und schweißtreibender: sicherlich schon eine gute Übung für das Zentral-Massiv. Außerdem ist dieser Weg nicht gekennzeichnet und ich bin ein gutes Stück zu weit östlich von Étaules gelandet. Egal, nun bin ich hier und will heute noch bis Velars-sur-Ouche weiterlaufen (habe also noch 15 Kilometer vor mir), um Morgen einen halben freien Tag für die Besichtigung von Dijon zu haben.

Heute habe ich ein Viertel der Gesamtstrecke geschafft! Anna hat mir heute Morgen per SMS schon Glückwünsche dazu geschickt. Wenn der »Bruder Leib« (bisher keine Beschwerden, an den Schmerz unter dem linken Ring-Zeh und das Zerren im rechten Oberschenkel bei zu großer Belastung habe ich mich schon gewöhnt) und die »Schwester Seele« (bisher habe ich noch keine Depressionen, Verlassenheitsgefühle oder Ängste) weiter so mitmachen, werde ich wohl das kommende Dreiviertel auch noch schaffen. Das Wetter hat bisher auch bestens mitgespielt: Es ist nicht zu heiß und bisher gab es noch keinen Tag, an dem es von morgens bis abends geregnet hätte! Und die Gewitter suchen sich immer wieder die Dunkelheit der Nächte aus – dann sind ja auch die Blitze viel imposanter!

Gestern bin ich nach 27 Kilometern (zwei Kilometer musste ich ja noch vom Vortag machen, da die »Ferme« außerhalb von Grancy-le-Château lag und die Planungshilfe hatte sich um drei Kilometer verrechnet) in Tarsul angekommen. Meinhard saß dort und erwartete mich stickend. Dann fuhren wir in unser Hotel nach Moloy.

In der St. Johannes-der-Täufer-Kirche von Tarsul mit gotischen Fresken (hl. Laurentius, hl. Anna, hl. Michael) und einer Katharinen-Figur aus dem 15. Jahrhundert (gäbe es doch nur halb so viele Jacobus-Figuren wie Katharinen-Darstellungen!) haben wir um 18 Uhr an der Messe teilgenommen (das Besondere: Es wurde Rotwein zur Messe genommen; »Das tun wir immer« sagte der Küster); eine Handvoll Leute war anwesend.

Danach deftiges Abendessen und eine geruhsame Nacht. Nach einem gemeinsamen »Großer Gott, wir loben dich« und einem Segen in der Kirche von Moloy hat mich Meinhard wieder nach Tarsul gefahren, und ich bin losgelaufen.

In Tarsul war ein Muschel-Schild mit einem Hinweis nach »Vézelay« – dem Ausgangspunkt der Pilger in Burgund, der schon im »Codex Calixtinus« erwähnt wird. Dort beginnt die »via lemovicensis«, die nach dem bedeutendsten Ort auf diesem Weg – Limoges – benannt ist.

Unterwegs habe ich oft an Friedhelm Hofmann denken müssen: Er ist nun Bischof in Würzburg. Warum tut sich ein Mensch mit 62 Jahren so etwas an? Aus Machtstreben? Aus Eitelkeit? Aus Pflichtgefühl? Aus Berufung? Mir kann es ja eigentlich egal sein und meine Fragen kann ich mir nur selbst beantworten!

Noch 89 Tage! 22/7/04

12.45 Uhr auf einer Bank im verlassenen Gehöft »Rente de Chameley«

Gestern bin ich nach ca. 36 Kilometern (die längste und anstrengendste Tour bisher!) mit Durst bis unter beide Arme (meine Trinkflasche war längst leer!) am Ortseingang von Velars-sur-Ouche angekommen. Meinhard erwartete mich dort schon. Da die »Auberge« im Ort dicht gemacht hat (wer will auch schon auf der Autobahn schlafen?) und die Gästezimmer-Tante nicht aufzutreiben war, fuhren wir weiter bis Chamboeuf und buchten dort für zwei Nächte in der herrlich gelegenen und sehr ansprechenden »Gites de France« – »Chambres d'Hôtes«.

Dann kam wieder einmal das Schönste nach so einem langen Wandertag: das langsame Öffnen der Schnürsenkel, das vorsichtige Abstreifen der klammen Wanderschuhe, das behutsame Ausziehen der feuchten Wandersocken, der Gang zur Dusche und das Nassmachen der rot-geschundenen Füße mit kaltem Wasser – es ist, als ob man das Zischen hören könnte. In Chamboeuf kam noch der Genuss eines kalten Bieres dazu. Was will man mehr am Ende eines langen Wandertages!? Danach fuhren wir zum Essen nach Gevrey-Chambertin: die Weine dieser Gegend scheinen zu den exklusivsten, aber auch teuersten der Burgunder Weine zu gehören. Zu meinem guten Essen (eine Art Sülze als Vorspeise und Rind in Rotweinsoße zum Hauptgericht) bestellte ich mir ein kleines Glas Rotwein (0,12 l): 5,50 €! Aufgrund dieses Preises verzichtete ich auf ein Glas Weißwein zum Käse-Dessert!

Heute Morgen (nach einem guten, reichhaltigen Frühstück) brachte mich Meinhard nach Velars-sur-Ouche zum gestrigen Aufgabelungspunkt, und die 13 Kilometer des heutigen Wandertages zum schon gebuchten Bett begannen: Immer bergauf zur Muttergottes-Figur »Notre Dame d'Etang« in 545 Meter Höhe. Unterwegs an der Anna-Quelle habe ich einen kräftigen Schluck des erfrischenden Nass genommen und den Schweiß von der Stirne gewaschen. Direkt hinter der Marienfigur – die weithin sichtbar ist – war eine Absprung-Basis für Paragleiter: Der uralte Traum der Menschheit, fliegen zu können, lässt sich hier verwirklichen. Wenn ich den Mut dazu hätte, würde ich es auch gerne mal versuchen. So muss ich mich darauf beschränken, ab und zu einmal im Traum fliegen zu können. Zwar habe ich es dabei noch nicht zur Perfektion der heiligen Theresia von Avila gebracht – aber immerhin! Jedenfalls ist diese Heilige schon mal ein Gegenbeweis zur generellen Aussage des Bischofs in Bert Brecht's Gedicht »Der Schneider von Ulm«: »Es wird nie ein Mensch fliegen«.

Die Kirche feiert heute das Fest der heiligen Maria Magdalena. Ein seltsames Schicksal musste diese biblische Frau erfahren: Sie wurde mit der »Sünderin« des Evangeliums identifiziert und dann zum Lebensende als Büßerin in die Höhle nach Vézélay geschickt. Unzählige Maler haben sie so dargestellt: Mit nackten Brüsten (über die sich verführerisch die blond-gelockten Haare kräuseln und die an ihre »Vergangenheit« erinnern sollen), die Hand auf einen Totenschädel gelegt (der ihre Buße und ihre Gedanken an die Vergänglichkeit des Lebens deutlich machen soll).

Warum muss wohl das Eigentliche eines Menschen oft in Abgrenzung und Negierung seiner Vergangenheit deutlich werden? Warum muss die Vergangenheit oft in dunkle Farben und in Schwarzmalerei getaucht werden und dagegen das Eigentliche in hellen Farben und im Glanz gesehen werden? Von Maria Magdalena bis zum »Verlorenen Sohn«, von Paulus bis Augustinus, von Hubertus bis Ignatius ... die Liste der Namen ließe sich verlängern!

Warum muss all das, was zum »Schatten« der Menschen gehört, verdrängt, ausgelöscht, negiert werden? Warum kann es nicht ins Menschsein integriert und als Bestandteil des Menschen akzeptiert werden?

Das wirft die grundsätzliche Frage auf, wie sinnvoll der Gedanke einer »Erlösungsreligion« ist – und so versteht sich ja das Christentum. Dann muss immer etwas da sein, wovon der Mensch erlöst werden muss. Es muss immer Bereiche geben, die als erlösungsbedürftig, dunkel, schädlich, böse angesehen werden. Das ist im Christentum sicherlich immer wieder der Leib des Menschen gewesen, seine Schwächen und Versuchbarkeiten, seine Erotik und Sexualität – aber auch bis hin zur Freude und zum Lachen. Könnte nicht eine Religion mehr als »Eröffnungsreligion« verstanden werden, in der neue Dimensionen eröffnet werden – über Zeit und Raum hinaus; und in der Offenheit für alle Bereiche des menschlichen Lebens besteht: in der Glück ebenso bejaht und akzeptiert wird wie Leid, Lachen ebenso wie Trauer, Freude ebenso wie Krankheit, Erotik ebenso wie Buße, Sexualität ebenso wie Enthaltsamkeit, Essen ebenso wie Fasten …? Eine Religion, die die Schönheiten dieser Welt ebenso integriert wie die Schattenseiten, die in glücklichen Tagen ebenso trägt wie in dunklen? Ich höre hier mal auf, um nicht weiter in (vielleicht) ketzerischen Gedanken zu schwärmen …

Zu Maria von Magdala und zur Bemerkung des Lukas-Evangeliums, dass aus ihr »sieben Dämonen ausgefahren waren« (Lk 8,2) habe ich vor Jahren mal Folgendes geschrieben:

Ein Märchen – ein Märchen?

Es war einmal eine schöne Frau namens Maria. Sie stammte aus Magdala und hatte sieben kleine teuflische Dämonen … Was heißt: »Sie hatte …«? Die sieben kleinen teuflischen Dämonen hatten sie, besaßen sie, beherrschten sie – unsere schöne Maria aus Magdala.

Der erste Dämon war der kleine Erdteufel. Er redete ihr immer wieder ein: Nur, was du mit den Händen greifen und packen kannst, das zählt, das gibt es, das ist wahr. Und außerdem: Wenn du zu Staub zerfällst, dann ist alles aus; das Grab in der Tiefe ist dein letztes Zuhause. Darum genieße das Heute, denn morgen vermoderst du sowieso wieder zu Erde.

Der zweite Dämon war der kleine Wasserteufel. Er träufelte ihr immer wieder ein: Lass dich einfach nur tragen von deiner Umwelt. Schwimm einfach mit dem Strom. Eine eigene Meinung und ein eigener Standpunkt werden dir das Wasser bis zum Hals steigen lassen. Tauch einfach in den Meinungsstrom ein, denn morgen reißt dich der Strudel sowieso in die Tiefe.

Der dritte Dämon war der kleine Luftteufel. Er säuselte ihr immer wieder vor: Windhauch ist alles Irdische; alles vergeht und verfliegt; nichts bleibt über den Moment hinaus. Setz deine Lebensfahne in den Hauch des Augenblicks, denn bald schon löst du dich sowieso in Luft auf.

Der vierte Dämon war der kleine Feuerteufel. Er züngelte ihr immer wieder zu: Nur, wenn du dich ganz für andere verzehrst und entflammst, hast du ein Lebensrecht. Denn du selbst bist nichts, die anderen sind alles. Darum verbrenne dich selbstlos, denn morgen bist du sowieso Asche.

Der fünfte Dämon war der »Sein-wie-Gott«-Teufel. Sein Wort erging immer wieder an sie: Du kannst alles selbst, du schaffst alles selbst; du hast die Kraft und die Macht, das Angesicht dieser Erde zu verändern. Du musst dich nur anstrengen, du musst es nur wollen, du darfst nicht locker lassen: Du kannst alles erreichen, auch wenn das »Paradies auf Erden« erst für deine Nachkommen bestimmt ist.

Der sechste Dämon war der »das Wort ist Fleisch geworden«-Teufel. Er strich ihr immer wieder über ihr schönes schwarzes Haar und über ihre roten Lippen und flüsterte: Dein Leib ist dein Kapital, deine Schönheit ist dein Gewinn, dein Fleisch ist dein Altar. Darum lebe mit allen Sinnen, darum verströme dich in Lust, darum gib dich hin in Ekstase. Denn morgen verwelkt dein Körper sowieso und in Runzeln und Falten verdorrt dein Leib.

Der siebte Dämon war der »Geist in Welt«-Teufel, ein richtiger Abergeist. Er hauchte ihr immer wieder zu: Nur die Gedanken und die Hirngespinste machen dich frei. Verlass deinen Leib, dieses Gefängnis deiner Seele, und lass dich tragen von deinen Phantasien und Träumen in unbekannte Weiten. Nur, wer sich selbst in seinen Gedanken und Worten auflöst, hat das Ziel seines Seins erreicht.

Diese sieben kleinen teuflischen Dämonen hatten unsere schöne Maria fest im Griff, sie zerrten und rissen sie hin und her, sie machten Maria fast kaputt, sie brachten sie bis an den Rand des Grabes. Und wenn sie nicht gestorben wären, dann lebten sie noch heute.

Doch sie sind gestorben. Denn da kreuzte einer den Lebensweg dieser Frau aus Magdala und sagte zum ersten Mal ein einziges persönliches Wort zu ihr: »Maria« – Als sie bei ihrem Namen gerufen wurde und SEIN wurde, da starben die sieben Dämonen und unsere schöne Maria durfte wieder leben. Ja, sie wurde unsterblich.

20 Uhr in der Brasserie »Café les Grands Ducs« in Dijon

Lieber Jacobus! Nach tagelanger Abstinenz habe ich dich heute fünf Mal gesehen und bewundert: Zuerst in der Kirche St. Aignan in Gevrey-Chambertin (wo wir gestern so teuer speisten und tranken) in einem Fenster von 1898: eine Darstellung der »Virgen del Pilar«. Du bist auf dem Rückweg nach erfolgloser Mission in Spanien und Maria spricht dir Mut zu. Dann habe ich dich zwei Mal im Museum von Dijon bewundern können: auf herrlichen Bildern des 14. und 15. Jahrhunderts. Einmal hältst du eine große Muschel in der Hand; beim anderen Bild schmückt dich eine Muschel am Hut; auf beiden Bildern schaust du aber recht grimmig drein! Mach doch einfach ein freundlicheres Gesicht! Pilgern ist doch etwas Herrliches! Dann sah ich dich auf der südlichen Eingangstür der Michael-Kirche. Dort warst du als Pilger dargestellt und – was ungewöhnlich ist – zwei Pilger zogen hinter dir her: Pilgerpatron und Pilgerfreunde – sie gehören zusammen. Und schließlich entdeckte ich dich in der hiesigen Kathedrale St. Bénigne: Nur deine Büste war dargestellt, quer über deine Brust zog sich ein Band mit vier oder fünf Muscheln. Es ist schön und ermutigend, dich hier ein paar Mal wieder getroffen zu haben.

Die Besichtigung von Dijon nach einem Tagesmarsch von 13 Kilometern war kurz, aber sehr effektiv; die wichtigsten Sehenswürdigkeiten haben wir besucht: Museum, St. Michael, Notre Dame (wo wir einen schönen Pilgerstempel erhielten) und die Kathedrale St. Bénigne. Jetzt haben wir hier einen leckeren Salat gegessen und dazu natürlich einen Kir getrunken – das Getränk dieser Stadt. Ein Domherr gleichen Namens hat ihn erfunden (schwarzer Johannisbeer-Likör mit trockenem Weißwein aufgeschüttet) und inzwischen kennt ihn alle Welt. Dank sei Kir und Prost mit Kir!

Noch 88 Tage! 23/7/04

11 Uhr in der Vorhalle der Kirche Saint-Saturnin de Vergy aus dem 11. und 13. Jahrhundert (leider verschlossen!)

Heute begeht die Kirche den Gedenktag des heiligen Apollinaris von Ravenna. Dieser Gedenktag weckt in mir viele Erinnerungen an meine Kaplanszeit in Sankt Apollinaris (St. Apo) in Düsseldorf-Oberbilk. Vor allem drei Erfahrungen haben mich dort geprägt: Einmal der Pfarrer: Albert Belecke, der mir freie Hand ließ und mich in meinen Arbeitsbereichen selbständig arbeiten ließ.

Zum anderen waren es genau diese Arbeitsbereiche: Dazu gehörte vor allem die »Gemeindekatechese« – die Einbeziehung der Laien in die Vorbereitung auf die Sakramente; damals noch etwas ganz Neues – heute schon fast in jeder Gemeinde eine Selbstverständlichkeit (wenn nicht das Rad zurückgedreht und manchmal schon wieder alles von Hauptamtlichen übernommen wird). Und dazu gehörte die Jugendarbeit. Viele Aktionen und Fahrten haben wir unternommen: in die Schweiz und nach Südtirol zu einer Besinnungsfreizeit, in der wir uns drei Wochen lang mit der Emmaus-Geschichte beschäftigt haben.

Die dritte Erfahrung war der Umgang mit dem Bahndamm-Milieu: Schon in den ersten Tagen meiner Kaplanstätigkeit fragte mich auf der

Straße ein Ausländer mit starkem Akzent: »Wo ist hierrr Puff?« – Einen Augenblick habe ich mit der Antwort gezögert und gedacht: Sagst du jetzt, du weißt es nicht, fragt er den nächsten; hinkommen wird er; also habe ich ihm den Weg erklärt. Später habe ich die Eigentümerin des Hauses am Bahndamm auf ihren Tod vorbereitet und sie dann beerdigt. Dabei habe ich eine Kurzpredigt über das Jesus-Wort gehalten: »Wer von euch ohne Sünde ist, der werfe den ersten Stein ...« (Joh 8,7).

Neben der vielen Gegend und den herrlichen Landschaften, die ich durchpilgere, tut ein Besuch im Museum wie gestern Nachmittag auch mal gut: Kunst gehört einfach für mich dazu! Schon früh habe ich angefangen, zu zeichnen und zu malen. Es gibt ein ganz passables Selbstportrait von mir mit 20 Jahren. In der Schule habe ich dann im Kunstunterricht viel selbst gemacht und viel gelernt: Heinz Nickol war ein guter Kunstlehrer. Er hat mich sehr gefördert und riet mir sogar, mich an der Düsseldorfer Kunstakademie zu bewerben. Aber allein der Gedanke daran war meinen Eltern ein Graus (»brotlose Kunst«). Es war sicherlich gut, diesen Versuch nie ernsthaft gestartet zu haben; ich wäre heute wirklich ein armer Maler in irgendeinem Dachstübchen. Man soll sein Hobby nie zum Beruf machen! Aber großes Interesse hatte ich immer an der Kunst: So bin ich schon während der Schulzeit zur Wuppertaler Werkkunstschule gegangen und habe dort Portrait- und Aktzeichnen gelernt. Mit der Bundeswehrzeit war dann das Selbermachen vorbei, und ich habe mich danach auf die Kunstgeschichte konzentriert. Schon während des Theologiestudiums bin ich öfters zur »Kunstgeschichte« ausgewichen (vor allem bei Professor Heinrich Lützeler); und Anfang der siebziger Jahre habe ich mich dann in diesem Fach an der Universität Bonn eingeschrieben und mehrere Semester lang Vorlesungen und Seminare besucht. U.a. wurde ich dabei zum »Fachmann« für Stahlstiche des 19. Jahrhunderts. Galerie- und Museumsbesuche, Lesen von Kunstbüchern und Katalogen gehören für mich zum Leben unbedingt dazu und nahmen und nehmen zeitweilig mehr Raum ein als die Beschäftigung mit der Theologie. Viele Vorträge in Kirchengemeinden, in der Volkshochschule Ratingen und zuletzt im Kulturkreis Hösel vor allem über religiöse Themen in der modernen Kunst; Kontakte zu Künstlerinnen und Künstlern (u.a. zu dem viel zu früh verstorbenen Michael Irmer, zu Bert Gerresheim, zu Rainer Storck, zu Renate Hoffmann-Korth, zu Erika Maria Riemer-Sartory, zu Brigitte Trennhaus, zu Theresia Schüllner ...), Organisation von Kunstausstellungen (in der Studentengemeinde und in Homberg), Einführungen zu Kunstausstellungen, Schreiben von Katalogartikeln ... dokumentieren mein besonderes Hobby.

An zwei Bilder gestern im Museum in Dijon erinnere ich mich besonders: An eine Weihnachtsdarstellung des Meisters von Flémalle (Robert Campin; um 1420), auf der auch die apokryphe Geschichte dargestellt ist, bei der die Hebamme Salome nicht an die Jungfräulichkeit Mariens glauben wollte, ihre Jungfräulichkeit überprüfen wollte, wobei sogleich ihre Hand solange steif wurde, bis der Jesusknabe sie von dieser Strafe erlöste. Und zum anderen eine Darstellung der »Flucht nach Ägypten« von Melchior Broederlam (um 1400), auf der der heilige Josef einen kräftigen Schluck aus der Flasche nimmt. »Unterwegs-Sein« macht ja auch durstig!

Gestern und heute sind die Temperaturen stark angestiegen (weit über 30 Grad). Gestern Abend konnten wir von unserer Terrasse aus bei einem Glas guten hiesigen Weines ein herrliches Gewitter-Schauspiel bewundern. Auch heute ist es schwül-warm und es könnte durchaus wieder blitzen und krachen. Irgendwie grummelt es in der Luft.

Noch 87 Tage! 24/7/04

12 Uhr inmitten von Weinbergen am Ortsausgang von Pernand-Vergelesses

Gestern bin ich ca. 16 Kilometer bis Arcenant gelaufen bei schwülwarmen Temperaturen. Dort erwartete mich Meinhard, und weil alle Gästezimmer im Ort belegt waren, fuhren wir nach Beaune, wo Meinhard für drei Nächte ein Hotel gebucht hatte. (Es ist dasselbe Hotel, in dem wir 1989 mit der Homberger Gemeinde Station machten: »Hôtel au Grand St. Jean«). Heute Morgen bin ich dann wieder in Arcenant gestartet.

Einige Pilger-Splitter:

- *Gestern habe ich wieder eine neue Landkarte begonnen: Nr. 37.*
- *In Arcenant habe ich den Wanderweg GR 7 verlassen und bin ein Stück GR 76 gegangen.*
- *Heute Morgen habe ich ein Sonnenblumenfeld gesehen, das in voller Blüte stand: faszinierend dieses Gelb!*
- *In der vergangenen Nacht muss es wohl heftigst geregnet haben, an etlichen Stellen ist die D 18 mit braunem Lehm der Weinberge überschwemmt und etliche Weinstöcke stehen im Wasser.*
- *Heute sind es nur »gemütliche« ca. 15 Kilometer von Arcenant bis Beaune.*

- *Keiner der vielen Winzer bot einem armen durstigen Pilger mal einen »Grand cru« an.*
- *Es fielen sogar Lehmklümpchen in meine hohen Schuhe.*
- *Die »abgemachten« Beine, d. h. die kurze Hose, haben den Nachteil, dass ab und zu Steinchen oder andere Unannehmlichkeiten (Holzstückchen, Grassamen …) in die Schuhe fallen.*

Noch 86 Tage! 25/7/04

12.30 Uhr in einer Bar auf dem kleinen Platz Carnot in Beaune bei einem Kir zu Ehren des Tagesheiligen

»Das F des hl. Jakobus entfällt in diesem Jahr« – so steht es im »Directorium« für das Erzbistum Köln; aber so einfach kann man es sich mit unserem Pilgerpatron nicht machen! Vor allem nicht in einem »heiligen Jahr«, das gefeiert wird, wenn sein Fest auf einen Sonntag fällt. 1993 und 1999 waren wir mit Hombergern an diesem Festtag in Compostela.

Ein paar Informationen zu diesem Heiligen: Nach dem Zeugnis der ersten drei Evangelien wurde er von Jesus am See Gennesaret zusammen mit seinem jüngeren Bruder Johannes berufen. Beide waren Fischer und verließen sofort ihren Beruf und ihre Familie und folgten Jesus nach. Beide gehörten dann – zusammen mit Petrus – zum intimsten Dreier-Kreis um Jesus und durften bei ganz wichtigen Begebenheiten in seiner Nähe sein – so bei der Verklärung, bei der Heilung der Tochter des Jairus und im Garten Getsemani. Beide waren wohl ziemlich heftige Charaktere, weshalb sie auch »Donnersöhne« genannt wurden (Mk 3,17). So wollten sie einfach ein samaritisches Dorf in Schutt und Asche legen lassen, weil es dort keine Unterkunft gab (Lk 9,54). Ihre unbeherrschte, aber wohl herrschsüchtige Art hatten sie wohl von ihrer Mutter geerbt, die sich nach dem Zeugnis des Matthäus-Evangeliums (Mt 20,20–28) besonders für das Wohlergehen und die ersten Plätze ihrer Söhne bei Jesus einsetzte, was großen Ärger bei den anderen Freunden verursachte. Nach dem Zeugnis der Apostelgeschichte (Apg 12,2) gab Jacobus – als erster der Apostel – sein Leben für Jesus hin, als er um das Jahr 44 in Jerusalem unter König Herodes Agrippa enthauptet wurde. Sein Leichnam wurde wahrscheinlich in Jerusalem begraben, wo die Armenier ihn in ihrer Jacobus-Kirche verehren. Aber die Geschichten waren stärker und wirkmächtiger als die Geschichte. Nach alten Überlieferungen wurde Jacobus von seinen Schülern Theodorus und Athanasius in Galicien in Compostela begraben und seit der Wiederauffindung seines Grabes Anfang des 9. Jahrhunderts setzte die Wallfahrt dorthin ein, wohin wir heute immer noch unterwegs sind.

Zur Geschichte der Wallfahrt und zu den verschiedenen Darstellungsformen des Heiligen demnächst mehr.

Hier in Beaune haben wir zwar bisher noch kein einziges Zeugnis der Jacobus-Verehrung gefunden (keine Kirche seines Namens, keine Statue, kein Bild...), aber wir haben seiner bei der Messe um 11 Uhr in der Marien-Kirche gedacht. Zusammen mit dem Generalvikar von Dijon, Luc Lalire, der uns ausdrücklich in seiner Einleitung begrüßte, habe ich konzelebriert, durfte das Evangelium (auf Französisch) vortragen und habe im Hochgebet den Tagesheiligen erwähnt. Der Generalvikar schrieb mir nach der Messe in mein Stempelbüchlein: »Heureux d'avoir célébré St. Jacques ici, à Notre-Dame de Beaune«.

Die Stadt selbst bewahrt noch ein einzigartiges Zeugnis des Mittelalters, ein altes Krankenhaus, das »Hôtel-Dieu«, das sicherlich früher auch für kranke Pilger offen stand. Man kann gar nicht hoch genug einschätzen, wie wichtig es für die Entfaltung der Wallfahrt war, eine entsprechende Infrastruktur zu schaffen: Straßen zu bauen, Brücken zu errichten, Gasthäuser zu schaffen, Übernachtungsstätten anzubieten, Krankenhäuser einzurichten ... Nur so konnte es zur Blüte der Wallfahrt kommen, bei der im 12. bis 14. Jahrhundert mehrere Millionen Menschen Richtung Westen unterwegs waren.

Am Ortseingang von Beaune gibt es eine alte Nikolaus-Kirche, bei der auf dem romanischen Tympanon der Kirchenpatron dargestellt ist. Er kommt oft in französischen Kirchen vor, fast immer dargestellt mit den drei Knaben, die er vor einem geschäftstüchtigen Metzger aus dem Pökelfass errettete. Hier in Beaune ist er mit der für uns bekannteren Geschichte zu sehen, wie er die drei Jungfrauen mit einer Gold-Spende vor dem Strich bewahrte.

Nun nehme ich aber mal wieder einen kräftigen Schluck auf den Tagesheiligen und zitiere Gedanken, die sich an ihn richten und die ich 1988 formulierte:

Vor dem Aufbruch

Jacobus, treuer Freund der Menschen
Mach du meine Füße leicht
Halte du deine Hand unter mein Gepäck
Stärke du meine müden Knochen
Halte du deinen Pilgerhut vor die Sonne
Schöpfe du mir mit deiner Muschel frisches Wasser

Halte du mit deinem Pilgerstab alle Gefahren von mir fern
Fülle du mir die Kalebasse stets mit Bier oder Wein
Kämpfe du mit mir gegen meinen inneren Schweinehund
Geleite du mich heil zu deinem Grab
Und führe mich glücklich an den Ort meines eigenen Grabes zurück

Noch 85 Tage! **26/7/04**

12 Uhr in der Kirche von Auxey-Duresses unter einem riesigen Renaissance-Triptychon, das die beiden Tagesheiligen Joachim und Anna zum Thema hat

Nach einem ausgedehnten Mittagsschlaf haben wir gestern Nachmittag das »Hôtel-Dieu« besichtigt. Der besondere Anziehungspunkt: das »Weltgericht« von Roger van der Weyden aus der Zeit um 1450. Ein Werk, das an der Wende von der Gotik zur Renaissance entstand, am Übergang vom Mittelalter zur Neuzeit. Faszinierend, wie die verschiedenen Dimensionen dargestellt sind: Erde und Himmel; aus der Erde auferstehende Menschen und Heilige, die im Himmel thronen; Engel und der Weltenrichter. Besonders bemerkenswert die rechte untere Ecke: die Menschen zur »Linken« von Christus, die Verdammten. Da gibt es aber keinen Höllenrachen mehr, keine Pforten der Unterwelt, keine Teufelchen, sondern da ist ein Abgrund, eine Schlucht, aus der Feuerströme aufsteigen und in die die Menschen fallen, purzeln, stürzen: manche in verrenkten Positionen wie von selbst; andere, die sich hinabdrücken, hinabziehen, ineinander verkrallen. »Die Hölle, das sind die anderen« (Jean Paul Sartre) oder »Abschied vom Teufel« (Herbert Haag) kündet sich hier schon an: ein Weltbild, das sich verändert, das auf Mythisches verzichtet, das »natürlich« und »rational« geprägt ist.

Mit dem Generalvikar habe ich mich gestern auch kurz über die kirchliche Situation in Frankreich unterhalten. Als er mich fragte, wie viele Katholiken meine Pfarrei habe, und ich ihm ein wenig stolz von der größten im Erzbistum Köln mit über 10000 Katholiken erzählte – da lächelte er nur und meinte, in Frankreich hätten die Pfarreien alle so um die 25000 Katholiken; wobei dann die Pfarreien 12, 15 oder mehr Kirchen umfassen. In jeder Kirche gibt es dann nur noch alle paar Wochen eine Sonntagsmesse – Verhältnisse, wie sie in wenigen Jahren auch bei uns sein werden. Und da streiten wir uns heute noch über Laienpredigten, darüber, wann und wer die Kommunion austeilt, ob es »Freunde« oder »Jünger« heißt, ob der Segen »euch« oder »uns« gespendet wird und ähnliche Probleme und Problemchen. Die meisten bei uns (egal, ob die Verantwortlichen in Köln oder die Gemeindemitglieder) haben den Ernst der Situation überhaupt noch nicht erkannt!

Gestern Abend habe ich bei Pfarrer Reinhold Steinröder angerufen und das Semestertreffen gegrüßt, d. h. den verbliebenen Rest unseres Semesters: Von den zehn, die wir 1975 geweiht wurden, sind noch vier im Dienst!

Dann bin ich mit Meinhard vorzüglich essen gegangen, und wir haben immer wieder auf das Wohl des Tageheiligen getrunken (auch wenn außer einer Platz- und Straßenbenennung in Beaune keine Spuren von ihm zu entdecken waren). Nach einer langen Nacht und einem kargen Frühstück war ich um 8.30 Uhr auf der Route: bei herrlichem trockenem Wanderwetter mit bedecktem Himmel.

Der Wanderweg GR76 macht zwar viele Umwege und Schleifen, er führt aber durch herrliche Landschaften: durch Weinberge und Kornfelder, durch Kiefernwälder und satte Wiesen mit vielen Charolais-Rindern, mit vielen Wacholder- und Buchsbaum-Büschen (hier gibt es »Material« für alle Sträuße für alle Palmsonntage bis zum Weltuntergang!), über Feld- und Waldwege.

Heute feiert die Kirche das Fest der heiligen Anna und des heiligen Joachim: Sie werden zwar nicht in der Bibel erwähnt, kommen aber ausführlich im apokryphen Jacobus-Evangelium vor. Es ist schön, dass Menschen auch der Eltern von Maria und damit der Großeltern des Jesus-Knaben gedacht haben. Damit wird die Bedeutung aller Großeltern herausgestellt. Und es ist wirklich gut, wenn Kinder ihre Großeltern erleben.

Ich bin jedenfalls sehr dankbar dafür, dass ich meine Großeltern mütterlicherseits erleben durfte: meinen Großvater, mit dem ich viel spazieren gegangen bin – vor allem in den Wuppertaler Zoo; seinetwegen habe ich keine Kindergarten-Erziehung erhalten, weil ich nach wenigen Wochen die Nonnen im Kindergarten leid war und ich lieber mit meinem »Opi« spazieren gehen oder spielen wollte; der, wenn er sich erschreckte, »Gottsverdammich« rief und der draußen immer auf den Boden schnäuzte.

Meine Großmutter war stets für eine Überraschung gut, besonders, wenn sie am letzten Tag des Jahres »Neujahrsfrollein« spielte und damit meinen Großvater stets aufs neue erschreckte; immer hatte sie einen Spruch auf den Lippen (gleichsam ein wandelnder Sprüche-Kalender), so u. a. »Immer heiter, Gott hilft weiter« oder (wenn es mal viel zu arbeiten gab) »Gar nicht dran denken, weitermachen«; gerne nahm sie auch ein Gläschen zu sich. Dank euch Opi und Omi für eine schöne Kindheit!

In meinem Leben hat es gegeben und gibt es viele, die Anna heißen: Alleine drei Tanten hatte ich (eine Schwester meines Vaters, eine Schwester meiner Mutter und eine angeheiratete Tante: Tante »Änne aus der Wirkerstraße«); dann Anna (meine treue »Perle«, der ich heute Morgen schon zum Namenstag gratuliert habe); Anne (die aber eigentlich Andrea heißt); eine Schwippschwägerin in Wipperfürth – und natürlich Annemarie, meine erste Großnichte!

Das großformatige qualitätsvolle Bild hier in der Kirche zeigt auf dem linken Flügel, wie Joachim – als er bei seinen Schafen wacht – von einem Engel die Botschaft erhält, dass seine Ehe mit Anna nicht länger kinderlos bleiben wird. Die Mitteltafel zeigt die Geburt Mariens und wie sich viele Dienerinnen um sie kümmern: So wird sie – obwohl von einem Strahlenkranz umgeben – in einem Metallbecken gewaschen. Die rechte Tafel zeigt den Tempelgang Mariens: Wie sie von Joachim und Anna den Tempelpriestern übergeben wird. Im Vordergrund sind zwei Händler zu sehen, die Schafe und Tauben verkaufen.

Auf den Außenflügeln (ich habe mal gelauert) ist eine »Verkündigung an Maria« dargestellt. Ein schöner Zufall, gerade am heutigen Festtag dieses passende Bild hier in der Kirche gefunden zu haben!

Jetzt zünde ich eine Kerze an und bete für alle lieben Annen.

Noch 84 Tage! 27/7/04

13.15 Uhr in der Laurentius-Kirche von Rully aus dem 13. Jahrhundert

Gestern Nachmittag bin ich gegen 16 Uhr nach gut 20 Kilometern in Rochepot angekommen. An der dortigen Georg-Kirche traf ich Meinhard – stickend. Nach dem Ankomm-Ritual des Handschlages kurze Besichtigung der Kirche mit drei hervorragenden Kapitellen, die sehr an Saulieu oder Autun erinnern. Ein kurzer Blick auf das »Neuschwanstein Burgunds«, auf das Schloss von Rochepot, das erst Anfang des 20. Jahrhunderts erbaut wurde – zu schön romantisch, um alt zu sein! In der »Auberge du Château« fanden wir ein gutes Quartier. Zum Abendessen gab es wieder »boeuf de Bourgogne«; dann einen sehr leckeren Nachtisch mit einer Birne. Dazu einen Birnenschnaps und als »Absacker« einen »Marc de Bourgogne«, eine Art Trester (jeder Schnaps 6 €!). Wie meist: Bettruhe vor dem Dunkelwerden. Heute Morgen wieder ab St. Aubin auf dem Weg.

Unterwegs drei Pilgererlebnisse:

In Chassegne-Montrachet sprach mich ein Mann an und erkundigte sich nach meinem Weg. Dann fragte er, ob ich etwas brauche – Brot etwa? Und da heute das Frühstück noch karger war als sonst und da ich deshalb kein Brot bei mir hatte (ich hatte mich schon vorher nach einer Bäckerei erkundigt – vergeblich), bat ich ihn um ein Stück Brot. Er ging ins Haus und kam mit einem Baguette wieder. Dann machte er mit dem Messer ein Kreuz unter das Brot (»Das tun wir so in Frankreich« – und ich erinnerte mich, dass meine Omi das auch so tat), gab mir ein Stück und bat mich, beim heiligen Jacobus in Compostela für ihn zu beten. Das war das erste Mal, dass ich eine Pilgergabe erhielt. Außerdem sagte er mir, es sei für die Trauben nicht warm genug – mir reicht es aber!

Kurz darauf hielt ein dicker Mercedes neben mir, und der Beifahrer erkundigte sich ausführlich nach dem Jacobus-Weg und wünschte mir dann »Bon courage!«

In Remigny Muschel-Wegweiser-Zeichen; allerdings nur ein kurzes Stück, dann führte der Weg in eine andere Richtung: Vielleicht ist der Jacobus-Weg dieser Gegend inzwischen gekennzeichnet. Dennoch bleibe ich auf dem vorgeschlagenen GR76.

Eine alte einbogige Brücke über das Flüsschen Dheune bei Remigny – genannt »Pont aux Dames« – erinnerte daran, wie wichtig solche Brücken früher für die Pilger waren. Dann brauchten sie keine großen Umwege zu laufen, um eine Furt zu finden, sondern konnten schnell und trockenen Fußes von Ufer zu Ufer gelangen. Solche Brücken sind aber auch immer wieder mahnende Zeichen: Ufer zu verbinden, Brücken zu bauen, Brückenbauer zu sein, ein »pontifex« im Kleinen: Versöhnung zu stiften, Streit zu schlichten, Meinungsverschiedenheiten auszuräumen, Kompromisse einzugehen, unterschiedliche Standpunkte miteinander zu verbinden ... Vielleicht muss ich mich auch mehr als bisher als »pontifex« betätigen: in meinem Verhältnis zu den Verantwortlichen in der Kirchenleitung, in meinem Verhältnis zu manchen Gemeindemitgliedern, in meinem Verhältnis zu manchen Organisationen und Verbänden. Das fällt mir sicherlich manchmal schwer. Und ein wenig steht dem auch mein Bergischer Dickkopp entgegen, dass ich manches einfach nicht will oder meine Meinung durchsetzen will ... Dabei habe ich auch immer das Wort des Philosophen Plato im Kopf: »Ich kenne keinen sicheren Weg zum Erfolg, nur einen zum sicheren Misserfolg – es jedem recht machen zu wollen.«

Die langen Wege durch die endlosen Weinfelder und Weinhänge Burgunds lassen in mir etliche Assoziationen zum Thema »Wein« aufsteigen:

- *»Ich bin der Weinstock, ihr seid die Rebzweige« (Joh 15,5) – das war auch das Motto der Erstkommunionvorbereitung vor zwei Jahren.*
- *Meine Mutter konnte eine köstliche Weincreme zum Nachtisch machen.*

- *Darstellungen von »Jesus in der Kelter«: Er lässt sich für uns zerquetschen und auspressen.*
- *Das Mitfeiern vieler Weinfeste in Staufen, bei denen der Badische in Strömen floss.*
- *»Der Wein erfreut des Menschen Herz« (Ps 104,15).*
- *Eine Kurzdefinition von »Zölibat«: »Wein … und Gesang«.*
- *»Er nahm den Becher mit Wein und sprach: Nehmet ihn und teilt ihn untereinander« (Lk 22,17).*
- *Das Erlebnis der Einfuhr einer Weinernte an einem Septemberwochenende vor Jahren im Rheingau.*
- *»Sei gepriesen für diesen Wein, Frucht der Erde und der menschlichen Arbeit.«*
- *Ein fröhlicher Weinprobe-Abend im vergangenen Jahr im Pfarrgarten; ausgerichtet von meinem Freund Helmut.*
- *Als ich als Kaplan in St. Apollinaris anfing, habe ich direkt einen Antrag an den Kirchenvorstand gestellt, statt des süßen Weines für mich trockenen Wein zu bestellen.*
- *In der Bibel wird aus Wasser Wein – hier in Burgund kommt noch viel Chemie dazu.*
- *Das erste Glas Rotwein nach meiner Herzoperation – welch eine Wohltat!*

Hoffentlich ist das kein schlechtes Omen: Heute ist mein kleiner Schutzengel abhanden gekommen. Bei einem kurzen Zwischenstopp merkte ich: Er hängt nicht mehr an der Seitentasche meines Rucksacks. Vielleicht hat er sich abgeseilt, vielleicht ist er in Dornen hängen geblieben, vielleicht er zurückgeflogen zu Benedikt, der ihn mir mit auf den Weg gegeben hat, der in diesen Tagen selbst in den Urlaub in die Bretagne fährt und der deshalb auch einen Schutzengel braucht. Über fünf Wochen hat mich der Kleine mit der Fliegermütze gut begleitet. Aber man muss auch einem Schutzengel zubilligen, seine eigene Flugbahn zu nehmen. Doch ein wenig traurig bin ich schon!

Folgende Verse sind auf die Melodie eines Liedes zu singen, das mir als Kind meine Mutter öfters vorgesungen hat und das mich immer ganz wehmütig stimmte:

Schutzengel flieg
In Länder, wo tobt Krieg!
Ich pilgre durch das Frankenland,
Im Frankenland schützt Freundeshand.
Schutzengel flieg!

17.15 Uhr auf der Terrasse des »Chambres d'Hôtes« in Mercurey

Nicht nur über ein verlorenes Schaf oder über ein verlorenes Geldstück oder über einen verlorenen Sohn, das sich wiederfindet, das gefunden wird oder der zurückkehrt, darf man sich freuen – sondern auch über einen verloren geglaubten Schutzengel. Freut euch mit mir – ich habe meinen Begleiter wieder gefunden! Er hatte sich vom Rucksack losgerissen, war ins Auto von Meinhard gefallen und hat den ganzen Tag dem heiligen Christophorus Gesellschaft geleistet und ihm sicherlich gute Ratschläge erteilt. Nun kommt er in die Seitentasche meines Rucksacks und begleitet und beschützt mich weiter.

Hier haben wir es gut angetroffen. Gegen 15.30 Uhr bin ich nach ca. 21 Kilometern eingetroffen; eine schöne, vielseitige Wanderstrecke bei erträglichen Temperaturen. Trotzdem wird mir das Bier gleich bestens schmecken, und der Magen sich über eine Zufuhr freuen (aber heute bitte mal kein »boeuf de Bourgogne«!).

Noch 83 Tage! **28/7/04**

12.30 Uhr auf dem »voie verte«, einem geteerten Rad- und Wanderweg auf der Trasse einer ehemaligen Eisenbahn

Auf dem vorletzten der sieben Wandteppiche im »Hôtel-Dieu« in Beaune vom Anfang des 16. Jahrhunderts, die detailliert die Geschichte vom »verlorenen Sohn« darstellen, ist im Vordergrund eben dieser »verlorene Sohn« bei den Schweinen zu sehen: ernst, versunken, nach-denklich – ein Wendepunkt in der Geschichte, die uns Lukas in seinem Evangelium (Lk 15,11–32) überliefert. Ein wenig vergleiche ich mich mit diesem Sohn: Nicht, dass ich mein »Zuhause« ganz verlassen hätte; nicht, dass ich mein Vermögen durchgebracht hätte; nicht, dass ich mich bei Huren herumgetrieben hätte; nicht, dass ich Hunger hätte. Aber: Alleine bin ich irgendwo weit weg von »Zuhause«, in einem fremden Land, manchmal meinem inneren Schweinehund ausgeliefert und denke viel nach. Der lateinische Satz an dieser Stelle heißt: »In se autem reversus« – und ist zu übersetzen mit: in sich gehen, in sich hinabsteigen, sich in sich selbst versenken, zu sich selbst kommen, zur eigenen Mitte kommen, Tiefenschichten ausloten, nach-denken, meditieren; bei Luther heißt es: »Da schlug er in sich...«. Und zu all dem habe ich hier auf meinem Weg viel Zeit und Gelegenheit. Und so denke ich nach und steige hinab in mein Inneres, in meine Vergangenheit, in mein Leben. Und vieles kommt wieder ins Bewusstsein und steigt in mir auf und wird mir wieder präsent. Lebenssituationen und Lebensabschnitte ziehen an mir vorüber und wecken frohe oder nachdenkliche oder traurige Erinnerungen. So setzt sich mein Leben wie in einem Puzzle oder Mosaik allmählich zusammen. Es ist gut und hilfreich, mal so viel Zeit für sich selbst zu haben und mit den Erinnerungen vielleicht auch Korrekturen zu verbinden und neue Perspektiven in den Blick zu nehmen. Denn nach dem »Nachdenken« kam auch beim jüngeren Sohn im Gleichnis das »Tun«!

Merkwürdig bei diesem »Nachdenken« ist, dass Ereignisse, Personen, Probleme, Beziehungen, Termine, Ärger ..., die mich noch bis zu meinem Weggehen stark beschäftigten, jetzt ebenso weit weg sind und der Vergangenheit angehören, wie Bilder und Erinnerungen aus meiner Kindheit und Jugend. Gehen relativiert vieles. Gehen schafft eine enorme Distanz und ein merkwürdiges Verhältnis zur Zeit: So weiß ich oft nicht (und es ist mir auch egal!), wie viel Uhr es ist, welches Datum wir haben und welcher Wochentag ist.

Noch eine Kleinigkeit verbindet mich mit dem »verlorenen Sohn«. Im Text heißt es (Lk 15,17): »Er ging in sich und sagte ...«, d.h. er spricht zu sich selbst (bzw. zu den Schweinen), er führt ein Selbstgespräch. Das mache ich auch manchmal »unterwegs« – ich bin manchmal ein »Eikaller« (wie die Wuppertaler sagen): Ich gebe mir selbst laut Anweisungen – etwa: »Pass auf!«, »Guck nach vorne!« ... ; oder ich gebe laut Kommentare von mir – etwa über den Einsatz von Chemikalien im Weinanbau; oder ich spreche laut mit Tieren – so begrüße ich meist die Kühe mit »Hallo, Mädels!«

Gestern Abend haben wir einen kurzen Abstecher nach Châlon gemacht, um Geld zu ziehen, ein wenig zu essen (Kalbskotelett) und Getränke für den Abend auf der Terrasse einzukaufen. Nach dem Frühstück bin ich bei strahlender Sonne und blauem Himmel losgegangen, zunächst über den GR 76, dann über einen Waldweg Richtung Givry (mit schönem »Hôtel de Ville«) und bin jetzt auf diesem schnurgeraden, ebenen, geteerten Rad- und Wanderweg, der auf einer ehemaligen Eisenbahnlinie von Givry bis Cluny angelegt ist. So werde ich die 28 Kilometer heute sicher gut schaffen!

Noch 82 Tage! 29/7/04

13 Uhr in der Kirche von Taizé

Schon von weitem hörte ich auf dem »voie verte« die Glocken von Taizé – jetzt sitze ich hier in der Kirche, wo Hunderte von Jugendlichen mit dem sich ständig wiederholenden Gesang »In manus tuas, pater, commendo spiritum meum« die Kirche verlassen, nachdem vorher mehrfach »Laudate omnes gentes« gesungen wurde. Es ist schon ein Phänomen, wie sich an diesem Ort, in dieser mehrfach erweiterten Kirche, mit mystischer Beleuchtung, mit Ikonen an den Wänden, mit gespannten großen Tüchern ... seit über fünf Jahrzehnten unzählige junge Menschen einfinden, um miteinander zu beten, zu singen, zu meditieren, zu sprechen, sich miteinander auszutauschen. Ein wunderbarer, geisterfüllter Ort der Ökumene – nicht weit von Cluny: von beiden Stätten ging und geht eine Reform aus. Reformen gelingen nie mit dem Blick nach rückwärts (wie bei uns einige Kirchenoberen meinen), sondern immer nur mit dem Blick nach vorne, mit einem wachen Blick für die »Zeichen der Zeit«. Und so ist ein wichtiges »Zeichen der Zeit« die Ökumene – das Miteinander der christlichen Kirchen bei aller Verschiedenheit. Nicht die Frage, wer Recht hat, wer die einzig wahre Kirche Jesu Christi ist, sondern das Besinnen auf den gemeinsamen Ursprung und das gemeinsame Ziel ist wichtig; das Anerkennen der unterschiedlichen Glaubensgeschichten, spirituellen Wege, Liturgien, Bibelauslegungen, Frömmigkeitsformen ... Und bei aller Verschiedenheit die Einheit in Jesus Christus sehen und leben. All das ist hier in Taizé mit den Händen zu greifen und ist schon bei vielen Jugendlichen angekommen.

Ich war vor 34 Jahren mit Jugendlichen aus Köln-Höhenhaus und mit Burkhard für eine Woche hier: Eine schöne Zeit, an die ich mich gerne zurück erinnere – auch wenn ich damals nicht immer »fromm« war, sondern mehrfach auch ins Schwimmbad von Cluny gefahren bin.

19 Uhr auf der Bettkante im »Chambre du Potier« im Hotel »Le Potin Gourmand« in Cluny

Nochmals zu Taizé und zum Stichwort »Ökumene«: Ich denke, ein gutes Vorbild für »Ökumene« sind die vier Evangelien im Neuen Testament. Sie sind alle ein wenig verschieden, haben ihre besonderen Eigenarten, ihre unterschiedlichen Adressaten und Verfasser – und wenn sie auch die Gestalt von Jesus jeweils etwas nuanciert darstellen, so sind sie doch einig darin, eben diesen Jesus mit seinen Worten, mit seinen Taten, in seinem Tod und in seiner Auferstehung und damit in seiner besonderen Bedeutung herauszustellen. Genau so könnte das Verhältnis der verschiedenen christlichen Kirchen untereinander sein.

Die vielen Jugendlichen in Taizé lassen allerdings auch kritische Fragen aufkommen: Was ist nach dieser intensiven Woche mit ihnen? Wie wirkungsvoll sind solche Groß- und Intensivereignisse? Kirchentage, Katholikentage, Taizé und im kommenden Jahr der Weltjugendtag? Welche Auswirkungen haben solche Veranstaltungen für das ganz normale alltägliche Leben in einer Pfarrgemeinde?

Noch ein paar Angaben zu gestern und heute:

Gestern bin ich nach 28 Kilometern in St. Boil angekommen – keine Unterkunft; also in ein »Chambres d'Hôtes« in der Nähe; gut in einem gemeinsamen Bett geschlafen. Heute weiter auf dem »voie verte« über Taizé bis hierher, gut 30 Kilometer im Sonnenschein (ein Thermometer hier in Cluny zeigte noch 36 Grad an). Auf dem »voie verte« lässt sich schnell gehen; allerdings ist es auch eintönig und langweilig (mehr eine Straße als ein Weg!). Unterwegs haben mich einige Leute auf meinen Weg nach Compostela angesprochen und immer wieder »bonne chance« gewünscht.

Noch 81 Tage! 30/7/04

12.30 Uhr auf dem GR 76 in ca. 500 Meter Höhe mit Blick ins Tal der Grosne

Gestern habe ich zum ersten Mal mein Herz gespürt: Nicht als Gefühlszentrum, das sich öffnet, wenn sich ihm herrliche Landschaften auftun, wenn es an liebe Menschen daheim denkt, wenn es an die Zeit denkt, die mir jetzt geschenkt ist – und das sich zusammenzieht, wenn es an verwelkte Blütenträume in der kirchlichen Entwicklung der letzten 30 Jahre denkt, wenn es an einige unausstehliche Zeitgenossen in der Gemeinde denkt, wenn es eine SMS erhält mit der Nachricht »Ich vermisse dich!« – Nein, mein Herz als Körperorgan. Vor allem auf dem »voie verte« vor und nach Taizé habe ich einen Druck in der Herzgegend gespürt (was natürlich auch mit den gestrigen hohen Temperaturen, denen man auf dem »voie verte« ausgeliefert war, zu tun haben kann) und beim Abendessen habe ich mehrfach Stiche gespürt. Ich hoffe, dass das Einzelphänomene bleiben und nichts Schlimmeres nachfolgt. Dass nicht das eintritt, wovon ich die letzte Nacht geträumt habe: Dass ich meinen Weg nach dem ersten Drittel abbrechen musste (Dieser Albtraum kann aber auch mit der warm-stickigen Luft unseres Hotelzimmers zu tun haben, das zwar ein Fenster hatte, das sich aber nicht öffnen ließ). Trotzdem soll mir das eine Warnung sein: Ich muss noch langsamer gehen (ich habe doch Zeit; und manchmal zwinge ich mich auch zum Langsam-gehen, verfalle aber immer wieder in einen schnelleren Trott); ich muss noch intensiver und länger Pausen machen (es ist ja auch egal, wann ich nachmittags ankomme); ich muss mich mehr nach dem Wetter und den Wegeverhältnissen richten!

Ich habe doch Zeit! »Zeit« – ein merkwürdiges Phänomen, ein sehr subjektives Phänomen. Da erlebe ich die Zeit lang gestreckt, gedehnt, auseinander gezogen, wenn ich an die Wochen »unterwegs« denke, die schon hinter mir liegen; geschweige denn, wenn ich an die Ereignisse »vor« meinem Aufbruch denke und an die vielen Wochen, die noch vor mir liegen; an das, was mich erwartet, wenn ich wieder »zu Hause« bin. Andererseits erlebe ich die Zeit zusammengezogen, verkürzt, geschrumpft, wenn ich jeden einzelnen Tag in den Blick nehme: der geht rasend schnell vorbei durch den fast immer gleichen Tagesablauf. Vor allem die vielen Stunden des Gehens erlebe ich wie einen konzentrierten Augenblick. So ist Zeit für mich so etwas wie eine Sprung-Feder: manchmal weit auseinander gezogen, manchmal eng zusammen gepresst. Jedenfalls habe ich zur Zeit viel »Zeit« und ich sollte sie nutzen und besonders die Langsamkeit in ihr für mich neu entdecken. Hauptsache: Die Zeit hat nicht mich – ich habe Zeit – und: »Meine Zeit steht in SEINEN Händen ...«

Gestern Abend haben wir in unserem Hotel gegessen, wobei vor allem die beiden Gänge nach der Vor- und Hauptspeise ein Gedicht waren: eine Platte nur mit chèvre-Käse – über 15 Stücke Ziegenkäse in allen möglichen Reifegraden, wobei die steinharten alten Sorten am leckersten sind. Und dann ein Cassis-Sorbet mit Marc de Bourgogne übergossen. Köstlich! Wie sagt der Wuppertaler?: »Freten is watt Herrliches!«

Heute Morgen war ich um 8.45 Uhr auf dem Weg. Von Cluny bis Le Puy gibt es einen neueren Führer des Jacobweges, an den ich mich halte (die Karte 1:100000 braucht man nicht mehr). Verlaufen kann man sich nicht. Es gibt immer zwei Markierungen, das Rot-weiß des GR76 und das Gelb-blau der Jacobsmuschel, die hier wieder »richtig« – mit der Konzentration der Strahlen in Weg-Richtung – angebracht ist. Das Wetter ist leicht diesig mit Schleierwolken; trotz des ständigen Aufstiegs (hier bin ich auf über 500 Meter Höhe!) sehr angenehm zum Laufen. Eine herrliche Landschaft, die ein wenig an den Schwarzwald erinnert.

Einige Gedanken in Erinnerung an eine SMS:

»Ich vermisse dich!«
Ich vermisse deine Blicke der Zuneigung
Ich vermisse deine Worte des Trostes
Ich vermisse deine Schritte der Begleitung
Ich vermisse es, mit dir sprechen zu können
Ich vermisse es, dich berühren zu können
Ich vermisse es, mit dir zusammen zu sein
Ich vermisse dich – heiliger Jacobus!

Schon seit Tagen gibt es kein Zeichen von ihm und seiner Wallfahrt! (Außer den gelb-blauen Plastik-Markierungen oder Aufklebern, von denen ich am Friedhof von Tramayes einen auf dem Boden gefunden und mitgenommen habe! Jetzt kann ich mir meinen eigenen Weg markieren. Ich fürchte allerdings, dass in wenigen Jahren viele dieser Wegmarkierungen abgefallen, zerstört, umgeknickt, beschädigt oder verblichen sein werden, so dass es schwierig sein wird, den Weg zu finden. Die rot-weiß-gestrichenen Farbmarkierungen des GR 76 sind da beständiger!).

Noch 80 Tage! **31/7/04**
10.45 Uhr in der romanischen Kirche von Saint-Jacques-des-Arrêts – mit den Gemälden von Jean Fusaro

Mein Vermissten-Song von gestern zeigt Wirkung: Heute ist der erste Ort, den ich erreiche, nach dem Pilger-Heiligen benannt: Saint-Jacques-des-Arrêts – der heilige Jacob von den Aufenthalten, den Ruhepunkten, dem Innehalten. Eine schöne Ortsbezeichnung, die daran erinnert, dass es beim Pilgern nicht nur um das Gehen, das Zurücklegen einer Strecke, das »Unterwegs«-Sein geht – sondern dass dazu auch das Innehalten, das Nachdenken, die Ruhe, die Stille, die Muße gehören. Beides muss sich komplementär ergänzen. Ausruhen und Gehen; Muße und Aufbrechen; Kontemplation und Aktion; Meditation und Nächstenliebe – in dieser Spannung muss sich das Leben der Kirche, muss sich mein Leben bewegen. (Allerdings muss ich bei meinen tiefsinnigen Interpretationen des Ortsnamens den Hinweis auf dem Faltblatt, das hier in der Kirche über den Ort ausliegt, berücksichtigen: »L'origine du nom de St. Jacques des Arrêts reste une énigme.«)

Hier in der Kirche gibt es vier Bilder des Künstlers Jean Fusaro (Lyon) aus dem Jahr 1999: die Europa-Heiligen Cyrill und Methodius; die Taufe Christi; eine Golgotha-Darstellung, verlegt in die Landschaft des Beaujolais; und eine Darstellung »Saint Jacques à Saint Jacques«: Sie zeigt Pilger, die hier durch den Ort ziehen und die den Weg durch Jesus Christus selbst gewiesen bekommen. Eine größere Figur, die eine Gürtelschnalle in Form einer Muschel trägt, zeigt wohl den Pilgerheiligen »unterwegs« mit den Pilgern.

Ins »Goldene Buch« der Kirche, in das sich jeden zweiten oder dritten Tag Pilger eingetragen haben, habe ich geschrieben: »Auf meinem Weg von Kaarst (bei Düsseldorf) nach Compostela zeigt mir der Pilger-Heilige, der heilige Jacobus d. Ä., immer wieder, dass es auch gut für die Kirche sein sollte, »unterwegs« zu sein!«

14.30 Uhr auf dem »Col de Crie« in 622 Meter Höhe, wo ich meine Wasserflasche mit frischem Wasser füllen kann

Mit dem Blick in die weite, offene Landschaft kommen mir nochmals Gedanken zur Situation der französischen Kirche heute und der deutschen Kirche morgen. In fast allen Kirchen der kleineren Orte ist aus den Mess-Hinweisen zu entnehmen, dass nur noch höchstens einmal im Monat eine Sonntagsmesse gehalten wird. So wird es bei uns in wenigen Jahren auch sein. Und wenn dann in einigen Jahren die Priester meiner (und der etwas älteren) Generation keinen Dienst mehr versehen können: Was dann? Nur noch an den Hochfesten eine Messe? Nur noch einmal im Jahr? Und wann gar nicht mehr?

Es ist höchste Zeit, sich darüber Gedanken zu machen und entsprechend zu handeln. In der kürzlich erschienenen, unsäglichen »Instruktion …« gibt es einen theologisch wichtigen Satz (unter der Nr. 162): »Das christliche Volk hat darum das Recht, dass am Sonntag, an gebotenen Feiertagen und an anderen höheren Festtagen … zu seinem Nutzen die Eucharistie gefeiert wird.« Wie ist dieses »Recht« in Zukunft zu verwirklichen? Sicherlich nur, indem die Zulassungsbedingungen für den Vorsitz der Eucharistie geändert werden. Das kann schrittweise geschehen, muss aber geschehen! Zuerst die Zulassung von »viri probati«. Dann die Abschaffung des Zölibats, dieses menschlich-kirchlichen Gesetzes, das sicherlich viele junge Menschen abhält, das presbyterale Amt in der Kirche zu ergreifen. Es ist sicherlich nicht der einzige Grund, aber ein gravierender. Die jetzige Haltung der offiziellen Kirche spiegelt sich in einem etwas älteren Witz wider: Da sagt ein alter römischer Kardinal zu einem anderen: »Besser keinen Klerus als keinen Zölibat!« – Der Zölibat gehört glaubwürdig dahin, wo er hergekommen ist: in die Orden! – Und schließlich geht es um die Frauenordination. Auch wenn der jetzige Papst in seiner Enzyklika »Ordinatio sacerdotalis« die Nicht-Zulassung von Frauen zum Amt fast in die Nähe eines Dogmas rückt, so wird es keinen ernst zu nehmenden Dogmatiker geben, der hierfür die angemessenen theologisch-dogmatischen Begründungen liefern kann. So wird auch die katholische Kirche irgendwann diesen Schritt der Frauenordination tun müssen, um das Recht der Gläubigen auf eine sonntägliche Eucharistiefeier zu ermöglichen.

Gestern bin ich nach gut 25 Kilometern (es waren sicherlich einige mehr als die angegebenen) um 17 Uhr in Cenves eingetroffen. Unterwegs hatte ich ein unangenehmes Erlebnis mit einem Hund, der zähnefletschend auf mich zugerannt kam. Nur mit meinem lautgeschrieenen »Hau ab!« konnte ich ihn mir vom Leibe halten – wenn schon nicht Deutsch, so verstand er doch meine Lautstärke. Kurz vor Cenves habe ich Burgund verlassen und das Département Rhône erreicht – damit auch vom Burgunder Wein zum Beaujolais gewechselt.

Kurz vor Cenves fragte mich ein Mädchen aus einer Gruppe kleiner Reitschülerinnen, die gerade von ihren Ponys stiegen: »Was bedeutet die Muschel an deinem Hut?« Ich antwortete ihr, dass dies das Zeichen der Jacobswallfahrer sei. Und dass ich zu Fuß unterwegs nach Spanien sei zum Grab des Apostels Jacobus. Etwas ungläubig schaute sie mich an und zog dann mit ihrem Pony weiter. Ja, was bedeutet die Muschel der Jacobswallfahrer? Jede Wallfahrt hat ihre Zeichen und Abzeichen: Die Rom-Wallfahrer hatten das Abzeichen mit den gekreuzten Schlüsseln. Die Jerusalem-Wallfahrer trugen einen Palmzweig aus Jericho nach Hause und wurden deshalb »Palmieri« genannt. Die Köln-Pilger bekamen ein Abzeichen mit den heiligen drei Königen. Ja, und die Compostela-Pilger erhielten eine Muschel und waren daran zu erkennen. Muscheln sicherlich deshalb, weil es an der Atlantik-Küste Galiciens viele solcher Muscheln gibt. Sie waren aber auch praktisch als Schneidegerät und Trinkgefäß zu gebrauchen. Dazu rankten sich natürlich auch Erzählungen um diese Gabe des Meeres. So z. B. eine Geschichte, die auch an der Außenwand des Kreuzgangs von Compostela in der Nähe des Silberschmiede-Portals als Relief dargestellt ist: Ein Reitersmann drohte mit seinem Pferd im Meer zu versinken. Da rief er in seiner Not den heiligen Jacobus an und wurde auf wunderbare Weise von unzähligen Muscheln an Land getragen. Heutzutage genießen viele Feinschmecker das Fruchtfleisch der »coquille de St. Jacques«.

In Cenves sind wir im »Hôtel Dargoud« untergekommen. Nach einer großen Waschaktion und dem vergeblichen Versuch, bei der

»Communauté St. Jean« (Orden der »ND de Patmos«, einem Ableger der Dominikaner) einen Pilgerstempel zu bekommen, haben wir gut zu Abend gespeist: Schinken in Madeira-Soße, Lamm-Koteletts, Chèvre und Cassis-Eis. Dazu etliche Biere und Côtes du Rhône: Nach einem Pilgertag ist man wie ein ausgepresster oder ausgetrockneter Schwamm und kann ganz viel Flüssigkeit in sich aufnehmen.

Heute Morgen war ich um 9 Uhr auf dem Weg; bestes Wanderwetter; von Cenves bis St. Jacques auf Landstraßen gegangen; dann den markierten Jacobusweg genommen; immer auf 500 bis 600 Meter Höhe; herrliche Ausblicke; ein leichter Wind weht, so dass das Gehen recht angenehm ist (trotz der gut 30 Grad mittags). Nach dem Besuch der Kirche von St. Jacques auch die Antonius-Kirche von Ouroux besichtigt. Dort ein ansprechendes Martins-Fenster von 1945. Auf dem markierten Jacobsweg bis hierher – und nun weiter!

Noch 79 Tage! 1/8/04

13 Uhr auf dem Col des Écorbans in 825 Meter Höhe

Das, was ich vor zwei Tagen über die Zeit geschrieben habe, gilt in ähnlicher Weise auch für den Raum, für die Strecken, für die Entfernungen, für die Kilometer: Auch sie ziehen sich zusammen, verkürzen sich, konzentrieren sich. Ich denke kaum an die etlichen hundert Kilometer, die ich schon zurück gelegt habe und an die ca. 2000 Kilometer, die ich noch vor mir habe, sondern ich habe eigentlich nur die jeweils 20 bis 30 Kilometer einer Tagesetappe im Blick. Darauf konzentriere ich mich, das beschäftigt mich, darauf bereite ich mich jeweils am Abend vorher mit Kartenmaterial und Informationen vor. Ich weiß eigentlich nur ungefähr, in welchem Teil Frankreichs ich bin, wieweit ich schon im Süden und Westen bin; ich weiß bis jetzt nicht einmal, wie das Mittelgebirge heißt, durch das ich seit vorgestern immer in 700 bis 800 Meter Höhe laufe – sondern wichtig sind jeweils die wenigen Kilometer, die vor mir liegen. Auch beim Raum geht es darum, den Augenblick wichtig zu nehmen.

Andreas Gryphius:

Der Augenblick ist mein, und nehm ich den in acht,
So ist der mein, der Jahr und Ewigkeit gemacht.

Gestern Abend bin ich nach ca. 30 Kilometern gegen 18.30 Uhr in Propières angekommen. Die Wegführung des Jacobsweges war zwar herrlich, führte aber bis fast 1000 Meter kurz unter den Gipfel des »Mont

St. Rigaud« (1012 Meter). Das war manchmal ganz schön schweißtreibend. Aber immer wehte dazu auch ein leichter Wind. Außerdem trage ich seit Tagen wieder meine Wander-Halbschuhe, die mich gut und leichten Schrittes bergauf und bergab (was allerdings mächtig in die Oberschenkel geht!) tragen, in die sich aber auch häufiger Steinchen verirren, die dann zeitraubend entfernt werden müssen. In Propières kamen wir gut im Hotel »Chez Roches« unter. Der Wirt war ein Freund der Jacobspilger und machte einen Sonderpreis (Abendessen, Übernachtung, Frühstück für 30 €).

Heute Morgen fuhren wir zum Sonntagsgottesdienst ins Nachbardorf Azolette. Der Gottesdienst war recht gut besucht – sogar von einigen Kindern und Jugendlichen. Einige Kinder im Kommunionalter mussten nach der Messe nach vorne kommen, und der Priester hielt mit ihnen (vor versammelter Gemeinde) eine kurze Kinderkatechese. Inhalt: Die Bedeutung des Geldes, worüber aber nicht die Liebe und der Sinn des Lebens vergessen werden sollte. Angeregt waren diese Gedanken durch das Sonntagsevangelium: Der reiche Bauer, der seinen Besitzstand vergrößern will und dem Gott sagt: »Du Narr, noch in dieser Nacht wird man dein Leben von dir zurückfordern.« (Lk 12,20). Der Mensch angesichts seines sicheren Todes: Wie soll er sich verhalten? Sicherlich ist es keine Lösung, immer nur zu klagen und zu jammern, wie es der Lesungs-Abschnitt aus dem Prediger-Buch tut: »Windhauch, Windhauch, das ist alles Windhauch« (Koh 1,2). Es gilt schon, auch angesichts des Todes zu sorgen, zu planen, zu regeln, sein Leben einzurichten. Auch Jesus hat gesorgt und sich Sorgen gemacht: Von der Hochzeit in Kana, wo er für die notwendigen Getränke sorgte, bis zum Beschaffen des Esels für seinen Einzug in Jerusalem; von der Sättigung der 5000 Menschen bis zur Heilung der Schwiegermutter des Petrus. Aber bei aller Sorge um das Irdische, bei jedem Blick auf das »Hier« und »Jetzt«, darf der Blick über die Grenze hinaus nicht fehlen, der Blick auf das »Dort« und »Später«. Im Doppelblick auf Erde und Himmel muss das Leben gelebt werden.

In den letzten Monaten habe ich häufiger Augenblicke gehabt, in denen ich dachte: Was wäre, wenn du jetzt tot umfallen würdest? Was wäre dann mit dir (ein wenig Neugierde ist ja schon dabei, ob und wie es über den Tod hinaus weitergeht)? Und was wäre mit denen, die dir etwas bedeuten und denen du etwas bedeutest? Wie würden die damit umgehen? Warum kommen mir solche Gedanken in der letzten Zeit häufiger?

Auf meinem bisherigen Weg hat mich ein Gedenkstein kurz hinter Neuerburg nachdenklich gemacht. Er stand neben einer Landstraße und wahrscheinlich war derjenige dort tödlich verunglückt. Nachdenklich machte mich das Datum des Unfalls: 24.9.1986. An meinem Geburtstag wurde da ein Leben ausgelöscht. Während ich damals feierte und mich meines Lebens mit anderen freute, war für einen anderen das Leben zu Ende und sicherlich für viele Betroffene dieser Tag ein Trauertag. So hängen Leben und Tod eng zusammen.

Nach dem Gottesdienst bin ich gegen 10.30 Uhr losgezogen. Auf der Landstraße bis »Les Écharmeaux« (712 Meter hoch). Dort steht eine Statue von Napoleon aus dem 19. Jahrhundert, bei der der Künstler sich vertan hat und Napoleon die linke Hand unter die Weste schiebt, statt wie dieser es getan hat: mit rechts (angeblich, um seine Magenschmerzen unter Kontrolle zu bringen). Angesichts dieser Figur kamen mir diese Gedanken:

Napoleon von Écharmeaux

Er betrachtet vergnügt seinen Künstlerarm
Luftblasen steigen aus Magen und Darm:
Nun kann meine Rechte die Welt regieren
Denn mit links würde ich nochmals verlieren!

So ganz ist der heutige Weg kein Sonntagsspaziergang (obwohl es »nur« 23 Kilometer sein sollen). Es geht schon ganz schön auf und ab. Der Schweiß tropft manchmal. Aber die Sonne, die wunderschönen Fernsichten, Vogelgezwitscher, das Summen von Insekten, herrliche Blumen-Farb-Pracht, dunkle Tannenwälder, hohe Farnsträucher, einige reife Himbeeren und Waldbeeren entschädigen für alle Mühen und lassen mich laut pfeifend weiterziehen – nicht aus Angst, wie ich es früher tat, wenn ich in den Keller geschickt wurde, sondern aus Freude und Zufriedenheit: »Wem Gott will rechte Gunst erweisen, den schickt er in die weite Welt ...«

Noch 78 Tage! 2/8/04

12.30 Uhr auf dem Jacobsweg mit Blick auf Charlieu

Gestern war überall der Sonntag zu spüren: Mitten im Wald standen vereinzelte Autos; drumherum Decken und Isomatten ausgebreitet; Kühltaschen und Grillgeräte aufgebaut; Baguettes und Weinflaschen in Hülle und Fülle; schreiende, tobende Kinder; Boule-spielende Erwachsene; Gekreische und Gelächter. Eine Atmosphäre fast wie auf dem Bild von Edouard Manet »Frühstück im Freien« – nur die Männer nicht ganz so elegant, und die Frauen nicht ganz so nackt wie auf diesem Gemälde. Ob diese Art der Sonntagskultur der Franzosen noch ein Relikt des Aufrufs von Jean Jacques Rousseau ist: »Zurück zur Natur!«?

Ich bin gestern um 18 Uhr nach 24 Kilometern in Arcinges angekommen. Ein Ort, der als Etappenziel völlig ungeeignet ist: kein Gasthaus, keine Unterkunft (das Hotel in Le Cergne vier Kilometer davor hatte seit zwei Tagen Betriebsferien – mitten in den französischen Schulferien?). Aber Meinhard war da und hatte in Charlieu im Hotel »Lion d'Or« für zwei Nächte gebucht. Ein gutes Abendessen wurde uns serviert; danach Geld-ziehen am Automaten (was in Frankreich nur in größeren Städten möglich ist, so dass man sich immer vorsorglich mit Geld eindecken muss); Heidi Hennemann angerufen und ihr zum Geburtstag gratuliert; Heidi, ihr Mann Heribert und Otto Uhlen aus Homberg, mit denen ich schon mehrmals »unterwegs« war, werden Anfang Oktober nach Oviedo kommen, um die Etappe von Oviedo nach Compostela zu laufen; mal schauen, ob wir das vielleicht zusammen machen.

Heute Morgen ein ausgezeichnetes Frühstück (das beste bisher in Frankreich, sogar mit Wurst und Ei); dann Autotransfer zur Kirche von Arcinges; dort gemeinsames Morgenlob; und dann bei angenehmen Temperaturen und fast immer abwärts bis hierher. Gleich werde ich wohl mein Gepäck im Hotel lassen und noch 10 Kilometer bis Briennon weitergehen.

Einige Gedanken beim Anblick von Charlieu: Dort gab es schon Ende des 9. Jahrhunderts eine Benediktiner-Abtei und seit dem 14. Jahrhundert einen Franziskaner-Konvent. Von all dem ist nicht mehr viel vorhanden. Die französische Revolution hat dem ein Ende gesetzt: zerstörte Bauten, abgeschlagene Köpfe und Figuren bei den Heils- und Heiligendarstellungen, Sakralbauten als Steinbrüche – wie man es überall in Frankreich antrifft. Was muss sich damals eine Wut und ein Hass auf Kirche und Klerus angestaut haben, die solche Zerstörungswut auslösten. Und das in dem Land, das sich die »treueste Tochter Roms« nannte und nennt! Aber vielleicht bewirkt zu große und zu intensive Treue viel zu enge und beengende Verhältnisse; vielleicht wird die Luft zum Denken und zum Atmen dann immer dünner; vielleicht schnürt einem das den Hals zu und die Bewegungsfreiheit wird immer geringer – so dass es zum Zerreißen und Platzen der Verhältnisse kommt. Das Grundprinzip von Nähe und wohlwollend-kritischem Abstand ist da vielleicht hilfreicher und lebensfördernder: Nähe und Abstand zur Kirche, zum Beruf, in partnerschaftlichen Beziehungen.

In unserem Land baut sich auch immer mehr eine Anti-Atmophäre zur Kirche auf. Viele Jugendliche können schmerzhaft davon berichten, wie sie verhöhnt und verspottet werden, wenn sie sich dazu bekennen, »bei Kirchens« mitzutun. Schade, dass die Menschen so wenig an ihren eigenen Ursprung denken; an die Geschichte, die unser Land geprägt hat; an die Werte und Überzeugungen, mit denen wir heute so selbstverständlich leben. Denn wahrscheinlich sind die Menschenrechte und auch die Werte der französischen Revolution – Freiheit, Gleichheit, Brüderlichkeit (heute würde es »Geschwisterlichkeit« heißen!) – ohne das Christentum gar nicht zu denken. Aber daran erinnern sich viele nicht. Man sollte manchen Abständigen, Kirchenfernen, Kirchenkritikern und Ausgetretenen einen Satz ins Stammbuch schreiben, den mich mein etwas eigenartiger, aber gradliniger Lehrer in Freiburg, Professor Adolf Kolping, gelehrt hat: »In den Brunnen, aus dem man getrunken hat, spuckt man nicht!«

18.30 Uhr in der Kirche St. Philibert in Charlieu

Lieber Jacobus! Seit dem 22. Juli in Dijon sehe ich heute mal wieder ein richtiges, schönes, altes Bild von dir: Hier im Chorgestühl aus dem 15. Jahrhundert – geschnitzt und gemalt von Meister Colinet. Du stehst hier in der Reihe deiner elf Mitapostel an der Südseite (als vierter von rechts; rechts neben dir Andreas; links neben dir dein Bruder Johannes) und bist ganz eindeutig als Apostel und Pilger zu erkennen. Als »Apostel« – als Gesandter Christi, die Frohe Botschaft zu verkünden – hältst du das Buch der Frohen Botschaft in deiner rechten Hand. Als »Pilger«-Heiliger, der den Pilgern voran geht, trägst du ein dunkles Pilgergewand, hast du deinen Pilgerhut aufgesetzt (natürlich mit einer Muschel), hältst du einen Pilgerstab mit Knauf in deiner Linken, und hast du eine Pilgertasche umhängen, die mit Perlen (?) schön geschmückt ist und auf der natürlich auch eine dicke Muschel prangt. Etwas Besonderes findet sich hier bei dir – wie auch bei deinen elf Apostelkollegen: Ein geschwungenes Schriftband, das du zusammen mit dem Bordon hältst, trägt jeweils einen Vers des »Apostolischen Glaubensbekenntnisses«. Nach einer alten Überlieferung hat jeder von euch einen Artikel dieses »Credo« formuliert. Dir wird dabei der wichtige Vers des Lebensursprungs unseres Herrn Jesus Christus zugeschrieben »Empfangen vom Heiligen Geist, geboren aus der Jungfrau Maria«. Auch hier in St. Philibert ist es dieser Vers (der schwer zu entbuchstabieren ist): »Conceptus est de spiritu sancto natus ex Maria vir-

gine«. Bei all dem könntest du etwas weniger gramselig dreinschauen und etwas mehr lächeln!

Auch wenn natürlich die Geschichte (im Sinne von Historie) diese Autoren-Version des Apostolischen Glaubensbekenntnisses belächelt, so ist es doch eine schöne Geschichte, dass die konzentrierte Fassung unseres Glaubens auf euch zurückgeht. Ihr, die ihr die Zeugen des Lebens, der Worte, der Taten, des Todes und der Auferstehung unseres Herrn wart. Genau das ist es, was wir bekennen, wenn wir an die »apostolische Kirche« glauben. Schön, dass du uns so anschaulich an diesen zentralen Glaubensartikel erinnerst: Gott wird Mensch, Gott kommt ins Fleisch der Menschen, er »inkarniert« sich. Gott wird Körper, Gott wird sichtbar, fühlbar, erfahrbar, erlebbar, anfassbar – ein Gott mit Fleisch und Blut, mit Haut und Haaren, mit Lust und Leidenschaft. Und durch deine Verbindung zu diesem dritten Artikel des Glaubensbekenntnisses wirst du zum Heiligen der Körperlichkeit und Fleischlichkeit, zum Heiligen des Sichtbaren und Handgreiflichen, zum Heiligen des Glaubens mit allen Sinnen, zum Heiligen, der bis in die Fußsohlen hinein Glauben spüren lässt!

Die Ikonographie unseres Heiligen ist lang und vielfältig. Zuerst wurden alle Apostel recht gleich dargestellt, ohne erkennbare Unterschiede, ohne besondere Attribute: mit Nimbus und Buch. In der romanischen Zeit war dann manchmal im Nimbus (wie etwa an St. Sernin in Toulouse) oder auf dem Buch (wie etwa an St. Trophime in Arles) oder auf einer Schriftrolle (wie etwa in Perse) oder auf der rahmenden Architektur (wie an dem Pfeiler im Kreuzgang von Moissac) der Name zu lesen, so dass eine Zuordnung möglich war. Allmählich (wohl zuerst beim Apostel Petrus die Schlüssel) wurden einzelnen Aposteln bestimmte Attribute zugewiesen. Unser Apostel wurde als Pilger gekennzeichnet, zum ersten Mal in Sta. Marta de Tera an der »via de la plata« im 12. Jahrhundert: mit Pilgerstab, Pilgertasche und vor allem mit der Muschel. Manchmal kam dazu auch noch das Schwert als Hinweis auf das Martyrium (so etwa am Südportal der Kathedrale von Chartres). Eine Besonderheit war dann die Zuordnung zu dem Artikel des Glaubensbekenntnisses. Neben »Apostel« und »Pilger« wird dann Jacobus (vor allem in Spanien, in der Barockzeit aber auch in Österreich) als »Matamoros«, als »Maurentöter« dargestellt. Doch dazu mehr, wenn uns zum ersten Mal eine solche Darstellung begegnen wird.

Heute Nachmittag bin ich von Charlieu (erster Besuch der Kirche St. Philibert; kurzes Vorbeischauen an der alten Benediktiner-Abtei und dem Franziskanerkonvent) über Saint-Nizier sous Charlieu (in der

Kirche Fenster von Gérard Haussen [1885–1957] von 1950) und Pouilly-sous-Charlieu, nach Überschreiten der Loire bis Briennon gelaufen: Tagesetappe 21 Kilometer. In Briennon hat mich Meinhard aus dem Trubel eines Radrennens und einer Kirmes herausgeholt und abgeholt; dort werde ich Morgen wieder starten.

Noch 77 Tage! 3/8/04

10.45 Uhr am Croix-de-la-Perche

Einige Pilger-Splitter :

- *Heute Morgen nach einem Transfer um 8.30 Uhr in Briennon gestartet.*
- *Die Landschaft ist nicht mehr so hügelig und bergig, flacher, es lässt sich prima laufen, muss ich aber auch, denn heute sind 30 Kilometer angesagt.*
- *Heute lasse ich die ersten 1000 Kilometer auf meinem Gesamtweg hinter mir; vor La Bénisson-Dieu stand auf einer Tafel, dass es von Charlieu bis Compostela ca. 1750 Kilometer seien.*
- *Gestern habe ich meine zweite Blase aufgemacht, enthäutet und behandelt: am linken Fuß zwischen dem Ring-Zeh und dem Mittelzeh; vielleicht war sie es, die mich manchmal zwickte.*
- *Die Pilgerversuchungen werden häufiger und reifer: Ich meine die Brombeeren am Weg.*
- *Eben musste ich einen größeren Bach auf merkwürdige Art überqueren; von einem kleinen Poller zum nächsten musste ich mich wie auf Stelzen hinüber hangeln.*
- *Morgens entsteht während und nach dem Frühstück immer ein gewisser Druck und eine innere Anspannung: Habe ich meine Medikamente genommen? Habe ich NIVEA gegen den Wolf gecremt? Habe ich alles richtig in den Taschen meiner Weste verstaut? Habe ich meine Wasserflasche aufgefüllt? Haben wir den Treffpunkt abgesprochen? Habe ich nichts vergessen? – Erst wenn ich »auf dem Weg« bin, löst sich diese innere Hektik.*
- *Auf einem kleinen Waldweg war eben ein Schild angebracht: 5th Avenue, New York.*
- *Die Witterung heute ist merkwürdig: schwül, ein wenig windig, am Horizont zieht es grau auf, Gewitter sind angesagt. Hoffentlich benötige ich heute meine Regenhose nicht allzu früh!*
- *Heute kam zum ersten Mal Pfeffer und Salz zum Einsatz, die ich in meinem Rucksack mitschleppe: beim Ei, das ich vom Frühstücksbüffet mitgehen ließ.*

Noch 76 Tage! **4/8/04**

11 Uhr im »Hôtel du Domaine de Champlong«
(in unmittelbarer Nähe eines Ortes mit dem lustigen Namen »Das Kabarett des Esels«)

Ruhetag! Solch ein Tag ist immer wie Sonntag oder wie kleine Ferien oder wie ein Kurzurlaub. Das erinnert mich daran (ebenso wie die bretonische Butter, die es zum Frühstück gab), dass ich heute vor einem Jahr in Urlaub gefahren bin. In der Bretagne habe ich 50 dreizeilige »bunte Ferien-Splitter« geschrieben. Hiervon fünf Kostproben:

Das monotone Rauschen ist das Beständigste am Meer.
Unaufhörlich wirbelt es Geschichten aus seiner Tiefe an die Oberfläche.
Ich verstehe sie nicht.

Im Gleichmaß von Flut und Ebbe stößt das Meer vor und zieht sich wieder zurück.
Alles Leben pulsiert im Rhythmus des Herzens.
Einmal hört es auf zu schlagen.

Aus der weitergereichten Creme-Tube wird gequetscht, geschmiert, gerieben.
Der Unsterblichkeitswahn bemächtigt sich der Leiber.
Die Narbe an meinem Bein zieht eine rote Warnlinie.

Zehn junge Nonnen in ihren hell-blauen Kutten schreiten über den Sandstrand.
Zwischen den sonnenanbetenden Leibern wirken sie wie Relikte von Gestern.
Morgen wird es nur noch Nackte geben.

Die weit ausgebreiteten Arme von Vater und Mutter lassen das Kleine erste Schritte auf wackeligen Beinchen wagen.
Die Grenzen der Leistungsfähigkeit enden in lautem Gebrüll.
Und auch hier ist keiner, der dieses Fallen unendlich sanft in seinen Händen hält.

Gestern bin ich bis St. Romain-la-Motte auf dem vorgeschlagenen Jacobsweg gegangen. Ab dort habe ich zur erheblichen Verkürzung die Landstraße bis Lentigny genommen (die aber wohl früher auch der markierte Weg war, denn es fanden sich noch etliche Muschel-Aufkleber). Die Regenhose habe ich nicht gebraucht. In Lentigny hat mich Meinhard aufgelesen und hierher gebracht. Kurzbesichtigung von Saint-Jean-Saint-Maurice-sur-Loire und dort gegessen. Ob das 1999 wiederentdeckte Jacobus-Fresko in der Mauritius-Kirche wirklich alt ist?

Die Kirche feiert heute das Fest des heiligen Johannes Vianney, des Pfarrers von Ars. In jeder Kirche steht er hier auf einem Sockel: mal klein, mal größer, mal einfarbig, mal schwarz-weiß, mal bunt bemalt. Der Handel mit diesen Gips-Figuren muss Ende des 19. Jahrhunderts enorme Gewinne gebracht haben. Und immer sieht er gleich aus: mit Talar und Rochett bekleidet, eine Stola umgelegt, ein Bäffchen um den Hals, lange, gelockte Haare, eine Stirnlocke, die Hände still zum Gebet ineinander gelegt, den Kopf leicht schräg, ein Lächeln auf den Lippen, die Stirn leicht gekräuselt: edle Einfalt, stille Größe. So möchte ich nicht auf dem Sockel stehen!

Doch nun genieße ich den Ruhetag!

Noch 75 Tage! 5/8/04

13 Uhr in der Kirche von Dancé

Neben dem Druck, als Pilger täglich plus minus 25 Kilometer zurückzulegen, neben der Sorge, täglich ein Nachtquartier zu besorgen (oder besorgen zu lassen), gibt es noch eine dritte Pilger-Verpflichtung: jeden Tag irgendwie und irgendwo einen Stempel (französisch »tampon« – spanisch »sello«) zu bekommen. Ich benötige immer zwei, einen in die Pilgerausweise, die die Jacobus-Bruderschaft für Streckenabschnitte von Köln bis Le Puy herausgegeben hat, und einen in mein kleines privates Stempelbüchlein, das die gesamte Route dokumentieren soll. Die schönsten Stempel gibt es »bei Kirchens« (besonders, wenn es denn auch noch Jacobus-Kirchen sind). So habe ich schon schöne Stempel z. B. aus Homberg, vom Kölner Dom, aus Prüm, aus Litdorf-Rehlingen, aus Metz, aus Dijon, aus Beaune …

Es ist aber gar nicht so einfach, an Kirchenstempel heranzukommen, da hier in Frankreich ja immer über ein Dutzend Kirchen zu einer Gemeinde gehören und daher in den wenigsten Orten ein Pfarrer oder ein Gemeindeamt »vor Ort« ist. Das war bei unserer ersten Tour 1983 noch anders. Da gab es fast bei jeder Kirche (in Spanien) einen Stempel und dazu wurden in den Pilgerausweis noch Wünsche, Empfehlungen, Gebete geschrieben. Jetzt ist eine Möglichkeit, an solche Kirchenstempel zu kommen, an einem Gottesdienst teilnehmen und anschließend fragen. Ansonsten muss man sich mit den weniger schönen Stempeln der Bürgermeisterämter oder den noch weniger schönen Stempeln der Hotels oder Gasthäuser begnügen. Wofür die Stempelei gut ist (wobei nicht vergessen werden darf, das Datum hinzuzufügen!)? Nun, in Santiago de Compostela angekommen, kann man dort »beweisen«, dass man den Weg zurückgelegt hat und bekommt dann (wenn wenigstens 100 Kilometer zu Fuß gegangen wurden) eine Urkunde: die sogenannte »Compostela«. Drei Stück davon habe ich schon zu Hause an der Wand hängen: von 1983, von 1988 und von 1999 (»Heiliges Jahr«!). Hoffentlich kommt in diesem Jahr eine vierte hinzu! Solche Urkunden gibt es schon seit vielen Jahrhunderten (zumindest schon seit Beginn des 16. Jahrhunderts nachgewiesen).

Heute Morgen bin ich in Lentigny losgegangen. In Saint-Jean-Saint-Maurice konnte ich zwar nochmals den herrlichen Blick auf die Loire genießen. Dort begann es aber auch zu regnen, immer heftiger, bis hierher, wo es wieder aufgehört hat. Aber die drei Stunden durch den Regen haben mir nasse Schuhe (ich hätte die hohen Schuhe anziehen sollen!) und nasse Socken beschert. Gott sei Dank, ist es dabei nicht besonders kalt. Trotzdem recht ungemütlich!

Noch 74 Tage! 6/8/04

12.15 Uhr auf einer Bank vor der Kirche
in Sainte-Agathe-la-Bouteresse

Gestern bin ich nach 24 Kilometern in Pommiers angekommen. Kurze Besichtigung dieser cluniazensischen Gründung. Dann Transfer nach St-Germain-Laval (4 Kilometer entfernt) ins Hotel »Auberge des voyageurs«. Kurzer Bummel durch die etwas herunter gekommene Altstadt, die schon bessere Zeiten gesehen hat. Zwei Biere in einer Bar getrunken (obwohl der Durst nach dem Regentag nicht besonders groß war); Schuh- und Sockenpflege; Abendessen im Hotel, prima, 5 Gänge für 17 €. Wo gibt es das bei uns noch? Gut geschlafen, wenn auch manchmal vom Lärm der Straße unterbrochen. Heute Morgen um 8.45 Uhr ab Pommiers. Bei gutem Wanderwetter (bedeckt, Sonne manchmal, windig) über Bussy-Albieux und Arthun flott bis hierher gelaufen.

Die Kirche feiert heute das Fest der »Verklärung des Herrn«. Diese vorösterliche Ostergeschichte, die von allen drei Synoptikern überliefert wird, will die besondere Bedeutung von Jesus herausstellen, dass er der große »Pontifex« ist, der große Brückenbauer, der Erde und Himmel, Zeit und Ewigkeit, Altes und Neues, Lebende und Tote, Menschen und Gott miteinander verbindet.

Dieses Fest wird besonders in der Ostkirche gefeiert und ist dort auch auf unzähligen Ikonen dargestellt. Wunderbare Mosaiken und Fresken – z. B. in den Klosterkirchen von Daphni und Hosios Lukas in Griechenland oder im Katharinen-Kloster auf dem Sinai – stellen den Menschen dieses Heilsereignis vor Augen. Aber auch in der Westkirche gibt es vielfältige künstlerische Umsetzungen dieser biblischen Offenbarungsgeschichte. Auf meinem Weg bin ich z. B. an dem stark beschädigten Relief der Abtei in Charlieu vorbeigekommen; und ich werde das byzantinisch beeinflusste Fresko im Aufgangsbereich der Kathedrale von Le Puy, das Kapitell im Kreuzgang von Moissac (wo auch das Hinuntergehen vom Berg dargestellt ist) und das Relief im Tympanon der Kathedrale von Oviedo sehen.

Heinrich Wipper bemerkt zu diesem Thema (in der Kalebasse 34, S. 38): »Vor Errichtung des Pórtico de la Gloria (1188) war die Verklärung Christi auch am Westportal der Kathedrale von Santiago de Compostela dargestellt.« Auch die Pilger sollten diesen alle Grenzen überschreitenden Gesandten Gottes vor Augen haben.

Zeugen dieser Heilsgeschichte waren nach Aussagen der drei Evangelisten die drei Apostel, die die engsten und intimsten Freunde Jesu im Zwölferkreis waren: Petrus, Jacobus und Johannes. »Unseren« Apostel (der bei den Darstellungen dieser Begebenheit nicht an irgendwelchen Attributen zu erkennen ist) kann man stets nach dem Ausschlussverfahren bestimmen: der älteste mit dem längsten Bart und der Stirnlocke ist immer Petrus; der jüngste ohne Bart ist immer Johannes; also bleibt nur noch Jacobus übrig.

Die Geschichte von der »Verklärung« ist nicht nur christologisch zu sehen, sondern sie ist auch eine Geschichte für uns und von uns – für unser Leben und unseren Glauben, von unserem Leben und unserem Glauben: Darüber nachzudenken, wo es in unserem Leben und Glauben solche »Taborerlebnisse« gegeben hat und gibt – solche Augenblicke, in denen man hätte sagen wollen: »Verweile doch, du bist so schön«, oder auch traurige Augenblicke, die sich tief und unauslöschlich eingeprägt haben. Wo gibt es in meinem eigenen Leben solche »Tabormomente«? Die erste heilige Kommunion – der erste Kuss mit dem Zwiespalt von Pflicht und Neigung – das Am-Boden-liegen bei der Priesterweihe – das erste Mal bei Sonnenaufgang auf dem Berg Sinai stehen – das erste Mal zu Fuß in Compostela ankommen – der Sonnenuntergang am Kap Sunion – der menschenleere Strand Plage Bonaparte in der Bretagne am Morgen – das Einlegen des Weihrauchs ins Botafumeiro nach der Ankunft in Compostela 1999 – das Silberne Priesterjubiläum in Homberg – das Aufwachen nach der Herz-Operation – und dazu wird bis an mein Lebensende auch diese Wallfahrt gehören.

Aber auch die traurigen »Tabormomente« gehören zum Leben: das Abschiednehmen von Onkel Päule (dem Bruder meiner Mutter) und Tante Käthe (der Freundin meiner Mutter) im Krankenhaus vor ihrem Tod – die Nottaufe des kleinen Jan Christopher aus Homberg in der Intensivstation der Düsseldorfer Uni-Klinik – die Todesstunde von Vater und Mutter – die Nachricht vom Tod der beiden Pfarrer Werner Oermann (meinem Nachfolger in Homberg) und Günter Hoffmann (mit dem ich 1969 sieben Wochen lang griechisches Insel-hopping unternommen habe).

Dabei sind nicht nur die großen und lebensentscheidenden persönlichen »Taborereignisse« prägend, sondern auch kleinere Begebenheiten und Ereignisse und Worte gehören dazu. So etwa die Ermutigung von Frau Kaps bei meinem Aufbruch in Kaarst: »Mit Ihrem Optimismus und mit Ihrem Frohsinn kommen Sie noch weiter als Compostela!« – oder das Angebot von Meinhard vor gut einem Jahr: »Ich kann dich ja mit dem Auto begleiten« – oder die Mahnung von Anna zum Abschied: »Pass auf dich auf!«.

Solche »großen« und »kleinen« Tabormomente prägen unser Leben. Daraus leben wir, dafür sollten wir dankbar sein. Denn sie zeigen uns, dass auch wir Gottes geliebte Töchter und Söhne sind.

Noch 73 Tage! 7/8/04

10.45 Uhr auf den Stufen zum Glockenturm der Kirche in Saint-Georges-Haute-Ville

Letzte Nacht hatte ich einen merkwürdigen Traum. Nach meiner Pilgertour war ich in Rom: großer Trubel – viele Menschen – etliche smarte Jünglinge wurden als Prälaten eingekleidet. Sie benahmen sich allerdings wie Teenies aus dem Mädchenpensionat: singend, hopsend, tanzend. Irgendwie tauchte Hermann-Josef Schmitz auf und fragte mich, wie es mir ginge, ob ich alles gut überstanden hätte. Dann fragte er noch, ob ich in Compostela auch meine fünf Finger in die Mittelsäule des Pórtico de la Gloria gelegt und dem Heiligen einen Wunsch genannt hätte. Ich musste das verneinen – ich hätte es vergessen. Er fragte weiter, ob ich denn wenigstens den Apostel am Hauptaltar umarmt hätte. Ich musste wiederum verneinen – das hätte ich auch vergessen – würde aber beim nächsten Mal daran denken und es tun. Kopfschüttelnd zog Hermann-Josef weiter – und ich wurde wach.

Was soll dieser Traum nur bedeuten? Werde ich gar nicht ankommen? Wird es kein »nächstes Mal« mehr geben? Soll ich solche Zeichen und Bräuche ernster nehmen? Soll es eine Mahnung sein, wenn ich ankommen sollte, mich in die lange Tradition der Pilger auf jeden Fall einzureihen? Ich weiß es nicht! Ein Traumdeuter müsste mir helfen: Der Josef aus dem Alten oder der Josef aus dem Neuen Testament oder Sigi Freud!

Gestern bin ich 35 Kilometer gelaufen und habe damit einen Ruhetag für Le Puy herausgelaufen. Die letzten fünf Kilometer von Champdieu bis Montbrison bin ich ohne Gepäck (Meinhard wartete in Champdieu) und über Landstraße gegangen.

In Champdieu gibt es im ehemaligen Refektorium ein gut erhaltenes (oder gut restauriertes?) spätmittelalterliches Fresko mit der Darstellung des »Letzten Abendmahles«. Bemerkenswert: Links hilft eine Frau und rechts ein Engel beim Bedienen. Links (vom Betrachter aus gesehen) von Jesus ist wohl Jacobus dargestellt – er trägt als einziger einen Hut (wie bei solchen Abendmahlsszenen öfters üblich). Johannes liegt an der Brust von Jesus. Jesus selbst teilt gerade mit einem Messer das Brot des Judas, der vor dem Tisch sitzt. Rechts neben Jesus ist Petrus mit langem Bart zu sehen, wie er gerade einen Becher mit Wein prostend erhebt. Damit sind die drei – Petrus, Jacobus und Johannes – in unmittelbarer Nähe bei Jesus.

Ankunft in Montbrison: 18 Uhr. Hier sind wir gut im Hotel »Gil de France« für zwei Nächte untergekommen. Kurzbesichtigung von Notre Dame. Nach dem Abendessen Bummel durch die Altstadt und in einer Bar noch zwei Biere als Absacker getrunken. Ruhige Nacht. Heute Morgen um 8.30 Uhr auf der Piste. In der Kirche St. Thomas-la-Garde entdeckte ich einen kleinen Gips-Jacobus. In der rechten Hand hielt er das geschlossene Buch. Mit der linken (verhüllten) Hand hielt er den Pilgerstab, an dem oben eine Muschel hing. Mit erhobenem Haupt und entschlossenem Blick schaute er Richtung Tür und forderte mich damit auf: Weiter! Du hast noch gut 20 Kilometer vor dir! Ultreia!

Hier am Türgriff der (verschlossenen) Kirche hängt ein Zettel mit dem Datum von Vorgestern. Eine Botschaft in französischer Sprache – wahrscheinlich von ihm zu ihr: »Ich schlafe hier um die Ecke ... Tut mir leid, was ich dir angetan habe ... Verzeih mir ... Den Weg ohne dich zu gehen, kann ich mir nicht vorstellen ... Ich hoffe, wir treffen uns wieder!« Ja, ja, so ein Weg mit seinen äußeren und inneren Belastungen kann ganz große Beziehungsprobleme auslösen. Das habe ich bei meinen bisherigen Touren mit einer Gruppe auch gelegentlich am eigenen Leib und in eigener Seele erfahren müssen. Das war auch ein Grund für mich, den Weg alleine gehen zu wollen – dann hat man alle Probleme lediglich mit sich selbst alleine und braucht keine Notruf-Botschaften zu senden! Hoffentlich haben sich die beiden inzwischen wieder-gefunden und wieder-versöhnt!

14 Uhr in der Krypta der Kirche von Saint-Jean-Soleymieux (in fast 900 Meter Höhe)

Während oben in der Kirche Meinhard, den ich hier zufällig traf, sein »Dum Pater familias« singt und ihm vier Pilger aus Bonn zuhören, die in diesem Jahr den Weg von Cluny bis Le Puy zurücklegen, und nachdem ich hier unten zur Ehre der »Mutter Gottes unter der Erde« oder (wie sie auch genannt wird) der »Mutter Gottes vom Fieber« eine Kerze angezündet habe – erinnert mich diese ruhige, beschauliche, geheimnisvolle, archaische Stätte daran, dass Wallfahren nicht nur gut ausgehen kann. Heutzutage bleibt es ja meist bei Blasen oder Durchfall – in früheren Zeiten war Pilgern viel gefährlicher. Deshalb war es auch gut, hier in dieser Gegend, in der es viele Seen und Sümpfe gab, die »Mutter Gottes vom Fieber« anrufen zu können: zur Vorsorge oder zur Heilung. Im nahegelegenen Marols gibt es ein Pest-Kreuz. Aber es ging nicht nur ums Anrufen und Beten, sondern die Gesundheitsvorsorge wurde auch ganz konkret. Mit frischem Quell- oder Brunnenwasser wurden die Krankheiten aus dem Leib gehalten oder vertrieben. So gibt es hier im Ort einen alten Brunnen, der den Pilgern (auch mir) half, unbeschadet weiter zu kommen.

Viele Berichte und Darstellungen lassen uns bis heute die dunkle Seite der Wallfahrt erahnen. So ist auf der Kanzel des Trierer Domes bei dem »Werk der leiblichen Barmherzigkeit« – »Pilger aufnehmen« – auch zu sehen, wie sich ein Pilger an seinen Füßen zu schaffen macht, vielleicht einen Dorn herauszieht. So gibt es eine Plastik aus dem 15. Jahrhundert im Museum von Lyon, die zeigt, wie sich ein Krankenwärter um die wunden Füße eines Pilgers kümmert. Auch die vielen Hospitäler unterwegs erinnern an die Krankheiten; so vor allem das bekannte in Beaune. Und hier in der Gegend des Forez (so heißt das Gebiet, durch das ich schon seit Tagen laufe) soll es nicht weniger als 64 Krankenhäuser gegeben haben.

Und dann konnte es noch schlimmer kommen: Unzählige Pilgergräber längs des Weges (so gestern noch neben der Kirche von Montverdun) erinnern daran, dass viele »auf der Strecke« geblieben sind. Ein Ort, an dem das bis heute ersichtlich ist, ist Pons in Süd-West-Frankreich an der »via turonensis«: Dort gab es ein Pilgerhospital, bei dem im Straßen-Durchgang (der heute noch steht) Steinsärge an den Wänden sind, in die die Toten gelegt werden konnten. In der dortigen Gegend gibt es auch noch Zeugnisse, die mit einer eigenartigen Vorstellung von den Toten verbunden sind, die sogenannten »Totenlaternen« – z. B. in den Orten Fenioux oder Cellefrouin. In diesen Totenlaternen, die über 10 Meter hoch sein können, wurde abends (wie bei einem Leuchtturm) in der Spitze ein Licht entzündet, um so den umherschwirrenden Seelen der Toten Orientierung zu geben.

Mutter Gottes, verschone mich vor allen Krankheiten. Amen.

Noch 72 Tage! 8/8/04

11 Uhr in der Kirche von Estivareilles

Gestern bin ich nach 27 Kilometern bei bis zu 30 Grad um 17 Uhr in Montarcher angekommen. Ständig ging es bergauf bis zum Zielort auf 1162 Meter Höhe, d. h. über 700 Höhenmeter mussten erstiegen werden: etwas schweißtreibend, und das Zerren im rechten Oberschenkel spürte ich mehrmals in der vergangenen Nacht und merke ich auch heute; aber herrliche Landschaften. Unterwegs ging es mehrfach (auch heute Morgen) auf Teilstücken des uralten Weges »La voie Bolène«, links und rechts des ca. drei bis vier Meter breiten Weges aufgeschichtete größere Steine und auf dem Boden z. T. riesige glatte Monolithe. Dieser mythische Weg soll keltischen Ursprungs sein (immer, wenn etwas uralt, steinern und roh aussieht und man nicht weiß, wie alt es ist, bezeichnet man es am besten als »keltisch«) und verband Lyon mit Aquitanien und Spanien. Dieser Weg, der später von den Römern (gestern bin ich auch vor St. Jean-Soleymieux über eine Römerbrücke gegangen) und im Mittelalter von den Jacobus-Pilgern benutzt wurde, wird in mittelalterlichen Texten als »via Bolena« oder »Vy Bolena« und als Weg der Pilger (»romieu«) bezeichnet und an ihm entstanden viele Klöster und Gasthäuser.

Gestern Abend dann Rücktransfer von Montarcher nach Montbrison. In Montbrison, das im Mittelalter eine Jacobus-Bruderschaft und Jacobus-Reliquien besaß – deshalb für die Pilger von besonderem Interesse war (das Thema »Reliquien« wird uns in Conques noch beschäftigen) –, haben wir um 19 Uhr in der Petrus-Kirche an einem Gottesdienst zum Sonntag teilgenommen. Thema des Sonntagsevangeliums (Lk 12,32–48) und der Predigt war »Wachsamkeit«: Von der Wachsamkeit im Alltag (Straßenverkehr) bis hin zur Wachsamkeit, auf das Kommen des Herrn zu warten, das in der Stille, im Gebet, in der Eucharistiefeier und in der Nächstenliebe schon hier und jetzt beginnt.

Dabei wurden meiner Meinung nach zwei »Wachsamkeiten« vergessen: Einmal die »Wachsamkeit«, auf Entwicklungen im Staat und in der Gesellschaft zu achten; vor allem auf gewaltsame Rechtstendenzen. Zu solcher politischen Wachsamkeit ruft auch das Lied von Reinhard Mey auf: »Sei wachsam!« – Zum anderen die »Wachsamkeit«, auf Strömungen innerhalb der Kirche zu achten. Darauf, dass in den letzten 20 bis 30 Jahren von »oben« Schritt für Schritt hinter den Buchstaben und vor allem hinter den Geist des Zweiten Vatikanischen Konzils zurück gegangen wird. Dass das pilgernde Gottesvolk heutzutage wieder stark als hierarchisch strukturierte Klassengesellschaft verstanden wird: mit allen Konsequenzen in Theologie, Liturgie und Pastoral. Das »aggiornamento« – die »Verheutigung« – der Kirche, das die Konzilsväter damals im Sinn hatten, ist inzwischen zur »Vergestrigung« (gibt es dafür ein italienisches Wort?) verkommen. Der jüngste Höhe- bzw. besser Tiefpunkt der »Vergestrigung« ist die »Instruktion über einige Dinge bezüglich der heiligsten Eucharistie« vom 25.3.2004. Die 186 »Missbräuche«, die zu vermeiden sind, kann man ja noch kopfschüttelnd zur Kenntnis nehmen – tieftraurig und besorgniserregend wird es aber in den letzten Punkten »Beschwerden über Missbräuche in der Liturgie«, in denen die Gläubigen in den Pfarreien aufgerufen werden, etwaige »Missbräuche« beim Bischof oder in Rom zu melden. Wie viel an Verdächtigungen, Misstrauen, Unterstellungen und Ängsten wird dadurch erzeugt!

Es müsste in diesen Zeiten der Geist Gottes mal wieder mit einem kräftigen Windhauch (wie er heute Morgen hier auf den Höhen bläst) durch die Kirche fahren. Und es müsste einer da sein – wie Papst Johannes XXIII –, der die Fenster in der Kirche weit aufreißt und diesen Wind herein wehen lässt. Es müsste …

Hier in Estivareilles gab es im August 1944 heftige Kämpfe zwischen deutschen Truppen auf dem Weg nach Saint-Etienne und Partisanen der Resistance. Gut, dass diese schrecklichen Zeiten vorbei sind und dass ich als Pilger ungehindert und friedlich durch die Lande ziehen kann!

Noch 71 Tage! 9/8/04

12.15 Uhr auf einer Bank mit Blick auf Valprivas

Morgens vor dem Weggehen lege ich es sorgfältig um meinen Hals und abends nach der Ankunft streife ich es verschwitzt wieder ab: das Lederhalsband mit der bronzenen Muschel des Seniorenclubs und dem silbernen »Kaarster Kreuz«, das mir das Team mit auf den Weg gegeben hat. Auch wenn es mit den Personen und Ereignissen und Problemen »daheim« so ähnlich ist wie mit Zeit und Raum – sie sind weit, weit weg und ich genüge mir selbst im Augenblick –, so erinnern mich diese beiden Zeichen doch immer wieder an meine jetzige Wirkungsstätte: Besonders, wenn sie beim Gehen rhythmisch aneinander klimpern oder wenn mich die Spitzen des Kreuzes gelegentlich in den Bauch pieksen. Ja, nun bin ich schon mehr als vier Jahre Pfarrer in Kaarst. Wie kam es zu dem Wechsel? Nun, nach 16 Jahren in Homberg hatten sich auch eine gewisse Routine und Monotonie eingeschlichen. Es fehlten allmählich die neuen Ideen und Impulse. Außerdem wollte man mir im Dekanat einen Posten andrehen. Und schließlich kann man nicht immer nur vom »Aufbrechen« und »Auf dem Weg sein« reden und predigen, sondern muss es auch tun. Und so habe ich schließlich nach längerem Zögern und Überlegen »Ja« gesagt auf die Anfrage von Köln. Der Wechsel war nicht einfach. Da ich das ahnte, habe ich vorher (am 20.11.1999) eine Art »Testament« geschrieben:

»Ich lasse mich nicht be-herrschen! Ich lasse mich nicht in die Ecke drängen! Ich lasse mich nicht zur Passivität verurteilen! Ich nehme mein Leben, ich nehme meinen Beruf selbst in die Hand! Ich bleibe (oder werde wieder?) selbst aktiv! Ich bestimme selbst meine (mittelfristige) Zukunft! Um nicht von allen möglichen Seiten gedrängt zu werden, etwas zu tun (mich versetzen zu lassen, einen Posten im Dekanat zu übernehmen, mich für meine »Unsolidarität« rechtfertigen zu müssen, mich von den Gewohnheiten und Annehmlichkeiten einlullen zu lassen …), wage ich den Schritt nach vorne! Bei allen Unsicherheiten, Fragen, Bedenken – bleibt doch die Sicherheit, die Antwort, die Überzeugung: Ich habe es gewollt! Wenn in Zukunft Gedanken und Gefühle auftauchen sollten (Hätte ich doch …, wäre ich doch …, warum bin ich nicht …), dann muss ich mich daran erinnern: Ich habe es gewollt! Und immer muss ich die Chance sehen: etwas Neues, Anderes, Unerwartetes, Spannendes, Kreatives vor mir zu haben! Wer so viel über Aufbrechen, neue Wege gehen, sich auf Unerwartetes einlassen … geredet und gepredigt hat,

muss diese Haltung auch selbst verwirklichen. Dass dabei die Chance besteht, auch wirklich neue Wege wirklich gehen zu können, ist ein spannender Nebeneffekt. Jacobus möge mich begleiten, helfend mir zur Seite stehn!«

Im Rückblick auf meine bisherigen Stellen stelle ich fest, dass ich immer gewisse Startschwierigkeiten hatte, dass es sich dann aber im Laufe der Zeit immer besser entwickelte. So ist es auch in Kaarst: Ich denke, dass ich inzwischen dort »angekommen« bin, und inzwischen kann ich sogar von »zu Hause« sprechen. Besonders die Arbeit und das Miteinander auf theologischer und menschlicher Basis mit dem Pastoralteam sind für mich neue, aber sehr bereichernde Erfahrungen. (Von daher ist es nicht schlimm, wenn mich das Kreuz ab und zu piekst).

Noch kurz zu Gestern: Es war wie ein erholsamer Sonntagsspaziergang: 12,5 Kilometer von Montarcher nach Apinac bei 30 Grad; um 14 Uhr war ich dort. Transfer nach Retournac ins Hotel »L'Univers«.

Heute Morgen Start um 9 Uhr in Apinac: Bis Retournac sind es (die Angaben schwanken) 29 oder gut 31 Kilometer. Gutes Wanderwetter. Recht windig. Hinter Apinac habe ich die ehemalige Grafschaft Forez verlassen und die ehemalige Grafschaft Velay mit Le Puy als Mittelpunkt erreicht. Dem Wechsel der historischen Landschaften entspricht ein Wechsel heutiger Verwaltungsgrenzen: auf das Departement Loire folgt das Departement Haute-Loire.

19 Uhr bei einem Bier auf der Terrasse unseres Hotels »L'Univers«

Endlich angekommen! Das war ganz schön anstrengend heute! Drei Mal kräftig bergab und zwei Mal kräftig bergauf. Zuerst ging es nach Valprivas bergab ins Tal des größeren Baches »l'Andrable«; dort unten habe ich Mittagsrast gemacht. Zum ersten Mal habe ich auch Schuhe und Strümpfe ausgezogen. Welch' eine Wohltat! Dann ging es bergauf nach Châles. Von dort wieder hinunter ins Tal des kleinen Flusses »l'Ance«. Dann wieder hinauf nach Sarlanges. Dort bekam ich von einer Frau, die mit ihrem Mann im ehemaligen Backhaus so etwas wie eine Pilgerstation mit »Goldenem Buch« einrichtet, meine Wasserflasche nachgefüllt. Schön, solche kleinen Menschlichkeiten auf dem Weg! Bei dem Auf und Ab weiß ich nicht, was unangenehmer ist. Bergab geht kräftig in die Oberschenkel, Knie und unter die Füße. Bergauf öffnet die Schweißporen und lässt die Pumpe kräftig schlagen, so dass ich mehrfach stehen bleiben musste. Das dritte »Bergab« war dann der Abstieg hier nach Retournac ins Tal der Loire. Heute blies auch immer ein erfrischender, manchmal heftiger Wind: gut zum Wandern! Nun bin ich hier und jetzt kann der gemütliche Teil des Pilgertages beginnen. Prost!

Noch 70 Tage! 10/8/04

11 Uhr in der Kirche St. Gilles in Chamalières-sur-Loire

»Es regnet, Gott segnet; die Erde wird nass. Mach mich nicht nass, mach mich nicht nass! Mach nur die bösen Kinder nass!« – So sangen wir früher als Kinder – heute gehöre ich wohl zu den »bösen Kindern«, denn es regnet in Strömen. Heute ist wohl der erste Tag (nach über sieben Wochen!), an dem es vom Weggehen bis zum Ankommen regnen wird. Gott sei Dank, war das nicht gestern so – heute sind es nur knapp 20 Kilometer und kaum Steigung – immer an der Loire längs. Um 8.45 Uhr bin ich bei strömendem Regen mit Regenjacke, Regenhose und Regenschirm aufgebrochen.

St. Gilles hier im Ort (St. Gilles = heiliger Ägidius): eine beeindruckende Kirche aus dem 12. Jahrhundert – eine der ersten »Pilgerkirchen«. So nennt man seit dem 19. Jahrhundert den Typ von Kirchen, bei denen man in Prozession den Chorraum umschreiten kann, um das Grab oder Reliquiar des jeweiligen Heiligen zu verehren. Bekanntere Beispiele von »Pilgerkirchen«: Conques, Toulouse und natürlich Compostela. Der Ort hier wird schon im »Liber sancti Jacobi« erwähnt, einer Teilschrift des »Codex Calixtinus« aus dem 12 Jahrhundert. Darin wird der Ort der Lüge bezichtigt, weil er behauptet, Reliquien des heiligen Ägidius zu besitzen, die doch alle in Südfrankreich, in St. Gilles, verehrt werden. Zitat: »Die Ungarn, die seine Gebeine angeblich zu eigen haben, sollten vor Scham erröten, ebenso wie die Mönche von Chamalières, die vorgeben, seinen Leichnam vollständig zu besitzen.«

Besonders beeindruckend hier in der Kirche ist ein 1,35 Meter hohes Weihwasserbecken (12. Jahrhundert), das von vier Männern getragen wird: Es sollen Jesaija, Jeremias, David und Salomon sein. Dann ein Grab-Relief mit der Grablegung eines Bischofs aus dem 13. Jahrhundert, das vom heiligen Petrus gekrönt wird.

Heute ist das Fest des heiligen Laurentius – in Wuppertal ein Hochfest, weil Laurentius der Stadtpatron des »Kulturzentrums des Bergischen Landes« (wie sich Wuppertal etwas hochtrabend nennt) ist. Laurentius war einer der ersten Heiligen, die ich als Kind kennen lernte, weil er der Patron meiner Heimatkirche ist. Ich wurde zwar nicht in der Laurentiuskirche getauft (sondern drei Tage nach meiner Geburt in dem Krankenhaus, das von den Elberfeldern liebevoll »Kapellchen« genannt wird), aber in der Laurentiuskirche habe ich zum ersten Mal gebeichtet (ohne die schrecklichen Erfahrungen, von denen andere oft erzählen), bin ich zur ersten heiligen Kommunion gegangen (wobei rechts und links von mir wegen des Nüchternheitsgebotes die Kommunionkinder reihenweise umfielen), bin ich gefirmt worden (im Klassenverband mit dem Klassenlehrer als Firmpaten) und habe ich am 29. Juni 1975 meine Primiz gefeiert.

Wuppertal – eine merkwürdige Stadt. Heinrich Böll hat einmal von ihr gesagt: »Wuppertal ist wie eine ungeschminkte Frau: schön, aber desillusionierend«. Eine Stadt mit einem eckigen Charakter: eine schöne Umgebung, ein parkähnlicher Zoo, die Attraktion der Schwebebahn – aber ansonsten grau, herb, kantig, vom Arbeitermilieu des 19.Jahrhunderts geprägt. Trotzdem habe ich mich dort immer wohl gefühlt. Ein besonderer Anziehungspunkt war und ist für mich das dortige »Von der Heydt Museum« (leider viel zu wenig bekannt!). Und mein Lieblingsbild dort: »Blau-schwarzer Fuchs« von Franz Marc (1911) – ein Bild, das Geborgenheit bei aller äußeren Gefährdung, das Zufriedenheit bei allen Anfeindungen der Umgebung ausstrahlt.

Ich denke, dass die Bergische Landschaft, dass Wuppertal auch stark meinen Charakter geprägt und bestimmt hat, dass ich ein »echter bergischer Junge« bin. Mit einem Bild der Jacobuswallfahrt könnte man vielleicht sagen, dass dieser Charakter der konvexen Außenseite einer Jacobsmuschel entspricht: so wie ein Schild, etwas abweisend und abwehrend. Es ist nicht so, dass ich gleich auf Menschen zugehe, sondern ich warte erst mal ab, bin zurückhaltend, ein wenig distanziert. Ich sage erst mal lieber »Nein« als »Ja«. Aber dann taue ich allmählich auf und werde zugänglicher. Da Wuppertal (und vor allem Elberfeld) auf der Grenze zwischen Westfalen und dem Rheinland liegt, gibt es in meinem Charakter neben der westfälisch-bergischen Sturheit und Dickköpfigkeit und gelegentlichen Ruppigkeit auch den rheinischen Anteil: eine gewisse Art von Humor (der ruhig etwas »schwarz« sein darf), von Fröhlichkeit (aber nicht Ausgelassenheit), von Geselligkeit, von Lachen, von Feierlust, von Kommunikation. Ich bin und bleibe ein Wuppertaler! Dazu noch ein Wuppertaler Spruch: »Mak wat de wuss, de Lück kallen doch!«

14 Uhr in einer Bar in Vorey-sur-Arzon beim ersten »Ankunftsbier«

Hinter Chamalières hörte der Regen (fast) auf; manchmal kam sogar die Sonne durch. Also doch kein ganzer Regentag – Petrus sei Dank! Von Chamalières bis hierher bin ich nicht den Jacobsweg, sondern die D 103 gelaufen: viel kürzer!

In der Ägidius-Kirche von Chamalières fiel mir vorne im Chorumgang ein Fenster aus dem 19. Jahrhundert mit der Darstellung des heiligen Benedikt auf. Er legt dort den Finger auf den Mund und erinnert damit an den Wert des Schweigens. Pssst! Macht er. Und das Geheimnis ist wieder präsent. Das Geheimnis, das einige meiner Wuppertaler Charaktereigenschaften zurecht gerückt hat, das mich ein wenig toleranter, freundlicher, gelassener, einfühlsamer gestimmt hat. Das Geheimnis, das mich vor allem die Geheimnisse des Fraulichen und der Frauen besser gelehrt hat, mit ihren besonderen Stimmungslagen, mit ihren manchmal ganz anderen Denk- und Gefühlsansätzen, mit ihrem bestimmenden Lebensgefühl, manchmal ein wenig zurückgesetzt zu sein (vor allem in der Kirche), mit ihren oft anderen Wahrnehmungen dieser Welt, mit ihren eigenen Empfindlichkeiten, mit ihren Liebenswürdigkeiten. Das häufige gemeinsame Erleben des monotonen Meeresrauschens hat mich nicht nur den Unterschied zwischen bretonischem und holländischem Sand gelehrt, sondern mich auch gelassener, ausgeglichener, versöhnlicher geprägt. Pssst! Macht an dieser Stelle der heilige Benedikt ebenso wie vor Wochen der Engel zu Füßen des heiligen Nepomuk in Neuerburg.

Noch 69 Tage! **11/8/04**

11 Uhr in der Kirche »St. Maurice« in Lavoûte-sur-Loire unter einem romanischen Groß-Kruzifix aus dem 12. Jahrhundert

In Vorey-sur-Arzon waren wir im »Hôtel de la Gare« gut und vor allem preiswert untergebracht (Zimmer: 22,50 €; Abendmenu: 8 €; 1 Liter Wein: 4,80 €). Heute Morgen bin ich um 8.45 Uhr mit nassen Schuhen bei bewölktem Himmel (im Laufe des Tages soll aber die Sonne kommen) gestartet, nicht auf dem vorgesehenen Jacobsweg, sondern auf der D 103 – immer längs der Loire, die durch die sintflutähnlichen Schauer gestern Nachmittag und Abend mächtig angestiegen ist. Bei St. Vincent habe ich die D 103 verlassen. Bis dahin gab es mindestens drei brutale Hinweise auf Verkehrstote. Da waren am Straßenrand menschenähnliche Schilder aufgestellt, die von einer Straße durchbohrt wurden. Und darauf stand z.B.: »J'avais 25 ans«. An der angeblich romanischen Kirche in St. Vincent (die verschlossen war) konnte ich von außen nichts Romanisches erkennen. Das einzig Positive an dieser Kirche: Sie liegt am Platz »Jean XXIII« – meinem Lieblingspapst. Dafür werde ich aber hier in der Kirche mit Romanik entschädigt: herrliches Tonnengewölbe und ein gerade restaurierter Kruzifixus aus dem 12. Jahrhundert.

Heute feiert die Kirche das Fest der heiligen Klara von Assisi, die vor 750 Jahren verstarb. Natürlich erinnert mich dieser Festtag an meine Mutter, deren Vorname im Personalausweis mit »Klara« angegeben war, die selbst immer mit »Claire« unterschrieb und die von einigen (vor allem von ihrer Schwester Änne) liebevoll »Clairchen« genannt wurde. Mein Verhältnis zu ihr zu beschreiben, fällt mir nicht ganz leicht. Denn so harmonisch und einvernehmlich, wie es vielleicht nach außen den Anschein hatte, war unsere Beziehung nicht. Wenn es ein Wort gäbe, das weniger hart und despektierlich klingen würde als »Hassliebe« (vielleicht »Abneigungsmögen«?), dann wäre die Richtung unseres Verhältnisses charakterisiert. Denn einerseits gab es da eine gewisse Abneigung, Unverständnis, Distanz. Auf ihrer Seite, wenn sie sich nicht richtig verstanden oder ernst genommen fühlte; wenn sie meinte, intellektuell unterlegen zu sein, wenn sie sich zu wenig informiert fühlte (»Du sagst mir ja nichts« war einer ihrer Standardsprüche). Auf meiner Seite, weil ich mich oft zu abhängig, zu kontrolliert, zu unfrei fühlte. Es war ja bequem, aber auch sehr einschränkend für mich, dass sie sich um (fast) alles kümmerte: vom pünktlichen Mittagessen bis zum Einkauf der Unterwäsche, vom Annehmen der Telefonate bis zum Falten der Hemden, vom Bier-aus-dem-Keller-holen bis zum abendlichen Bett-Aufdecken. Es war schon ein gewisser Druck, den sie damit auch ausübte. Und ich merkte immer dann, wenn sie im Urlaub oder auch nur für ein paar Tage weg war, wie ich anders reagierte und handelte, wie ich neue Initiativen ergriff, wie ich Dinge regelte, wie ich mich freier fühlte. Es gab auch eine Zeit – Anfang der 90er Jahre –, wo wir uns mehrfach heftig gestritten und auseinander gesetzt haben. Gott sei Dank, waren die letzten Jahre vor ihrem Tod 1998 von einem größeren Einvernehmen und Einverständnis geprägt.

Natürlich gab es auch immer die andere Seite: das Sich-mögen, das Sich-gern-haben, das Sich-lieben. Sie war auch eine tolle Frau mit ganz vielen positiven Seiten. Sie war herzlich, fröhlich, kommunikativ, charmant (sie achtete sehr auf ihre Kleider und ihren Schmuck), einfühlsam – ja, sie war mit einer großen Menschenkenntnis und einer intuitiven Einfühlsamkeit ausgestattet. Deshalb war sie auch in allen Gemeinden, in denen wir in 23 Jahren zusammen waren, sehr beliebt, fand immer sofort Anschluss und pflegte einige besonders intensive Kontakte: in St. Apollinaris zum Küsterehepaar Linkamp, in der Studentengemeinde zum Hausmeisterehepaar Ensch, in Homberg zu Frau Elisabeth Isenhöfer. Etliche Fahrten und Urlaube haben wir miteinander verbracht: nach Rom, ins Frankenland, in den Schwarzwald, ins Sauerland, ins Siebengebirge, nach Dänemark und 1993 (sie war damals schon 82 Jahre!) nach Santiago de Compostela.

Sie war – trotz allem – eine wunderbare Frau. Dank dir für alles, was du mir Gutes getan hast! Verzeih mir alles, womit ich dir weh getan habe! Mit diesem Dank und dieser Bitte zünde ich für dich hier eine Kerze an!

Gedanken, die ich ein Jahr nach Mutters Tod auf der »via de la plata« formulierte:

Ungeschriebene Postkarten

Von meiner ersten Pilgerstrecke habe ich Dir jeden Tag eine bunte Postkarte geschrieben.
Das hätte ich auch in diesem Jahr gerne getan.
Aber – Weißt Du, wo der Himmel ist?
So bleiben die frohen Grüße und dankbaren Wünsche ungeschrieben in meinem Herzen.
Zögernd nur tänzeln sie über die Brücke des Glaubens zu Dir.

Hier in der Mauritius-Kirche gibt es – welch ein bemerkenswerter Zufall – an der Südseite ein Fenster vom Anfang des vorigen Jahrhunderts mit einer Darstellung der heiligen Klara. Sie hält ein Buch in ihrer linken Hand, auf dem – wenn ich es richtig erkenne – die Franziskus-Kirche von Assisi abgebildet ist. Wie intensiv oder spannungsgeladen wird wohl die Beziehung zwischen Franz und Klara gewesen sein?

Heute vor 16 Jahren bin ich zum zweiten Mal zu Fuß in Compostela angekommen. Der damaligen Homberger Wandergruppe habe ich zu Ehren des Namenstages meiner Mutter eine Runde ausgegeben.

17.15 Uhr in der Kathedrale von Le Puy

Nun bin ich an einem wichtigen Zwischenziel angekommen – dem Ausgangspunkt vieler Pilger seit dem Mittelalter. Schon im »Liber sancti Jacobi« wird Le Puy als Ausgangspunkt im Frankenland erwähnt: als Beginn der »via podiensis«. Hier das Zitat aus dieser Handschrift des 12. Jahrhunderts: »Vier Wege führen nach Santiago, die sich zu einem einzigen in Puente la Reina in Spanien vereinen; einer geht über St-Gilles, Montpellier, Toulouse und den Somportpass, ein anderer über Notre-Dame in Le Puy, Ste-Foy in Conques und St-Pierre in Moissac, ein weiterer über Ste-Marie-Madeleine in Vézelay, St-Léonard im Limousin und die Stadt Périgueux, ein letzter über St-Martin in Tours, St-Hilaire in Poitiers, St-Jean in Angély, St-Eutrope in Saintes und die Stadt Bordeaux. Diejenigen Wege, die über Ste Foy, St-Léonard und St-Martin führen, vereinigen sich in Ostabat, und nach dem Überschreiten des Cisapasses treffen sie in Puente la Reina auf den Weg, der den Somportpass überquert; von dort gibt es nur einen Weg bis Santiago.«

Wenn meine niederrheinischen Vorfahren aus der Familie Gerdes (wie wir mal hießen) im Mittelalter auch schon Richtung Compostela gepilgert sind, dann werden sie sicherlich die »via turonensis« gegangen sein: Aachen, Paris, Tours, Poitiers, Bordeaux, Pyrenäen, Compostela. Wollte man diesen Weg heutzutage gehen, dann müsste man genau auf der Autobahn laufen; und das Stück hinter Bordeaux bis zu den Pyrenäen ist von einer nicht zu überbietenden Langeweile. Deshalb ist es gut, in unseren Tagen über Vézelay oder Le Puy zu gehen, wobei die landschaftlich schönste Strecke über Le Puy führen soll. Deshalb habe ich diesen Weg gewählt.

Hier in Le Puy wurde und wird die »Schwarze Madonna« verehrt – ursprünglich eine Marienfigur, die der Überlieferung nach 1254 der heilige Ludwig von einem Kreuzzug mitbrachte und der Kirche vermachte. Diese Statue wurde nach der französischen Revolution 1794 auf dem Scheiterhaufen vor dem Rathaus verbrannt. Die jetzige Figur ist eine Replik aus dem 19. Jahrhundert. Sie steht – weiß ummantelt – auf dem Hauptaltar, umgeben von vielen roten Hängeampeln und verehrt mit Hunderten von brennenden Kerzen. Nach einer alten Überlieferung geschahen hier in Le Puy schon im dritten oder vierten Jahrhundert Heilungswunder durch Maria. Kein Wunder, dass sich hier die Pilger des Mittelalters trafen, um Schutz und Hilfe für ihren Weg zu erbitten.

Von hier ab ändert sich jetzt die Wegerichtung: Ging es bisher grob gesprochen von Norden nach Süden – so wird es nun von Osten nach Westen gehen. Für diesen Weg (von hier bis zu den Pyrenäen) haben wir uns in der Sakristei einen neuen Pilgerpass geholt. Doch zunächst machen wir hier einen Ruhetag!

19 Uhr vor unserem »Hôtel Saint Jacques« (wie stilvoll!) bei einem Bier

Der liebe Gott und der heilige Jacobus tun nichts als fügen: welch eine Überraschung! Nach dem Kurzbesuch in der Kathedrale (wo ich Meinhard traf) sind wir zur Pilgerstation unterhalb der Kathedrale gegangen. Dort gab es einen Kir und dort traf ich (auch er konnte es zunächst nicht glauben) Heinrich Bahnen, Sekretär der Jakobus-Gesellschaft in Aachen. Wir kennen uns seit über 15 Jahren: von Jacobus-Treffen in Köln und Speyer. Er ist hier mit dem Auto unterwegs, und er schenkte mir die Jahresgabe der Gesellschaft von 2002: das Foto einer Brücke mit dem handgeschriebenen Spruch »Auftrag der Weg – ihn zu gehen ist unsere Freiheit«. Wie wahr und wie passend! Das darf ich inzwischen täglich erleben! Und dann die zweite Überraschung: Eben kam er hier aus der Tür heraus, denn er übernachtet mit seiner Frau auch in diesem Hotel. Vielleicht sehen wir uns morgen früh zum dritten Mal: in der Pilgermesse um 7 Uhr – wenn ich rechtzeitig wach werde nach den doch etwas anstrengenden 27 Kilometern heute.

Kurz noch zur Strecke: Nach Lavoûte-sur-Loire ging es auf vom Regen stark ausgewaschenen Pfaden wieder steil bergauf; mit Blick auf das Schloss Lavoûte-Polignac und die stark angeschwollene grau-braune Loire. In einem Nest hoch oben hatte ich eine unangenehme Begegnung mit vier Hunden, die mich mächtig ankläfften und zähnefletschend um mich herumliefen. Gott sei Dank, kam irgendwann der Besitzer. Da wird einem doch ein wenig angst und bange. Auf dem weiteren Weg hatte ich lange das Schloss Polignac vor Augen, und dann kam der erste Blick auf Le Puy-en-Velay. Das, was man als Erstes sieht, ist die riesige rost-rote Marienstatue. Dann aber auch St. Michael und einen Teil der Kathedrale. Der Jacobusweg führt über die alte Pilgerbrücke mitten in die Stadt hinein – vorbei an der Kapelle St. Clair (Abt im 7. Jahrhundert in Vienne), die heute sogar geöffnet war. Dann stieg ich hinauf zur Kathedrale (und der Rest steht schon weiter oben).

Noch 68 Tage! 12/8/04

19 Uhr in der Kathedrale von Le Puy zu Füßen der Jacobus-Figur aus dem 15. Jahrhundert

Heiliger Jacobus! Du bist von faszinierender Schönheit. Du stehst zwar erst wenige Jahre hier in der Kathedrale und blickst zur »Schwarzen

Madonna«, aber du bist schon viel älter. Vor vielleicht 550 Jahren hat dich ein unbekannter Künstler aus Stein gehauen und dir ein würdevolles Aussehen gegeben: ganz konzentriert und gespannt schaust du nach vorne. Auf deinem Kopf trägst du einen Strohhut (aus Stein gemeißelt). So etwas habe ich noch nie gesehen. Und an der aufgeschlagenen Krempe prangt natürlich das Abzeichen deiner Wallfahrt. Auf deiner rechten Seite hast du eine Pilgertasche geschultert, die ebenfalls mit einer Muschel geschmückt ist. Mit deiner linken Hand trägst du das geschlossene Buch – Hinweis auf deinen apostolischen Verkündigungsauftrag. »Tragen« ist eigentlich nicht der richtige Ausdruck – du präsentierst dieses Buch wie auf einem Tablett und hebst damit seinen Wert und seine Bedeutung hervor. Dein rechter Arm hat die Stürme der Zeit nicht überstanden, er ist abgebrochen, und so lehnt jetzt ein einfacher Ast an deinem Körper, um auf den Pilgerstab hinzuweisen. Nach klassischem Vorbild hat der Künstler dir ein Standbein und ein Spielbein verliehen: Standfestigkeit und Entspannung. Beides braucht der Pilger. Heute Morgen hast du einen schönen Gottesdienst miterleben dürfen. Um 7 Uhr zogen über 30 Priester (von der Gemeinschaft des Pfarrers von Ars; und ich war auch dabei) mit dem Ortsbischof, Henri Brincard, zum Gottesdienst in die Kirche ein, um miteinander den Auftrag Jesu zu erfüllen. Nach dem Gottesdienst versammelten wir uns zu deinen Füßen, bekamen vom Bischof eine kleine Medaille geschenkt (schon im Hinblick auf das große Fest im kommenden Jahr, das hier seit dem 15. Jahrhundert immer dann gefeiert wird, wenn das Fest der »Verkündigung des Herrn«, der 25. März, mit dem Karfreitag zusammen fällt; wenn also der Anfang und das Ende des irdischen Lebens Jesu ineins fallen; dies wird in unserem Jahrhundert nochmals 2016 der Fall sein; dann erst wieder im Jahr 2157!) und dann wurden alle Pilger gesegnet, nachdem sie einzeln ihren Namen genannt und gesagt hatten, woher sie kamen. Es muss für dich doch eine große Freude sein, dass so viele Menschen zu dir »unterwegs« sind (im vergangenen Jahr wurden zu deinen Füßen 6400 Pilger gesegnet). Dann sprach Herr Bahnen noch ein Gebet und Meinhard besang dich vor allen Anwesenden als »Apostel für alle Fälle«: »Dum pater familias«. In der Sakristei gab mir der Bischof ein Bild von dir und schrieb auf die Rückseite: »en profonde communion avec ma prière reconnaissante + Henri Brincard«. Es war ein schönes Erlebnis, und ich hoffe – obwohl du sehr ernst und streng dreinblickst –, dass du innerlich ein wenig gelächelt hast.

Danach haben wir erst einmal gefrühstückt in unserem Jacobus-Hotel und sind dann ins »Musée Crozatier« gegangen. Neben schönen alten Steinfragmenten von der Kathedrale (u. a. ein »Dornauszieher«) und von der Franziskaner-Kirche (u. a. ein Kapitell mit der »Geburt Jesu«), fand ich dort auch drei Hinweise auf »unseren« Heiligen: auf dem Bild einer »Heiligen Sippe«, auf der er sich rechts unten als kleiner Junge schon mal als Pilger übt (»Was Jacöbchen nicht lernt, lernt Jacob nimmermehr ...«); auf dem Bild einer »Schutzmantelmadonna« hielt er links den Mantel von Maria mit hoch; und auf einer Glasscheibe mit einem Bischofswappen (?) mit gekreuzten Pilgerstäben und Muscheln.

Heute Nachmittag haben wir den freien Tag genossen (Mittagessen, Mittagsschlaf) und die üblichen Verrichtungen getätigt (Wäsche in einer Wäscherei waschen lassen, Karten schreiben, Geld abheben, Fußnägel schneiden ...) Nun wartet zum Abschluss des Tages hoffentlich noch ein leckeres Abendessen auf uns.

Text der Postkarte, die ich gestern von hier an die Homberger St. Jacobus-Gemeinde geschrieben habe:

»Liebe Homberger St. Jacobus-Gemeinde! Mit der kräftigen und hilfreichen Unterstützung von Herrn Trennhaus habe ich heute ein wichtiges Etappenziel auf meinem Weg nach Compostela erreicht: Le Puy. Dieser Ort war schon im Mittelalter Ausgangspunkt für den Weg zum Grab des Pilger-Apostels. Bis jetzt hat alles bestens geklappt. Bruder Leib (samt Füße) und Schwester Seele sind wohlauf. Ich danke nochmals allen, die mir durch ihre Gaben zum Silbernen Priesterjubiläum im Jahr 2000 diese Wallfahrt ermöglicht haben und die uns auf unserem Weg begleiten. Gott und Jacobus segne Sie ...«

Noch 67 Tage! 13/8/04

11.45 Uhr in der Kirche »Sainte Foy« in Bains (in 950 Meter Höhe)

Gestern Abend gab es noch ein schmackhaftes Abendessen: Spezialitäten der Gegend: zuerst ein Salat der Auvergne (gewöhnlicher Salat mit drei Speckstückchen), dann »lentilles vertes« (grüne Linsen) mit einer Schweinshaxe und ein Eisbecher. Im frisch-gewaschenen Schlafanzug schlief ich gut und im frisch-gewaschenen Unterhemd und Hemd laufe ich heute mal bei Sonne, mal bei bedecktem Himmel mit einem leichten Wind recht gut.

Habe ich in den letzten Tagen lediglich einen einzelnen Jacobs-Pilger gesehen und hin und wieder getroffen – einen Lehrer in meinem

Alter aus Holland, der von Den Haag bis Espalion in diesem Jahr unterwegs ist und im nächsten Jahr den Rest laufen will (mit Zelt) – so beginnt ab heute das größere Pilgeraufkommen: Heute Morgen saßen sie schon beim Frühstück am Nachbartisch, an einer Ampel in Le Puy standen sie neben mir, vor mir gingen welche, hinter mir ging einer, an einigen Rastenden kam ich vorbei, während ich Pause machte, kam ein Schweizer des Weges, und etliche Fahrrad-Pilger überholten mich. Ich bin mir noch nicht darüber im Klaren, wie ich damit umgehen soll. Einerseits ist es ja schön, dass so viele Menschen »unterwegs« auf den Spuren des Pilger-Apostels sind. Andererseits hält sich meine Bereitschaft zur Kommunikation und Konversation mit anderen noch sehr in Grenzen. Ich bin eigentlich mehr auf dem Weg zu mir selbst als zu anderen. Mal sehen, wie sich das entwickelt!

Noch ein wichtiger Hinweis zur Jacobus-Figur in der Kathedrale »Notre Dame« in Le Puy: Zu ihren Füßen steht ein Kasten mit Zetteln, die Pilger mit Bitten, Wünschen, Anliegen ausfüllen können. Nach jeder Pilgersegnung morgens werden diese Zettel dann an die gesegneten Pilger verteilt, damit sie diese Bitten, Wünsche, Anliegen mit auf ihren Weg nehmen. So trage ich jetzt auch einen Bitt-Zettel von einem mir unbekannten Pilger mit mir (den ich allerdings nicht lesen kann); und ein Pilger oder gar eine Pilgerin trägt mein Anliegen am Herzen. Zu all den vielen Bitten, Wünschen, Anliegen, die mir zu Hause oder »unterwegs« mitgegeben wurden, trage ich nun auch noch diese Bitte mit mir.

Heute Morgen bin ich um 8.45 Uhr am »Place du Plot« in Le Puy gestartet; über die Rue St. Jacques, die Rue Capucins und die Rue Compostelle ging es immer bergauf. Oben bot sich ein herrlicher Blick auf die ganze Stadt. Am Ortsausgang zeigte ein Schild die Entfernung bis Compostela an: 1521 Kilometer. Dann über eine Hochebene bis hierher nach Bains. Die Kirche vom Ende des 11. Jahrhunderts, die der heiligen Fides geweiht ist, gehörte von 1105 bis 1613 zur Abtei Ste. Foy in Conques. Mit ihrem herrlichen Portal (Laster und Todsünden sind symbolisch dargestellt) gehört sie nach einem Hinweis im ausliegenden Kirchenführer zu einer Dreiergruppe von Kirchen – Bains, Eunate und Olcoz in Navarra –, deren Portale von demselben Meister geschaffen wurden. Außerdem ist ein Taufbrunnen aus dem 12. Jahrhundert mit der Darstellung der Taufe Christi und einer sitzenden Frau bemerkenswert. Es ist gut, dass ich die Weg-Variante, die schon 1236 von den Templern erwähnt wird und die heutzutage mit weiß-gemalten Muscheln gekennzeichnet ist, hier über den Ort genommen habe: ein echtes Schmuckstück – diese Fides-Kirche. Sicherlich streckt diese Heilige in Conques jetzt noch einladender und verlangender ihre Arme nach uns aus!

Noch 66 Tage! 14/8/04

13 Uhr in der Kirche »St. Médard« in Saugues (960 Meter hoch)

Den gestrigen Freitag, den 13., habe ich ohne Unglück gut überstanden. Von Bains ging ich den vorgesehenen Wanderweg GR65 über Fay (alle Häuser aus Vulkangestein erbaut), Lac de l'Oeuf (1206 Meter hoch), St. Privat d'Allier (dort war die Kirche leider wegen einer Generalprobe für ein Benjamin Britten-Stück, das heute zum Festival für zeitgenössische Musik aufgeführt wird, geschlossen – merkwürdiger Gegensatz: die schrillen modernen Töne aus der alten harmonisch-romanischen Kirche!), Rochegude mit einer Jacobus-Kapelle aus dem Jahr 1328 (wenigstens mal wieder eine Kirche mit seinem Namen; eine neuere kleine Statue von ihm war auch darin; ich habe mich ins »Goldene Buch« dort eingetragen) und einem herrlichen Blick ins Allier-Tal, steil hinunter nach Monistrol-d'Allier (über 350 Meter Höhenunterschied, die mächtig in die Knie gingen), wo wir im »Hôtel des Gorges« unterkamen: Dort kam ich um 18.15 Uhr nach 27,5 Tageskilometern an. Auch dort ist alles auf Pilger abgestimmt – daran werden wir uns jetzt wohl gewöhnen müssen.

Nach einem Pilger-Abendessen und einigen Bieren habe ich gut geschlafen. Heute Morgen besuchte ich zusammen mit Meinhard die dortige Kirche und wir sangen zusammen »Großer Gott, wir loben dich!« (»Sing und geh!« hat der heilige Augustinus geraten) und erbaten den Segen Gottes. Dann war ich um 9 Uhr wieder auf dem Weg, immer bergauf – wieder auf über 1000 Meter Höhe hochgestiegen. Unterwegs kam ich an der Magdalenen-Grotte und -Kapelle vorbei (hier erinnerte ich mich, diesen Weg schon einmal 1989 mit einer Homberger Gruppe gegangen zu sein), wo ich ein betagtes Ehepaar aus Kanada traf. Nun bin ich bei frischem, kühlem Wind und Sonnenschein hier in Saugues angekommen.

In der weiteren Umgebung von Le Puy begann mein Interesse und meine Begeisterung für den heiligen Jacobus und die Wallfahrt. Im Jahr 1976 habe ich mit dem damaligen Kaplan an St. Antonius in Düsseldorf, Georg Remke, einen Urlaub in diesem Teil Frankreichs verbracht. Er führte mich damals zu den Jacobus-Spuren in Aubrac, in Conques und zu etlichen Kirchen und Steinkreuzen. Seine Begeisterung für alles Muschelige konnte ich seinerzeit kaum nachempfinden. Aber so allmählich öffnete mir dann der Pilger-Heilige auch meine Augen und schenkte mir einen Muschel-Blick. 1981 fuhr ich dann im Auto zusammen mit Pfarrer Günther Fessler und Frau Maria Zangerle über die »via turonensis« nach Compostela. Und als ich damals unterwegs einige (vereinzelte!) Pilger zu Fuß mit Rucksack sah, da regte sich in mir der Wunsch, das auch mal zu tun. Mit einer Studentengruppe bin ich dann 1983 von den Pyrenäen nach Compostela gepilgert. 1985 habe ich mit der Homberger Gemeinde eine Bustour dorthin unternommen. Dabei entstand bei einigen Mitreisenden der Wunsch, die Strecke auch mal zu Fuß zurückzulegen. Und so gingen wir 1987 und 1988 in zwei Teilstrecken (Pyrenäen – Burgos; Burgos – Compostela) nochmals den »camino francés«. Mit dieser Wandergruppe sind wir dann 1989 den Weg vom Winterberger zum Homberger Jacobus durchs Sauerland und Bergische Land gelaufen; dann 1990 den »camino San Adrián« von Irún durchs Baskenland nach Burgos. 1993 und 1999 fand nochmals jeweils zu den »Heiligen Jahren« in Compostela eine Busfahrt der Homberger Gemeinde statt. 1992 haben wir mit der Wandergruppe den ersten Teil (Sevilla – Salamanca) und 1999 den zweiten Teil (Salamanca – Compostela) der »via de la plata« gemacht. Und jetzt bin ich auf dem Gesamtweg! Eine lange Geschichte geht ihm voraus!

Heute hat Meinhard Namenstag. (Der heilige Meinhard war Missionar, Bischof und Märtyrer in den baltischen Ländern). Dem Namenstagskind habe ich heute Morgen ein Ständchen gesungen und ihm ein Glas mit Brombeer-Marmelade geschenkt. Bis jetzt kommen wir beide prima miteinander aus. Bei seiner ruhigen, zuvorkommenden, hilfsbereiten Art kann ich ein paar kleinere Eigentümlichkeiten und Eigenwilligkeiten seinerseits gut ertragen: dass er ein wenig zu vorsorglich ist (»Vorsicht!« ist ein Standardwort), dass er ein wenig zu laut schnarcht, dass er ein wenig zu bemüht ist, dass er immer noch ein wenig mehr Recht haben will. Es gibt zwischen uns beiden eine feste Arbeitsteilung: Ich laufe – und er macht Quartier (»une chambre avec deux lits«) und regelt die Rechnungen. Bei den Getränken wechseln wir uns täglich ab, an einem Tag bezahlt er – am nächsten ich. Es ist schon großartig, dass er mich begleitet und dass ich dadurch meinen »Lebenstraum« verwirklichen kann. Denn alleine mit dem großen schweren Gepäck hätte ich das nie und nimmer gepackt. Ich werde heute Abend einen kräftigen Schluck auf sein Wohl trinken. Danke!

Der Ort Saugues hat eine traurige Berühmtheit dadurch bekommen, dass in den Jahren 1764 bis 1767 die »Bestie von Gévaudan« –

ein riesiger Wolf – über hundert Frauen und Kinder getötet hat und somit Angst und Schrecken verbreitete, bis er von einem Einheimischen erlegt wurde. Heute blickt das aus Holz geschnitzte Ungeheuer auf Saugues herunter.

Noch 65 Tage! 15/8/04

11.30 Uhr in der Kirche St. Alban in Saint-Alban-sur-Limagnole

Gestern erreichte ich nach 31 Kilometern gegen 18.15 Uhr die »Domaine de Sauvage«. Zu dieser Pilgerherberge schreibt Heinrich Wipper in seinem Wanderführer (S. 42): »An keiner anderen Pilgerherberge der »Via podiensis« weht den Pilger der Geist mittelalterlicher Gastfreundschaft so an wie in »Domaine de Sauvage« mitten in der unwirtlichen Margeride.«

Das mag ja sein. Aber wenn du verschwitzt ankommst und nur kalt duschen kannst, wenn du Hunger hast und es gibt kein Abendessen (wir mussten ein paar Kilometer weiter fahren), wenn es stickig im Raum ist mit einem Dutzend anderer Pilger und Pilgerinnen (darunter ein Hund) und du darfst das Fenster wegen der Mücken nicht öffnen, wenn du Ruhe haben willst und mehrere schnarchen aus voller Kehle und der erste Wecker rasselt um 5.20 Uhr und dann weitere und dann Geraschel und Geflüster ... dann hilft auch die schönste Pilgerromantik nicht weiter. Das muss ich nicht jede Nacht haben! (Obwohl es billig war – 7 € – und mein Schlafsack zum ersten Mal zum Einsatz kam). Jeder sollte nach seinen Fähigkeiten, Vorstellungen und Möglichkeiten pilgern – Hauptsache: Er oder sie geht Schritt für Schritt. Alles andere (Gepäck, Unterkünfte, Essen, Zeiteinteilung, Motivation, inhaltliche Gestaltung ...) muss jeder individuell regeln.

Ich bin dann heute Morgen um 7.20 Uhr (das ist sonst meine Weckzeit!) losgezogen; bis zur Passhöhe »Col de l'Hospitalet« (1304 Meter: neuer Höhenrekord); an der Rochusquelle mit Meinhard »gefrühstückt« (zwei Stücke Brot mit Marmelade); zur Rochuskapelle (dort beginnt das Departement Lozère; und dort wird morgen – am Rochusfest – der Bischof von Le Puy eine Messe zelebrieren); dann im Eiltempo hierher, weil Meinhard mir telefonisch mitteilte, dass hier in der Kirche aus buntem Sandstein aus dem 11. Jahrhundert (mit Jacobus-Fenster im Chorraum) um 10.30 Uhr Messe zum Fest der »Aufnahme Mariens« sei. Ich bin auch kurz vor Beginn des Gottesdienstes angekommen, und so haben wir jetzt den Sonntag und das Fest gebührend gefeiert.

Wenn ich allerdings in der Predigt höre, Maria sei nicht gestorben, sondern nur eingeschlafen und dann mit Leib und Seele in den Himmel aufgenommen worden, dann frage ich mich, ob das dieselbe Kirchengemeinschaft ist, zu der der Prediger und ich gehören. Kann man das den Menschen heutzutage wirklich noch so unkommentiert und ohne auf die Symbolik oder tiefere Bedeutung dieser Glaubensaussage einzugehen, verkünden? Was aber könnte die Aussagerichtung dieses Glaubenssatzes von 1950 sein? Ich denke, gegen alle gnostische Vergeistigung und Spiritualisierung des Glaubens soll damit ein Gegenakzent gesetzt werden. Auch der Körper mit seiner Individualität und ganz eigenen persönlichen Geschichte und seinen Erfahrungen ist wichtig und macht das Menschsein jedes Menschen aus. Und all das ist mit dem Tod nicht zu Ende, sondern geht weiter, hat irgendwie auch Bedeutung für die Ewigkeit, geht auch in den Himmel ein. Wir werden »dort« keine gleichgestanzten Wesen sein, sondern alles, was uns hier und jetzt in Freud und Leid geprägt hat, wird auch dort seinen Wert haben. Und so hoffe ich, dass es im »Himmel« (wo und wann immer der sein mag!) eine Pilgerabteilung gibt!

Einige Pilger-Splitter:

- *Die Vermarktung des Jacobs-Weges ist seit Le Puy unübersehbar: Überall Schilder mit Hinweisen auf Bars für Pilger, auf Unterkünfte für Pilger, auf Verpflegung für Pilger, auf Getränke für Pilger, auf Taxiunternehmen für Pilger und deren Gepäck ... Mit Jacobus lassen sich inzwischen gute Geschäfte machen!*
- *Eine Bar lockte die Pilger sogar mit dem vielversprechenden Namen »Schutzengel«.*
- *Hilfreich sind dagegen einige Hinweistafeln vor und hinter St. Alban mit Informationen zur Geschichte der Wallfahrt, zur Kleidung der Pilger, zu Gesängen der Pilger, zur Bedeutung der Muschel.*
- *Schrecklich sind die Moto-Cross-Kräder und die neuartigen kleinen vierrädrigen Geländefahrzeuge, die einem lärmend und stinkend auf Waldwegen entgegenkommen oder einen überholen.*
- *Heute habe ich die letzte Landkarte im Maßstab 1:100000 – die Nr. 50 – »abgelaufen«. Jetzt geht es nur noch nach dem Outdoor-Handbuch.*
- *Lästig sind die vielen kleineren und größeren Steinchen, die auf den Wegen irgendwie in die Schuhe gelangen (auch in die hohen!) und die dann mühsam und zeitaufwendig entfernt werden müssen.*
- *Ich esse Mittags meist ein Stück Brot, das ich mir vom Frühstück mitnehme und dick mit Butter bestreiche; dazu ein Müsli-Riegel; manchmal kaufe ich mir ein Croissant.*

- *Ab und zu werde ich grinsend auf meinen Regenschirm angesprochen, den ich fast immer im Rucksack mit mir trage – auch bei schönem Wetter; dann antworte ich mit den Worten des »Kleinen Prinzen«: »On ne sait jamais!«*
- *Hiobsbotschaft aus der Heimat: Anna ist beim Gießen im Pfarrgarten von der Treppe gefallen und hat sich eine Rippe gebrochen. Gute Besserung!*

Bis jetzt von uns getrunkene Weine und unsere (sehr subjektive) Beurteilung dazu:

- *Elbling (zu wässrig)*
- *Bourgogne (zu teuer)*
- *Beaujaulais (sehr kräftig)*
- *Côtes du Forez (zu nichtssagend)*
- *Côtes Roannaises (sehr schmackhaft)*
- *Val du Loire (sehr sanft)*
- *Côtes du Rhône (ganz normal)*

Noch 64 Tage! 16/8/04

11.45 Uhr auf einem Granitblock am GR 65
hoch oben in der Aubrac-Ebene

Zur Stunde feiert der Bischof von Le Puy – unser »alter Bekannter« Henri Brincard – an der Rochus-Kapelle, an der ich gestern vorbeikam (hinter der »Domaine de Sauvage«) mit vielen Pilgern aus der Umgebung (auch im Gottesdienst gestern in St. Alban wurde dazu eingeladen) eine Messe zu Ehren des heiligen Rochus, denn, auch wenn er im Kölner Directorium nicht erwähnt wird, heute ist sein Fest. Und er ist hier in Frankreich ein sehr beliebter Heiliger, weil er Franzose war. In Montpellier Ende des 13. Jahrhunderts geboren, schenkte er nach dem Tod seiner adeligen Eltern das Vermögen den Armen und begibt sich auf Pilgerfahrt nach Rom. Unterwegs kümmert er sich um Pestkranke, wird selbst pestkrank, wird von einem Engel gepflegt und ein Hund bringt ihm Brot, bis er, genesen, heimkehrt. In seiner Heimat wird er für einen Spion gehalten, wird ins Gefängnis geworfen, wo er nach fünf Jahren stirbt. Erst nach seinem Tod wird seine Identität erkannt und er wird fortan als Pestheiliger verehrt. Da er auch nach Compostela gepilgert sein soll, wird er meist als Jacobus-Pilger mit Muscheln dargestellt. Deshalb wird er oft mit dem heiligen Jacobus verwechselt – z. B. auch im Outdoor-Handbuch auf Seite 35, wo der Hinweis, am Haus Nr. 47 in der Rue St. Jacques in Le Puy befinde sich »auf Höhe des ersten Stockwerks eine alte Jakobsfigur« nicht stimmt: es ist eine Rochus-Figur. Zu erkennen ist er immer daran, dass er auf seine Pestwunde am Bein zeigt, dass ihn ein Hund mit einem Brotstück im Maul begleitet und dass er oft von einem Engel beschützt wird. Um die Unterscheidung zwischen Jacobus- und Rochus-Darstellungen zu erleichtern, hier ein Merkvers:

Hommage à Saint Roch
Zeigt ein Muschelmann sein Bein,
kann er nicht Jacobus sein.
Folgt ihm treu auch noch ein Hund:
Sonnenklar ist der Befund.
Wenn gar ein Engel bei ihm steht –
Der heilige Rochus mit dir geht.

Gestern bin ich nach 27 Kilometern gegen 17 Uhr in Aumont-Aubrac angekommen – ziemlich verschwitzt, denn den ganzen Tag über schien die Sonne vom blauen Himmel herab. Vor der Kirche St. Etienne kümmerten sich drei junge Dominikaner um das leibliche (denn sie schenkten Getränke aus und wuschen zwei Mädels in einer Schüssel die Füße) und seelische (denn sie fragten nach der Herkunft und luden zur Vesper mit Pilgersegen ein) Wohl der Pilgerinnen und Pilger. Der Einladung sind wir dann auch gefolgt. Im »Hôtel A. Prunières« kamen wir gut unter, haben dort gut gespeist und reichlich Wein konsumiert, so dass ich ihn heute Morgen noch im Kopf ein wenig merkte und auch ein wenig Nachdurst verspürte. Heute geht es bei bedecktem Himmel, aus dem hin und wieder die Sonne scheint, und heftigem Wind über die Aubrac-Hochebene: herrliche Landschaft, weite Sichten, menschenleer (eines der dünnst-besiedelten Gebiete Europas!), die berühmten Aubrac-Kühe und Aubrac-Rinder und eine phantastische Vegetation. Besonders eine Art Enzian und kleine lila Nelken haben mich zu vielen Fotos verleitet. Ab und zu ist man mit den Kühen und Rindern auf derselben Weide Auge in Auge, denn man muss öfters Drahtgitter öffnen, um dem Weg zu folgen.

Gestern Abend habe ich erst in Wipperfürth und dann Anne angerufen; und heute Morgen meine Lieblingscousine Hildegard Roth-Skillen. Alle drei haben mich gefragt, ob mir das Pilgern noch Spaß mache. Aus vollem Herzen und tiefster Seele konnte ich das jedes Mal bejahen! »Spaß« ist zwar nicht der richtige Ausdruck, aber das Gehen schenkt mir immer noch (oder immer mehr) tiefe Freude und weite Freiheit. Ich kann mir kaum vorstellen, mal wieder zu Hause zu sein und den Tag nicht mehr vom Rhythmus des Aufbrechens, des Gehens und des Ankommens bestimmen zu lassen. Pilgern kann zur Sucht werden! Doch jetzt weiter! Ultreia! Denn andere Pilger sind in Sicht, und ich gehe nicht gerne hinter jemandem her.

19 Uhr im Restaurant »de la vallée« von Saint-Chély-d'Aubrac

Das war heute eine der faszinierendsten Tagesetappen der bisherigen Tour: über die Hochebene und die Weideplätze des Aubrac. Da merkte ich die Tageskilometer (die Angaben schwankten zwischen 30 und 35 Kilometer – ich vermute mal, dass letztere Angabe stimmt) kaum. Fast einen ganzen Film habe ich heute mit den Schönheiten des Aubrac verknipst. Unterwegs habe ich sogar einmal der Pilgerversuchung nicht widerstanden und Himbeeren genascht.

In dem Weiler Finierols gab es vor seinem Geburtshaus eine Hinweistafel auf einen mir bisher unbekannten Mann: Louis Dalle. Er war als Widerstandskämpfer im Konzentrationslager Buchenwald, wurde dann Priester, ging nach Peru, um sich um die Armen zu kümmern, war die letzten zehn Jahre seines Lebens Bischof in der höchstgelegenen Diözese der Welt in 4000 Meter Höhe in den Anden. Er starb 1982 durch einen Autounfall. Ein »Mann der Freiheit« wurde er genannt. Was für ein Menschenschicksal!

Ich ging weiter über Nasbinals. Dort in der Kirche stand ein moderner holzgeschnitzter Jacobus, und vor der Kirche war eine riesige Muschel ins Pflaster eingelassen. Von dort ging ich mehrmals über Weideplätze der Aubracschen Kühe (man musste stets über kleine Leitern steigen) immer höher bis 1368 Meter Höhe (Höhenrekord!). Dort überschritt ich auch die Grenze zum Departement Aveyron. Schnell ging es dann nach Aubrac, wo ich gegen 17.45 Uhr wohlbehalten ankam. Kein Räuber aus den Wäldern des Aubrac hat mich überfallen. Im Mittelalter soll diese Gegend hier ja sehr gefährlich gewesen sein. Denn wo heute baumloses Weideland das Aubrac bestimmt, bedeckten früher dunkle Wälder das Land. Für die Pilger war der Weg durch das Bergland sehr gefährlich und gefürchtet. So entkam der flandrische Graf Adalard auf seiner Pilgerreise nach Santiago hier nur knapp dem Tode. Deshalb gründete er 1120 das Hospiz Notre-Dame-des-Pauvres von Aubrac. Die Klostergemeinschaft widmete sich der Betreuung Armer und Kranker und insbesondere vorbeikommender Pilger. Der Abt der Gemeinschaft trug den Titel »Dom«, das Kloster wurde Domerie d'Aubrac genannt. Im Jahr 1700 vernichtete ein Brand große Teile der Anlage. Die französische Revolution besorgte den Rest. Heute sind nur noch die Kirche und der Tour des Anglais erhalten.

Dort erwartete mich Meinhard. Und da in Aubrac alles besetzt war (viele Franzosen machen hier in der Gegend Urlaub), sind wir hier in Saint-Chély-d'Aubrac in einem »Chambre d'Hôtes« bestens untergebracht. Mit einem Prost auf den heutigen tollen Tag erwarten wir nun ein leckeres Abendessen.

Noch 63 Tage! 17/8/04

14.45 Uhr auf einem Rastplatz an der D 557

Jetzt scheint ab und zu schon wieder die Sonne, und der Himmel tut so, als sei nichts gewesen. Dabei habe ich vor einer Stunde das zweite Abenteuer auf meinem Pilgerweg heil überstanden, ein heftiges Gewitter, das sich direkt über mir austobte, mit grellen Blitzen, krachenden Donnern und prasselnden Wolkenbrüchen. Zuerst suchte ich Schutz unter einem dichten Baum, dann an der Wand und unter einem ein wenig vorspringendem Dach einer Scheune. Ich war schon kurz davor – wie Martin Luther – zu geloben, Mönch zu werden, wenn ich heil davon käme. Habe ein solches Gelübde dann aber doch gelassen (außerdem fiel mir vor Schreck kein passender Orden ein, in den ich hätte eintreten wollen).

Stattdessen erinnerte ich mich, dass meine Großmutter mir in solchen Fällen immer ihr Gottesbild vermittelte, indem sie sagte: »Der liebe Gott schimpft!« (Ich wusste zwar nicht, warum der »liebe« Gott schimpfen sollte – ich war mir keiner Schuld bewusst). Überhaupt verstand es meine Omi, mir ein Gottesbild aus längst vergangenen Tagen nahe zu bringen. So konnte sie mir angesichts eines Mannes mit stark gekrümmtem Rücken, der öfters in Elberfeld zu sehen war, klar machen, dass dieses Gebrechen die Strafe für ein sehr ausschweifendes Leben sei, das der Mann früher geführt habe (Ich konnte mir zwar unter einem »ausschweifenden« Leben wenig vorstellen, war aber tief beeindruckt). Oder sie konnte mir deutlich machen, was die »Hölle« ausmacht. Vor ihrer alten Schwarzwälder Küchenuhr (die jetzt in meiner Küche hängt) mit dem gleichmäßigen Ticken und monotonem Schwingen des Pendels sagte sie: Solch eine Uhr gibt es auch in der Hölle, und sie mahnt ständig: »Immer – nimmer – immer – nimmer …« (Mir lief es dabei gruselig über den Rücken). Ich hoffe, dass die »Theologie« meiner Großmutter mir nicht allzu sehr geschadet hat.

Am Ortsausgang von Le Puy, im Vorort St. Jacques, ist in eine Hauswand ein altes Pilgerkreuz eingelassen, an dem neben der Kreuzesbasis ein stehender und ein kniender Pilger zu sehen sind, denen leider irgendwann die Köpfe abgeschlagen wurden. Auf einem modernen Rundfester in der Apsis der alten Kirche von Aubrac ist eine Kreuzigung zu sehen, bei der auf der rechten Seite – neben Johannes und Maria von Magdala – auch ein Pilger dargestellt ist (es ist nicht der heilige Jacobus, denn es ist die einzige Figur ohne Nimbus). Auf dem Kreuz aus dem 16. Jahrhundert auf der Brücke über den Bach bei Saint-Chély-d'Aubrac ist auf dem Schaft unten ein betender Pilger mit Stock und Rosenkranz dargestellt. Und neben der Kirche in Estaing werde ich auch einen knienden Pilger (mit Hut auf dem Rücken) und eine kniende Pilgerin sehen zu Füßen eines Vierpasskreuzes (in dem eine Grablegung dargestellt ist). Beide haben ihre Hände zum Gebet gefaltet oder bringen eine Gabe.

Es ist tröstlich, dass es solche Darstellungen gibt, auf denen die Pilger unmittelbar ins Heilsgeschehen mit-einbezogen werden. Sie stehen nicht davor, sondern sie sind Teil der Heilsgeschichte. Sie haben Anteil an der Liebe, mit der Jesus sich für uns Menschen hat kreuzigen lassen, und sie dürfen unmittelbar miterleben und spüren, was dieses »für euch« des Kreuzesgeschehens bedeutet. Hoffentlich entdecke ich noch weitere solcher Darstellungen.

Gestern Abend haben wir gut gespeist und getrunken. In der Nacht gab es auch schon kräftige Gewitter mit heftigen Regenschauern. Heute Morgen habe ich meinen rechten Oberschenkel gegen das Zerren mit Pferdesalbe (die Meinhard bei sich hatte) eingerieben. Ich hoffe, es hilft und ich fange nicht an zu wiehern! Dann Transfer zurück nach Aubrac, das heute Morgen gespenstisch und unheimlich im Nebel lag. Gemeinsames »Lobe den Herren« in der Kirche und dann ging ich um 9 Uhr los: immer bergab! Heute steige ich 900 Höhenmeter hinunter: schade um die vielen Meter, die ich mühsam im Schweiße meines Angesichtes erklommen habe. In Saint-Chély-d'Aubrac habe ich die Kirche besichtigt (mit einem spätgotischen Steinrelief mit der Darstellung der drei intimsten Freunde von Jesus: Jacobus, Johannes, Petrus; Johannes in der Mitte, Jacobus links, Petrus rechts) und bin dann über die alte Pilgerbrücke mit dem Pilgerkreuz gegangen. Dann ereilte mich irgendwann das zweite Abenteuer. Danach bin ich auf Wegen, die inzwischen zu reißenden Bächen geworden waren, bis hierher hinabgestiegen. Nun gehe ich auf der Landstraße weiter bis Saint-Côme-d'Olt, und dann vielleicht noch bis Espalion. Jetzt hört man schon wieder die nächsten Donnerschläge. Auf!

Noch 62 Tage! 18/8/04

11.30 Uhr vor der (leider verschlossenen) Tür der Friedhofskirche von Trédou (vor Estaing)

Der Holländer, den ich in den letzten Tagen mehrfach getroffen habe, wenn er mich oder ich ihn überholte, hat gestern seine diesjährige Etappe von Den Haag in Espalion beendet. Er ist Lehrer für »Allgemeine Naturwissenschaften« und muss kommenden Montag wieder seinen Dienst aufnehmen. Er hat mir vor Tagen gesagt, warum er zu Fuß auf dem Jacobsweg »unterwegs« ist. Seine Frau ist vor fünf Jahren an einem 25. Juli – am Fest des heiligen Jacobus – an Krebs gestorben. Ihr zur Ehre und zum Gedenken war er jetzt »unterwegs« – und wenn es denn doch einen Gott geben sollte. Er sei nämlich Agnostiker und deshalb wisse er auch nicht, ob er sich »Pilger« nennen dürfe. (Was ihn allerdings nicht hinderte, mehrfach an Gottesdiensten und Pilgersegnungen teilzunehmen). Ich habe ihm gesagt, dass der Ausdruck »Pilger« vom lateinischen Wort »peregrinus« komme, was so viel wie »Fremder« bedeute. Und dass damit jeder, der sich aufmacht, aus sich herausgeht, Sicherheiten und Geborgenheiten hinter sich lässt und sich in die »Fremde«, in Unbekanntes, ins Wagnis begibt, um zu sich selbst, zu einer Bestandsaufnahme seines Lebens oder zum Sinn des Lebens zu kommen, ein »Pilger« sei – auch er. Er hat diese Erklärung dankbar angenommen.

Das Wörtchen »peregrinus« spielt in der Emmaus-Geschichte (Lk 24,13–35), dieser herrlichen nach-österlichen Wegegeschichte, eine wichtige Rolle: »Bist du der einzige Fremdling (»peregrinus«) in Jerusalem ...« (Lk 24,18) fragen die Jünger Jesus. Im hohen Mittelalter wurde deshalb die Emmaus-Geschichte mit der Pilger-Wallfahrt in Verbindung gebracht. Es wurden am Ostermontag Emmaus-Pilgerspiele aufgeführt, und es gibt zahlreiche Darstellungen, bei denen die Jünger oder auch Jesus selbst als »Pilger« gekennzeichnet sind: als Jerusalem- (mit dem Jerusalemer-Kreuz) oder als Jacobus-Pilger (mit der Muschel). Die Darstellung eines Jüngers als Jacobspilger kann man z. B. im Kreuzgang in Arles – und Jesus als Jacobspilger im Kreuzgang von Sto. Domingo de Silos (südlich von Burgos) bewundern.

In seinem Buch »Pilgerwege eines Ungläubigen« fragt sich der Journalist Robert Ward ebenfalls, warum er als ungläubiger Mensch ausgerechnet den Camino gehen wollte. Seine Antwort: »Mir war mit einem Blick klar geworden, dass der alle Elemente enthielt. Das lange Gehen. Das Alleinsein. Die Gefährtenschaft. Das Ziel. Der Umstand, dass es weithin um Früheres ging. Natürlich war das ein katholischer Pilgerweg, aber davon ließ ich mich nicht abschrecken. Atheistische Caminos gab es einfach nicht.« (S. 184) Und: »Ich kann nur sagen, dass ich, so lange ich mich erinnern kann, immer meine Nase gegen die Fenster des Glaubens gedrückt und versucht habe, einen Blick darauf zu erhaschen, was da drinnen vorgeht. Ich bin von der Religion auf die Art fasziniert, wie man von etwas fasziniert ist, das man nicht hat.« (S. 12)

Gestern bin ich den Rest der Strecke nur noch Landstraße gelaufen. Auf der Straße von Saint-Côme-d'Olt (dort waren alle Straßenschilder zweisprachig: Französisch und Langue d'oc) nach Espalion habe ich eine Neuauflage meines zweiten Abenteuers erlebt: nochmals ein heftiges Gewitter, das ich unter einem Baum am Fluss Lot heil überstanden habe. Bei strömendem Gewitterregen bin ich dann gegen 18 Uhr nach 30 Tageskilometern in Espalion angekommen. Im »Grand Hôtel Moderne« hatte Meinhard eine gute Unterkunft gefunden. Heute Morgen sind wir mit dem Auto zur Kirche von Perse gefahren – dieser herrlichen Friedhofskirche aus dem 11. Jahrhundert.

Dreierlei ist mir am Südportal aufgefallen. Erstens: Im Tympanon ist eine Ausgießung des Geistes auf die Jünger zu sehen. Wenn in der Mitte Maria dargestellt sein soll, dann bleiben nur noch zehn Jünger übrig. Dafür sind aber die drei engsten Freunde von Jesus auf ihren Schriftbändern namentlich gekennzeichnet: Jacobus – Johannes – Petrus (er trägt auch Schlüssel).

Zweitens: Auf dem Türsturz ist rechts der Weltenrichter zu sehen – umgeben von dem Viergetier. Auf der linken Seite (also rechts von Jesus) ist der Höllenrachen zu sehen. Da auf der rechten Seite von Jesus sonst immer die Erwählten und der Himmel zu sehen sind, gibt es für mich nur die Erklärung, dass hier dargestellt werden soll, wie Jesus die Menschen dem Rachen des Todes und der Unterwelt entreißt und sie zu sich hinzieht. Dann wäre das eine sehr tröstliche Darstellung.

Drittens: Links oberhalb des Südportals sind die drei Weisen aus dem Morgenland zu sehen, wie sie zu Maria und dem Kind ziehen – diese klassische Wegegeschichte, die den Pilgern »unterwegs« immer wieder vor Augen gestellt wird. Hier allerdings gibt es eine Besonderheit: die Weisen und Maria mit dem Kind sind nicht auf einer gemeinsamen Wandfläche platziert, sondern im 90-Grad-Winkel zueinander versetzt. Die Weisen müssen gleichsam »um die Ecke« gehen, sie müssen die »Kurve kriegen«, um zum Ziel zu gelangen. Das erinnerte mich daran, dass auch ich in meinem Leben öfters die »Kurve kriegen« musste, um doch noch zum Ziel zu gelangen: Ich musste am 24. September 1942 abends um 23 Uhr die Kurve kriegen und geboren werden, um immer genau neun Monate nach dem Heiligen Abend Geburtstag feiern zu können; ich musste die Kurve kriegen, um mein Leben durch den Bombenhagel retten zu lassen; ich musste die Kurve kriegen, um schnellstens wieder aus dem Kindergarten heraus zu kommen; ich musste nach einem Schulwechsel die Kurve kriegen, um weiter aufs Gymnasium gehen zu können; ich musste beim Abitur trotz des »Mangelhaft« in Chemie die Kurve kriegen, um zu bestehen; ich musste nach der Bundeswehrzeit die Kurve kriegen, um damals das für mich Richtige zu studieren: Theologie; ich musste, als man mich wegen angeblicher »Frömmigkeits-Defizite« aus dem Priesterseminar hinauswerfen wollte, durch Intervention des damaligen Subregens Heinrich Klomps die Kurve kriegen, zu bleiben; ich musste in meiner Aus- und Bedenkzeit als Diakon die Kurve kriegen, um mich doch noch zum Priester weihen zu lassen; ich musste nach meiner entflammten Begeisterung für den heiligen Jacobus die Kurve kriegen, Pfarrer einer Jacobus-Gemeinde und Jacobus-Kirche zu werden; ich musste vor der ersten Zu-Fuß-Wallfahrt die Kurve kriegen und die Spanisch-Prüfung an der Universität mit »Ausreichend minus« bestehen; ich musste – trotz aller Widerstände und Auflagen – die Kurve kriegen, diese Wallfahrt unternehmen zu können. Als dann mein »Bruder Leib« mir einen Strich durch die Wallfahrts-Rechnung zu machen drohte, kam Meinhard »um die Ecke« und bot mir die Auto-Begleitung an. Hoffentlich komme ich auch ans Ziel der Wallfahrt!

In der Kirche von Perse stand auf einem Tischchen gerahmt die Kopie eines spätmittelalterlichen Holzschnitts mit der Darstellung eines Pilger-segnenden Jacobus: zu seinen Füßen ganz viele Pilger und auch ein Hinweis auf die – allen Pilgern im Mittelalter bekannte – Geschichte vom »Hühnerwunder« in Santo Domingo de la Calzada auf dem «camino francés". Auf dem Holzschnitt war der unschuldig Gehängte mit den Hühnern auf seinem Galgen zu sehen. Da ich nicht weiß, ob mir auf meinem Weg nochmals eine Darstellung des »Hühnerwunders« begegnet, sei hier die köstliche Geschichte erzählt (nach Helmut Domke, Spaniens Norden, S. 122–124):

Ein Pilger und seine Frau (wahrscheinlich aus Xanten) wandern Santiago zu; mit ihnen ihr Sohn, ein hübscher Junge in jenem Alter, wo die Mädchen Augen auf sie zu werfen beginnen. Man kommt in der Herberge von Santo Domingo an, wo sich eine junge Magd im Handumdrehen in den Blondkopf verliebt. Sie hätte nichts dagegen, wenn er abends an ihre Kammertür klopfte. Der Junge indessen, zu schüchtern oder im Gedanken an seine Wallfahrt, ergreift die Gelegenheit keineswegs beim

Schopfe. Was quält so sehr wie verschmähte Liebe? Die junge Magd ist bitterböse und tut etwas Niederträchtiges. In der Nacht, während alles schläft, schleicht sie ins Zimmer der Pilger und versteckt einen Silberbecher im Ranzen des Jungen.

Der folgende Morgen sieht die Wallfahrer früh auf, sie wollen an diesem Tag noch weit. Ungefähr eine Stunde sind sie bereits unterwegs, als hinter ihnen plötzlich die Polizei heransprengt. Der Wirt hat den Becher vermisst und die Magd ihm eingeblasen, den könne niemand anders als die Pilger genommen haben. Warum sind sie so zeitig davon? Die Schergen, Häscher, Gerichtsboten, oder wie man denn will, verhalten sich wie alle Polizisten in dieser Lage und sagen nichts als: »Gepäck auf!« Die Pilger protestieren als ehrliche Leute: Kann es Gott wohlgefällig sein, aufrichtige Wallfahrer, die niemals etwas Schlechtes getan haben, so zu verdächtigen? Die Gerichtsboten winken ab, sie kennen das. Mit der Ehre reden sich alle Halunken heraus. Man durchsucht kurzerhand den zeternden Vater, die jammernde Mutter, findet nichts, kommt an die Reisetasche des Jungen – natürlich! Da steckt er, der Becher, den man sucht. Eine böse Sache. Jetzt geht es um Kopf und Kragen. Die Pilger müssen mit ihrem Sohn, der ratlos seine Unschuld beteuert, zur Stadt zurück. Man bringt sie sofort vor den Richter. Der ist nicht gewohnt, mit reisenden Leuten Federlesens zu machen: Ist der Dieb überführt, sofort an den Galgen mit ihm!

Ein trauriger Zug zieht zum Schindanger hinaus. Dem Armen wird der Strick um den Hals gelegt, das Kruzifix vor die Augen gehalten, schon stößt man ihn von der Leiter; er hängt, regt sich nicht mehr. Fassungslos zieht das unglückliche Elternpaar durch die Straßen von Sto. Domingo de la Calzada, beschließt endlich, heimzukehren. Einmal aber wollen die beiden noch zum Galgen hinaus, ihren Sohn sehen, für seine Seele beten, bricht ihnen auch das Herz. Die Tränen strömen, es hallt von Klagen. Plötzlich vernehmen sie eine Stimme, seine. »Ich bin nicht tot«, sagt der Sohn. Sie sollen das Jammern lassen, es geht ihm gut. Als sie des Weges gezogen sind, ist er aus seiner Benommenheit erwacht und hat gefühlt, wie ihn jemand bei den Füßen hielt. Aufgeregt eilen die Eltern zum Richter. Gott hat gesprochen, denken sie nur, der Himmel ein Zeichen gegeben. Ist das jemals erlebt worden, dass einer so lange am Galgen hing und nicht tot war?

Der Richter hat sich eben zu Tisch gesetzt, will seine Ruhe haben. Was, da ist dieses Diebesgesindel wieder? Aber die Eltern geben nicht nach. Jetzt wird unser Richter böse. »Was heißt das, euer Sohn lebt?« ruft er voller Ingrimm. »Der ist so sicherlich tot, wie dieser Hahn und dieses Huhn in der Bratröhre tot sind.« Darauf begibt sich das, was die

Legende erst ausmacht. Der Ofen öffnet sich, heraus spazieren Hahn und Hühnchen, schlagen mit den Flügeln, der Hahn fängt zu krähen an, das Hühnchen zu gackern. Es verschlägt dem Richter den Atem. »Los!« sagt er zu seinen Leuten nur, alles hastet zum Schindanger hinaus, es fällt kein Wort.

Tatsächlich hängt der Junge, hängt lebendig dort oben, sieht sie mit klaren Augen an, ist heil und gesund. Die Hand, die ihn stützte, hält ihn noch immer, und man glaubt ihm das Mirakel um so mehr, als niemand, der ihn trüge, zu sehen ist. Er wird abgeknüpft, muss noch einmal Rede stehen. Er weiß vom Becher gewiss nichts. Wer kann es sonst gewesen sein? Wollte ihm jemand übel? Nein, nur die Magd war hinter ihm her, aber er hat sich mit ihr nicht eingelassen. In diesem Augenblick geht dem Richter ein Licht auf. Die Magd wird arretiert, nicht eben zaghaft befragt, gesteht alles, die Arme, unter Fluten von Tränen. Sie hat einfach dieses heftige Temperament. Der Teufel muss ihr den Gedanken mit dem Becher eingegeben haben. Aber ihr nützt das Jammern nichts mehr, sie ist an der Reihe, auf die Leiter zu steigen und kein Santiago erscheint, ihre Füße zu halten. Denn kein anderer kann es gewesen sein, der den blonden Pilgerjungen trug.

Die drei aus Santu ziehen erleichtert davon, und wenn sie auch gelegentlich noch von Schrecken durchschauert sind, es gibt keinen Gedanken an Heimkehr mehr. Sie wandern Santiago entgegen. Seither wird in der Kirche ein Hahn und ein Hühnchen gehalten. »Und dies habe ich selbst gesehen«, sagt der Herr de Caumont, »Sie sind vollkommen weiß.«

Um 9.30 Uhr bin ich dann heute Morgen bei herrlichem Wetter und teils erfrischendem Wind an der Pilgerbrücke über den Lot in Espalion gestartet und nach der Besichtigung der Kirche St.-Pierre-de-Bessuéjouls bis hierher gelaufen. Unterwegs gab es wunderschöne Rückblicke auf Espalion und phantastische Ausblicke ins Tal des Lot.

Noch 61 Tage! 19/8/04

11.45 Uhr in der Martins-Kirche von Sénergues (aus dem 14./15. Jahrhundert)

In Golinhac, wo ich gestern nach 27 Kilometern gegen 18 Uhr ankam – nachdem ich in Estaing das Pilgerkreuz bewundert und von dort stetig wieder auf über 650 Meter angestiegen bin – gibt es an einer Mauer eine Inschrift in der Sprache des Languedoc, jener provenzalischen Mundart, deren Bezeichnung sich aus der charakteristischen Bejahungspartikel »oc« (= »ja«; vom lateinischen »hoc«) ergab:

»Camina o Caminaire
Sul camin de Compostela
A la fin veiras l'estela
De Sant Jacme enluminaire.«
(»Pilger oder Pilgerin auf dem Weg nach Compostela; am Schluss wirst du den Stern des Jacobus leuchten sehen.«)

»Am Schluss wirst du den Stern des Jacobus leuchten sehen« – Sterne haben für die Wallfahrt eine große Bedeutung. Nach einer alten Überlieferung sah Anfang des 9. Jahrhunderts (die genauen Jahreszahlen schwanken: 808 oder 816 oder 825 oder 835; jedenfalls »zu Zeiten des Bischofs Theodemir von Iria Flavia und des Königs Alfons II (789–842)«) ein Hirte oder ein Mönch betend beim Gehen übers Feld einen Stern aufleuchten. Da er darin sofort ein Wunder erkannte, benachrichtigte er den zuständigen Bischof Theodomiros. Der ließ an der Stelle graben und fand in einem Sarkophag die Gebeine des Jacobus (bei meinen Jacobus-Vorträgen sage ich an dieser Stelle immer: »Woher er wusste, dass es die Gebeine des Apostels waren, das weiß ich auch nicht!«). Über dem »Feld« ein »Stern«: »campus stellae« – »Sternenfeld«: Demnach soll der Name »Compostela« die Auffindungslegende aufgreifen.

Der Weg dorthin wurde auch »Sternenweg« genannt, weil die Milchstraße, an der sich die Pilger nachts orientieren konnten, genau in diese Richtung des Wallfahrtsweges weist. Wahrscheinlich gibt es schon eine vorchristliche mythische Tradition, für die dieser Weg hin zum »Ende der Welt« – zum »finis terrae«; »Finisterre« – eine große Bedeutung hatte. Auch gibt es längs des Weges einige Orte (z. B. Estella), in denen die Tradition des Sternenweges deutlich wird. Manchmal findet man in der Kunst solche Hinweise auf den »Sternenweg«. So auf dem Karlsschrein in Aachen, wo der heilige Jacobus dem schlafenden Kaiser die Milchstraße zeigt, oder auf einem Holzschnitt von Albrecht Dürer, der Gerson als Pilger zeigt (1494). Am Ortsausgang von Saugues (wo ich vor fünf Tagen durchkam) stand eine größere moderne Holzarbeit, bei der am Ende eines langen Astes ein Pilger geschnitzt und auf dem Ast viele Sterne zu sehen waren.

In der letzten Nacht (in der es keinen Sternenhimmel über dem Ort gab, weil wiederum ein kräftiges Gewitter tobte) haben wir in Golinhac in einer Gîte übernachtet, die mehr einer Hundehütte glich. Das winzige Zimmerchen wurde fast vollständig vom »grand lit« ausgefüllt, das ich mit Meinhard teilen musste. Heute Morgen bin ich um 8.30 Uhr losgezogen, im Ort vorbei an einem alten Pilgerkreuz, auf dem am Schaft ein Pilger mit Stab zu sehen war. Ein herrlicher Ausblick in die weiten Täler, in denen noch die Nebel-Wolken hingen, die von oben durch die Sonne beleuchtet wurden: »Über den Wolken muss die Freiheit wohl grenzenlos sein ...« Als es ein wenig zu regnen anfing, spannte sich vor mir ein riesiger Regenbogen.

Heute Morgen bekam ich eine SMS von Anna mit einem Glückwunsch zur »Halbzeit«. Ich weiß nicht genau, ob die heute oder morgen ist (oder in der kommenden Nacht?), doch will ich daran erst morgen in Conques denken. Ich habe ihr eine SMS zurückgeschickt mit der Bemerkung, dass es mir immer noch bestens ginge. Das stimmt zwar nicht so ganz (denn auch in der vergangenen Nacht wurde ich mehrmals wach durch Schmerzen in den Knien und Zerren im rechten Oberschenkel), aber was sollen die sich in der »Heimat« unnötige Sorgen machen?! Auf dem Weg bis hierher habe ich deshalb mal den Schirm benutzt und mich darauf abgestützt. Das scheint wirklich etwas zu helfen. Unterwegs konnte ich den Pilgerversuchungen nicht widerstehen und habe mir ein paar Brombeeren gepflückt. Übrigens habe ich gestern zum ersten Mal auf meinem Weg ein Tabakfeld gesehen.

Über dem Westportal dieser Martins-Kirche gibt es ein steinernes Wappen von Conques (mit drei Muscheln) aus dem 16. Jahrhundert. Draußen an der nördlichen Apsis ist eine Steinfigur zu sehen, die nach dem Kirchenführer-Faltblatt »pourrait représenter un pélerin de saint Jacques, mais plus probablement un saint« (Schade!).

17 Uhr in einer Bar in Conques mit Blick auf das Tympanon der Basilika

Um 15 Uhr bin ich nach 21 Kilometern hier angekommen – in dem Ort, in dem ich schon mehrfach gewesen bin, aber den ich jetzt erstmals zu Fuß erreichte: Conques. Ende des 8. Jahrhunderts wählte der Eremit Dadon diese wilde, muschelförmige Landschaft (»Muschel«: lateinisch »concha« – occitan »conca«, daher der Name Conques, der mit der Jacobsmuschel nichts zu tun hat), um sich in die Einsamkeit zurückzuziehen. Als Folge entstand ein Benediktiner-Kloster, das von den Karolingern gefördert wurde. Um dem Kloster aber mehr Bedeutung zu verschaffen, musste es Reliquien bekommen. Die Geschichte von der Reliquien-Beschaffung im Jahr 866 beschreibt Heinrich Wipper sehr plastisch:

> *»Trotz dieser Gunstbeweise der Karolinger ließ der Aufschwung des Klosters auf sich warten, vielleicht wegen seiner abgelegenen Lage, der Unfruchtbarkeit des Bodens und des zu geringen Nachwuchses. Neues Leben konnten nur Reliquien bringen, deren Verehrung damals immer mehr an Gewicht bekam. »Aber woher nehmen, wenn nicht stehlen.« Nach langen Überlegungen reifte in den Gehirnen der Mönche von Conques der Plan, die Gebeine der hl. Fides in Agen durch eine List an sich zu bringen. Der Mönch Ariviscus, als Leutpriester einer von Conques abhängigen Pfarre erfahren im Umgang mit Menschen, wurde dazu bestimmt, den Plan in die Tat umzusetzen. Er reiste nach Agen, wo er den Bewohnern erklärte, er wolle sich hier als gottesfürchtiger Priester niederlassen. Während seines zehnjährigen Aufenthaltes gewann er das Vertrauen des ortsansässigen Klerus, so dass er schließlich zum Reliquienwächter avancierte. An Epiphanie, dem damals höchsten Fest des Jahres, als die Kleriker zum Festmahl versammelt waren, erbrach Ariviscus das Marmorgrab der Märtyrerin und barg unter Herzklopfen die Reliquien der hl. Fides in einem kostbaren Behältnis. Im Schutze der Nacht machte er sich auf den Weg nach Conques. Die Nachricht von dem gelungenen »Coup« gelangte in Windeseile nach Conques, wo man dem Mönch sofort in feierlicher Prozession entgegenging. Anscheinend war der Himmel mit dem »frommen Diebstahl« einverstanden, denn schon während der Übertragung der Reliquien geschahen ein paar Wunder und in Conques vermehrten sich die Wunder in so großer Zahl, dass man später ein ganzes Buch damit füllen konnte.«*
>
> Wipper erklärt dann weiter: *»Die eben erzählte Geschichte nimmt sich sogleich anders aus, wenn man bedenkt, dass die Normannen nach der Belagerung von Toulouse (862) auf der Garonne weit ins Landesinnere vordrangen und die Kirchen am Weg plünderten. Überall vergrub man die Altargeräte und Schreine oder nahm sie auf der Flucht vor den Feinden mit. Wahrscheinlich sind auch die Reliquien der hl. Fides nach Conques geflüchtet worden und auch dort verblieben, als die Normannengefahr vorüber war.«*

Die heilige Fides wurde während der Zeit der Christenverfolgung, als sie sich weigerte, heidnische Götter anzubeten, im Jahr 303 oder 304 mit zwölf (andere Angaben: mit 13 oder 14) Jahren in Agen mit dem Schwert hingerichtet, nachdem sie die Flammen auf einem Rost überlebt hatte. So feiert Conques in diesem Jahr den 1700sten Todestag.

Auf dem Plakat zu diesem Jubiläum, das eigens dafür entworfen wurde, ist in der Art einer alten Ikone in der Mitte die Heilige mit den Marterwerkzeugen Rost und Schwert und der Märtyrer-Palme zu sehen; rechts und links sind jeweils drei Szenen aus ihrem Leben klein dargestellt: Martyrium der Heiligen – die Heilige befreit Gefangene – die Heilige heilt den blinden Guibert – die Heilige bekehrt einen wütenden Reiter – die Heilige bekehrt den Weisen Bernhard von Angers – die Heilige bewilligt eine glückliche Mutterschaft. Vor der goldenen Figur der Ortsheiligen im Museum von Conques kamen mir folgende Gedanken:

Heilige Fides

Geschmückt mit den Schätzen dieser Welt,
Streckst du deine Arme nach unsichtbaren Gütern aus.
Den Pilgern wurden so deine Überzeugung zum Namen und deine irdischen Reste zum Zeichen der Unverweslichkeit.
Dass du den Glauben in mir stärken wollest!

Mit der Beschaffung von Reliquien habe ich selbst auch meine Erfahrungen, aber nicht durch »frommen Diebstahl«, sondern »rite et recte«: Im Jahr 1987 haben wir mit der Homberger Gemeinde ein Reliquien-Teil des heiligen Jacobus von Grevenbroich-Neukirchen nach Homberg getragen, und seither wird jedes Jahr am 7. November als Homberger Eigenfest das »Translatio-Fest« begangen. Sicherlich ist es heutzutage schwer, den Menschen den Sinn von Reliquien zu vermitteln. Aber vielleicht helfen ein paar Gedanken weiter, die ich nach der Übertragung in der Predigt äußerte:

»Für mich ist eine Reliquie kein Gegenstand, kein Objekt meines Glaubens; sie kann aber eine Hilfe für meinen Glauben sein – in dem Sinne, dass ich durch sie über meinen Glauben vielleicht wieder einmal neu nachdenke, neue Anregungen bekomme, mich wieder einmal bewusst hineinstelle in eine Glaubenstradition … Solch eine Reliquie, solch ein Knochenstück, ist so etwas wie ein Mahnzeichen an der Schwelle von der Vergangenheit in die Zukunft, so etwas wie ein Bindeglied zwischen gestern und morgen … Denn einerseits weist dieses Knochenstück zurück in die Vergangenheit: Es erinnert an eine konkrete Person, die unmittelbar und direkt dem Wort Jesu gefolgt ist: an den Apostel Jacobus … Dieses Stück erinnert aber auch daran, dass Tausende und Abertausende Menschen sich aufgemacht haben, um das Jacobus-Grab in Spanien zu besuchen und zu verehren … Diese Menschen wussten und haben es am eige-

nen Leib erfahren: Diese Glaubenswege zu Jesus Christus sind nicht nur vergeistigt oder nur von Herz zu Herz zu gehen, sondern diese Wege müssen konkret, handfest, erfahrbar werden … An all das kann uns das Knochenstück rückweisend erinnern … Aber es geht auch ums heute und vor allem ums morgen … Dieses Knochenstück kann nach vorne weisen und uns fragen: Wie geht es mit eurem Glauben weiter? Welche Formen und Zeichen des Glaubens habt ihr oder entwickelt ihr in eurem Glaubensleben? Wo wird euer Glaube sichtbar, spürbar, erlebbar, handfest? Denn das muss ein Grundprinzip des Glaubens bleiben: Glaube darf sich nicht verflüchtigen, vergeistigen, ins nur Gefühlsmäßige auflösen. Glaube braucht das Konkrete … Glaube muss immer wieder alle Bereiche des Menschen umfassen und dazu gehört auch, dass der Glaube bis auf die Knochen geht, dass er auch in Mark und Bein spürbar wird … Auf der Rückseite des Programms für diesen Gottesdienst ist ein Holzschnitt von 1520 abgebildet, der einem Wallfahrtsbuch nach Compostela entnommen ist. Ein Jacobus-Pilger kniet vor einer Jacobus-Figur (so ähnlich könnte vielleicht einmal unser Reliquiar aussehen!). Dieser Pilger kommt zur Ruhe, denkt nach, drückt seinen Glauben aus, betet. Und darüber steht: »Die straß zu sant Jacob in warheit gantz erfaren«. »Ganz erfahren« meint: mit allen Sinnen, mit allen Möglichkeiten, mit Haut und Haaren, mit Mark und Bein, bis auf die Knochen. Eine solche Ganz-Erfahrung, Total-Erfahrung sollte auch die Überschrift über die Straße unseres Glaubens sein, über unserem persönlichen Glaubens-Weg. Sich daran immer wieder mahnen zu lassen, sich das immer wieder vor Augen zu stellen – dazu könnte uns unsere Jacobus-Reliquie eine Hilfe sein!«

Für die Menschen des Mittelalters spielten Reliquien eine ungeheuer wichtige Rolle, und so ist verständlich, dass alle Orte darauf bedacht waren, solche Reliquien zu bekommen, und dass die Pilger sich solche Orte aussuchten, an denen Reliquien vorhanden waren und verehrt wurden, und dass sich die Pilger ihre Wege auch nach ihren Lieblingsheiligen aussuchten. So ist verständlich, dass Conques auch eine bedeutende Station auf dem Pilgerweg nach Compostela wurde.

Noch 60 Tage! 20/8/04

10 Uhr auf der Terrasse unseres Hotels
»Hostellerie de l'Abbaye«

Conques mit Blick ins Tal der Ouche – Halbzeit! Bergfest! Ich hätte kaum gedacht, dass ich es mal feiern könnte. Aber nun ist es so weit!

Die erste Hälfte ist geschafft! An einigen Dingen merkt man es: die Absätze der hohen Schuhe sind halb abgelaufen, die Zahnpasta- und Reinigungsmittel-Vorräte sind halb aufgebraucht, von den Filmen habe ich schon mehr als die Hälfte verknipst und das Bankkonto zu Hause ist sicherlich schon mehr als zur Hälfte geplündert.

Schön, dass ich gerade hier in Conques – diesem Ort, der von seiner Lage her nach der Muschel benannt ist und der in seinem Wappen drei Muscheln trägt – auf die erste Hälfte meines Weges zurückblicken kann. Denn der gesamte Weg lässt sich auch wie die zwei Seiten einer Jacobsmuschel betrachten. Im Rückblick auf die vergangenen 60 Tage ist der Weg wie die konkave Innenseite einer Muschel – wie eine Schale. Vielerlei habe ich darin aufnehmen und sammeln können: verschiedenartigste Landschaften, Kulturdenkmäler, unterschiedlichste Erfahrungen, Sonne, Wind, Regen, karge und noble Übernachtungen, einfaches und feudales Essen, Gedanken und Erinnerungen, volle Bier- und Weingläser, Gespräche, Anstrengungen und Schweiß, Freude und Freiheit … diese Muschelschale ist randvoll! Und ich hoffe, dass die kommende Wegstrecke, die jetzt noch wie die konvexe Außenseite einer Muschel – auch ein wenig abweisend und spröde – vor mir liegt, sich auch allmählich mit ganz vielen guten Erfahrungen füllen wird. Hoffentlich!

Gestern Abend haben wir die Vesper mitgebetet und heute Morgen habe ich mit den Prämonstratenser-Patres von Conques und zwei Priestern aus Lüttich die heilige Messe zu Ehren des Tagesheiligen, des heiligen Bernhard von Clairvaux, gefeiert. Im Hochgebet habe ich auch des heiligen Jacobus gedacht. Hoffentlich hält er weiterhin seine schützende Hand über mich!

Heute ist erst mal Ruhetag in diesem Ort, der morgens und abends besinnlich und beschaulich ist und tagsüber von wimmelnden und lärmenden Touristen überflutet wird.

Noch 59 Tage! 21/8/04

12.45 Uhr auf dem Sockel des mit Trikolore-Fähnchen geschmückten Kriegerdenkmals in La Bessenoits vor der geschlossenen Kirche

Schon mehrmals habe ich die drei auserwählten engsten Freunde von Jesus innerhalb des Zwölferkreises erwähnt und schon mehrmals bin ich diesen drei – Petrus, Jacobus und Johannes – auf meinem Weg in Darstellungen begegnet – zuletzt noch auf dem Pfingsttympanon der

Kirche in Perse, wo sie als einzige namentlich auf ihren Schriftbändern gekennzeichnet waren und ganz nahe bei Maria in der Mitte standen.

Im Mittelalter wurden diesen dreien die drei »göttlichen Tugenden« zugewiesen: Glaube, Hoffnung und Liebe. Dabei wurde dem Petrus natürlich die Tugend des Glaubens zugeordnet, weil er mit seinem Messias-Bekenntnis (Mt 16,16) ein Glaubensbekenntnis für den Herrn abgelegt hat. Johannes bekam als »Lieblingsjünger« des Herrn die Tugend der Liebe zugewiesen. Und so blieb für Jacobus die dritte Tugend, die Hoffnung, übrig. Er wurde zum »Apostel der Hoffnung« – vielleicht auch, weil er seinen Blick hoffnungsvoll auf das Jenseits gerichtet hat und sich für dort Hoffnung auf einen guten Platz versprach. In der »Göttlichen Komödie« von Dante begegnet der Dichter in einem der letzten Gesänge (Gesang 25) im »Paradies« dem heiligen Jacobus – dem »Apostel der Hoffnung«. Und Jacobus befragt den Dichter: »Sag, was Hoffnung ist und wie sie bleibt in dir; und sag, woher sie zu dir kam«. Dante antwortet auf diese Hoffnungs-Frage: »Hoffnung ist die sichere Erwartung der künftigen Herrlichkeit«. Damit fasst der Dichter viele Sätze und Bemerkungen zum Thema »Hoffnung« im Neuen Testament zusammen. Sie alle zielen in die Richtung: die Hoffnung des Menschen richtet sich über das Irdische und Fassbare und Messbare hinaus auf die Vollendung, auf das, was wir »Himmel« nennen oder »Gemeinschaft mit Gott« oder »Ewiges Leben«. Die biblische Hoffnung, die christliche Hoffnung wird getragen von dem Gedanken: Es geht über den Tod hinaus weiter. Und der heilige Jacobus ist Zeuge und Garant solcher Hoffnung.

Zum Thema »Hoffnung« las ich neulich einen bemerkenswerten Hinweis: »Hoffnung ist nicht die Überzeugung, dass irgendetwas gut ausgehen wird. Hoffnung ist die Gewissheit, dass etwas Sinn hat – ohne Rücksicht darauf, wie es ausgeht. Dass ich endgültiges, umfassendes, ungetrübtes, ewiges Heil erlangen werde – egal, was vorher mit mir geschieht.« (Norbert Scholl).

Ich denke, dass ich auch etwas von dieser jacobäischen Hoffnung mitbekommen habe; nicht die Hoffnung auf einen guten Platz hier auf Erden, nicht die Hoffnung auf eine kirchliche Karriere, auch nicht die Hoffnung auf einen guten Platz im Himmel, auf eine himmlische Belohnung – wohl aber eine hoffnungsfrohe Grundhaltung. Ich sehe nicht schwarz in die Zukunft, bin auch kein ständiger »Bedenkenträger« mit »wenn« und »aber«, sondern blicke eigentlich immer voller Optimismus und mit hoffnungsvoller Zuversicht nach vorne auf das, was auf mich zukommt. Und so hoffe ich auch heute – am ersten Tag der zweiten Hälfte meines Weges –, dass alles gut ausgehen wird und dass ich am Ziel meines »Lebenstraumes« ankommen werde. Es sind ja »nur« noch knapp 1350 Kilometer! Hoffentlich! »Apostel der Hoffnung«, begleite mich!

Gestern haben wir einen erholsamen Ruhetag in Conques verbracht: Wäsche-waschen – Schreiben von Postkarten – Schuhe putzen – Besorgen des Stempels – ein kleines Mittagsmahl – Mittagsschlaf – Besuch des Museums mit der thronenden kostbaren Fides – Verweilen in der Kirche – Teilnahme am Vespergebet – Abendessen (als Beilage gab es »Aligot«, das hiesige Nationalgericht: Kartoffelbrei mit Käse, zäh und schwer im Magen liegend) – Absacker – Nachtruhe.

Noch ein Detail vom späten Nachmittag: Da war die Licht- und Schatten-Verteilung auf dem Weltgerichts-Tympanon so, dass der Himmel im Dunkeln versank und die Hölle im hellsten Licht erstrahlte!

Heute Morgen bin ich um 9 Uhr losgezogen. Zuerst ständig bergauf – bei bedecktem Himmel und einigen Regentropfen. An der Fides-Kapelle oberhalb von Conques machte sich eine französische Wandergruppe über meinen Schirm lustig: Ob ich Engländer sei? Nein, Deutscher! Ob das ein »Knirps« sei? Nein, ein »Stockschirm«! Aber als sie versuchten, dieses Wort nachzusprechen, konnte ich mir ein Lachen nicht verkneifen. Dann hat mich jemand aus der Gruppe vor der Kulisse von Conques fotografiert und weiter ging es. Unterwegs konnte ich ein paar Mal der Pilgerversuchung nicht widerstehen und habe schwarz-glänzende Brombeeren genascht. Irgendwo auf dem Weg war eine Bodenplatte aus dem Jahr 2000 eingelassen: la »Méridienne Verte« mit den Ortsangaben Dünkirchen im Norden und Barcelona im Süden. Ein wenig später gab es dazu eine Erklärungs-Tafel: Längs dieser gedachten Linie vom Nord- zum Südpol – der alte Null-Meridian, der durch Paris verlief und bis 1888 gültig war – hat man in Frankreich im Jahr 2000 viele Bäume gepflanzt und so dieser Linie ein konkretes Aussehen verliehen. Von jetzt an geht es jenseits dieser Linie westwärts!

14.30 Uhr in der kleinen Kirche von Agnac

Das, was ich eben über meine Hoffnungs-Haltung schrieb, gilt natürlich auch im Blick auf die Kirche. Auch hier habe ich die Hoffnung, dass sich einiges zum Besseren und Guten ändern wird, dass sie die »Zeichen der Zeit« erkennen und ernst nehmen wird. Ich habe die Hoffnung, dass sich die Kirche in unseren Breitengraden zu kleinen, aber intensiven Gemeinden wandeln wird, die ohne großen Aufwand und ohne riesigem Apparat und ohne Machtgehabe »Salz der Erde« sein können. Und ich habe die Hoffnung, dass die Kirche überall auf der Welt weiterbestehen wird als »Licht der Welt«. Der Beistand der Kirche – »Die Mächte der Unterwelt werden sie nicht überwältigen« (Mt 16,18) – ist nicht der europäischen Kirche verheißen (vielleicht hat sie lange genug diesen Auftrag erfüllt!), sondern der Kirche insgesamt.

Hier in dem kleinen Kirchlein gibt es eine Gedenktafel, die daran erinnert, dass zwei hier in Agnac geborene Brüder, die beide Priester waren, wegen ihres Glaubens am 2. Juni 1794 auf der »Place du Bourg« in Rodez enthauptet wurden. Die Tafel erinnert damit an eines der schrecklichsten (und stark verdrängten) Kapitel französischer Geschichte – zugleich vermittelt sie aber auch die Hoffnung, dass die Kirche trotz allem überlebt hat und überleben wird.

Noch 58 Tage! 22/8/04

14.30 Uhr an der romanischen Magdalenen-Kapelle von Guirande

Es fällt auf, dass Jesus auch im heutigen Sonntagsevangelium (Lk 13,22–30) auf eine Frage, die eigentlich mit »Ja« oder »Nein« beantwortet werden müsste oder könnte (»Sind es nur wenige, die gerettet werden?«), die Frage an die Fragesteller zurückgibt. Das ist eine »Taktik«, die mehrfach im Neuen Testament zu finden ist: so bei den Fragen der Pharisäer »Ist es erlaubt, dem Kaiser Steuern zu zahlen, oder nicht?« (Mk 12,14), oder bei der Situation mit der Ehebrecherin »Nun, was sagst du?« (Joh 8,5). Jesus antwortet nicht direkt auf diese Fragen, sondern fragt zurück oder verhält sich so, dass die Fragesteller selbst ans Nachdenken kommen, für sich selbst eine Antwort finden müssen oder zu einer Handlung motiviert werden. Im heutigen Evangelium antwortet Jesus auf die gestellte Frage »Sind es nur wenige, die gerettet werden?« mit einer Handlungsanweisung, mit einer Aufforderung: Strengt euch an! Bemüht euch! Zeigt Einsatz. Und er ergänzt diese Handlungsanweisung mit dem verheißungsvollen Bild aus dem Prophetenbuch Jesaija, dass alle Völker aus allen Himmelsrichtungen zum Mahl eingeladen sind.

Vielleicht ist dieses Vorgehen Jesu auch für uns Seelsorgerinnen und Seelsorger hilfreich. Auf manche direkt gestellten Fragen der Menschen – »Was muss ich tun?«, »Ist das Sünde?«, »Muss ich sonntags in die Messe?« – mit einer Gegenfrage zu antworten, die zum eigenen Nachdenken und zum eigenverantwortlichen Tun der Fragesteller führt. Und: immer wieder »Antworten« mit uralten Bildern, Vorstellungen, Wünschen, Hoffnungen, Visionen, Träumen zu geben, die die Menschen einladen, ihrem Leben eine Sinnrichtung zu geben.

Gestern bin ich nach 24 Kilometern um 15.30 Uhr in Livinhac-le-Haut angekommen, wo Meinhard mich erwartete. Wir sind dann nach Decazeville gefahren, um dort in der Kirche die Kreuzwegstationen von Gustave Moreau anzusehen: eine Auftragsarbeit von 1863, die erst wenig von dem faszinierenden symbolisch-surrealistischen Spätwerk dieses Malers erahnen lässt. Von dort fuhren wir nach Figeac, wo wir für zwei Nächte im »Hôtel au Pont du Pin« untergekommen sind. Da es im Ort keine Messe gab, fuhren wir heute Morgen wieder zurück nach Decazeville und haben dort um 11 Uhr die Messe mitgefeiert. Und um 12.15 Uhr konnte ich endlich in Livinhac-le-Haut losgehen, um an diesem Sonntagnachmittag die 25 Kilometer bis Figeac zurückzulegen: Keineswegs ein Sonntagnachmittagsspaziergang! Aber bei sonnigem Wetter geht es sich gut. Hier in der kleinen Magdalenen-Kapelle gibt es Fresken im Chorraum vom Ende des 14. Jahrhunderts. U.a. eine Darstellung der heiligen Maria Magdalena, wie sie vollständig in ihr eigenes Haar eingehüllt und von Engeln umgeben ist.

Noch 57 Tage! 23/8/04

11 Uhr in der neugotischen Kirche N.D. de Faycelles

In Conques habe ich mir eine Postkarte gekauft mit der Reproduktion eines Kupferstiches aus dem 17. Jahrhundert von Jacques Callot (von dem ich eine Original-Jacobus-Graphik besitze). Sie zeigt zwei heruntergekommene Pilger, links wohl eine Frau, rechts ein Mann. Beide stehen auf ihrem Pilgerstock gestützt, haben ihren Mund verzerrt geöffnet und jammern sich wohl gegenseitig etwas vor oder beschimpfen sich gegenseitig. Sie sind deutlich als Jacobs-Pilger charakterisiert, mit Pilgerabzeichen an den breiten Krempen ihrer Hüte, und er noch mit einem solchen Abzeichen an der Pelerine. Ziemlich verwahrlost und abgewrackt sehen sie aus, lang und zerzaust fallen ihre Haare herab; ihre Kleider hängen ihnen wie Lumpen am Leib, überall zerrissen und ausgefranst. Diese Graphik ist eine ironisierende Darstellung des immer etwas schelmischen Callot aus der Spätzeit der Wallfahrt. Nach den Blütezeiten im 12. bis 14. Jahrhundert ging es mit der Jacobus-Wallfahrt immer mehr bergab. Vagabundentum, Diebstahl, Prostitution ließen die Wallfahrt in Verruf geraten. Und der einstmals hoch angesehene Stand der »Pilger« verkam zum Gespött und zur

Ablehnung. »Jacquaires« oder »Muschelbrüder« waren nicht mehr gern gesehen und wurden gemieden.

In dieser Zeit (Anfang des 16. Jahrhunderts) reimte Hans Sachs folgendes Spottgedicht:

Wir Jacobsbrueder mit grossem hauffen
Im Land sind hin und her gelauffen/
Von Sanct Jacob/Ach und gen Rom
Singen und bettlen one schom/
Gleich anderen presthafften armen/
Offt thut uns der BettelStab erwarmen
In Haenden/alsdenn wir es treibn
Unser lebtag faul Bettler bleibn.

Zur gleichen Zeit polemisierte Martin Luther gegen das Wallfahrtswesen und vor allem gegen die Jacobus-Wallfahrt:

»Wie er in Hispaniam kommen ist gen Compostel, da die groß walfahrt hin ist, da haben wir nu nichts gewiß von dem: etlich sagen, er lig in Frankreich zu Thalosa, aber sy seind jrer sach auch nit gewiß. Darumb laß man sy ligen und lauff nit dahin, dann man waißt nit ob sant Jacob oder ain todter hund oder ein todts roß da liegt, … laß raisen wer da wil, bleib du dahaim.«

Mit der Jacobus-Wallfahrt ging es immer weiter bergab, bis sie im 19. Jahrhundert fast ganz in Vergessenheit geriet. Erst in der Franco-Zeit wurde sie neu belebt (Franco setzte am 21. 7. 1937 den Heiligen wieder in seine vollen Rechte als »Patron Spaniens« ein), und in den siebziger und achtziger Jahren des vergangenen Jahrhunderts begann der Wallfahrts-Boom, der bis heute stetig zunimmt.

Die Callot-Graphik mit den beiden heruntergekommenen Pilgern hält mir auch selbst so etwas wie einen Spiegel vor: Nicht, dass ich auch schon so aussehen würde, aber ein wenig geht es wohl bei jedem Pilger in diese Richtung. Die Unordnung nimmt zu, die Körperpflege nimmt ab, die Haare und der Bart werden zerzauster, der Bezug zu Staub und Dreck wird enger, die Funktion des Taschentuches verwischt sich gegenüber dem Abputzen des Schweißes und der Nase, die Socken kann man abends vor Dreck starrend in die Ecke stellen, die einst helle Weste mit dem Loch vom Brücken-Abenteuer wird schmuddeliger und grauer, das Wanderhemd mit den Schweißflecken bekommt durch die Sonneneinstrahlung immer hellere Stellen, und das große »M« verfolgt einen (und die anderen) immer mehr und intensiver. In dem köstlichen Büchlein von Martin Thull »Kleines Pilger ABC« steht unter diesem Buchstaben:

> *»Müffeln, das; die Anstrengungen des Weges, die eingeschränkten Möglichkeiten der Körperhygiene, die andere Ernährung und die veränderten Trinkgewohnheiten bringen es mit sich, dass der Pilger schon nach wenigen Tagen eine eigene Aura entwickelt, die in Fachkreisen M. genannt wird. Verstärkt wird dieser Eindruck durch die verwandten Cremes und Salben, die vor Sonne schützen und die Schmerzen an den Füßen lindern sollen. Dem M. kann ernsthaft nicht begegnet werden, der Pilger muss es ertragen, dass er sich nicht riechen mag. Erleichtert wird dieser Zustand lediglich dadurch, dass auch die Mitpilger unter dem M. leiden, das heißt, dass das M. des anderen im Idealfall gar nicht als M. empfunden wird.«*

Ich hoffe nur, dass ich in Compostela nicht so aussehen werde wie die Callot-Pilger.

Gestern habe ich noch zwei (leider verschlossene) Kirchen mit herrlichen Tympana besichtigt. An der Kapelle St. Felix waren Adam und Eva aus dem 11. Jahrhundert zu sehen. Beide hielten eine verbotene Frucht in ihren Händen, und zwischen ihnen schlängelte sich die Schlange wie ein großes Fragezeichen hoch. An der Kirche Saint-Jean-Mirabel waren beide Johannesse dargestellt: Oben der Evangelist Johannes und Maria unter dem Kreuz mit Sol und Luna; unten Johannes der Täufer, eine Taube und ein Engel, der dem Herrn ein Gewand reicht, alles aus der 2. Hälfte des 13. Jahrhunderts. Gegen 18.30 Uhr kam ich nach knapp 25 Kilometern (ein paar Abkürzungen habe ich über Landstraßen genommen) in Figeac an.

Heute Morgen war ich um 8.45 Uhr auf dem Weg, zunächst bergauf. Oben ein herrlicher Blick auf die Stadt Figeac. Dann vorbei an einem Obelisken aus dem 13. Jahrhundert, der – zusammen mit drei anderen – die Grenzen der 755 von Pippin gegründeten Benediktiner-Abtei markieren soll. Innerhalb der vier Steinnadeln wurde Asyl gewährt. Unterwegs in der karger werdenden Landschaft sieht man jetzt immer wieder sogenannte »cazelles«, Steinhütten der Schäfer.

Noch einige Pilger-Splitter:

- *Meinhard liest mir (während ich mir die Füße pudere, Sonnencreme auf Beine und Arme schmiere und meinen rechten Oberschenkel mit Pferdesalbe einreibe) jeden Morgen das Tagesevangelium vor. Heute war es die köstliche Beschimpfung der Pharisäer und Schriftgelehrten. Man merkt dem Text so richtig an, wie sich Jesus lustvoll in Rage redet.*

- *Das Kaarster-Kreuz des Pastoralteams und die Muschel des Seniorenclubs habe ich seit einigen Tagen gegen das Klimpern in die Brusttasche meines Hemdes gesteckt. So habe ich sie jetzt nicht mehr »am Hals« hängen, sondern am Herzen liegen. Vielleicht gelingt mir das mit der Kaarster Gemeinde nach meiner Rückkehr auch noch ein wenig mehr: vom »am Hals hängend« zum »am Herzen liegend«.*
- *Kurz vor Figeac habe ich die Region »Auvergne« verlassen und die »Midi-Pyrénées« erreicht. Jetzt fehlt mir in Frankreich nur noch »Aquitanien«.*
- *Das viele Baguette- und Croissant-Essen bewirkt genau das Gegenteil von dem, was ich eigentlich befürchtet und wogegen ich Tabletten mitgenommen habe: Es gibt keinen Durchfall!*
- *Anne hat mir gestern eine SMS geschickt und mich daran erinnert, nur ja genug unterwegs zu trinken. Ich habe ihr zurückgesimst und sie beruhigt: Ich würde jeden Tag mindestens zwei Glas Bier trinken!*
- *Man merkt, dass man in südlichere Gefilde kommt. Öfters hört man jetzt hier und da eine Zikade zirpen.*
- *Der Stockschirm von Hennemann's ist eine nützliche und angenehme Pilgerausstattung. Zuerst natürlich mal wegen seiner eigentlichen Funktion als Regenschirm: Dabei überspannt er sogar das Tagesgepäck, so dass es einigermaßen trocken bleibt. Dann ist er hilfreich als Stütze, besonders, wenn es rauf oder runter geht, schont er die Knie und Oberschenkel, und ist er hilfreich bei regenglatten oder matschigen Pfaden. Vor allem am Nachmittag, wenn die Glieder schon ein wenig ermüdet sind und es bergab geht (womöglich sogar noch auf Asphaltstraßen!) und der rechte Oberschenkel zerrt und schmerzt – dann ist er eine wichtige Stütze für alternde Pilger. Schließlich kann er auch nützlich als »Waffe« eingesetzt werden, wenn mal wieder böse Hunde mich anfallen. Der Stockschirm ist also der Bordon der Neuzeit!*

Noch 56 Tage! 24/8/04

14 Uhr in der neugotischen Kirche von Limogne-en-Quercy

Ungefähr auf gleicher Höhe, auf der ich jetzt bin – nur wenige Dutzend Kilometer weiter nördlich – befindet sich das Marienheiligtum von Rocamadour, das seit der Bulle von Papst Paschalis II. vom Jahre 1105 bekannt ist. Für die Pilger des Mittelalters wäre es ein »Muss« gewesen, diese heilige Stätte mit seinen vielen Wundern zu besuchen. Über den dort verehrten Amadour schreibt das Wunderbuch (zitiert bei H. Wipper, Der Jakobsweg von Le Puy nach Cahors, S. 159):

> *»Man sagt, der selige Amadour (Amator) sei der Diener Mariens gewesen und habe einst den Herrn getragen und genährt. Nachdem die überaus fromme Mutter des Herrn in die himmlischen Wohnungen aufgenommen worden war, sei er auf ihre Veranlassung nach Gallien gegangen und habe am obengenannten Ort (=Rocamadour) lange das Leben eines Einsiedlers geführt. Nach seinem Tode wurde er am Eingang zum Oratorium der seligen Maria begraben. Der Ort blieb lange ohne Beachtung, es wurde nur allgemein gesagt, hier ruhe der Körper des seligen Amadour. Man wusste aber nicht, wo er sich befand. – Im Jahre 1166 nach der Menschwerdung des Herrn hat ein Bewohner dieser Gegend auf dem Sterbebett, vielleicht durch göttliche Eingebung, verfügt, dass seine Familie den Leichnam am Eingang des Oratoriums begrabe. Als dann die Erde ausgehoben wurde, fand man den unversehrten Leichnam des seligen Amadour und setzte ihn in der Kirche neben dem Altar bei, wo er immer noch unversehrt den Pilgern gezeigt wird. Dort geschehen viele und bis dahin ungehörte Wunder durch Fürsprache der hl. Maria.«*

Ich hätte auch diesen Marien-Ort in meinen Weg einplanen sollen, aber dann hätte ich nochmals ein oder zwei Tage mehr gebraucht. Vielleicht ergibt sich ja irgendwann noch mal die Gelegenheit, ihn zu besuchen.

Jedenfalls erinnert mich der Gedanke an dieses Marienheiligtum daran, dass ich schon viele Kirchen, die der Maria geweiht waren – jeweils »N.D. de … « – hier in Frankreich gesehen und besucht habe, dass in fast jeder Kirche mindestens eine – mehr oder weniger kitschige – Marienfigur steht, dass es in fast jeder Kirche Fenster mit Mariendarstellungen gibt (so auch hier: »virgo immaculata«) und dass auch das apokryphe Marienleben öfters dargestellt wird, dass ich aber auch schon viele sehr kunstvolle (vor allem romanische!) Marienfiguren gesehen habe, und dass vor allem der Ausgangspunkt der »via podiensis« – Le Puy – ein uralter Marien-Wallfahrtsort ist.

All diese Marien-Zeugnisse lassen in mir alte Erinnerungen aufkommen: Erinnerungen an gemeinsame Rosenkranz-Gebete im Mai und Oktober in Omis Küche unter der »Höllen-Uhr«, Erinnerungen an regelmäßige Wallfahrten nach Neviges als Kind und Jugendlicher (meine ersten Pilger-Erfahrungen! 8 Kilometer waren damals eine endlose Strecke!), Erinnerungen an eine kitschige Lourdes-Madonna in unserem Schlafzimmer ...

Den Brauch der Neviges-Wallfahrt habe ich in meiner Zeit als Homberger Pfarrer wieder aufgegriffen, und so sind wir an jedem ersten Sonntag im Juni dorthin gepilgert.

All diese Marien-Zeugnisse und persönlichen Marien-Erinnerungen stellen die Frage nach meiner Beziehung zu dieser »Mutter des Herrn«. Ich habe in meiner priesterlichen Tätigkeit schon mehrfach über diese biblische Gestalt gepredigt (z. B. eine Predigtreihe über das »Magnificat«) – allerdings nicht süßlich-abgehoben, sondern stets etwas herb-spröde. Immer ging es dabei in die Richtung: »Maria als Schwester im Glauben«.

Im nächsten Jahr soll ich die Festpredigten während der »Niederdonker-Oktav« Anfang September in Meerbusch halten. Als Thema der Predigten habe ich mir – in Anlehnung an den Buchtitel von Wilhelm Bruners »Wie Jesus glauben lernte« – gedacht: »Wie Maria glauben lernte«. Dabei möchte ich Folgendes aufzeigen:

An der Verkündigungs-Geschichte (Lk 1,26–38) will ich deutlich machen, wie Maria von der Zweifelnden zur Zustimmenden (zur Jasagerin) wird. Sie sagt auf den Anruf des göttlichen Boten hin nicht sofort und spontan »Ja« und »Amen«, sondern sie fragt nach: »Wie soll das geschehen?«. Sie zweifelt, sie stellt infrage, sie will sich vergewissern, ehe sie das »Fiat« spricht.

An der Geschichte vom 12jährigen Jesus im Tempel (Lk 2,41–52) will ich zeigen, wie Maria von der Fragenden (Suchenden) zur Belehrten (Nachdenklichen) wird. Sie stellt ihrem Sohn eine Frage und löst damit den ersten Satz aus, den wir von Jesus aus seinem Leben kennen, ein Satz, dem nach einer Warum-Frage ein Glaubensbekenntnis folgt, das in andere Dimensionen führt, das vom Irdischen zum Himmlischen reicht, und Maria muss das verstehen lernen.

An der Geschichte von der Hochzeit zu Kana (Joh 2,1–12) will ich klarmachen, wie Maria sich von der Mütterlichen zur Jüngerin (Dienenden) wandelt. Will sie zunächst – typisch Mutter – alles selbst in die Hand nehmen und regeln, muss sie lernen, dass Jesus der eigentlich Bestimmende und Handelnde ist, dem sie folgen muss.

An der kantigen Geschichte (Mk 3,20–21; 3,31–35), wo Maria und seine Brüder »vor dem Haus« stehen und ihn »nach Hause« holen wollen, will ich versuchen aufzuzeigen, dass Maria von der Verständnislosen zur Schweigenden wird. Sie versteht die Worte und die Taten ihres Sohnes nicht. Sie hält ihn für verrückt und will ihn zu sich zurück holen. Jesus aber zeigt seinen Auftrag auf: neue Familienverhältnisse zu schaffen, die nicht mehr biologisch, sondern geistig begründet sind. Wir hören im Neuen Testament keine Reaktionen von Maria darauf. Sie schweigt, aber sie steht in Treue weiter zu ihm.

An der Kreuzigungs-Geschichte (Joh 19,25–27) – »Frau, siehe, dein Sohn!« – will ich die Veränderung Mariens von der Trauernden zur Fürsorgenden (Getrösteten) verständlich machen. Sie bleibt nicht in der Trauer gefangen, sondern sie erhält neue Aufgaben. Der sonst etwas triviale Satz »Das Leben geht weiter« bekommt in diesem Zusammenhang ganz neue Dimensionen: Leben über den Tod hinaus.

Aus der kurzen Erwähnung Mariens in der Apostelgeschichte (Apg 1,14) kann ihre Entwicklung von der Einzel-Verantwortlichen und Einzel-Glaubenden zur Glaubenden in der Gemeinschaft (der Kirche) aufgezeigt werden.

Gestern bin ich nach 30 Tageskilometern bei immer schwüler werdenden Temperaturen (ein Gewitter lag in der Luft) gegen 17.30 Uhr in Cajarc angekommen. Unterwegs habe ich einen Dolmen gesehen – jene megalithischen Denkmäler, die ich zu Genüge aus der Bretagne kenne und deren Bedeutung niemand so ganz genau weiß. In Cajarc, einer Pilger-Station in früheren Zeiten, kamen wir feudal im Hotel »La Ségalière« unter (wenn das so nobel weitergeht, ist bald meine gesamte Pilgerkasse aufgebraucht!). Beim Abendessen gab es auch einen »cabécou«, einen Ziegenkäse-Taler – eine Spezialität dieser Region, der Causse de Limogne. Dazu tranken wir einen Wein aus Gaillac. In der Nacht gab es ein mächtiges Gewitter.

Heute Morgen bin ich gegen 9 Uhr bei bedecktem Himmel (es kamen immer mal wieder ein paar Tröpfchen) und angenehmen Temperaturen losgezogen: durch eine karge, wenig fruchtbare Landschaft mit Eichen-, Buchsbaum- und Wacholderbewuchs, alles ein wenig trostlos und langweilig.

Noch 55 Tage! 25/8/04

13 Uhr im Waschhaus an der »Fontaine d'Outriols«

Gestern bin ich nach 26 Kilometern gegen 16.45 Uhr in Varaire angekommen. Unterwegs habe ich noch einen weiteren Dolmen besichtigt. Meinhard wartete schon stickend auf mich. Dann fuhren wir nach Cahors zum Hotel »Le Melchior« (beim Bahnhof). Nach dem Frisch-machen kurzer Stadtbummel – vor allem zur Kathedrale St. Etienne mit dem herrlichen Nordportal. Leider war der Kreuzgang schon geschlossen, so dass ich mich diesmal nicht an der köstlichen Darstellung der beiden – sich um ein Musikinstrument streitenden – Pilger erfreuen konnte.

Heute Morgen nach dem Frühstück um 7.15 Uhr Transfer von Cahors nach Varaire (unterwegs vier grasende Rehe gesehen). Um 8.30 Uhr startete ich auf dem GR65. Weiter durch die öde, karge Landschaft der Causse de Limogne bei bedecktem Himmel, aus dem manchmal die Sonne scheint; bei angenehmen Temperaturen um die 20 Grad; bei einem erfrischendem Wind; manchmal auf alten Römerwegen, dem »Cami Ferrat«. Im Dörfchen Mas de Vers begrüßte mich eben ein alter Mann mit zwei Krückstöcken per Handschlag und fragte, woher ich käme, ob mir die Gegend gefallen würde (ich antwortete natürlich mit »Ja«!) und erzählte mir, dass das hier eine Trüffel-Gegend sei, dass Trüffel vom 1. Januar bis Ende März gesammelt würde, dass es aber in diesem Jahr keinen Trüffel gegeben habe, weil es im vorigen Jahr zu warm war. In dem Dörfchen gab es auch eine Station für Pilger, wo ein Mann Butterbrote anbot. Ich bestellte ein Käse-Brot und Cola. Er erzählte mir, dass vor allem Schweizer vorbeikämen, an zweiter Stelle Deutsche, dann Kanadier, Franzosen und aus allen Gegenden Europas. Als ich fragte, was ich zu bezahlen habe, sagte er: »Was Sie wollen!«. Ich gab ihm 3 € und verabschiedete mich.

Nachdem ich gestern über mein Verhältnis zu Maria ein wenig nachgedacht habe, hat mich das Tympanon aus dem Jahr 1135 am Nordportal der Kathedrale St. Etienne in Cahors zu einigen Gedanken über meine Beziehung zu Jesus Christus angeregt. Das Tympanon zeigt – verbunden mit Darstellungen aus dem Leben des heiligen Stephanus – die »Himmelfahrt« Christi. Damit wird den Menschen und vor allem den pilgernden Menschen eine Wege-Geschichte vor Augen gestellt, die nicht auf die Horizontale, sondern auf die Vertikale verweist. Den Pilgern wird gesagt: Euer Weg hier auf Erden hat letztlich den Weg zum Himmel als Ziel. Mit diesem Gedanken ist eine wichtige Sicht von Jesus verbunden. Wenn ich gefragt würde, welche Bedeutung Jesus für mich hat, dann würde ich antworten: Er hat uns Menschen den Himmel geöffnet. Das ist die Kehrseite der Aussage: Er ist der »Gesandte Gottes«. Er hat mit seinen Worten und mit seinen Taten den Menschen größere und weitere Dimensionen und Möglichkeiten eröffnet als Menschen selbst planen und machen können. Er hat Grenzen gesprengt – Grenzen von Raum und Zeit: Er hat die Dimension der Unendlichkeit und der Ewigkeit für uns Menschen aufgeschlossen.

Diese Grenz-Erweiterung hat er selbst durch seinen Tod und seine Auferstehung vollzogen, und er hat uns versprochen, dass wir ihm auf diesem Weg folgen dürfen. Dass wir nicht eingegrenzt sind durch die Eckdaten unserer Geburt und unseres Todes, sondern dass »das Leben weitergeht«. »Wie« das sein wird, ist unseren Vorstellungen und Gedanken entzogen – deshalb hat der Künstler den himmel-öffnenden Christus auch in einer Mandorla dargestellt, in einem Bereich, der nur ihm zugehört. Und die Jünger stehen in ihren eigenen Bereichen auf dieser Erde und werden von den beiden hüften-schwingenden Engeln deutlich an ihre Aufträge in dieser Welt erinnert. Aber die Hoffnung der Grenzüberschreitung bleibt!

17.15 Uhr im Kreuzgang der Kathedrale St. Etienne in Cahors

Nun habe ich es doch noch geschafft! Nach gut 32 Kilometern (es war wohl etwas mehr als angegeben)! Heute Nachmittag bin ich etwas hurtigeren Schenkels gelaufen – weil es zeitweilig regendunkel am Himmel heraufzog und ich auch mehrmals den Schirm aufspannen musste, vor allem aber, weil ich vor der Schließung des Kreuzgangs um 18 Uhr hier sein wollte.

Nun stehe ich vor der amüsanten Darstellung aus dem Alltagsleben der Wallfahrt. An einem Sockel-Relief in Augenhöhe der Betrachter sind sie zu sehen: zwei Pilger – links wohl eine Frau, rechts ein Mann. Er ist an der Muschel auf seinem Hut eindeutig als Jacobs-Pilger zu erkennen. Beide tragen ein Musikinstrument in ihrer Hand – wohl eine Drehleier. Und beide gehen mit geballten Fäusten und zum Schrei aufgerissenen Mund aufeinander los. Ob sie sich wohl nicht auf einen gemeinsamen Ton einigen können? Ob sie wohl darum streiten, wer anfangen soll? Ob sie sich wohl gegenseitig der Misstöne beschimpfen? Ich weiß es nicht. Jedenfalls ist es schön, dass es aus früheren Zeiten (immerhin stammt der Kreuzgang von 1493) nicht nur Darstellungen der Heilsgeschichte oder von Heiligen gibt, sondern auch Darstellungen aus dem Alltagsleben der Pilger. Sie sind selten genug. Der graue Alltag und das normale profane Leben der Menschen interessierten wohl nicht so. Immerhin gibt es hier und da solche Darstellungen vom Leben der Pilger. Und hier diese Darstellung erinnert dann auch noch daran, dass die Musik für die Wallfahrt eine große Rolle spielte. Dass unterwegs sicherlich viel gesungen und musiziert wurde. Von den Liedern haben sich bis heute nur die kunstvollen Gesänge erhalten – wie etwa das »Dum pater familias« oder »Wer daz elend bauen will«. Die normalen Unterwegs-Songs der einfachen Leute sind nicht überliefert – vielleicht ist die einzige Ausnahme der Kanon: »Bruder Jakob, schläfst du noch?«, der auch im Französischen bekannt ist.

Jedenfalls gilt: »Ich glaub an einen Gott, der singt« (ein Lied, das wir auch schon hier im Gottesdienst gesungen haben: »Je crois en Dieu qui chante, et qui fait chanter la vie«, das von N. Colombier stammt und das mein Vorgänger, Pfarrer Winfried Pilz, in Kaarst bekannt gemacht hat).

Noch etwas Nettes: Heute Morgen hat mir Hilde eine SMS geschickt und mir alles Gute gewünscht. Daraufhin habe ich geantwortet und ihr gesimst, dass ich heute über 30 Kilometer laufen müsse, dass mich dann aber ein Pilgerbier erwarte. Daraufhin schickte sie mir nochmals eine SMS und fragte an, was das denn für ein Land sei, in dem man so weit laufen müsse, um ein Bier zu bekommen?

Noch 54 Tage! 26/8/04

14.30 Uhr in der Kirche von Lascabanes

Punkt 8 Uhr habe ich heute Morgen Cahors über die Pont Valentré verlassen. Am Mittelturm dieser herrlichen Wehrbrücke, die 1306 begonnen wurde und die zu den best erhaltenen befestigten Brücken des Mittelalters zählt, klammert sich hoch oben eine Teufelsgestalt fest. Sie erinnert an die Legende, dass der Brückenbauer nicht termingerecht mit dem Bau der Brücke über den Fluss Lot fertig wurde und deshalb Hilfe beim Teufel suchte. Er verschrieb ihm seine Seele und als Gegenleistung musste der Teufel beim Brückenbau jeden gewünschten Auftrag des Baumeisters ausführen. So schritt der Bau seiner Vollendung entgegen. Weil aber der Brückenbauer seine Seele retten wollte, kam er (oder war es seine Frau?) auf die Idee, vom Teufel als letzten Auftrag zu verlangen, dass er mit einem Sieb Wasser aus dem Lot hole. Das aber gelang selbst dem Teufel nicht. Aber der rächte sich, indem er einen Eckstein vom mittleren Turm der Brücke herausriss, der seitdem »Tour de Diable« heißt.

Solche köstlichen und erbaulichen Geschichten winden sich wie ein Kranz um den langen Pilgerweg: höllische Geschichten vom Teufel, aufregende Geschichten von Versuchungen, ärgerliche Geschichten von bösen Wirten, traurige Geschichten von Überfällen, blutige Geschichten von Mord und Totschlag, phantastische Geschichten von außergewöhnlichen Wundern, geheimnisvolle Geschichten von Glück und Liebe, gruselige Geschichten von Riesen ... Sex and crime waren auch im Mittelalter schon beliebt (wobei mir keine ausgesprochene Sex-Geschichte bekannt ist, aber die wurden wahrscheinlich auch früher schon nur hinter vorgehaltener Pilger-Hand weiter erzählt). Solche Geschichten (von denen jetzt viele gesammelt sind in dem Büchlein von Andreas Drouve, Geheimnisse am Jakobsweg. Wundersame Legenden und mysteriöse Geschichten, 2003) längs des Weges hielten die Pilger bei Laune. Man kann nicht nur auf ein viele hundert Kilometer entferntes Ziel starren, sondern auch »unterwegs« muss schon etwas passieren, muss man etwas erleben, müssen Geschichten die Pilger aufmuntern.

Auch ich liebe solche Geschichten, manchmal mehr als die Geschichte. Denn aus der Geschichte lernen die Menschen nur selten, aus den Geschichten aber lernen die Menschen Erfahrungen, und solche Geschichten erfreuen die Menschen immer wieder oder lassen ihnen einen leisen Schauer über den Rücken laufen.

Nach der Pont Valentré ging es heute Morgen steil bergauf. Dort bot sich ein herrlicher Blick auf die Stadt – allerdings wiederum (wie gestern am späten Nachmittag) alles grau in grau. Leichter Regen fiel, und ich habe heute Morgen mehrfach den Regenschirm in seiner ursprünglichen Funktion nutzen müssen. Der Weg führte über die weiten, hügeligen Kalkplateaus von weißlicher Farbe, die der Landschaft den Namen »Quercy blanc« gegeben hat. Viele Kilometer ging es bis hierher auf dem alten Weg von L'Hospitalet nach Lascabanes. Wie der Name schon andeutet, gab es früher in L'Hospitalet ein Pilgerhospiz, von dem nichts mehr erhalten ist. Aber der Ortsname erinnert wenigstens daran, dass es früher in vielen Städten und Dörfern solche Hospize für Pilger gab und dass sie eine ganz wichtige Hilfe für die Infrastruktur der Wallfahrt waren.

Auf diesem alten Weg verdichteten sich in mir durch die vielen Schuh-Abdrücke in dem fast zementartigen feuchten Sand- oder Lehmboden folgende Gedanken zur Vergangenheit, Gegenwart und Zukunft:

Pilger-Eindrücke

Auf feuchtem Grund der Wege ein Geflecht Richtung Sonnenuntergang.
Vor mir prägten es viele Pilgerschuhe.
Meine markanten Profile ergänzen dieses Muster.
Der nächste Regen wird alle Spuren verwischen.

Das Wetter wurde im Laufe des Tages immer besser, die Sonne blickte hin und wieder durch, und bei angenehmen Temperaturen um die

20 Grad bin ich dann nach ca. 22 Kilometern hier gelandet. In dieser Kirche gibt es jeden Abend eine heilige Messe mit Fußwaschung und Segnung der Pilger – aber bis 18 Uhr kann ich nicht warten, da ich noch 10 Kilometer vor mir habe. So schüttele ich noch die kleinen Steinchen aus meinen Schuhen und werde mir meine Füße in Montcuq selbst waschen müssen.

Auf dem Pilgerweg bekommt die Zeichenhandlung der »Fußwaschung« wieder einen realen Bezug: als Reinigung und Erfrischung der dreckigen und müden Pilger-Füße. Am Gründonnerstag Füße zu waschen, die vorher zu Hause schon drei Mal gewaschen wurden, ist für mich eine sinnentleerte Handlung ohne irgendwelche Zeichenfunktion.

Heute Vormittag habe ich Uli Fraune vom Pastoralteam angerufen und ihr zum Geburtstag gratuliert. Natürlich habe ich auch gefragt, ob alles in der Gemeinde »läuft«, konnte das bestätigt erfahren und dass sich alle auf den neuen Start nach den Schulferien Anfang September vorbereiten. Aber wenn ich ganz ehrlich bin: Eigentlich berührt es mich wenig, ob und was in der Gemeinde »läuft«. Auch was in der Welt passiert, welche politischen Ereignisse stattfinden, welche Katastrophen es vielleicht gibt, was sich bei der Olympiade in Athen abspielt … – all das spielt im Augenblick für mich keine Rolle. Ich bin nur ganz für den Weg da – und der Weg ist ganz für mich da!

Noch 53 Tage! 27/8/04

10 Uhr in der romanischen Kirche von Rouillac

Nun bin ich erst anderthalb Stunden unterwegs und mache schon eine kurze Rast in dieser Kirche, die etwas abseits vom Wege liegt, mit bemerkenswerten Fresken aus dem 12. Jahrhundert. Links ist der Einzug in Jerusalem, rechts das letzte Abendmahl dargestellt. An der Innenseite des Triumphbogens (in leichter Hufeisenform – zum ersten Mal auf meinem Weg mozarabische Anklänge?) sieht man den Sündenfall (wobei Eva mit ihrer Rechten die verbotene Frucht dem Adam anbietet, während sie mit der Linken ihre Blöße bedeckt); gegenüber das Erlösungsgeschehen am Kreuz mit Sol und Luna. Im Gewölbe thront Christus in der Mandorla, umgeben vom Viergetier (leider stark beschädigt), eine Augenweide am frühen Morgen!

Nach einer langen Nachtruhe (eigentlich schlafen wir immer neun bis zehn Stunden) im »Hôtel du Parc« in Montcuq, wo ich gestern gegen 17.30 Uhr ankam, bin ich heute Morgen bei strahlend blauem

Himmel und leuchtender Sonne aufgebrochen. Kurz hinter Montcuq kam mir ein etwas abgewrackter älterer Pilger mit leichtem Gepäck (an dem eine Muschel baumelte), begleitet von einem friedlichen Hund, entgegen und erzählte mir, dass er auf dem Rückweg sei. Er habe die Strecke von Le Puy nach Compostela zurückgelegt und gehe nun nach Le Puy zurück. Bevor ich ihn fragen konnte, warum er den Hin- und Rückweg mache, zog er schon weiter. Das gibt es also doch! Dass Pilger den Hin- und Rückweg machen! Das hätte ich kaum gedacht! Warum wohl? Vielleicht ist etwas dran an der Antwort, die Carmen Rohrbach erhielt (und die sie in ihrem köstlichen Esels-Buch »Muscheln am Weg. Mit dem Esel auf dem Jakobsweg durch Frankreich«, S. 204 erzählt), als sie auch einem solchen Hin- und Rückweg-Pilger begegnet:

> *Vor Verblüffung wiederhole ich wie sein Echo: »Hin und zurück? Von Santiago nach Hause? Zweimal dieselbe Strecke?«*
>
> *Er schüttelt entschieden den Kopf: »Nein, es ist nicht derselbe Weg. Auf gar keinen Fall! Beide sind völlig verschieden. Der Weg nach Santiago ist – wie soll ich sagen –, na ja, vielleicht der heroische Weg. Für mich hat es fast etwas Heldenhaftes, wenn ein Pilger seine vertraute Umgebung verlässt und sich hinaus ins Ungewisse wagt.«*
>
> *»Genau! Und wie ist es mit dem Heimweg? Wie sehen Sie den?«*
>
> *»Für mich ist es der Weg der Liebe. Das Kostbarste, was ich gewinnen kann. Und das Einzige, für das sich alle Mühe lohnt.«*

Man muss sein »zu Hause« schon sehr mögen und lieb gewonnen haben, um sich ihm als Ziel genau so langsam und innig zu nähern, wie dem Ziel der Begräbniskirche des Apostels! Ich glaube, zu einem Rückweg-Pilger bin ich noch nicht fähig und reif genug!

Heute feiern wir das Fest der heiligen Monika, der Mutter des heiligen Augustinus. An ihrer Tränen-Stelle in Karthago bin ich kurz vor dem Tod meiner Mutter gewesen. Beim erfrischenden Gang durch die morgendliche Landschaft kamen mir diese Zeilen aus dem Herzen in den Sinn:

Heilige Monika

Manchmal schoss ihr das Blut in den Kopf, wenn sie an ihn dachte.
Oft vergoss sie Mutter-Tränen, um sein unruhiges Herz zu erweichen.
Allmählich wurden ihre berber-blonden Haare grau.
Er aber gab sein gottgegebenes Geheimnis nicht preis.

13.30 Uhr in der St. Bartholomäus-Kirche in Lauzerte

An riesigen Sonnenblumenfeldern (sie lassen alle schon die Köpfe hängen) und abgeernteten Kornfeldern, an Weinfeldern (»Côteaux du Quercy«: ein tiefroter, kräftiger Wein, der aber die Zunge und die Zähne stumpf macht) und Melonenfeldern, an Apfel- und Pflaumen-Bäumen-Plantagen vorbei (wobei ich hinter Montlauzun das Departement »Lot« verlassen und das Departement »Tarn-et-Garonne« erreicht habe), bin ich hier angekommen: in einer der »schönsten Städte Frankreichs« (wie es auf einem Schild angepriesen wurde), im »Toledo des Quercy« (wie sie wegen ihrer Lage etwas hochtrabend genannt wird, obwohl sich die Wolken über der Stadt wie auf dem Toledo-Bild von El Greco türmten): Lauzerte. Im 12. Jahrhundert wurde sie auf diesem steilen Hügel als Bastide, als befestigte Stadt mit rechtwinklig angeordneten Straßen, gegen die Engländer (die sich heutzutage gerne in diesem Gebiet tummeln) gegründet. Sie bewachte die Straße von Cahors nach Moissac. Und besitzt auch heute noch viele Häuser aus dem 13. Jahrhundert und der Renaissance-Zeit. Der Name kommt von dem lateinischen Wort für »Leuchte« (»lucerna«) und erinnert an das Bibelwort (das man hier sehr anschaulich nachempfinden kann): »Eine Stadt, die auf einem Berg liegt, kann nicht verborgen bleiben. Man zündet auch nicht ein Licht an und stülpt ein Gefäß darüber, sondern man stellt es auf den Leuchter, dann leuchtet es allen im Haus. So soll euer Licht vor den Menschen leuchten, damit sie eure guten Werke sehen und euren Vater im Himmel preisen.« (Mt 5,15–16).

Die Stichworte »Licht« und »Leuchte« erinnern mich daran, dass ich auch schon in manchen Kirchen eine Kerze entzündet habe und an meine Lieben daheim gedacht und für sie gebetet habe. Umgekehrt weiß ich, dass viele »in der Heimat« auch für mich eine Kerze entzünden und an mich denken. Zum letzten Weihnachtsfest habe ich 50 Kerzen mit dem Bildnis des heiligen Jacobus verschenkt und die Beschenkten gebeten, während meiner Wallfahrt diese Kerze ab und an zu entzünden und in Gedanken bei mir zu sein. So weiß ich vom evangelischen Pfarrer Martin Letschert in Ratingen, dass er an jedem Wochenbeginn eine Kerze ansteckt und an mich denkt. Dadurch entsteht eine Lichter-Verbundenheit, die sicherlich auch viel dazu beiträgt, dass bisher mein »Unterwegs-sein« so gut geklappt hat. So will ich denn auch hier in der Bartholomäus-Kirche vor dem Bild der Lourdes-Madonna ein Licht entzünden und beten: Herr, beschütze alle, die mir am Herzen liegen; Herr, begleite du mich weiterhin auf meinem Weg!

Oder wie es auf einer Inschrift beim Kerzenständer hier heißt: »Das Licht, das ich opfere, ist ein wenig von meiner Güte, ein wenig von meiner Zeit, ein wenig von mir selbst.«

18.30 Uhr in der Auberge »Aube Nouvelle«

Nachdem ich in Lauzerte noch den Pilgergarten besichtigt, mein karges Mittagsmahl eingenommen, an einem außergewöhnlichen – auf vier Säulen stehenden – Taubenhaus vorbeigekommen und dem Kirchlein »St. Sernin« (benannt nach dem Heiligen, der in Toulouse wegen seines Glaubens von Stieren zu Tode geschleift wurde und der der größten noch bestehenden Pilgerkirche an der »via tolosana« seinen Namen geschenkt hat), bin ich nach ca. 22 Kilometern gegen 17.30 Uhr hier angekommen (ich habe mir heute Zeit gelassen; und sogar unterwegs Brombeeren genascht), freundlich aufgenommen worden und gut untergekommen.

Versuch einer Übersetzung eines Pilgergebetes von Jacques Musset, das ich gestern in der Kirche von Lascabanes fand:

Gott,
unsichtbarer Mit-Pilger im menschlichen Abenteuer
und geheimnisvolle Gegenwart in der Geschichte eines jeden Menschen,
treuer Gefährte auf allen Wegen,
auf denen wir gehen, oft im Dunkel.
Gib uns die notwendige Eingebung,
um den Weg zu finden oder wiederzufinden,
um voller Wagnis zu glauben, dass es immer einen Ausweg gibt,
um die Angst zu überwinden, dass wir uns verirren könnten,
um gegen alle Hoffnung den Gang durch die Nacht zu versuchen.
Und erinnere uns ohne Unterlass an die grundsätzliche Wahrheit:
Das innere Königtum, dieser verborgene Schatz, eröffnet sich ausschließlich … im Gehen!
Losgegangen ins Unbekannte, antwortend auf einen inneren Anruf, gehen uns die Pilger aller Zeiten voraus;
erfüllt von einem Glauben, der Berge versetzt, ausdauernd und leidenschaftlich.
Lass uns, die wir heute auf dem Weg sind – wie sie – dem Wort gehorchen, das uns vorwärts zieht;
einfache Worte, deren Wahrheit sich erhellt in der Zukunft des Weges, ferner, weiter, tiefer.

Noch 52 Tage! 28/8/04

11 Uhr am gusseisernen Wegekreuz vor der kleinen (verschlossenen) Friedhofskirche von Espis

Heute feiert die Kirche das Fest des heiligen Augustinus – neben Hieronymus, Ambrosius und Gregor einer der vier großen »Kirchenlehrer«. (Obwohl im Festevangelium des heutigen Tages die Mahnung Jesu verlesen wird: »Ihr sollt euch nicht Lehrer nennen lassen!« (Mt 23,10); im gleichen Atemzug sagt Jesus auch: »Ihr sollt niemand auf Erden euren Vater nennen« (Mt 23,9) – zum Glück hat er nicht »Heiliger Vater« gesagt!). Von den vier großen Kirchenlehrern habe ich vor drei Tagen am Spätnachmittag in der »La chapelle Saint-Gausbert« im Kreuzgang von Cahors, früher »Heilig-Geist-Kapelle« genannt, ein wunderschönes Deckenfresko gesehen, das den heiligen Augustinus in seiner ganzen Würde als Bischof von Hippo zeigt.

Vor meiner Priesterweihe bin ich im März 1975 alleine auf der Insel Mykonos gewesen, um nochmals in Ruhe und Besinnung über meine Berufung und den Schritt, mich weihen zu lassen, nachzudenken. In dieser Zeit habe ich die »Confessiones« des heiligen Augustinus gelesen und mich an manchen Stellen darin wieder gefunden. Nicht, dass ich einen Deodatus in die Welt gesetzt hätte, aber auch ich musste mich mit meinem »Vorleben« versöhnen und es in meine weitere Lebensplanung einordnen. Damals habe ich auch Tagebuch geführt, etliche Gedanken darin festgehalten und dabei u.a. auch eine Unterscheidung zwischen »Zölibat an sich« und »Zölibat für mich« getroffen:

»Zölibat an sich« meinte grundsätzliche Überlegungen zu dieser Lebensform, die ich auch damals schon stark infrage stellte. »Zölibat für mich« waren Überlegungen, dass ich selbst diese Lebensform im Augenblick akzeptieren und versuchen müsse, sie zu leben. Aber solche abstrakt-theoretischen Unterscheidungen halten dem konkreten Leben nicht immer stand. Und so schließe ich mich dem wunderbaren Satz aus den »Bekenntnissen« an: »Unruhig ist unser Herz, o Gott, bis es ruht in dir!«

17 Uhr im Kreuzgang von Moissac vor dem Nordpfeiler mit der Jacobus-Darstellung

Nachdem ich dich in den letzten Tagen sehr vermisst habe und dich nur in Darstellungen gesehen habe, die ihre Existenz dem Wallfahrts-boom der letzten Jahre verdanken (so als etwas vergeistigt-ätherische Holzfigur in Conques oder als kleines Ton-Männchen am Weg GR65 oder als bäuerlich-klobige Figur in der Bartholomäus-Kirche in Lauzerte), ist es schön, dich hier in einer alt-ehrwürdigen Darstellung aus der Blütezeit der Wallfahrt im Mittelalter zu sehen. Eingerahmt von zwei Säulen, von einem Bogen überspannt, der dich benennt (SCS IACOBUS APOSTOLUS), stehst du frontal in deiner ganzen apostolischen Würde da. In deiner linken Hand hältst du ein Schriftband, das auf deine Verkündigungstätigkeit hinweist. Mit deiner Rechten zeigst du nach rechts in die Richtung der Zukunft, in die Richtung der Hoffnung. Ebenfalls in diese Richtung hast du deinen Kopf gewendet und blickst du mit offenen, erwartungsvollen Augen – so als schautest du ein fernes Ziel, so als hättest du einen markanten Endpunkt vor Augen, so als erblicktest du den Sinn des Lebens. Noch aber stehst du mit beiden nackten Füßen (warum trägst du keine Sandalen wie deine Apostelkollegen Petrus und Paulus?) fest auf dem Boden. Und so lehrst du mich beides: Schaue hoffnungsvoll nach vorne, aber bleibe hier und jetzt der Erde verbunden!

Um 13.15 Uhr bin ich nach 16 Kilometern bei angenehmen Temperaturen hier angekommen. Vor dem herrlichen Portal mit der Darstellung des apokalyptischen Weltenrichters, der Geschichte vom armen Lazarus, der Verkündigung, Heimsuchung und Flucht nach Ägypten habe ich mich mit Meinhard getroffen. Vor diesem Portal habe ich 1989 der Homberger Gruppe einen Abschnitt aus Umberto Eco's »Im Namen der Rose« vorgelesen, der in diesem Roman das Portal aus Moissac als Vorlage für die Beschreibung des Portals des Klosters benutzt, in dem die blutige Handlung dieser Geschichte spielt.

Im stark heruntergekommenen Hotel »Le Relais Auvergnat« kommen wir für zwei Nächte unter.

Moissac ist übrigens nach Conques die zweite Station, die im »Liber Sancti Jacobi« auf der »via podiensis« genannt wird.

Noch 51 Tage! 29/8/04

12 Uhr bei einem sonntäglichen Frühschoppen vor dem Südportal der Abtei-Kirche St. Pierre in Moissac

Gerade kommen wir aus dem Gottesdienst in dieser Kirche, bei dem ich (neben einem Arbeiterpriester aus Montauban und einem ehemaligen Pfarrer der Kirche) mit dem jetzigen Pfarrer konzelebrieren durfte. Ich wurde namentlich begrüßt und der Gemeinde vorgestellt. Im vierten Hochgebet durfte ich (auf Französisch) den Abschnitt vorbeten, dass die »Kirche zu einem Zeichen des Friedens ...« werde: Gott gebe es! Insgesamt war es ein sehr würdiger und ansprechend gestalteter Gottesdienst, bei dem eine Nonne »den Ton angab« und Kinder bei der Gabenbereitung mithalfen. Sehr eindrucksvoll! Die römische »Instruktion« ist bis hierher noch nicht vorgedrungen. Hier wurde der Embolismus direkt mit dem »Vater unser« verbunden: ein sinnvolles Beten des »Herrengebetes«, das im Himmel beginnt, zur Erde führt und wiederum zum Himmel zurückführt.

Ein paar »Kleinigkeiten« von der Kirche:

Direkt am Eingang steht rechts eine kleine, ganz schwarze Holz-Figur des Pilgerheiligen, die vor ein paar Jahren im Kunsthandel erworben wurde, vielleicht 18. Jahrhundert.

In der Sakramentskapelle gibt es ein recht kleines (aber feines!) Fenster von Marc Chagall: der brennende Dornbusch.

In der Kirche steht links ein frühchristlicher Sarkophag aus dem 4. Jahrhundert, geschmückt mit einem Chrismon. Der Sarkophag ruht auf zwei altchristlichen Kapitellen, auf denen Tauben zu sehen sind, die aus einer Schale trinken: ein altes Zeichen für die heilige Eucharistie.

Über dem Südportal ist eine Sonnenuhr von 1804 angebracht mit der schönen Inschrift: »Dies noctem vincit«: ein versteckter Hinweis auf die überwundene Revolution?

Im Tympanon des Südportals sind besonders köstlich die 24 Ältesten, die neben oder unter dem Weltenrichter sitzen und alle ihre Augen auf ihn richten. Dazu das treffende Zitat aus dem Buch »Der Jakobsweg« von Hansjörg Sing (S. 123): »Dies hier ist eine Herrenparty, wo man unter sich ist. Man beachte die Haltungen und Gesichtsausdrücke dieser Ältesten: gelöst, lächelnd, trinkend, musizierend, die Beine lässig gespreizt oder überschlagen. Manche mit der Mimik eines Aktionärs bei der Vorstandssitzung; im sicheren Bewusstsein, bei der richtigen Aktiengesellschaft investiert zu haben.«

Aber die Blicke der Pilger im Mittelalter – mehr noch als die der heutigen (die solche Nacktheiten täglich sehen) – werden wohl vor allem auf die nackte Frau an der Westwand der Portalvorhalle gerichtet gewesen sein, die eine Verkörperung der Unzucht darstellt. Schlangen winden sich um ihren Körper und saugen an den hängenden Brüsten. Gleichzeitig verschlingt eine Kröte das Geschlechtsteil der Frau. Daneben steht ein dickbauchiger Teufel, der sie an der Hand vorführt.

Hier in Moissac habe ich mein Schreib-Pflicht-Programm an alle wichtigen Kaarster Personen und Gruppierungen absolviert. Solch ein Ruhetag ist wirklich ein Geschenk des Himmels – und das noch am »Herrentag«!

Noch 50 Tage! 30/8/04

12.30 Uhr an der (verschlossenen) Kirche in Espalais

Nun sind es »nur noch« 50 Tage! Dass schon viele, viele Tage und Wochen (heute beginnt schon die elfte Woche!) seit meinem Start vergangen sind, merke ich daran,

- *dass aus den perlengroßen Weinträubchen im Moselgebiet inzwischen große, pralle, leuchtende Trauben geworden sind*
- *dass aus vereinzelt aufblühenden Sonnenblumen inzwischen braune, die Köpfe hängen lassende Riesenpflanzen geworden sind*
- *dass aus meinen kreideweißen Armen und Beinen inzwischen kräftig braune Gliedmaßen geworden sind*
- *dass aus kniehohen Kornhalmen inzwischen abgemähte Kornfelder geworden sind*
- *dass aus blühenden Brombeersträuchern inzwischen dunkel-schwarz glänzende Brombeeren geworden sind*
- *dass mein hell-blauer Hut durch die Sonneneinstrahlung noch hellblauer geworden ist (nur vorne unter der Muschel kann man noch die Ausgangsfarbe erkennen)*
- *dass mein sonst dünner, meist gepflegter Bart sich nach allen Seiten ausgefranst hat*
- *dass es beim Aufstehen erst allmählich hell wird und dass es beim Zu-Bett-gehen (zwischen 21 Uhr und 21.30 Uhr) schon dunkel ist*
- *dass die ehemals grünen Kastanien-Baum-Blätter allmählich braune Ränder bekommen*

Gestern haben wir zur Mittagszeit eine Pizza im Angesicht des Südportals von St. Pierre in Moissac genossen, dann einen ausgiebigen Sonntag-Nachmittag-Schlaf gemacht, später mit Blick auf das Südportal zu Abend gespeist und dann das erleuchtete Südportal bewundert.

Heute war ich um 8.30 Uhr auf der Strecke. Es läuft sich prima. Ich bin immer an dem »Canal de la Garonne« entlang gegangen und geblieben (dadurch ein paar Kilometer »eingespart«) – bei bedecktem Himmel und angenehmen Temperaturen (etwas schwül). So erreiche ich jetzt die Gascogne.

Heute wird Peter Peiffer aus Homberg zu uns stoßen. Mal schauen, wie sich die neue Dreier-Konstellation entwickelt. Jedenfalls ist es für Meinhard gut, dass er jetzt auch mal laufen kann.

Bei den Mitpilgern habe ich – so vermute ich – schon einen bestimmten »Ruf«: dass ich Pfarrer bin und den gesamten Weg mache, hat sich schon bei einigen herumgesprochen (sicherlich bei denen, die gestern im Gottesdienst waren). So sprach mich heute Morgen schon ein Pilger vom Bodensee daraufhin an, er hätte von einer Kanadierin gehört, dass ... Gleichzeitig habe er auch gehört, dass ich gerne alleine ginge und nicht gerne angesprochen werden möchte. Ich konnte das nur bestätigen – und so ist es auch wirklich. Am liebsten gehe ich alleine, habe nicht gerne, wenn andere vor mir oder hinter mir her laufen und bin mit meinen Gedanken voll und ganz mit mir selbst beschäftigt, auf dem Weg zu mir selbst, in mein Inneres, in mein Leben – révision de ma vie!

17.30 Uhr in einer Bar in Lectoure mit Blick auf den mächtigen Turm von Saint-Gervais

Nun bin ich schon da, wo ich eigentlich erst morgen sein wollte. Aber in Saint-Antoine, wo ich gegen 16 Uhr ankam (nach ca. 26 Kilometern – denn durch die Variante am Kanal entlang war die Strecke um einiges kürzer), gab es keine passende Herberge. Dafür gab es aber in diesem Ort, der seinen Namen vom Orden der Antoniter erhielt, an der Kirche ein schönes rundbogiges Portal, dessen Lappenbogen (»arc quadrilobé«) maurischen Einfluss verrät (sehr ähnlich dem Innenportal von St. Pierre in Moissac). Es ist schon erstaunlich, dass es bei allen Auseinandersetzungen und Kriegen zwischen den Christen und Mauren doch immer wieder auch Austausch und Beziehung in wirtschaftlichen und kulturellen Bereichen gab. Und so gab es sicherlich eine große Faszination bei den Christen angesichts der maurischen Bauweise. So schmückte man hier und da die eigenen christlichen Bauwerke mit orientalischen Elementen – vor allem mit der Hufeisenform und davon abgeleiteten Formen. Diesen Stil nennt man »mozarabisch« (arabisch: »musta'rib« = »arabisiert«); ihm bin ich schon mehrfach begegnet und werde ihn sicherlich noch häufiger sehen.

In der Kirche in Saint-Antoine gibt es einen Gewölbeschlussstein mit dem »T« (»tau«), dem charakteristischen Kennzeichen der Antoniter und ein Armreliquiar des heiligen Antonius.

Vorher kam ich durch den schönen Ort Auvillar mit seiner runden Markthalle von 1824 und der Kirche Saint-Pierre mit den ältesten Teilen aus dem 12. Jahrhundert. Im Inneren der Kirche steht ein schwarzer Jacobus – wohl auch neueren Datums, wenn auch etwas auf alt gemacht (ob es hier wohl irgendwo eine Werkstatt gibt, die die Kirchen am Weg mit neuen-alten Jacobüssen beliefert?). Durch den Uhrenturm verließ ich dieses Städtchen Richtung Saint-Antoine.

Dort erwartete mich Meinhard, wir fuhren hierher zum nächsten Tagesziel in Lectoure, wo wir für zwei Nächte privat in einem Haus von 1606 unterkamen (mit einem schönen Innenhof), und nun warten wir auf Peter Peiffer.

Noch 49 Tage! 31/8/04

12 Uhr in der gotischen Kirche Saint-Orens in Miradoux

»Dies noctem vincit« – »Der Tag besiegt die Nacht«: Dieser Spruch an der Sonnenuhr von Saint Pierre in Moissac ist eine treffende Umschreibung für die jacobäische Hoffnung; für die Zuversicht, dass (fast) immer alles gut enden wird; für das Vertrauen, dass das Licht alle Dunkelheiten überwindet. Dieser Spruch ist wie die Charakterisierung eines Optimisten (zu denen ich mich mal ganz unbescheiden zähle). Ein Pessimist würde wohl den umgekehrten Satz formulieren: »Die Nacht besiegt den Tag«. Der Sonnenuhr-Spruch ist aber auch die Zusammenfassung des Grundbotschaft des Neuen Testaments: Das »Licht der Welt« – Jesus Christus – hat in seinem Leben viele Dunkelheiten überwunden. Er hat die Trauernden getröstet, er hat den Einsamen wieder Gemeinschaft geschenkt, er hat den Sündern verziehen, er hat die Kranken geheilt. Und mit seinem eigenen Tod hat er den Tod schlechthin – die ewige Dunkelheit – endgültig überwunden. »Gott hat ihn von den Toten auferweckt« – diese Grundbotschaft, diese Grund-Hoffnung ist die Zuspitzung des Versprechens »Ich bin das Licht der Welt«.

Besonders deutlich wird diese Lichtsymbolik in den Ostergeschichten vom Ostermorgen. Alle vier Evangelisten weisen darauf hin, dass die Frauen »in der Frühe des Morgens, als gerade die Sonne aufging« zum Grab gingen. Das ist mehr als ein bloßer Hinweis auf die Tageszeit. Das ist eine Lichtmetaphorik, die die Überwindung der Nacht des Todes beinhaltet. Und gegen alle Bedenken der Frauen, gegen alle Schwarzmalerei, gegen alle Ängste, die keinen Ausweg und keine Lösung sehen – »Wer wird uns den Stein vom Grab wälzen?« – wird ihnen die hoffnungsvolle Osterbotschaft verkündet: Er ist nicht mehr im Grab – Er hat den Tod überwunden! (Den Frauen könnte man einen Satz von Franz Kafka ins Stammbuch schreiben: »Verbringe die Zeit nicht mit der Suche nach einem Hindernis – vielleicht ist keines da!«) Und weil die Evangelien vom Ostermorgen so symbolträchtig sind, deshalb ist es sinnvoll, auch die Liturgie daran zu orientieren. Deshalb ist es sinnvoll, die Feier der Osternacht (wenn wir sie schon nicht die ganze Nacht hindurch feiern können) nicht am Abend des Karsamstages in die Nacht hinein zu feiern, sondern am Ostersonntag in der Frühe, von der Dunkelheit ins Licht, vom Tod zum Leben.

Seit der Zeit in der Studentengemeinde war dies immer ein ganz besonderes Anliegen von mir: die Osternacht am Morgen zu feiern. In der Studentengemeinde habe ich es so gehalten, in den 16 Jahren in Homberg (wo die Osternacht am Morgen gleichsam zum »Markenzeichen« der Gemeinde geworden ist) und in Kaarst haben wir – nach langen Diskussionen und Auseinandersetzungen (mit-geprägt von meiner Bergischen Hartnäckigkeit) – in diesem Jahr auch zum ersten Mal die Osternacht um 5 Uhr in der Frühe gefeiert: mit großer positiver Resonanz. »Bibelgemäß und sinnvoll feiern« – das muss immer das Grundmotto der Liturgie sein!

Wegen dieser Licht-Symbolik vertrete ich auch vehement als Beginn der weihnachtlichen Christmette die »Mitte der Nacht«. Denn nach einer alten sinnträchtigen Überlieferung wurde Jesus um Mitternacht geboren – so wie wir auch immer singen: »Es ist ein Ros entsprungen ... wohl zu der halben Nacht.« Anklänge gibt es dafür auch in der Bibel: »Als tiefes Schweigen das All umfing und die Nacht bis zur Mitte gelangt war, da stieg dein allmächtiges Wort, o Herr, vom Himmel herab, vom königlichen Thron« (Weish 18,14–15). Oder wie es eine alte Weisheit ausdrückt: »Die Mitte der Nacht ist der Anfang des neuen Tages« – »Das Licht leuchtet in der Finsternis« (Joh 1,5).

Gestern Abend traf Peter Peiffer gegen 18 Uhr ein, herzliche Begrüßung, ein erstes Bier, gemeinsames Abendessen.

Heute Morgen fuhren wir mit seinem Caravan zurück nach Saint-Antoine, das wir nach einigen Umwegen auch erreichten. Gemeinsames Singen in der Kirche: »Lobe den Herren« und mit dem Segen Gottes konnte ich dann endlich gegen 10 Uhr starten, über Flamarens bis hierher, an weiten Sonnenblumen- (für Öl), Mais- und rostbraunen Sorgo-Feldern (einer ölhaltigen Pflanze, die für Menschen und Tiere verwendet wird) vorbei, eine hügelige, sanft geschwungene, weite Landschaft. Das Wetter ist wieder sehr pilgerfreundlich, klarer Himmel, sonnig, ein leichter Wind, nicht zu warm.

Hier in der Kirche von Miradoux, der ältesten »Bastide« in der Region Gers, gibt es seit diesem Jahr auch eine Jacobus-Darstellung, eine ca. ein Meter hohe Tonfigur der Künstlerin Véronique Guyomard aus Condom. Ein wenig bäuerlich-klobig ist der Heilige geraten – aber es gehört inzwischen zum guten Ton jeder Kirche am Weg, eine Abbildung des Pilger-Apostels aufzustellen.

Angesichts der Inflation von neuen Jacobus-Figuren kommen mir folgende Verse in den Sinn (im Anklang an den durchdeklinierten einzelnen Heiligen im Lied »Dum pater familias«):

Jacobüsse
Jacobi haben sich in den letzten Jahren kräftig vermehrt.
Jacoborum voll die Kirchen, wo sie werden verehrt.
Jacobis eine Kerze zu weihen, ist niemals verkehrt.
Jacobos um Beistand zu bitten, bleibt selten ungehört.
Jacobis werden den Pilgern auch die Geldtaschen geleert.
O Jacobi, bewahrt uns auf unseren Pilgerwegen unversehrt!

Noch 48 Tage! 1/9/04
11 Uhr in der Kirche »Notre Dame du Rosaire« von Marsolan

Heute vor 34 Jahren habe ich das lebenslange »Ja«-Wort meines Bruders Klaus und meiner Schwägerin Josi in Marienheide entgegen genommen. Es war meine allererste Trauung als frisch-geweihter Diakon. Sie fand im kleinen Kreise statt, denn es war das Todesjahr vom Vater.

Mein Verhältnis zu meinem Bruder und zur näheren Verwandtschaft: Da er fast vier Jahre älter ist, waren unsere Beziehungen in der Kindheit und Jugend recht gering. Doch waren wir beide im »ND« und sind sogar mal zusammen mit einer Szene aus dem »Kleinen Prinzen« bei einem Elternabend aufgetreten. Erst als er Mitte und ich Anfang 20 war, haben wir einiges miteinander unternommen: gemeinsame Fahrten nach Wien, Rom und Paris. Und wenn ich von der Bundeswehr zu Kurz-Urlauben nach Hause kam, haben wir beide fast immer einen kräftigen »Zug durch die Gemeinde« gemacht. Er war auch der erste aus der Familie, dem ich meinen Entschluss anvertraut habe, Theologie zu studieren, um Priester zu werden. Er hat es dann unseren Eltern unterbreitet. Mit seiner Hochzeit sind unsere Beziehungen spärlicher und rarer geworden. Das mag mit der Kilometer-Entfernung zu tun haben, das hat aber sicherlich auch damit zu tun, dass sich unsere Interessen und Lebensstile auseinander entwickelt haben. Er liebt sein trautes Heim, seine Hobbys beschränken sich auf den Garten und Urlaube werden in überschaubaren Entfernungen verbracht. Dazu kam noch bis zu seiner Pensionierung im vorigen Jahr, dass er völlig in seinem Schul-Beruf aufging. So wurden die Kontakte im Laufe der

Jahre immer seltener und beschränken sich auf wenige Besuche meinerseits im Jahr in Wipperfürth und auf das allsonntägliche Ritual eines Telefonats um Punkt 12.20 Uhr. Einige Themen – vor allem politischer oder kirchlicher Natur – vermeide ich grundsätzlich bei unseren Treffen. Auch die Beziehungen zu meinen vier Neffen Paul, Klaus, Franz-Josef und Gerhard beschränken sich mehr auf Rand-Kontakte. Ihr Aufwachsen und ihre Entwicklungen habe ich immer nur von ferne mitbekommen. An wenigen Zentralpunkten gab und gibt es allerdings auch gelegentlich tiefere und nachhaltigere Gespräche mit den »Wipperfürthern«: so im Umfeld der Todesereignisse von Vater und Mutter, so in Krankheitssituationen, so bei Taufgesprächen, so in Glaubens- oder Berufsfindungs-Prozessen. Aber insgesamt gibt es sicherlich einige Personen in meinem Leben, zu denen ich innigere und lebendigere Kontakte habe als zur nächsten Verwandtschaft. Das ist leider so – aber viel kann und werde ich auch nicht daran ändern können.

Da ich mich eben nochmals an die Zeit erinnerte, in der ich mich entschloss, Theologie zu studieren, fiel mir ein, dass ich zum Jahrestag meiner Priesterweihe lediglich an die kirchenpolitische Situation der Konzilszeit gedacht habe, als ich mir nochmals über die Gründe meiner Entscheidung Rechenschaft ablegte. Dabei habe ich dann aber einen wichtigen »Grund« vergessen: einen ganz konkreten Menschen, den holländischen Pater Hans van Doorn vom Orden der »Kreuzherren«. Er kam Ende der fünfziger Jahre nach Wuppertal und war auch für den »Bund Neudeutschland« zuständig, ein froher, lebenslustiger, aufgeschlossener Priester und Kamerad, das personifizierte Konzil. Sein persönliches Vorbild und Engagement hat mich stark beeinflusst und meinen Entschluss gefördert. Er war in unserer Familie wie ein dritter Sohn (sein Geburtsdatum ließ sich leicht merken: 3. 3. 33). Später ging er in die Mission nach Indonesien und schenkte mir zum Abschied von Romano Guardini »Der Herr«, den ich damals mit großer Begeisterung las. Solche jungen dynamischen Priester-Vorbilder fehlen heute weitgehend für die kommenden Generationen. Es gibt zu wenig Kapläne und von denen, die es gibt, sind manche mehr Amt als Mensch (Natürlich gibt es auch erfrischende Ausnahmen!). Wie aber soll es ohne positive Vorbilder weitergehen?

Gestern bin ich nach 24 Kilometern gegen 17 Uhr in Lectoure angekommen. Schon von weitem war der mächtige Kirchturm des Ortes zu sehen – der Turm der Kirche St. Gervais, die auf den Grundmauern eines römischen Tempels erbaut wurde. Im Caravan von Peter (der jetzt immer zusammen mit Meinhard eine gekürzte Tagesetappe zurücklegt) gab es dann einen Cappucino und Kuchen, den er mitgebracht hat. So bekommt die Wallfahrt nochmals eine neue Qualität: von der Schlemmerwallfahrt zur Nobelwallfahrt! Nach einem gemeinsamen Abendessen (»Pilgermenü«), einer geruhsamen Nacht und einem guten Frühstück bin ich heute Morgen um 8.45 Uhr gestartet.

Hier in der Kirche gibt es eine Madonnenfigur, die auf lauter Kriegsgerät steht und die eine Bezeichnung trägt, die mir bisher noch nicht begegnet ist: »N.D. des armées« – wofür die Sängerin des »Magnificat« aber auch nicht alles herhalten muss!

Noch 47 Tage! 2/9/04

11 Uhr in der kleinen Kirche von Routgès mitten in Weinbergen

Gestern bin ich nach 30 Kilometern bei hochsommerlichen Temperaturen (um die 30 Grad) in Condom gegen 16.45 Uhr angekommen.

Hinter Marsolan kam ich an einem Tümpel vorbei, an dessen Ufer es von kleinen (ca. 15 cm langen) Flusskrebsen wimmelte: So etwas habe ich in meinem ganzen Leben noch nicht gesehen.

Den Umweg über La Romieu habe ich mir geschenkt, obwohl dieser Ort nach den Pilgern (»romieu« = »Pilger«) benannt ist. An zwei interessanten romanischen Kapellen bin ich vorbei gekommen, an der Chapelle d'Abrin, die früher Sitz des Johanniter-Ordens war (heute aber zu einem Privathaus gehört – so etwas würde mir auch gefallen!) und an der Chapelle Sainte-Germaine aus dem 12. Jahrhundert. In Condom war ich dann kurz in der Kathedrale St. Pierre, die im 16. Jahrhundert (als fast überall schon in einem anderen Stil gebaut wurde) im spätgotischen Stil einschiffig errichtet wurde. Dann habe ich im Hotel »Le Relais la Ténarèze« (Logis de France) auf meine Parallel-Pilger gewartet, die noch nicht angekommen waren, weil sie den Umweg über La Romieu genommen haben. Gegen 18.45 Uhr trudelten sie etwas geschafft ein. Zum Ortsnamen Condom ein kleines Zitat aus dem Outdoor-Büchlein (S. 111): »Zur Herkunft des Namens werden viele Möglichkeiten genannt: Condato magnus, Condate Dun und Cum-Dominium. In der Exposition du Préservatif kann man im Sommer das besichtigen, womit jeder diesen Stadtnamen sofort assoziiert.«

Die Stadt Condom wird immer mit einem Zusatz benannt: »Condom en Armagnac« – die Gegend, deren etymologische Bezeichnung im Lied »Wer daz elend bauen will« »leicht« missverstanden wurde, wenn es da in der 7. Strophe heißt: »So ziehen wir durch der armen

Jecken Land. Man giebt uns nicht dann Apfeltrank.« Diese Gegend ist bei uns vor allem bekannt durch das hochprozentige Getränk Armagnac. Zum reichhaltigen Abendessen im »Logis de France« (Suppe, Salatteller, Hühnchen) gab es als Nachspeise Eis mit Pflaumen – getränkt in Armagnac. Da er uns sehr mundete, bestellte ich als »Absacker« für jeden ein Gläschen Armagnac. Die Wirtin schenkte uns welchen aus dem Jahr 1982 aus – dem Jahr, in dem ich meinen 40. Geburtstag üppig in der Studentengemeinde gefeiert habe.

Heute Morgen bin ich um 8.30 Uhr gestartet, bei bedecktem Himmel, etwas schwül, die Luft ist gewitter-getränkt. Über die Pont d'Artigues habe ich den Fluss Osse überschritten. Die Brücke ist vierbogig aus romanischer Zeit. Früher gab es ganz in der Nähe ein Hospiz, das zur Diözese von Compostela, dann zum Santiago-Orden »Chevaliers de Saint-Jacques-de-l'Épee-Rouge« und zum Schluss zum Orden »Saint-Jacques-de-la-Foi-et-de-la-Paix« gehörte. Von dem Hospiz blieb nichts übrig. Aber die Brücke ist sicherlich eine der schönsten, die ich bisher gesehen und überschritten habe. Es ist immer wieder ein erhebendes Gefühl, über solche alten Brücken zu gehen, die vor mir schon so viele Tausend Pilgerinnen und Pilger überquert haben.

Das kleine Kirchlein, in dem ich jetzt sitze, steht auf einem Hügel zwischen Weinbergen und ist eines der ältesten in der Gegend. Die Weinfelder und Weinberge, durch die ich bisher gekommen bin, die Gegend des Armagnac und dieses Kirchlein – umgeben von Weinstöcken – erinnern mich daran, dass der Pilger-Apostel nach einer alten Überlieferung innerhalb des Zwölferkreises auch die Aufgaben eines Mundschenks übernommen hatte. Er sollte dafür sorgen, dass die Gläser nicht leer wurden und damit die Gemeinschaft nicht enden sollte. Vielleicht ist die Bezeichnung der rheinischen Kellner als »Köbes« noch ein Nachklang dieser alten Legende. Es gibt einen bemerkenswerten Holzschnitt von Lucas Cranach dem Älteren aus dem Jahr 1510, der den Heiligen in einer Weinlaube zeigt, wie er gerade die Feder in ein Tintenfass taucht, um in einem Buch etwas nieder zu schreiben (den ihm zugeschriebenen Jacobus-Brief? Tagebuch? Eine Autobiographie mit dem Titel »Mein Leben mit dem einzig wahren Weg«?). Jedenfalls ist es eine köstliche (im wahrsten Sinne des Wortes!) Überlieferung, dass der Wallfahrtsheilige mit den Wein-Getränken in Verbindung gebracht wird. Das zeigt, dass Pilgern nicht nur etwas Frommes oder Vergeistigtes ist, sondern durchaus auch dem »Bruder Leib« viel Gutes zukommen lässt. Und so dürfen wir getrost zu und nach unserem Abendessen diesen köstlichen Rebensaft zu uns nehmen und auf das Wohl des Mundschenks Jacobus trinken.

Zu diesem Kirchlein (vor dem mich eine kleine, arme Kirchenmaus begrüßte, die dann schnell in ihrem Loch verschwand) hier gibt es eine interessante Information in dem Führer von Heinrich Wipper: »Die abgelegene Kirche … besitzt zwei Eingänge, einen für die »rechten Leute« und einen für die »cagots«. Diese waren eine Unterschicht innerhalb der Bewohner des Pyrenäenvorlandes, ähnlich den Aussätzigen des Mittelalters und den Nichtsesshaften unserer Tage. Lange Zeit glaubte man, es handle sich um eine fremde Rasse, den Zigeunern vergleichbar. Inzwischen weiß man, dass sie sich biologisch in nichts von der übrigen Bevölkerung unterschieden. Wie konnte in einem christlichen Land eine solche Gruppe Ausgestoßener entstehen? Doch wurde diesen Menschen das Recht zum Gottesdienst zugestanden. Manchmal durften sie durch einen Nebeneingang den Kirchenraum betreten, manchmal wurde ihnen ein separater Raum zugewiesen, der nur durch ein kleines Fenster zum Kirchenschiff geöffnet war.«

15 Uhr in der Pfarrkirche von Lagraulet-du-Gers bei einer Konsole mit der Darstellung eines Pilgers (gegenüber eine Konsole mit einem Dudelsack-Spieler)

Hallo, unbekannter Pilger aus längst vergangenen Zeiten. Ich grüße dich! Ich habe eigens einen Umweg gemacht und einige Schweißtropfen vergossen (denn du liegst hier oben etwas hoch), um dich zu sehen. Ja, du liegst wirklich quer. Mit deiner linken Hand umklammerst du feste den langen dicken Pilgerstab, an dem eine Kalebasse baumelt. In deiner Rechten hältst du den Rosenkranz und dort ist auch dein Pilgerhut zu sehen, der an einem Band über deine linke Schulter hängt. Leider ist dein Kopf abgeschlagen, so dass ich dir nicht in die Augen schauen kann, obwohl du genau in meiner Augenhöhe liegst. Und so kannst du auch nicht die schrillen Dudelsack-Klänge vernehmen, die dein (ebenfalls kopfloser) Kollege gegenüber von sich gibt. Und so kann ich auch nicht mit Sicherheit erkennen, ob du ein Jacobspilger bist – eine Muschel kann ich nicht entdecken. Aber egal! Du bist hier nicht – wie ich es schon mehrfach bei Vertretern deines Pilgerstandes gesehen habe – mit dem Herrn oder seiner Mutter verbunden, du bist hier nicht direkt einbezogen ins Heilsgeschehen. Du hast hier eine andere Aufgabe. Als Konsole des Gewölbes trägst du die Kirche mit. Eine schwere Last, die dir da aufgebürdet wurde. Vielleicht hat sie dich umgeworfen, so dass du liegend diese Schwere ertragen musst. Aber es ist schön, dass du diese Aufgabe erträgst: Stütze und Lastenträger der

Kirche zu sein. Das könnte die Bestimmung von uns Pilgern überall und zu allen Zeiten sein, die Kirche mit zu tragen und mit zu ertragen. Dazu helfen die beiden Dinge in deinen Händen: der Stock und der Rosenkranz – Zeichen des Gehens und des Betens. Gehe und bete! Bete und gehe! – So wird die Kirche auch weiter bestehen! Mach es gut, lass dir nicht das Rückgrat verbiegen und lass dich nicht ganz unterkriegen!

19.30 Uhr im Restaurant des »Hôtel de l'Armagnac« in Eauze

Nach ca. 35 Kilometern (wegen des Umwegs über Lagraulet) bin ich gegen 18.45 Uhr hier in Eauze angekommen – dem Zentrum des Armagnacs, jenes köstlichen Destillates aus Weißweinen, das in Eichenfässern gelagert wird und das wir gestern Abend schon genüsslich gekostet haben. Schön, dass wir jetzt auch noch in einem Hotel untergekommen sind, das diesen Namen trägt.

Der bedeckte Himmel klarte sich über Tag auf, und die Schwüle wich einer Hitze (so um die gut 30 Grad). Nach Montréal und einer kurzen Mittagspause habe ich dann noch den Umweg über Lagraulet gemacht (nach einem Hinweis im Wipper-Buch), bin danach die Landstraße D 254 bis Lamote gegangen, habe dort die Basis eines ehemaligen gewaltigen Taubenhauses und den Wehrturm aus dem 13. Jahrhundert bewundert und habe von dort an Eisenbahn gespielt. Auf der Trasse einer ehemaligen Eisenbahnlinie ging es sieben Kilometer bis hierher, lang und langweilig – aber zum Gehen angenehm, eben und schattig. Dabei bin ich auch am ehemaligen Bahnhof Bretagne d'Armagnac vorbeigekommen, so dass ich nun in diesem Jahr doch noch kurz in der Bretagne war!

Nach meinen Berechnungen müssten es von hier aus bis Compostela noch plus-minus 1000 Kilometer sein, allerdings über den herkömmlichen »camino francés«. Da ich aber wegen des Atlantikweges noch ein paar Kilometer mehr mache, geht es für mich von hier aus noch nicht unter die Mille.

Noch 46 Tage! **3/9/04**

11.30 Uhr im »Oratoire Saint Jacques« der Kirche »ND de Pitié« in Manciet

Im Mittelalter gab es den Spruch »vita via est« – »das Leben ist ein Weg«: ein leicht verständlicher Vergleich, das Leben als Weg zu sehen, mit einem Anfang, mit Irr- und Umwegen, mit Aufs und Abs, mit (hoffentlich!) einem Ziel.

Den Spruch kann man aber auch umdrehen: »via vita est« – »der Weg ist das Leben«. Denn vieles ist auf dem Weg ganz lebendig, die unterschiedlichen Wetter- und Landschaftserfahrungen, die Begegnungen mit Menschen, das Erlebnis von vielen Kulturzeugnissen, unterschiedliche Glücks- und Schmerzerfahrungen …

Aber der Weg ist nicht nur lebendig, er ist das Leben selbst. Denn in der langen Zeit der vier Monate, die ich »unterwegs« bin, fügen sich wie in einem Puzzle oder einem Mosaik Teile, Abschnitte, Begebenheiten, Erfahrungen, Episoden meines Lebens zusammen zu einem Ganzen. Mein gesamtes Leben zieht in der Zeit des Weges vor meinem inneren Auge vorüber. Mein bisheriges Leben konkretisiert und verdichtet sich »unterwegs« in meinem Inneren. So wird mein Weg zu meinem Leben!

Man sagt, dass der Mensch kurz vor seinem eigenen Tod oder im Tod in sekundenschnelle sein Leben in sich wie in einem Film vorüberziehen sieht. Diese Mühe kann ich mir in meiner Todesstunde ersparen und mich schon mal ganz auf meinen Einzug ins Himmelreich vorbereiten (wo ich mich mit allen mir bekannten netten Menschen auf der Wolke 6 – wenn man reinkommt rechts – verabredet habe).

Hier in der Kirche ist (wenn auch nur durch eine trennende Glasscheibe zu sehen) im Mittelfenster des Chorraums die Weihnachtsgeschichte dargestellt. Solche Darstellungen der Kindheit Jesu finden sich in den meisten Kirchen Frankreichs in Kirchenfenstern des 19. Jahrhunderts – meist auch noch Darstellungen aus der Kindheit Mariens (Geburt, Tempelgang, Vermählung).

Solche Kindheits-Darstellungen wecken in mir drei früheste Erinnerungen aus meiner eigenen Kindheit – die merkwürdigerweise alle mit meinem Vater zu tun haben:

Die früheste Erinnerung (wobei ich nicht weiß, ob ich mich wirklich daran erinnern kann oder ob die Geschichte so oft erzählt wurde, dass sie mir plastisch vor Augen steht) hat mit der Rückkehr meines Vaters aus französischer Gefangenschaft 1946 zu tun. Als er damals mal mit mir heftig geschimpft hat, da habe ich ihm seine Stiefel gebracht und zu ihm gesagt: »Onkel Papi, du kannst wieder gehen!«

Die zweite Erinnerung geht zurück in das Jahr 1948, in dem ich am 21. Juni zusammen mit meinem Vater in eine (heute nicht mehr vorhandene) Schule in der Arrenberger Straße in Elberfeld ging, um dort mit der Währungsreform für jeden aus der Familie die DM abzuholen. Geld war übrigens in unserer Familie sehr knapp. In der Nachkriegszeit und auch in den Jahren danach hatte es mein Vater schwer, als Schneidermeister Geld zu verdienen. Wer konnte sich damals schon Maßarbeit leisten? Umso höher muss ich meinen Eltern anrechnen, dass sie meinen Bruder und mich aufs Gymnasium geschickt haben, obwohl das damals noch DM 20,00 Schulgeld im Monat kostete.

Die dritte Erinnerung muss sich so um das Jahr 1950 zugetragen haben – jedenfalls am Heiligen Abend, der damals noch ein voller Arbeitstag war. Ich bin da nachmittags in die Stadt gegangen, habe mir die Schaufenster angeschaut und die Zeit verbummelt. Als ich Spätnachmittags (oder schon gegen Abend?) nach Hause kam, öffnete mein Vater die Haustür und verpasste mir wortlos eine kräftige Ohrfeige (die einzige, an die ich mich erinnern kann). Ich wusste nicht warum, war mir keiner Schuld bewusst und konnte gar nicht nachempfinden, dass sich alle kräftige Sorgen um mich gemacht hatten. Diese Geschichte wurde später noch öfters erzählt und immer wieder merkte ich dann, dass meinem Vater diese Ohrfeige ausgesprochen leid tat.

Heute Morgen bin ich um 9 Uhr in Eauze gestartet. Es ist heute bei bedecktem Himmel unangenehm schwül und schweißtreibend. Zum Glück brauche ich heute nur 20 Kilometer bis zu dem japanisch klingenden Ort Nogaro zu laufen, und über die Hälfte des Weges habe ich schon hinter mir.

Hier im »Oratoire Saint Jacques« hängt ein Gebet zum Pilgerheiligen aus, das mit den Worten schließt: »Toute ta vie peut se résumer en ces mots: s'oublier, écouter, méditer, aimer. Monsieur Saint Jacques, prie pour nous. Que notre vie soit de nous oublier, d'écouter, de méditer et d'aimer. Amen.« (»Dein ganzes Leben kann man in diesen Wörtern zusammenfassen: sich vergessen, hören, meditieren, lieben. Heiliger Jacobus, bitte für uns. Dass unser Leben so sei, dass wir uns vergessen, dass wir hören, dass wir meditieren, dass wir lieben.«)

Noch 45 Tage! **4/9/04**

11.30 Uhr auf einem Feld im Schatten
eines Eichenbaumes am GR 65

In der romanischen Nikolaus-Kirche des Städtchens Nogaro, wo ich gestern gegen 15 Uhr ankam (und dann im Wohnmobil von Peter Kaffee und Kuchen serviert bekam), hat man im Jahre 1995 in der Apsis des nördlichen Seitenschiffes Fresken aus dem 13. Jahrhundert freigelegt, die Szenen aus dem Leben des heiligen Laurentius darstellen. U.a. die berühmte Begebenheit, bei der Laurentius dem Kaiser Decius im Jahr 258 die »Schätze der Kirche« bringen und abliefern soll und der Diakon alle Kranken, Armen und Krüppel der Gemeinde vorführt. Diese Menge der Gläubigen wird angeführt von einem Paar, bei dem die Frau eindeutig als Jacobus-Pilgerin ausgewiesen ist. Sie trägt die Muschel an ihrem Hut, hat eine Pilgertasche umhängen und trägt einen Pilgerstab. (In der Beschreibung der Szene ist zu lesen: »la foule est conduite par un couple de pèlerins de Saint Jacques de Compostelle, reconnaissable à leur bâton et à la coquille qu'arbore la femme sur sa coiffe.« – »Die Menge wird begleitet von einem Jacobus-Pilger-Paar, erkennbar an ihrem Pilgerstab und an der Pilgermuschel, die die Frau an ihren Hut gesteckt hat.«) Ist das nicht ein wunderbarer Hinweis, dass die Pilger zu den »Schätzen der Kirche« gehören? Sie gehören zu den wertvollen und kostbaren Gliedern der Kirche! (Auch wenn sie kein Gehalt bekommen!).

In derselben Kirche findet sich in der Chorapsis auf einem Kapitell die Darstellung einer neutestamentlichen Szene, die heutzutage in Katechesen und in der Kommunionvorbereitung häufig »vermarktet« wird, die aber in der Kunst gar nicht so oft vorkommt: Jesus und Zachäus (Lk 19,1–10). In der Nikolaus-Kirche sieht man den Zachäus in der Astgabel eines Baumes sitzen; Jesus ist rechts von ihm dargestellt, umgeben von seinen Jüngern, wie er auf seinem Weg innehält, sich umwendet und auf Zachäus zeigt.

Diese Geschichte ist im Blick auf Jesus eigentlich eine lehrreiche »Unterwegs«-Erzählung. Gleich im ersten Vers des 19. Kapitels wird zweimal von Jesus gesagt, dass er »unterwegs« war: »Er kam nach Jericho« und »er zog durch die Stadt«. Und dann bittet er Zachäus, bei ihm einkehren zu dürfen: »Ich muss heute dein Gast sein«. Beim Wandern, beim Pilgern, beim Wallfahren gehört beides zusammen: gehen und rasten, vorwärts kommen und Pause machen, »unterwegs«-sein und ausruhen.

Im Blick auf Zachäus zeigt diese Geschichte, dass es Aufgabe und Auftrag der Menschen ist, Jesus kennen zu lernen, ihm zu begegnen, ihn in den Blick zu nehmen. Und dazu muss man sich oft etwas einfallen lassen, muss kreativ und phantasievoll sein, darf sich nicht von der Menge zurückdrängen oder den Blick versperren lassen, darf sich nicht einschüchtern lassen von denen, die oft so »groß« tun. Hoffentlich steht auch immer ein »Baum« genau an der richtigen Stelle!

Nach einem Pilger-Menü gestern Abend (14 €), nach einem Cognac-Absacker in Peters Wohnmobil, nach einer ruhigen Nacht im Hotel »Les Arènes« bin ich heute Morgen um 8.30 Uhr losgegangen. Ich habe dann nochmals der Fresko-Pilgerin in der Nikolaus-Kirche auf Wiedersehen gesagt und bin danach bei etwas bediestem Himmel, aber besserer Luft als gestern an großen Mais- und Wein-Feldern über Wald- und Wiesenwegen bis hierher gegangen. Unterwegs in der Kirche von Lanne-Soubiran nahm ich mir ein kleines Meditations-Röllchen mit, die dort für die vorbeiziehenden Pilger ausgelegt waren. Ob der Text allerdings auf mich passt und mir eine Tageshilfe ist, weiß ich nicht – dieser Satz, den Jesus beim Pharisäer Simon über die Sünderin sagt (Lk 7,47): »Ihre vielen Sünden sind ihr vergeben, denn sie hat eine so große Liebe gezeigt.«

Noch 44 Tage! 5/9/04

11.15 Uhr in der kleinen Kirche von Latrille

Gestern bin ich nach ca. 26 Kilometern gegen 16 Uhr bei schwül-warmen Temperaturen in Aire-sur-l'Adour angekommen. Im »Hôtel Les Platanes« kamen wir gut unter. Um 18.30 Uhr habe ich mit zwei Priestern der »Priesterschaft des Pfarrers von Ars« in der ehemaligen Kathedrale Saint-Jean-Baptiste konzelebriert. Die beiden waren neu ernannt für die Pfarrei, und es war ihre erste Messe mit der Gemeinde. In zwei Wochen werden sie vom Bischof eingeführt. Einer der beiden – Père Christian de Boysson – kannte unseren Kaarster Kaplan Christian aus Ars: Wie klein ist doch die Welt! Ich habe dem Père meine Visitenkarte gegeben, denn er will im kommenden Jahr zum Weltjugendtag kommen. Nach der Messe war Pilgersegnung für alle anwesenden Pilger (ca. 25). Dabei wurde folgendes Jacobus-Lied gesungen:

1. *Tous les matins nous prenons le chemin,*
   tous les matins nous allons plus loin.
   Jour après jour la route nous appelle,
   c'est la voie de Compostelle.
   Ultreia, Ultreia et sus eia. Deus, adjuva nos!

2. *Chemin de terre et chemin de foi,*
   voie millénaire de l'Europe,
   la voie lactée de Charlemagne,
   c'est le chemin de tous les jacquets.
   Ultreia, Ultreia et sus eia. Deus, adjuva nos!
3. *Et tout là-bas au bout du continent,*
   messire Jacques nous attend,
   depuis toujours son sourire fixe
   le soleil qui meurt au Finistère.
   Ultreia, Ultreia et sus eia. Deus, adjuva nos!

Heute Morgen bin ich gegen 8.15 Uhr gestartet, vorbei an der Kirche Sainte-Quitterie, die leider noch geschlossen war. Sie ist benannt nach der heiligen Quiteria, einer westgotischen Prinzessin aus Tolosa, die sich weigerte, zum arianischen Glauben überzutreten. Deshalb wurde sie im Jahr 476 enthauptet. Ihren Kopf trug sie selbst zu der Stelle, wo sich heute die Krypta der Kirche befindet. An ihrem Grab entsprang sofort eine Quelle. Die Martyrerin Quiteria, deren Verehrung bis nach Spanien und Portugal ausstrahlte, wurde bei Kopfschmerzen und Geisteskrankheiten angerufen. Ich sitze hier in dem Kirchlein von Latrille unter einem Bildnis dieser Heiligen in einem Fenster des 19. Jahrhunderts. Sie schaut mich ganz intensiv an! Leider konnte ich in Aire-sur-l'Adour auch nicht den Sarkophag der heiligen Quiteria bewundern, der nach der Beschreibung von Heinrich Wipper einige Szenen der alttestamentlichen Jona-Geschichte darstellt, wie Jona ins Meer geworfen wird, wie Gott ihm eine schattenspendende Staude wachsen lässt, wie er von dem Meeresungeheuer ausgespuckt wird: ein altes Vor-zeichen auf die Auferstehung Christi und ein altes Bild für die Hoffnung auf die Auferstehung der Menschen. Über 1000 Jahre lang hat man es nicht gewagt, die Auferstehung Christi als Geschehen darzustellen (wie er dem Grab entsteigt), sondern man hat mit Symbolen und Bildern das Geheimnis der Auferstehung anzudeuten versucht. Damals wusste man noch darum, dass man sich den Glaubensgeheimnissen nicht realistisch und naturalistisch nähern kann, sondern eben nur bildhaft und andeutungsweise, dass die Glaubensgeheimnisse nur analog gedacht, gesprochen und gestaltet werden können. Wie hieß doch noch der Satz des 4. Laterankonzils von 1215, mit dem man in Prüfungen bei Hans Jorissen immer sofort ein »sehr gut« erreichen konnte?: »Inter creatorem et creaturam non potest tanta similitudo notari quin inter eos major sit dissimilitudo notanda«.

Am Ortsausgang von Aire-sur-l'Adour stand nach längerer Zeit mal wieder eine Hinweistafel mit einer Kilometerangabe bis Compostela: 932 Kilometer (allerdings sind diese Zahlen immer nur Annäherungswerte, denn 20 Kilometer weiter – in Miramont – waren es auf einmal wieder 954 Kilometer!). Bei bedecktem Himmel, aber ganz angenehmen Temperaturen bin ich bis hierher gekommen (es waren aber sicherlich mehr als die bei Heinrich Wipper angegebenen 8 Kilometer!) und hoffe, das heutige Tagespensum von über 30 Kilometern zu schaffen! – Kein Sonntagsspaziergang!

16 Uhr in der Bartholomäus-Kirche in Pimbo

Unterwegs habe ich den Versuch unternommen (bei aller Bescheidenheit: Ich meine, er sei gar nicht so schlecht gelungen!), die Gedanken des Textes des Jacobus-Liedes, das gestern bei der Pilgersegnung gesungen wurde, auf ein bekanntes deutsches Kirchenlied zu übertragen. Versuch, das gestrige Jacobus-Lied singbar zu machen (Melodie: »Alles meinem Gott zu Ehren«); zum ersten Mal habe ich es laut gesungen in der Kirche de Sensacq (Anfang 11. Jahrhundert):

1. *Auf Sankt Jakobs langen Wegen*
   Unterm hohen Himmelszelt,
   Ob bei Sonne, ob durch Regen
   Pilgern wir zum Sternenfeld.
   Et Ultreia, et Ultreia, et susceia, et susceia Deus nos adjuva, Deus nos adjuva !
2. *Glaubend wallten vor uns viele,*
   Ihren Spuren folgen wir.
   Und vereint im selben Ziele
   Tragen wir der Muschel Zier.
   Et Ultreia, et Ultreia, et susceia, et susceia Deus nos adjuva, Deus nos adjuva !
3. *Legen wir auf ihn die Hände,*
   Lächelt uns der Heil'ge zu.
   Mit der Sonn' am Weltenende
   Finden strahlend wir dann Ruh.
   Et Ultreia, et Ultreia, et susceia, et susceia Deus nos adjuva, Deus nos adjuva!

Von der Kirche Miramont-Sensacq aus, wo ich Mittagspause machte, hätte man bei schönem Wetter die Pyrenäen sehen können. Da es aber dunstig und diesig war, blieb es beim »hätte«.

Zwei bemerkenswerte Kirchen gab es heute »unterwegs« zu sehen: das romanische Kirchlein von Sensacq, das früher dem heiligen Jacobus geweiht war und das einen alten Taufstein zum Untertauchen der Täuflinge besitzt. Diesen Brauch sollte man wieder einführen und bei der Taufe nicht nur ein paar Tröpfchen Wasser verwenden, sondern die Kinder richtig untertauchen, damit sie dann prustend und luft-schnappend zu neuem Leben auftauchen.

Und hier die Bartholomäus-Kirche von Pimbo aus dem 12. Jahrhundert, die im 14. Jahrhundert durch einen Wehrgang und eine starke Mauer zu einer Wehrkirche umgestaltet wurde. Beachtenswert das romanische Portal mit seinen Reliefplatten: keltische Scheiben, ringende Krieger u. a.

Hier der Ort soll 778 von Karl dem Großen auf dem Rückweg vom Spanienfeldzug gegründet worden sein. Das verbindet Pimbo mit Kaarst, das ebenfalls durch Karl den Großen gegründet sein soll.

Unterwegs haben mich zwei Fasanen-Weibchen mächtig erschreckt, die unmittelbar neben mir aus dem hohen Farn aufflogen.

Gleich werde ich mit Überschreiten des Flüsschens Gabbas das letzte Departement auf meinem Weg durch Frankreich erreichen – Pyrénées Atlantiques – und dann nach gut 33 Tageskilometern (hoffentlich!) Arzacq-Arraziguet erreichen, wo wir in »La Vieille Auberge« unterkommen (das habe ich schon durch Meinhard und Peter erfahren, die ich hier vor der Kirche traf und bei denen es einen heißen Cappucino gab).

Noch 43 Tage! 6/9/04

12 Uhr in der romanischen Peters-Kirche in Larreule

Wenn jemand käme (da niemand kommt, muss ich mir selbst die Antwort geben) und sich bei mir erkundigte, welche drei Personen der Geistesgeschichte oder Künste für mein Denken und Fühlen, für meine innere Grundhaltung prägend gewesen sind, dann würde ich spontan (so ganz spontan nun auch wieder nicht, da ich es mir »unterwegs« bis hierher ein wenig überlegt habe) antworten: Bert Brecht, Joseph Turmel und Vincent van Gogh.

Mit Bert Brecht, den ich schon als Abitur-Dichter wählte, habe ich verinnerlicht, nichts und niemanden tierisch ernst zu nehmen; immer ein wenig quer und gegen den Strich zu denken; manches auch mit einer guten Prise Ironie zu ertragen; nicht alles harmonisch und glatt haben zu wollen, sondern durchaus ein wenig verrückt und verfremdet (der berühmte »V«-Effekt bei ihm); manchmal auch die Menschen bewusst ein wenig zu irritieren und vor den Kopf zu stoßen. Am liebsten würde ich – in Anlehnung an seine Aufforderung an Theaterbesucher »Glotzt nicht so romantisch!« – auch in unserer Kirche ein Schild aufhängen: »Glotzt nicht so frömmlerisch!«.

Bei Joseph Turmel, dem französischen Dogmenhistoriker, über den ich meine Doktorarbeit geschrieben habe, habe ich deutlich gelernt, dass nichts vom Himmel fällt. Sondern dass sich alle Gedanken, Formulierungen, Lehrsätze, Glaubensäußerungen, Dogmen erst allmählich mit der Zeit entwickeln. Dass verschiedene Einflüsse und Strömungen die Gedankengänge und Überlegungen der Menschen prägen. Wichtig bei ihm ist, zwischen der »Theologie der Theologen« und der »Theologie des Volkes« zu unterscheiden, d. h. auch den großen Einfluss der Volksfrömmigkeit, der »Macht der Basis«, auf Lehrentscheidungen, Frömmigkeitsformen und Liturgien zu sehen. Da sich alles auch weiter entwickelt, gibt es keine starren Fixierungen, keine für alle Zeiten festgefügten Regelungen, keine endgültigen Riten. Auch eine römische »Instruktion« wird weitere Entwicklungen nicht aufhalten!

Vincent van Gogh, dessen Farbenlehre ich als Spezialthema (Stichwort »Komplementärfarben«) im Abitur hatte, hat mir immer wieder anschaulich vor Augen gestellt, das Leben und die Natur als Gleichnis für Höheres zu sehen: die Kornfelder als Sinnbild des Lebens, die Ernte als Metapher des Todes, die Sonne als Zeichen für Göttliches. Alles Irdische als Gleichnis für höhere Dimensionen zu betrachten und daraus Kraft für das eigene Leben zu schöpfen! Wir müssen die Bedeutung und die Wirkmächtigkeit der Bilder wieder neu entdecken! »Er, Jesus, redete nur in Gleichnissen zu ihnen.« (Mt 13,34).

Gestern bin ich gegen 18.15 Uhr etwas müde und abgekämpft in Arzacq-Arraziguet angekommen.

Heute Morgen war ich um 8.15 Uhr auf dem Weg. Man merkt jetzt die Vor-Pyrenäen-Landschaft, die mich stark ans Allgäu erinnert. Es geht bergauf und bergab, viel Farn und immer wieder Dunst und Nebel. Auch heute ist es wieder drückend schwül und diesig. Bis jetzt habe ich noch keinen einzigen Mitpilger gesichtet oder getroffen. Wie kommt's?

14.45 Uhr in der kleinen St. Jacobus-Kirche von Pomps

Erfreulich, dich nach langer Zeit mal wieder in einem Gotteshaus mit deinem Namen und mit einer älteren Abbildung von dir anzutreffen!

Auch wenn du nur aus Gips bist und der Schule der Spätnazarener entstammst, so gehörst du wenigstens nicht zur Inflations-Generation der letzten Jahre. Würdig stehst du da auf einem Sockel (als Gegenstück zum heiligen Josef mit der Lilie) und blickst auf den Altar und die sich immer spärlicher versammelnden Gläubigen herab. Alles, was dich als Pilger-Apostel auszeichnet, trägst du mit dir. In deiner Linken hältst du das (verschlossene) Verkündigungsbuch, in deiner Rechten trägst du einen dünnen Pilgerstab, an dem eine Kalebasse baumelt. Auf deiner rechten Seite ist eine Pilgertasche zu sehen und auf deiner dunkelroten Pelerine prangen vier goldene Muscheln. Den Pilgerhut hast du auf dem Rücken hängen, so dass dein Kopf nicht bedeckt ist. Und so sehe ich deine fehlende Haarpracht vorne über der Stirne – sprich: du hast eine ähnliche Glatze wie ich (wie sagte mein Frisör früher in Ratingen: »Ein schönes Gesicht braucht viel Platz!«). So sind wir uns im Äußeren (auch mit dem längeren Bart) recht ähnlich – ich hoffe, wir sind uns auch im Inneren nahe und geistesverwandt! Mach es gut! Bis zum nächsten Wiedersehen!

21.30 Uhr in einem »Chalet« auf dem Camping-Platz in Navarrenx

Nun gibt es doch noch etwas Neues! Mal auf einem Camping-Platz (»Beau Rivage«) für drei Nächte in einem Häuschen ohne Wasser! Aber die Dusche und die Toilette sind nicht fern! Da es sonst keine Unterkunft in Arthez-de-Béarn und hier in diesem Ort gab (der eigentlich erst das Pilger-Ziel von morgen ist), ist das sicherlich für die nächsten drei Nächte eine gute Unterkunft. In Arthez bin ich gegen 17.30 Uhr nach 28 Kilometern angekommen, in jener Stadt, in der der Weg zum ersten Mal den Weg kreuzt, den im Jahr 1495 der deutsche Servitenmönch Hermann Künig von Vach und 1499 der rheinische Ritter Arnold von Harff nahmen. Vorher habe ich mir noch die kleine Kirche »Chapelle de Caubin« angesehen – mit dem Rittergrab aus dem 14. Jahrhundert. Das dazugehörige Hospiz ist im 16. Jahrhundert von den Hugenotten zerstört worden. Zu der schlanken Palme vor dem Eingang der Kirche hat Helmut Domke einen tollen Satz formuliert. Domke hat uns mit seinen Büchern über »Aquitanien« und »Spaniens Norden« schon auf der ersten Fahrt mit dem Auto Richtung Compostela im Jahr 1981 begleitet und öfters belustigt. Seine blumenreiche Sprache ist manchmal kaum zu ertragen. Auf dem Katholikentag 1982 in Düsseldorf habe ich einen anschaulichen Vortrag (ohne Dias) von ihm über den

Jacobus-Weg gehört. Hier seine Schwärmerei zu der Palme: »Draußen an der Kapelle auf hellem Sande ragte eine wundervolle Palme unbewegt hoch ins Blau. Voraus forderte endlos hinwallendes Land gebieterisch zum Weitermarsch auf – so nahm ich das Bild der schlanken, makellos gewachsenen Palme in der vollkommenen Stille des Landes als Zeichen des Friedens in meinen Gedanken mit.«

Von Arthez bin ich dann mit Meinhard hierher gefahren.

Heute habe ich nur einen Pilger getroffen (mit einem Esel!) – ansonsten keinen der Pilgerinnen und Pilger, die ich sonst in den letzten Tagen erlebt habe. Sie waren wohl alle vor mir aufgebrochen und vorher angekommen. Ein pilgerfreier Tag – auch mal schön!

Jetzt haben wir gut in Navarrenx gegessen und trinken noch einen Absacker vor unserem »Chalet« (Hört sich besser an als es ist!).

Noch 42 Tage! 7/9/04

14.30 Uhr in der Abteikirche von Sauvelade (dem hl. Jacobus geweiht)

Wie schön, dich heute schon wieder zu treffen! In einer wunderschönen Kirche von 1127 in der Form eines griechischen Kreuzes, deren Patron du wiederum bist. Und als alte fast lebensgroße barocke Holzfigur hast du deinen Platz direkt neben dem Altar. Leider bist du arg herunter gekommen – du bräuchtest dringend eine Generalüberholung. Die Goldfarbe blättert schon überall ab – aber dadurch wirst du noch menschlicher! Dein Gewand hast du mit einem mächtigen Knoten am Gürtel geschürzt. Leider trägst du weder an deiner Pelerine noch sonst wo dein Abzeichen. Mit festem, entschlossenem Blick schaust du nach vorne – hoffnungsvoll in die Zukunft. Deinen Mund hast du leicht geöffnet – so als wolltest du mir etwas sagen, vielleicht: Mut! Weiter so! Du kommst mir näher! Ultreia! Heute Morgen habe ich schon im Tagesevangelium (Lk 6,12–19) von dir gehört, wie Jesus dich und deinen jüngeren Bruder Johannes berufen hat und euch zu »Aposteln« gemacht hat.

Heute Morgen gab es um 8 Uhr Frühstück in Peters Wohnmobil: mit Cappucino, Schinken und gekochten Eiern. Vorher bin ich im Regen mit Regenschirm zum Klo, und weil es dort kein Papier gab, wieder zurück ins Chalet und startete dann einen neuen Anlauf, bewaffnet mit Papier und Regenschirm: Camping-Leben!

Dann konnte ich erst um 9.30 Uhr starten – durch den Transfer nach Arthez – und das bei 29 Tageskilometern! In der Frühe hat es mächtig gewittert, und auch jetzt »unterwegs« musste ich öfters den Regenschirm aufspannen. Weiter geht's nach Navarrenx!

Noch 41 Tage! 8/9/04

11 Uhr in der spätgotischen Kirche Saint Germain in Navarrenx

Endlich wieder ein Ruhetag! Es wurde auch mal wieder Zeit! Dass sich die Füße und der rechte Oberschenkel ein wenig erholen können! Und dass mal wieder große Wäsche gemacht werden konnte!

Ich sitze hier in der Kirche unter einem relativ großen Gemälde, einer ausgezeichneten Kopie nach Murillo (Original im Louvre), mit der Darstellung der »Geburt Mariens«. »Der liebe Gott, die heilige Jungfrau und der heilige Donnersohn tuen nichts als fügen«: Denn heute feiert die Kirche die Geburt der Gottesmutter. Auf dem farbenprächtigen Bild ist vorne in der Mitte das kleine Marienkind zu sehen, das sein rechtes Ärmchen nach oben streckt und mit weit geöffneten Augen zum Himmel blickt. Der Himmel ist geöffnet und von kleinen Engelein bevölkert. So schaut die Gottesmutter schon am Anfang auf ihr Ende. Umgeben ist das Kind von einigen Engelchen und von mehreren Dienerinnen, von denen eine frische Wäsche und ein goldenes Kleidchen heranträgt. Im Hintergrund links liegt die heilige Anna in einem großen Himmel-Wochenbett, vor dem der heilige Joachim steht. Rechts kümmern sich zwei Dienerinnen um das Feuer im Kamin, um das Wasser für das Bad der Kleinen anzuheizen. Ein kleiner weißer Hund schaut dem ganzen Geschehen zu. Ein gelungenes Bild mit einer ungewöhnlichen Dreiecks-Komposition zum heutigen Festtag!

Ein Festtag, der keinen biblischen Bezug hat, sondern der der Erzählfreude, der Fabulierkunst und der Neugier der Menschen in den ersten Jahrhunderten entstammt. Zum ersten Mal aufgeschrieben im sogenannten »Jacobus-Evangelium«, das die Kindheit und Jugend Mariens detailliert erzählt. Solche nicht-kanonischen, sogenannten apokryphen Schriften, sind ein eindeutiger »Beweis« für die These Turmels von der Wirkmächtigkeit der »Theologie des Volkes«. Aber schön und erbaulich, dass es solche narrative Theologie gibt!

Hier in Navarrenx, der ersten durch Bastionen verstärkten Festung Frankreichs (nach italienischem Vorbild), bin ich gestern Abend gegen 18.30 Uhr angekommen. Das Wetter wurde im Laufe des Nachmittags immer besser. Ich befinde mich hier in guter Gesellschaft: Denn vor mir waren auch schon im Jahr 1587 Heinrich, der König von Navarra, hier und traf seine Geliebte Corisande d'Andoins; ebenso Franz Liszt, der sich hier im Jahr 1828 mit seiner Klavierschülerin Caroline de Saint-Cricq vergnügte und ihr sicherlich neue Tastenspiele beibrachte.

In dieser Kirche gibt es in den Seitenschiffen als Konsolen bemalte steinerne Köpfe, von denen einer mit Muschel als Jacobus-Pilger gekennzeichnet ist.

Von hier bis zum Wallfahrtsort Lourdes sind es nur gut 50 Kilometer. Dorthin bin ich 1964 mit dem Zug gefahren und habe an der Soldaten-Wallfahrt teilgenommen. Es war das erste Mal, dass ich in dieser herrlichen Vor-Pyrenäen Gegend war. Damals als stolzer Fahnenjunker mit einem Silberstreifen auf den Schulterklappen. Während dieser Tage wurde ganz intensiv deutsch-französische Freundschaft gepflegt, Bataillons-Abzeichen ausgetauscht, kräftig getrunken und viel gesungen. In jenem Jahr war der Karnevalsschlager »Humba, humba, täterä« mächtig »in«. Ganz Lourdes hallte von ihm wider. Nachher habe ich gehört, dass die Verantwortlichen sogar überlegt haben, die Wallfahrt abzubrechen. Gott sei Dank, haben sie es nicht getan. Der liebe Gott und die Jungfrau von Lourdes haben sicherlich nichts gegen fröhlich-friedlich singende Soldaten!

Heute Morgen haben wir um 9 Uhr vor dem Wohnwagen von Peter in der Sonne gemeinsam ausgiebig gefrühstückt. Der freie Tag läuft sich gut an!

17 Uhr in der Ausstellung »Les chemins de Saint-Jacques en Béarn et Pays basque« (20.8. - 9.9.2004) in der Bücherei von Navarrenx

In dieser Ausstellung sind auch ganz viele Fotos von Jacobus-Darstellungen der Gegend zu sehen: Figuren, Glasfenster, Holzreliefs, Gemälde, Stickereien...Darunter auch eine Abbildung aus Ahetze, einem Ort, der weiter westlich von hier liegt und durch den ich nicht kommen werde. Es ist ein Holzrelief aus der dortigen Kirche – eine Altar-Predella aus dem 18. Jahrhundert –, das eine Emmaus-Darstellung zeigt: jene Wegegeschichte, die mit einem Mahl endet. Dieses Mahl der beiden Jünger mit Jesus in der Mitte ist zu sehen. An die Wegegeschichte erinnert die Ausrüstung der Jünger. Der linke, der ganz erschrocken seine rechte Hand nach hinten und seine Linke an die Brust wirft, hat hinter sich den Pilgerstab mit der Kalebasse und die Pilgertasche liegen. Der rechte Pilger hat andächtig seine Hände gefaltet und ebenfalls seine Pilgerutensilien (Stab mit Kalebasse) hinter sich liegen.

Beide sind barfüßig. Ein Hund im Vordergrund bekommt von dem Erkennen des Herrn beim Brotbrechen nichts mit. Hier ist also solch eine Darstellung, die die Verbundenheit der Emmaus-Geschichte zur Wallfahrt herstellt.

In dieser Ausstellung hängt auch eine Aufstellung der Anzahl von Pilgerinnen und Pilger, die über Saint-Jean-Pied-de-Port und Roncesvalles im Jahre 2003 gelaufen sind: Immerhin 18196 aus 70 verschiedenen Nationen. Vor 21 Jahren waren wir die Nummern 230 bis 235 im Kloster Roncesvalles. Welch eine Entwicklung!

Hier die genaue Aufstellung von 2003:

Frankreich	5892	Dänemark	147
Deutschland	2488	Japan	143
Spanien	2379	Portugal	106
Italien	1304	Schweden	90
Kanada	717	Ungarn	73
Belgien	680	Slowenien	67
Holland	646	Mexiko	63
Großbritannien	604	Norwegen	63
USA	501	Südafrika	62
Schweden	464	Neu-Seeland	49
Brasilien	462	Tschechien	42
Österreich	450	Polen	35
Irland	229	Argentinien	33
Australien	199	Finnland	32

Und 176 weitere Pilger aus insgesamt 70 Nationalitäten.

Noch 40 Tage! 9/9/04
11.30 Uhr in der kleinen Kirche von Lichos (dem ersten baskischen Dorf)

Da sich die Filmemacher aus Köln nicht mehr gemeldet haben und da heute schon das letzte Drittel meines Weges beginnt, muss ich endlich mal die Fragen beantworten: Warum mache ich das eigentlich? Wo liegen die Gründe für meine Wallfahrt? Worin ist der Sinn für mein »Unterwegs«-Sein zu sehen? Dazu muss ich weit ausholen.

Zunächst einmal: Wallfahren gibt es in allen Religionen und ist in allen Religionen Ausdruck des Glaubens. So gibt es auch im Christentum seit den ersten Jahrhunderten das »Unterwegs«-Sein zu heiligen Stätten. Die Pilgerin Egeria zog schon im 4. Jahrhundert zu den heiligen Stätten in Israel, und im Mittelalter gab es die großen Wallfahrten nach

Jerusalem, Rom und Compostela. In diese lange Glaubenstradition reihe ich mich ein: als Geher unter dem Schutz des Mitgeher-Gottes.

Aber auch durch den neuen Impuls des Zweiten Vatikanischen Konzils bestärkt, das wandernde Gottesvolk »unterwegs«, Kirche nicht als etablierte, festgefahrene und statische Gruppe (»Ein Haus voll Glorie schauet ...«) zu verstehen, sondern als sich entwickelnde, neue Erfahrungen machende, sich austauschende Glaubensgemeinschaft. Dieser Impuls hat mich kräftig motiviert. Und man kann nicht immer nur von Aufbrechen, vom Wagnis, vom Neu-Beginn reden, sondern man muss sie auch verwirklichen. Glauben muss bis in die Füße und in die Fußzehen gehen und spürbar werden – manchmal auch schmerzlich! Zumindest ist das auch eine wichtige Form der Glaubensäußerungen – neben vielen anderen (die oft als die einzig offiziellen gesehen und anerkannt sind).

Ich begann meine Wallfahrts-»Karriere« als Kind und Jugendlicher mit regelmäßigen Fuß-Gängen nach Neviges. Während der Bundeswehrzeit nahm ich 1964 an der Soldatenwallfahrt nach Lourdes teil. Als Student bin ich zweimal von Paris nach Chartres gewallt. Im Mai 1968 habe ich dabei hautnah die berühmt-berüchtigten Unruhen in Paris mit-erlebt.

Dann habe ich mich seit meiner Kaplanszeit mit dieser besonderen Jacobus-Wallfahrt beschäftigt und mehrere Teilstrecken zurückgelegt. Deshalb wurde irgendwann in mir der Wunsch geweckt, den gesamten Weg zu machen. »Lebenstraum« habe ich das einmal genannt, und ich bin froh, dass ich ihn jetzt verwirklichen kann. Und zwar alleine! Weil das Laufen in Gruppe zwar auch sehr anregend ist, aber manchmal auch recht anstrengend: Rücksichtnahme auf andere, immer zur Kommunikation bereit sein, den eigenen Schritt sich von anderen bestimmen zu lassen. Und das Alleine-Laufen ist eine bessere Übung zum Überdenken der eigenen Situation und des eigenen Lebens: die révision des Lebens gelingt alleine doch besser! »Allein« – »all-ein« – »eins mit dem All«.

Hinzu kommt, dass ich den Wunsch hatte, noch mal etwas Außergewöhnliches, Besonderes, Extravagantes in meinem Leben zu unternehmen. Eine ganz lange Zeit – vier Monate; so lange habe ich noch nie etwas an einem Stück unternommen – auf sich gestellt zu sein, die Tage selbständig zu planen und zu gestalten, für keinen (außer für mich selbst) verantwortlich zu sein. Und ganz viel »unterwegs« zu sehen und zu erleben: Kulturdenkmäler aus allen Zeiten, Kunst in Hülle und Fülle, tolle Landschaften, unterschiedlichem Wetter ausgesetzt zu sein, viele Menschen zu treffen.

Die lange Zeit »unterwegs« und die täglichen Kilometer, die gelaufen werden müssen, bringen mich manchmal auch an die Grenzen meiner selbst, an die Grenze der inneren Überwindung (vor allem in den letzten Tagen merke ich ein wenig, dass die Lust etwas nachlässt), aber auch an die körperlichen Grenzen des Erträglichen. Solche »Grenzerfahrungen« zu wagen, war und ist sicherlich auch ein Grund.

Dazu kam die Neugierde: Nicht nur, werde ich den Weg schaffen?, sondern: Wird der Weg mich »schaffen«? Was wird der Weg mit mir machen? Werden mich die lange Strecke und die viele Zeit allein mit mir selbst verändern? Werde ich mir auf den Wecker fallen? Werden mich die Probleme immer wieder einholen? Werde ich Ruhe finden? Bisher kann ich in einem Satz sagen: Ich habe große Distanz gefunden zum Raum, zur Zeit, zu meiner Arbeitsstelle und zu allem, was mit »zu Hause« verbunden ist, und ich habe große Nähe zu mir selbst gefunden.

Und schließlich kam durch die Herz-Operation nochmals eine Motivation hinzu. Bin ich überhaupt noch in der Lage, ein solches Unternehmen zu starten? Kann ich mich dabei auf meinen »Bruder Leib« verlassen? Wird er mit-spielen? Um mir und anderen das zu »beweisen«, bin ich auch losgelaufen. Und wenn ich es denn schaffen sollte, dann darf ich auch ruhig etwas stolz sein.

Wenn ich dann den nächsten Jacobus-Vortrag irgendwo halte und den Zuhörern erzähle, dass die Pilger des Mittelalters ein halbes Jahr »unterwegs« waren, dann darf ich mit ein wenig Stolz ergänzen: Das habe ich auch einmal in meinem Leben gemacht.

Gestern Nachmittag – nach einem Mittagsschläfchen – haben wir vor Peters Caravan Kaffee getrunken und Kuchen gegessen; dann sind wir nochmals in die Jacobus-Ausstellung gegangen, haben den Militär-Brunnen besichtigt, waren um 18 Uhr in der Kirche, wo es eine geschichtliche Erklärung zum Ort und kurze Gebete gab. Anschließend war Empfang im Gemeindehaus mit ca. 20 Pilgerinnen und Pilgern (mit Getränken – es gab sogar Wein). Dieses Treffen hat in mir wiederum leichten Unmut und Abneigung gegenüber Mitpilgerinnnen und Mitpilgern geweckt. Dieses monotone Fragen: woher und wohin? Das Angeben mit Kilometer- und Kilogramm-Zahlen, das Erteilen von Ratschlägen und Ermahnungen … Da war ich wieder einmal froh, dass wir nicht oft an solchen Treffen teilnehmen, dass wir nicht oft in Sammelunterkünften, Pilgerherbergen oder Klöstern übernachtet haben. Durch unsere Art des Pilgerns und Übernachtens bekommt mein Weg nochmals einen ganz bestimmten

Charakter: auf mich gestellt, mit mir beschäftigt – Konzentration auf das eigene Ego.

Danach haben wir zu Abend gespeist, wobei ich als Nachtisch »Fromage de brebis avec confiture griottes« (Schafskäse mit Kirschkonfitüre) gegessen habe – eine baskische Spezialität.

Heute Morgen konnte ich um 8.30 Uhr bei klarem Himmel und Sonnenschein starten. Nach einem Ruhetag läuft es sich noch mal so gut. Hier bin ich nun – nach Überschreiten des Flusses Saison – im ersten richtig baskischen Dorf: in Euskadi.

17.30 Uhr am »Stein von Gibraltar«

Nun habe ich eine kleine Nostalgie-Schleife auf dem GR65, den ich hier nach etlichen hundert Kilometern verlassen werde, zurückgelegt, um nochmals am »Stein von Gibraltar« zu sein. Der Name dieses Ortes hat nichts mit der südspanischen Meeresenge zu tun, sondern kommt von »Chibaltarem«, der alten baskischen Aussprache von »Salvatorem« – »Retter«. Mit diesem Stein verbinde ich ganz viele Erinnerungen: Hier waren wir mehrmals mit Homberger Gruppen, wenn wir mit dem Bus Richtung Compostela fuhren (zuletzt 1999); hier sind wir zu Fuß am 11. 8. 1987 und am 28. 8. 1983 losgegangen. D. h. eigentlich aufgebrochen sind wir in St. Palais, aber dieser Stein prägt sich als markanter Punkt einfach ein. 1983 haben wir uns übrigens in St. Palais direkt verlaufen, weil ich »tout droit« und »toute droite« verwechselte, und wir so »scharf rechts« statt »geradeaus« gingen.

Der Stein, 1964 in Form eines alten baskischen Grabsteins errichtet, steht ungefähr an der Stelle, wo drei der vier großen französischen Wege zusammenkommen. So ist schon im »Codex Calixtinus« zu lesen: »... vereinigen sich in Ostabat«. Erst in Puente la Reina kommt der vierte Weg (»via tolosana«) dazu, und alle vier Wege führen dann zusammen als »camino francés« Richtung Compostela.

Ich werde diesmal diesem klassischen Weg nicht folgen (da ich ihn schon zwei Mal gegangen bin), sondern werde mich in den nächsten drei Tagen auf nicht-jacobäischen Landstraßen Richtung spanische Grenze und Atlantik hochschlagen und dann den Küstenweg gehen, der (vielleicht) noch älter ist als der »camino francés«, der mir aber (hoffentlich) viel Neues bringen wird und mich vor allzu großen Pilgerscharen verschonen wird.

Unterwegs hierher kamen mir folgende Gedanken:

Der Stein von Gibraltar

Als er vor Jahren an historischer Stelle errichtet wurde,
sollte er wehmütig an längst vergangene Zeiten erinnern.
Doch der Herr und sein Diener erretten aus dunklen Tiefen.
Heute ist der alte baskische Toten-Stein täglich Zeuge neuerstehenden Lebens.
Immer mehr Pilgerspuren aus unterschiedlichsten Richtungen treffen an diesem Mal zusammen.
Von hier ziehen sie gemeinsam der sterbenden Sonne entgegen.
Auch sie wird Morgen in neuem Glanz auftauchen.

Dazu passen auch noch die Überlegungen von 1987:

Stein von Gibraltar

Hier war es nicht, sagt der benachbarte Bauer
Hier könnte es gewesen sein, flüstert die Landschaft
Und entlässt hinter ihren sanften grünen Hügeln unzählige Pilger aus aller Herren Länder
Ganz verschiedene Nationen, Charaktere und Motivationen tauchen auf
Hier am alten runden baskischen Grabmal vereinen sie sich
Die Muschel, der Pilgerstab und die Kalebasse am Sockel weisen den Franken-Weg zum Haus des Apostels in weiter Ferne
Grenzen werden überschritten, Länder finden zueinander, Feinde werden Freunde
Das Gottesreich beginnt
Hier war es nicht, wiederholt ärgerlich der benachbarte Bauer

Jetzt werde ich nach St. Palais (baskisch: Donapaleu) hinunter gehen und mich im »Hôtel du Trinquet« einquartieren. (Diese Information stand auf einem Zettel unter dem Scheibenwischer von Meinhards Auto, das kurz vor Larribar parkte). Dann werde ich heute gut 30 Kilometer (es waren 36!) unter anhaltendem Sonnenschein zurückgelegt, mehrere Kirchen verschlossen vorgefunden (vor allem in Aroue, wo es einen »Matamoros« geben sollte) und ein Bierchen verdient haben.

Noch 39 Tage! 10/9/04

12 Uhr im Vorraum der (verschlossenen) Kirche von Méharin

Die Basken scheinen etwas gegen Kirchenbesucher zu haben. Bisher waren alle Kirchen verschlossen. Schade!

So ganz »nicht-jacobäisch«, wie ich gestern vermutete, ist mein Weg von St. Palais nach Hasparren denn doch nicht! Nachdem ich gestern Abend gegen 18.30 Uhr am Ziel angekommen bin, dann ein (nicht nur ein einziges) Bierchen getrunken, lecker zu Abend gegessen (mit Schafskäse und Kirschkonfitüre), tief und fest geschlafen habe (trotz eines kräftigen Gewitters), bin ich heute Morgen gegen 8.30 Uhr gestartet. Und es dauerte nicht lange, da traf ich einen lebensgroßen, steinernen Pilger mitten im Kreisverkehr vor Garris. Dort war auch auf einem Straßenschild die gelbe Muschel auf blauem Grund zu sehen. Und der Hinweis zu lesen, dass ich mich auf dem Weg Richtung Tours befinde – auf der »via turonensis«, jenem Weg von Paris über Tours, Poitiers und Bordeaux, den sicherlich meine Vorfahren genommen haben (wenn sie denn auch Richtung Compostela gezogen sind!). So komme ich meinen Urahnen entgegen und dem heiligen Martin ein Stück näher – na, wenn das keine tiefe symbolische Bedeutung hat!

Eben habe ich meine Schwägerin Josi angerufen, die heute 60 Jahre alt wird. Ich habe ihr ein Ständchen gesungen (leider nicht auf baskisch) und ihr versprochen, heute Abend ein Gläschen auf ihr Wohl zu trinken.

Seit gestern trage ich wieder eine Rad-Wanderkarte (Maßstab 1:100000) Nr. 69 um den Hals und laufe prima danach.

19 Uhr bei einem Bier vor dem Hotel »Argia« in Hasparren

Um 16.45 Uhr bin ich hier angekommen – nach ca. 30 Kilometern fast nur auf Landstraßen: zuerst die D14 und dann die D22. Nur vor Méharin bin ich ein Stück Feldweg parallel zur Landstraße gelaufen. Die Landschaft war ja sehr schön (es ist die »Route der vier Täler«), aber auf den Straßen war viel Betrieb, so dass ich öfters auf den Grün-Seitenstreifen ausweichen musste, wo das Laufen recht beschwerlich ist. Die Kirchen unterwegs waren alle geschlossen. In St. Esteban gab es auf dem Friedhof ein paar alte Grabsteine in der runden Form (wie der »Stein von Gibraltar«), aber auch etliche neue in dieser typisch baskischen Form. Am Ortsausgang gab es die einzige Sehenswürdigkeit des heutigen Tages: ein altes großes Wegekreuz mit einer baskischen Inschrift und der Jahreszahl 1683. Diese Jahreszahl erinnerte mich an meine eigene Familiengeschichte: denn bis zum Jahr 1681 lässt sich die Gertz-Familie urkundlich zurück verfolgen. Onkel Ernst aus der Blumenstraße in Elberfeld hat sich lange mit dem Stammbaum unserer Sippe beschäftigt und alles urkundlich belegt.

Das Wetter heute war immer leicht dunstig mit Sonnenschein (bei ca. 25 Grad).

Noch 38 Tage! 11/9/04

12.45 Uhr auf dem Mont Urzumu in 210 Meter Höhe, zu Füßen einer Marienfigur von 1920

Am letzten Tag, den ich ganz auf französischem Boden laufe, nochmals ein paar Pilger-Splitter und Informationen und Einschätzungen von Weinen, die wir in den letzten Wochen getrunken haben:

- *Wie mir ein Mit-Pilger sagte, werden die erwarteten Zahlen des Pilgeraufkommens in diesem Jahr nicht erreicht. In Le Puy habe man mit 10000 gerechnet; bisher seien aber erst 3000 gekommen. In der Kirche von Lectoure habe ich an dem Pilgerstand gefragt, wie viele Pilger täglich vorbei kämen. Man sagte mir: etwa ein Dutzend; das würde sich mit der anderen Angabe in etwa decken.*
- *Der Hinweis im Outdoor-Buch, dass Lectoure heutzutage wenig gastfreundlich sei, trifft zumindest für die »Jacobus-Freunde im Gers« nicht zu. Sie hatten einen Stand im Eingang der Kirche, wo ich einen Stempel und Weintrauben bekam.*
- *Inzwischen habe ich den Weg so verinnerlicht, dass ich ihn sogar manchmal nachts im Traum weitergehe.*
- *Fast alle französischen Kirchen wiederholen die Glockenschläge zur vollen Stunde nach ca. zwei Minuten. Der Grund dafür soll sein, dass die Feldarbeiter, die beim ersten Schlagen die Anzahl der Schläge nicht mitbekommen haben, beim zweiten Mal wissen, wie spät es ist.*
- *Bis jetzt waren die Temperaturen so, dass ich mittags keine lange Siesta einlegen musste; die Iso-Matte habe ich deshalb bisher nicht mitgenommen. Mal schauen, wie es in Spanien wird!*
- *Einige Male habe ich auf den Straßen kleine platt-gefahrene Schlangen gesehen.*
- *Bisher habe ich 30 Filme verknipst.*
- *Ich esse von dem vielen Baguette-Brot, das wir bekommen, am liebsten immer die Endstücke (auch »Föttchen« genannt).*

Probierte Weine:

- *Marcillac (in Conques): eigenwillig; ein wenig brombeerhaft*
- *Gaillac (in Cajarc): »reifer Körper« (was immer das heißen mag)*
- *Cahors (in Cahors): zurückhaltend fruchtig*

- *Côteaux du Quercy (in Montcuq): dunkelrot vollmundig*
- *Côtes du Condomois (in Condom): eng verwandt mit Côtes du Rhône*
- *Côtes de Gascogne (in Eauze): angenehme Fülle*
- *Côtes de Saint-Mont (in Nogaro): sehr gehaltvoll, mit Anklängen an Salmiakpastillen*
- *Côteaux de Chalosse (in Air-sur-l'Adour): angenehm auf der Zunge, auch für werdende Urgroßväter (wie Peter)*
- *Côtes de Bergerac (beim Empfang in Navarrenx): lieblicher Dessertwein*

Heute Morgen zum Frühstück (wiederum nach einer Gewitternacht) bekam ich den Kaffee (ich trinke immer »café au lait«) in einem Blech-Becher mit Henkel serviert, der mich stark an das Näpfchen erinnerte, in dem ich Ende der 40er Jahre jeden Mittag nach dem Schulunterricht die Quäker-Speise abgefüllt bekam – mal schmeckte sie, mal nicht (dann wurde sie auf dem Tippen-Tappen-Tönchen – einer Treppe in Elberfeld, die zur Schule Hombüchel führt – ins Gebüsch geschüttet). Zur »Volksschule« (von 1949 bis 1953) hatte ich einen über 20-minütigen Schulweg – aber dafür war es eine katholische Volksschule (wobei die Gemeinschafts-Volksschule fast um die Ecke war), in der ich die Grundlagen für meinen christ-katholischen Glauben gelegt bekam. Das Lernen fiel mir eigentlich recht leicht – das Stillsitzen wohl weniger. Ich war sicherlich oft ein Kreuz für meine Lehrerinnen und Lehrer. So verabschiedete mich auch der Klassenlehrer namens Finkeldey nach dem vierten Schuljahr mit den Worten: »In deinen Leistungen kannst du so bleiben – aber ein frecher Hund warst du doch!«

Nach dem Frühstück war ich gegen 8.30 Uhr wieder auf der Landstraße, die ich bis Cambo-les-Bains ca. 10 Kilometer unter den Füßen wegtreten musste (bei starkem Autoverkehr). In Cambo überschritt ich den Fluss Nive, den man auch in St. Jean-Pied-de-Port überquert, bevor es dann ständig hinauf zum Pass von Ibañeta geht. In Cambo habe ich den GR8 gesucht und schließlich auch (mit Hilfe des Touristenbüros) gefunden. Und nun laufe ich noch eineinhalb Tage auf wiederum rot-weiß markierten herrlichen Wanderwegen durch die Pyrenäen zum Atlantik, mit traumhaften Aussichten bei allerdings leicht diesigem Wetter, bedecktem Himmel und gelegentlichem Sonnenschein (zum Laufen ideal).

In Cambo (ebenso wie gestern Abend in Hasparren) war die Kirche geöffnet. Was für uns etwas ungewöhnlich ist, sind die zwei oder drei dunklen Holz-Emporen über den Seitenschiffen; das wirkt sehr protestantisch – ist aber stock-baskisch-katholisch. Nun laufe ich weiter Richtung Sare – dem Etappenziel des heutigen Tages, das ich geändert habe, um nicht nur Landstraße laufen zu müssen, sondern den Wanderweg GR8 noch voll ausnutzen zu können. 5 Stunden und 10 Minuten sollen es von hier aus sein.

In den Waldstücken, durch die ich bisher gekommen bin, gab es auch viele Esskastanien-Bäume, deren stachelige Früchte oft aufgeplatzt auf dem Boden liegen. Dazu ein paar geheimnisvolle Gedanken von 1999 (formuliert auf der »via de la plata«):

Maronen

Unzählige bedecken den camino
Die giftgrünen Schalen sind stachelige Panzer – spitz, abweisend, aggressiv
Manche sind aufgeplatzt
Das blut-braune Innere schimmert klebrig-glänzend und glatt
In die Hand genommen, ist dieser Kern schmeichelnd und schmiegsam
Richtig behandelt, wird diese Frucht gut genießbar
Manchmal liegen zwei Bällchen auf dem Boden-Bett ineinander verstachelt

Noch 37 Tage! 12/9/04

11 Uhr an der Berg-Zahnradbahn, die auf den Rhune fährt; in 560 Meter Höhe

Gestern bin ich gegen 18 Uhr in Sare angekommen. Dort gab es kein freies Hotel, weil in dem Ort eine große Jugend-Sauf-Veranstaltung stattfand. Deshalb mussten wir fünf Kilometer weiter nach Ascain fahren und uns dort im Hotel »Trinquet« einquartieren. Unterwegs beim Transfer im Camping-Bus gab es schon mal eine Büchse gekühltes Bier. In Ascain besuchten wir die Messe um 19 Uhr, fast alles in baskischer Sprache. Der Priester predigte mal baskisch und dann wieder einige Sätze französisch. Davon habe ich eine Bemerkung verstanden: »Wer sagt, ich bin ein Christ und nicht praktiziert, der ist wie einer, der sagt: Ich bin Arbeiter, aber nicht arbeitet.« Eine tolle Stimme hatte der Pfarrer, bei dem wir dann auch noch einen Stempel bekamen – wie ein echter keltischer Barde. Nach einem guten Abendessen, einer ruhigen Nacht und einem angemessenen Frühstück fuhren wir nach Sare, wo wir gegen 8.15 Uhr ankamen. Um 9.15 Uhr war ich immer noch in diesem Ort. Erst bin ich in die falsche Richtung ein Stück auf dem GR8 gelaufen, dann fand ich den Einstieg in den GR10 nicht. Da überall

Nebel herrschte, konnte ich mich nicht an der Sonne orientieren. Außerdem war die Markierung des GR 10 am Anfang äußerst schlecht. Dafür bin ich aber jetzt mit einem echten »highlight« entschädigt worden – »high« im wahrsten Sinne des Wortes: immer bergauf, nochmals eine tolle Pyrenäen-Erfahrung, mit Nebel und Wolken, mit Sonnenstrahlen und Weitblicken. Frankreich verabschiedet sich von der besten Seite. Allerdings werde ich den GR 10 ab Olhette nicht weiterlaufen, sonst bin ich erst in acht Stunden in Hendaye (laut Wegweiser hier oben). Mal schauen, wann ich heute Spanien betrete.

17.06 Uhr auf der alten Brücke über den Bidasoa, genau auf der Grenze zwischen Frankreich und Spanien

Gerade habe ich zum 16. Mal spanisches Festland erreicht:

1968 (mit einem Freisemester-Kollegen, Engelbert Rosche, und einem spanischen Priester von Freiburg aus; damals habe ich in Madrid noch Franco gesehen); 1981 (mit Günter Fessler und Frau Zangerle); 1982 (mit der KHG); 1983 (mit der KHG-Wandergruppe); 1984 (Frankreich-Spanien-Rundfahrt); 1985 (mit der Homberger Gemeinde nach Compostela); 1987 (mit einer Homberger Wandergruppe: Pyrenäen – Burgos); 1988 (mit einer Homberger Wandergruppe: Burgos – Compostela); 1990 (mit einer Homberger Wandergruppe: »camino San Adrián«); 1992 (mit einer Homberger Wandergruppe: »via de la plata« von Sevilla nach Salamanca); 1993 (mit der Homberger Gemeinde nach Compostela: »Heiliges Jahr«); 1994 (Frankreich-Spanien-Rundfahrt); 1995 (mit der Homberger Gemeinde nach Andalusien); 1999 (mit der Homberger Gemeinde nach Compostela: »Heiliges Jahr«; und mit einer Homberger Wandergruppe: »via de la plata« von Salamanca nach Compostela). Dazu kommen noch etliche Wander-Aufenthalte auf Mallorca.

Nun bin ich also in Spanien! Ich liebe die Länder rund ums Mittelmeer. Und da ich nur ein einziges Leben habe, habe ich mir vorgenommen, diese »Wiegen« der europäischen Kultur einigermaßen kennen zu lernen. So war ich schon in Tunesien, Israel, Jordanien, Syrien, Libanon, Türkei, Zypern, Griechenland, Jugoslawien, Italien, Malta, Andorra und eben mehrmals in Frankreich und Spanien. Was mir im Mittelmeerraum noch fehlt: Marokko, Algerien, Libyen, Ägypten (dort war ich »nur« auf dem Sinai und im Katharinenkloster, aber nicht bei den Pyramiden!) und Portugal. Jedenfalls zieht mich nichts nach Fernostasien oder in den Pazifik oder in die USA!

Heute Mittag habe ich beim Abstieg den GR 10 verpasst und landete gegen 12.30 Uhr wieder im Ort unserer Übernachtung, in Ascain. Aus lauter Frust habe ich mir erst mal eine Cola-Dose genehmigt. Dann bin ich über größere und kleinere Landstraßen Richtung Hendaye gelaufen. Kurz vor dem Ort stieß ich wieder auf den GR 10, dem ich bis in die Stadt hinein folgte. Von oben eröffnete sich ein erster Blick auf den Atlantik. Ab und zu gab es auch ein Muschel-Zeichen mit dem Hinweis »voie de la côte« – der Weg, der jetzt vor mir liegt: »Ven con nosotros al caminar, santa Maria, ven!« oder auch: »Ven con nosotros al caminar, o Santiago, ven!«

Noch 36 Tage! 13/9/04

10.30 Uhr am Erramuzko Dorrea (einem Turm)

Nun habe ich dich zum ersten Mal in dieser Darstellung gesehen! Und das gleich am ersten Tag in Spanien! In der Kapelle am Ortsausgang von Hondarribia, die deinen Namen trägt. Zwar konnte ich dich nur von draußen durchs Fenster sehen, da die kleine Kirche verschlossen war. Da standest du vorne rechts in deiner dritten Darstellungsform. D.h. »stehen« ist nicht ganz richtig, denn du rittst auf deinem weißen Ross, schwangst mit deiner Rechten ein großes Schwert und unter dir lagen orientalische Gestalten. So kamst du genau auf mich zugeritten, und ich konnte die Muschel an deinem dunklen Hut gut erkennen. Neben dem »Apostel« und neben dem »Pilger« wirst du als »Matamoros«, als »Maurentöter«, dargestellt. In der legendären Schlacht von Clavijo im Jahr 844 sollst du vom Himmel herab gekommen sein und den Christen gegen die Muslime zum Sieg verholfen haben. Die Mohrenköpfe sollen nur so geflogen sein. Für uns heute bist du so sicherlich eine bedenkliche Darstellung (als Apostel und Pilger bist du uns viel lieber!), aber sie erinnert an den stark politischen Ursprung deiner Verehrung. Zur Zeit der Wiederentdeckung deines Grabes in Galicien war fast ganz Spanien von den Mauren besetzt. Und natürlich wollten die Christen das Land wiederhaben. Und da haben sie auf deine Hilfe vertraut – und die Rechristianisierung, die »Reconquista«, hat ja auch geklappt. 500 Jahre später waren alle Mauren aus Spanien vertrieben. Das Gute an der Geschichte: Die politische Dimension hat stark dazu beigetragen, dass du dann bekannt wurdest und durch die Wallfahrt verehrt wurdest. Wahrscheinlich war den Pilgern der politische Hintergrund auch gar nicht so bewusst. Jedenfalls wirst du mir wahrscheinlich in dieser Form als »Matamoros« noch mehrmals hier in Spanien begegnen.

Gestern bin ich gegen 19 Uhr nach ca. 32 Kilometern bei der Jugendherberge in Hondarribia angekommen. Es war einer der schwierigsten und anstrengendsten Tage, durch das Auf und Ab, durch die Frusterfahrungen, durch das Landstraßen-Laufen. So war ich etwas geschafft. Aber das gute Abendessen (Fischsuppe und Merluza mit Bier und Wein) hat mich dann wieder versöhnt. In dem Städtchen wimmelte es von Menschen, nüchterne und betrunkene, große und kleine, alte und junge, fein herausgeputzte und leicht abgewrackte. Spanisches Leben!

Heute Morgen bin ich ohne Frühstück kurz nach 8 Uhr nach einer ruhigen Nacht in der Jugendherberge gestartet. In einer Bar habe ich einen Milchkaffee getrunken und dann bei der Kirche »Santa Maria de Gracia« am Ortsanfang von Hondarribia den Weg begonnen: gut ausgeschildert und markiert. Immer bergauf – bis zur Kirche von Guadelupe; und jetzt noch höher, herrliche Ausblicke auf Hondarribia, Irún, Hendaye und den Atlantik. Spanien fängt heute so herrlich an wie Frankreich gestern aufhörte!

17.30 Uhr auf der Brücke »Zurriola« über den Fluss Urumea in San Sebastián, wo ich um 18 Uhr mit Meinhard verabredet bin

Der Küstenweg des »Camino de Santiago« ist bestens mit ganz neuen Holzstelen markiert. Daneben gibt es noch die ältere Kennzeichnung mit den gelben Pfeilen und die rot-weiße Markierung des »Küstenweges«. Die Wegführung weicht stark vom Outdoor-Buch ab. So bin ich in Lezo gelandet, dann mit der Fähre von Pesajes de San Juan nach Pesajes de San Pedro gefahren. Von dort Richtung Leuchtturm und dann den Küstenweg bis kurz vor San Sebastián.

Der Weg heute ist von einer großen Vielfalt geprägt. Mal ging es durch Industriegebiete, mal auf einsamen Küstenwegen (die an die Bretagne erinnern), mal ging es durch Städte, mal über Wiesen, mal ging es bergauf, mal ging es bergab, mal schien die Sonne, mal war Nebel, mal fielen ein paar Regentropfen, mal wehte ein kühler Wind …

Wenn ich jetzt den Küstenweg gehe und nicht den klassischen »camino francés« (weil ich den schon zweimal gelaufen bin), so werden meine Gedanken doch hin und wieder auch zu dem Weg ins Landesinnere gehen. Heute Morgen etwa mit Blick von oben auf Irún erinnerte ich mich des Weges, den wir 1990 gegangen sind, den »camino San Adrián«, von Irún nach Burgos. Damals gingen wir noch mit ganz spärlichen Informationen und veralteten Militärkarten. Auch das war so etwas wie eine Pioniertat. (Wie vor 21 Jahren der »camino francés« und später die »via de la plata«). Jetzt gibt es auch über diesen Weg quer durchs Baskenland ein Outdoor-Buch.

Zum »Küstenweg« eine Kurz-Information aus einer Broschüre »Die Jakobswege in Kantabrien«: »Der Pilgerweg nach Santiago de Compostela durch Kantabrien existierte bereits vor dem bekannteren »Französischen Jakobsweg«, der von den Kluniazensern erst im 12. Jahrhundert eröffnet wurde, als die Mohammedaner weit genug zurückgedrängt waren, um die Regionen, durch die er führt, sicher erscheinen zu lassen. Auch nachdem der Pilgerstrom aus Frankreich infolge der großen europäischen Kriege unterbrochen war, blieb der Weg – vorzugsweise unter Nutzung der Seehäfen – erhalten. Richtig ist allerdings, dass der Zug der Pilger durch Kantabrien nur spärlich dokumentiert ist, und dass im Laufe der Zeit viele ihrer Spuren ausgelöscht oder verwischt wurden. Heute stellt der Jakobsweg entlang der Küste eine interessante Alternative für all jene dar, die den Französischen Weg bereits kennen oder die eine grünere und kühlere Route mit zahlreichen kleinen architektonischen Schmuckstücken und heiligen Orten bevorzugen. Darüber hinaus lässt sich die Freude am Pilgern hier mit der Heiterkeit des Meeres kombinieren.« – Das trifft auf mich zu und das hört sich gut an!

Um kurz vor 17 Uhr bin ich hier in San Sebastián angekommen. Die älteste Kirche der Stadt, San Vincente, habe ich schon von Außen besichtigt. Nun tut mir aber nach ca. 30 Kilometern eine Bank gut, und ich warte auf Meinhard.

Noch 35 Tage! **14/9/04**

16.30 Uhr in der Bar des Hostals »Txiki Polit« in Zarautz

Nach einem einfachen, aber guten Abendessen in der Nähe unserer Pension »Maite« in San Sebastián, nach dem es zum ersten Mal einen »Carlos III« zur Verdauung gab und nach einer ruhigen Nacht, bin ich heute Morgen ohne Frühstück aufgebrochen. Mit Hilfe des Stadtplans habe ich auch wieder aus der Stadt heraus gefunden, immer bergauf, dann mit einem Blick auf das Nobel-Hotel auf dem Monte Igueldo, in dem wir auf der Rückfahrt mit der Homberger Gruppe 1999 nächtigten (so etwas kann man sich als Pilger nicht erlauben!). Dann immer an der Küste entlang, mit Blick auf das Meer und dem ständigen Rauschen im Ohr. Beides wird mich jetzt wohl die nächsten Wochen begleiten. In Igueldo hatte ein Pilgerfreund ein komplettes Pilger-Möbel aufgebaut, mit Wasser, Stempel und einem »Goldenen Buch«. Aus dem ging hervor, dass doch täglich so zwischen drei und sechs Pilger in den letzten Wochen vorbei gekommen sind. Vor mir war heute auch schon einer da. Dann kam ich an der kleinen Martins-Kirche vorbei, die leider verschlossen war, an der es aber den Hinweis gab, dass der heilige Martin von Tours »Patron der Pilger« sei (was ich bisher nicht wusste!) und dass deshalb eine Kapelle mit seinem Namen hier am Küstenweg steht. Die schönen Holzstelen, die den Weg markieren und auf die ich gestern noch solch ein Loblied gesungen habe, habe ich heute erst gegen Mittag vereinzelt wiedergefunden. Bis dahin bin ich teils nach den gelben Pfeilen, teils nach der rot-weißen Küstenweg-Markierung, teils nach dem Outdoor-Büchlein gelaufen. Alles war herrlich – bis es dann gegen 10 Uhr erst allmählich und dann immer heftiger zu regnen begann. Der Regen, seit vielen Tagen (oder Wochen?) der erste, hat mich dann mit Unterbrechungen bis hierher begleitet. Für eine kurze Zeit fand ich Schutz in einer dichteren Baumgruppe. Aber nass wurde alles – bis in die Schuhe hinein. Wenn man allerdings irgendwann nass ist, ist es einem auch relativ egal. Unangenehm ist die Anfangsphase. Jedenfalls hat der Regenschirm heute wieder gute Dienste geleistet. Auf irgendeiner Höhe kam ich an einer dreieckigen Stahl-Stele vorbei, in die auf den drei Seiten der Vers Jesaija 56,1 herausgeschweißt war, in Hebräisch, in Spanisch und – wegen des starken Regens bin ich nicht herumgegangen, so dass ich nur vermuten kann – in Baskisch: »Wahrt das Recht und sorgt für Gerechtigkeit!«.

In Orlo war die Kirche leider auch verschlossen. Schade, dass es hier im katholischen Spanien und Baskenland nur noch verschlossene Gotteshäuser gibt. Ob die Spanier alle zu Hause beten? Da der Regen vor Zarautz eine Zeit lang aufhörte (um dann später wieder umso heftiger anzufangen), habe ich mich sogar den Pilgerversuchungen hingegeben und Brombeeren genascht. Bei Sonnenschein wäre es sicherlich ein herrlicher Blick von oben auf Zarautz gewesen, wo ich gegen 15 Uhr nach ca. 24 Kilometern ankam. So war alles bedeckt und diesig, aber die Wellen rauschten gewaltig auf den breiten Sandstrand. Erinnerungen an den »Plage Bonaparte« in der Bretagne wurden geweckt. Deshalb nochmals fünf dreizeilige Gedanken zum Thema »Meer« aus dem letzten Urlaub:

Die Seile der Segel singen ihr Lied mit dem Wind.
Eine wundersame Meeresmelodie erklingt.
Windstille lässt ihre Geheimnisse verstummen.
Strand und Wellen werden eins im aufsteigenden Nebel.
Meer und Himmel verschmelzen im milchigen Einerlei.
Ich schwimme im orientierungslosen Grau.

»EGO HIC ERAM« schreibt ein blasierter Jüngling mit großen Buchstaben in den Sandstrand.
Doch die pulsierende Natur erstarrt nicht vor menschlicher Bildung.
»EGO HIC FUERAM« murmelt auslöschend das Meer.

Unterhalb des höchsten Klippen-Punktes glitzert das Meer im Spiel seiner Blautöne.
Auf gleicher Höhe mit den gleitenden Möwen sehne ich mich nach Weite und Leichtigkeit.
Aber ich kann nur in Träumen fliegen.

Ein kleiner Junge schöpft mit einem Plastikeimer Wasser aus dem weiten Meer und schüttet es in ein Loch im Sandstrand, wo es schnell versickert.
Das Erlebnis des Augustinus am Strand von Ostia wiederholt sich.
Aber auch hier und heute werden keine Geheimnisse enthüllt.

Noch 34 Tage! 15/9/04

11.30 Uhr in der Vorhalle der (verschlossenen) Kirche San Pedro in Zumeia

Im Nachklang zur kleinen Martins-Kapelle von gestern Morgen mit dem Hinweis auf Martin als »Patron der Pilger« kamen mir gestern beim vorabendlichen Bier folgende versöhnliche Gedanken:

Wenn der Apostel aus Compostela und der Heilige von Tours gemeinsam für uns Pilger zuständig sind,
dann werden sie ihre Gaben hoffentlich aufteilen:
Der eine sollte uns zum Hoffen, Erhoffen und Hoffnung-schenken bewegen.
Der andere könnte uns zum Teilen, Mitteilen und Anteil-nehmen ermutigen.
So ergänzen sich die zwei Pilger-Patrone, kommen sich und uns näher.
Und ich versöhne mich mit beiden.

Danach gingen wir zum Gottesdienst um 19 Uhr in der Kirche »Santa Maria la Real« am Fest der »Kreuzerhöhung«. Vorher wurde der Rosenkranz auf Baskisch gebetet. Dann wurde die Messe in rasantem Tempo (keine 25 Minuten; ohne Fürbitten) auf Spanisch gelesen (Tag für Tag wird gewechselt: baskisch – spanisch). Am Ende gingen alle zur Kreuzverehrung nach vorne, ein Kreuz mit Korpus wurde hingehalten, geküsst und dann flott mit einem Tuch abgewischt. Anschließend bekamen wir noch unseren Pilgerstempel. Die ganze Zeit hatte ich reichlich Gelegenheit, mir den riesigen Altarretabel anzuschauen, der vom Boden bis zur Decke reicht – so wie es in den meisten spanischen Kirchen zu sehen ist. Die Spanier haben wohl einen immensen »horror vacui« – eine Furcht vor der Leere. Alles muss ausgefüllt werden. Auf dem Barock-Retabel waren zehn Szenen aus der Heilsgeschichte dargestellt. Besonders auffallend war die »Himmelfahrt Christi«, auf der der Herr aussah, als spränge er auf einem Trampolin. Zwischen den Heilsszenen waren Heiligenfiguren eingestellt.

Und da habe ich dich als Pilger wiedergesehen. In einer sehr ungewöhnlichen Pose. Du hattest in der linken Hand wie üblich den Pilgerstab, aber in der Rechten nicht – wie sonst – ein Buch, sondern deinen Pilgerhut mit Muschel. Es sah aus, als würdest du ihn gerade galant vor dem Herrn auf dem Altar gezogen haben zur Begrüßung oder zur Hochachtung. In dieser Form habe ich dich bisher noch nicht gesehen. Schön, dass es immer noch etwas Neues an dir zu entdecken gibt!

Danach gab es Abendessen: Tortilla mit Stockfisch, ein Stück gebratener Stockfisch, Rippe vom Rind und Käse. Reichlich und lecker. Das Ganze wurde zur Verdauung mit einem »Carlos III« beendet. Heute Morgen gab es einen Café con leche und ein Croissant in einer Bar, und gegen 8.30 Uhr war ich auf dem Weg. Herrliche Lichtspiele über den gewaltigen Meereswellen verschönerten den Morgen. Den ersten Ort – Getaria – habe ich über die vielbefahrene Landstraße erreicht (merkwürdigerweise führten anfangs die gelben Pfeile dorthin). Getaria ist der Geburtsort des Kapitäns Juan Sebastian Elkano, der 1522 die erste Weltumseglung erfolgreich abschloss, nachdem sein Kommandant Magellan auf der Philippinen-Insel Cebu verstorben war. Mehrere Denkmäler erinnern an den berühmten und mutigen Sohn der Stadt. Von dort ging ich bis hierher nach Zumeia, dem Geburtsort des bedeutendsten baskischen Malers Ignacio Zuloaga (1870 – 1945) – seinen Namen hatte ich noch nie gehört. Das Museum mit seinen Werken macht allerdings erst wieder im April auf. So langsam beginnt hier in Spanien der Winterschlaf. Nun hocke ich hier in der Vorhalle und warte darauf, dass die Regenschauer wieder aufhören.

17.45 Uhr in einer Bar vis à vis der Kirche Santa Maria in Deba beim zweiten Bier

Das ist wohl nicht immer so!: »Die Sonne scheint bei Tag und Nacht. Eviva España!« Nachdem ich in der Vorhalle der Kirche meines Namenspatrons in Zumeia die Schauer gut überstanden hatte, zog ich weiter. Aber bald fing es wieder an zu regnen. Und zum ersten Mal habe ich meinen Regen-Poncho übergezogen. Ich muss wohl ein merkwürdiges Bild abgeben: ein Männlein mit rotem Umhang und großem schwarzem Schirm in der grünen baskischen Landschaft. Aber die Regentropfen, die auf den Schirm fallen oder tropfen oder prasseln, haben auch etwas von Beruhigung und Gemütlichkeit an sich. Das Geräusch erinnert an frühere Zeiten. Wenn wir mit der Jugendgruppe »Neudeutschland« oder der Bundeswehr mit Zelten unterwegs waren, war es darin bei Regen auch beruhigend und gemütlich. Bis hierher hat es dann immer mal wieder mit Unterbrechungen geregnet. Unterwegs traf ich vier spanische Wanderer (Pilger?), die gerade Pause machten: mit Broten und einer Flasche Rotwein. Ich musste unbedingt einen Schluck nehmen. Und dann haben sie mir ein passendes spanisches Sprichwort beigebracht: »pan y vino andando el camino«.

Hier in Deba erwartete mich, als ich gegen 16 Uhr nach 23 Tageskilometern ankam, eine echte Überraschung: das Eingangsportal der Kirche Santa Maria (»Nuestra Señora de la Asuncion«) aus dem 15. bis 17. Jahrhundert mit einem reichen Figurenprogramm. Bisher konnte ich es nur durch ein verschlossenes Gitter bewundern, aber:

Dich, mein Pilger-Apostel, habe ich schon entdeckt. Du hältst hier – wie auch deine anderen elf Apostel-Kollegen – wieder ein Schriftband (aber eigentlich ist es mehr eine starre kantige Schrifttafel mit zwei Henkeln – sie sieht aus wie ein römisches Feldzeichen) in der Hand, mal schauen, ob und was darauf steht. Ich nehme an, es ist ein Vers des »apostolischen Glaubensbekenntnisses«, das euch Aposteln zugeschrieben wird. Jedenfalls hast du etwas Mühe, diese Tafel zusammen mit dem Pilgerstab in der linken Hand zu halten. Zwei Dinge auf einmal zu tragen, ist auch schwer! In der Rechten trägst du das geschlossene Verkündigungsbuch mit der Frohen Botschaft. Zwei Muscheln zieren dich vorne auf der Brust und dein Pilgerhut mit Muschel hängt auf dem Rücken. Hoffentlich komme ich dir noch ein wenig näher und kann dein derb-baskisches Gesicht bewundern!

Noch 33 Tage! 16/9/04

12.45 Uhr auf einem Bergrücken ungefähr auf der Grenze zwischen den beiden baskischen Provinzen Gipuzkoa und Bizkaia

Gestern Abend öffneten sich kurz nach 19 Uhr die Tore zur Vorhalle der Kirche und endlich konnte ich das Portal aus der Nähe betrachten. Beim Jacobus konnte man wieder den ihm zugeschriebenen Vers aus dem apostolischen Glaubensbekenntnis auf der Tafel lesen: »QUI CONCEPTUS EST DE SPIRITU SANCTO NATUS EX MARIA VIRGINE. IACOBUS«. Um 19.15 Uhr war dann Rosenkranz und um 19.30 Uhr Messe zum Gedenktag der Schmerzen Mariens. Beides wurde in rasantem Tempo vollzogen (5 Gesätze Rosenkranz plus »Lauretanische Litanei« in 15 Minuten!). Sehr unpersönlich und monoton. Es ist, als wenn ein Uhrwerk aufgezogen wurde, das dann mechanisch abläuft. Ich glaube, wenn ich in Spanien aufgewachsen wäre, wäre ich nie auf die Idee gekommen, Theologie zu studieren. Danach gab es dann ein rustikales Abendessen: Fischsuppe, Lammkoteletts und Tetilla-Käse (»Brustwarzen-Käse«). Als Absacker diesmal zwei »Carlos III« und dann ab ins Bett in unserer gediegenen Pension »Zumardi«. Als ich heute Morgen wach wurde, spürte ich die Absacker noch etwas in meinem Kopf.

Nach dem Frühstück in der Pension war ich um 8.30 Uhr auf der Straße. Gleich begann es wieder zu regnen, dann war es aber bis hierher trocken – bei bedecktem Himmel, gelegentlichem Sonnenschein und Temperaturen unter 20 Grad. Die schönen Holzstelen mit den Wegmarkierungen gibt es schon seit gestern nicht mehr. So laufe ich nach den gelben Pfeilen, einigen gelben Plastikbändern und den Hinweisen im Outdoor-Buch.

An den spanischen Lebensrhythmus gewöhnen wir uns so langsam. Morgens ist noch nichts los, man muss sehen, wo man einen Kaffee bekommt; lange Siesta (vor 17 Uhr ist nichts geöffnet!); am späten Nachmittag füllen sich die Bars und ab 20.30 Uhr (manchmal auch erst gegen 21 Uhr) gibt es Abendessen. Dadurch werden die Nächte für uns Pilger kürzer.

Das heutige Evangelium vom Tage (Lk 7,31–35) macht nochmals plastisch und deftig anschaulich, dass keiner es allen recht machen kann. Über den Asketen Johannes d.T. lästern die Menschen, den Freund des Lebens, Jesus, beschimpfen sie als »Fresser und Säufer«. Also – wie die Elberfelder sagen – »Mak wat de wuss, de Lück kallen doch!«. Wenn ich allerdings zu wählen hätte zwischen der Lebensform des Johannes und der von Jesus, würde ich mich auf die Seite des Herrn schlagen. Damit will ich aber nicht die zwei »Carlos III« von gestern Abend rechtfertigen!

18 Uhr in der »Ermita de San Miguel de Arretxinaga« in Markina-Xemein

Nach ca. 25 Kilometern bin ich um 16.30 Uhr hier im Ort angekommen. Ich bin nicht den im Outdoor-Buch vorgeschlagenen kürzeren Weg gegangen, sondern habe den wunderschönen, wenn auch teilweise recht matschigen und über fünf Kilometer längeren Höhen-Weg genommen, mit herrlichen Ausblicken auf die Hügel mit grünen Wiesen und dunklen Nadelwäldern. Ab und zu sah man in der Ferne nochmals das Meer bläulich aufschimmern. Der Küstenweg führt jetzt über Gernika bis Bilbao etwas ins Landesinnere, um dann wieder zur Küste zurückzukommen. Manchmal lohnt es sich, längere Wege zu machen!

Unterwegs haben mich zwei Französinnen überholt, die ich gestern auch schon in der Kirche und im Restaurant gesehen habe, und die von Le Puy bis Bilbao laufen. Es gibt also doch einige, die diesen Nord-Weg (»camino costero de Santiago«) machen.

Anna hat mir heute eine SMS geschickt und mir zu 2000 zurückgelegten Kilometern gratuliert. Ich selbst hätte gar nicht daran gedacht, aber es stimmt! Jetzt ist es ja wirklich nur noch ein »Rest« von 748 Kilometern (wie hier in einem Schaufester angegeben ist), den ich mit Gottes und Jacobus Hilfe hoffentlich auch noch schaffe! Übermorgen in einem Monat soll planmäßig die Ankunft sein.

Die »Kirche«, in der ich hier sitze, ist wirklich kurios. Der sechseckige Bau ist 1741 um drei riesige Felsblöcke herum gebaut, die immer schon als Michael-Heiligtum verehrt wurden. Nach einer alten Überlieferung ist der oder die, wenn sie einen Partner suchen, innerhalb eines halben Jahres verheiratet, wenn man drei Mal unter den Steinen durchkriecht. Ich lasse es lieber!

Noch 32 Tage! 17/9/04

12.45 Uhr in der Vorhalle der kleinen »Ermita de Santiago Apóstol« (in der freundlicherweise ein klappriger Stuhl steht) kurz vor Aldaka

Wenn man das vergangene 20. Jahrhundert, in dem ich die längste Zeit meines Lebens gelebt habe, auf ein einziges Bild konzentrieren sollte, dann ist es wohl das Gemälde »Guernica« von Pablo Picasso. Anlass für dieses großformatige Bild (351 x 782 cm) war der dreieinhalbstündige Bombenangriff der deutschen Legion Condor, der Gernika (so wird es heute wieder baskisch geschrieben) am 26.4.1937 völlig vernichtete. Die Deutschen griffen damals als Hilfstruppen der aufständischen spanischen Militärs unter General Franco in den spanischen Bürgerkrieg ein. Vorrangiges Ziel der Legion Condor war die Erprobung des neuen Kriegsgeräts und der modernen Taktik des Luftkrieges zur Vorbereitung auf den zweiten Weltkrieg. Die Bombardierung von Gernika war der erste massive Luftangriff auf eine ungeschützte und nicht direkt am Kriegsgeschehen beteiligte Stadt und ihre Zivilbevölkerung, die von den Flugzeugen aus sogar unter Maschinengewehrfeuer genommen wurde. Die Spreng- und Brandbomben zerstörten das gesamte Stadtzentrum und Hunderte fanden den Tod.

Picasso hat das Leid und das Grauen dieses Ereignisses ins Bild gebracht, mit diesem Bild aber gleichsam auch eine Chiffre für alle Kriege, Leiden und Schmerzen des letzten Jahrhunderts geschaffen.

Ich habe dieses Bild 1982 während der Spanien-Fahrt mit der KHG in Madrid gesehen, nachdem es erst kurz vorher aus den USA (New York, Museum of modern Art) nach Spanien zurückgekommen war. Denn Picasso hatte verfügt, dass dieses Bild, das er für den Spanischen Pavillon der Pariser Weltausstellung 1937 gemalt hatte, erst nach dem Tod Francos wieder nach Spanien zurückkehren dürfe.

Heute feiert die Kirche den Gedenktag der heiligen Hildegard von Bingen, jener großartigen Frau des hohen Mittelalters, die sogar mit den höchsten Repräsentanten in Kirche und Staat, mit Päpsten und Königen, in Korrespondenz stand. Neben meiner Lieblingscousine Hilde (die aufgrund schlechter Erfahrungen »bei Kirchens« mit ihrer Namenspatronin inzwischen wohl wenig anfangen kann), kenne ich noch eine Frau, die diesen Namen trägt: Schwester Hildegard von den Hiltruper Schwestern. Diese Nonne kenne ich seit 1975, seit meiner Kaplanszeit in St. Apollinaris. Sie war damals (und bis zum Jahr 2000) Leiterin der Michael-Gruppe im Kinderheim St. Raffael in Düsseldorf-Oberbilk, einem Haus, in dem früher »Waisenkinder« waren, in dem heute Kinder und Jugendliche aus zerrütteten Familien leben. Viele von ihnen wurden schon sexuell missbraucht. Ich habe immer bewundert, mit welcher Strenge, aber auch mit welcher fürsorgenden Liebe sich Schwester Hildegard um ihre »Zöglinge« gekümmert und ihnen ein wirklich neues »zu Hause« geschaffen hat. Viele von ihnen stehen bis heute mit ihr in Kontakt. Ich habe diese Gruppe regelmäßig besucht und mich um einzelne gekümmert (um Rudolf, Thomas, Stephanie, Regine, Andreas, Petra,

Patrik ...). Zum Gruppenfest wurde jedes Jahr eine gut gestaltete Gruppenmesse im Wohnzimmer gefeiert; später kam die Gruppe jedes Jahr im Sommer einmal nach Homberg zum Kaffeetrinken und Traktorfahren. Und an jedem Heiligen Abend habe ich im Raffaelheim die Christmette gelesen und war anschließend (oft auch mit meiner Mutter) zur Bescherung in der Gruppe. Jetzt ist Schwester Hildegard in ihrem Mutterhaus in Hiltrup tätig. Beste Namenstagsgrüße von Herz zu Herz!

Nach einem teuren und gar nicht mal so guten Abendessen (nicht einmal Käse gab es!) in unserem Hotel »Vega«, einer ruhigen Nacht und einem spanischen Frühstück in der Bar unseres Hotels (café con leche und ein Teilchen) war ich heute Morgen um 8.30 Uhr auf dem Weg. Irgendwann habe ich mich ein wenig verlaufen, da ich nicht dem Outdoor-Buch, sondern den gelben Pfeilen gefolgt bin, die ich dann im Wald nicht wiederfand. Dann kam ich aber doch wieder auf die richtige Piste und erreichte das Dorf Bolibar, dessen berühmtester Sohn Simon Bolivar war, der Anfang des 19. Jahrhunderts die Unabhängigkeit der mittel- und süd-amerikanischen Staaten (Venezuela, Ekuador, Peru, Panama, Kolumbien und Bolivien, das nach ihm benannt ist) beförderte. Danach ging es hoch zum Kloster Cenarruza, dessen Ursprung im 10. Jahrhundert liegt und das der einzige christliche Vorposten in den damals noch nicht christianisierten baskischen Küstenprovinzen war. In dem barocken Altarretabel gab es eine Darstellung des heiligen Jacobus und im Kreuzgang viele Muschel-Reliefs. Besonders beeindruckend war eine Grabplatte aus dem Jahr 1532 mit einer groben Darstellung des Gleichnisses vom armen Lazarus und dem reichen Prasser. Vom Kloster an gab es auch wieder die schönen Holzstelen mit Markierungen, nach denen ich bei trockenem und sonnigem Wetter weiterlaufen konnte.

Jetzt sitze ich hier in der Vorhalle der »Ermita de Santiago Apóstol« aus dem 18. Jahrhundert, deren Besuch für die Jacobus-Pilger früher ein »Muss« war. Heutzutage ist sie leider verschlossen. Aber in ihrem Schutz werde ich jetzt meine Mittagsmahlzeit (Brot, Teilchen, Wasser) einnehmen und dann weiter nach Gernika laufen.

Noch 31 Tage! 18/9/04

Einiges von »unterwegs«:

- *Gestern beim Hinuntergehen auf der Landstraße nach Gernika kam mir ein Radfahrer keuchend entgegen und wünschte »Buen camino!« – ein schöner Wunsch.*

- *Gegen 17.30 Uhr kam ich beim Hostal »Madariaga Ostatua« in der Industriestraße (eine Verlängerung der Pablo-Picasso-Straße) an, eine gediegene, preiswerte Pension!*
- *Picasso würde sich allerdings im Grabe 'rumdrehen, wenn er das große bemalte Holzrelief seines berühmten Bildes im Flur dieser Pension sehen würde!*
- *Die Preise fürs Essen sind hier in Spanien manchmal eine Stufe höher als in Frankreich; dafür ist die Qualität eine Stufe niedriger (nur der Schnaps ist preiswerter!).*
- *Die Stadt Gernika nennt sich selbst »Ciudad de la Paz« – und das nach dem furchtbaren Geschehen 1937: kein Hass, keine Vergeltung, sondern Versöhnung und Frieden!*
- *An vielen Häusern in der Stadt war die Jahreszahl des Wiederaufbaus zu sehen: 1942 – das Jahr meiner Geburt.*
- *Heute Morgen bin ich kurz vor 7 Uhr aufgestanden (da es heute bis Bilbao 33 Kilometer sind); noch im Dunkeln war ich auf der Straße; glücklicherweise hatte schon eine Bäckerei und eine Bar geöffnet (spanisches Frühstück: café con leche und ein Teilchen).*
- *Die Morgensonne kann einen Pilger von der Seite ganz heftig blenden; sie wirft aber einen schönen langen Pilger-Schatten auf den Weg oder auf die Straße.*
- *Die Wandertage sind alle von einer gewissen Hast und Hektik bestimmt: aufstehen – »rödeln« – schauen, wo es so etwas wie ein Frühstück gibt – die vorgesehenen Kilometer laufen – Tagebuch schreiben – Mittagsrast – Handy-Kommunikation – zum vereinbarten Zeitpunkt eintreffen (an einer Kirche, an einer Informationsstelle oder an der Unterkunft) – fertig machen fürs Abendprogramm – Abendessen – Absacker – Schlafen.*
- *Unterwegs habe ich drei spanische Pilger (mit Muschel) getroffen, die aus der Nähe von Saragossa nach Compostela auf dem Nordweg laufen. Einer von ihnen ist schon fünf Mal den »camino francés« und einmal die »via de la plata« gegangen. Stolz konnte ich sagen: »Yo también«.*
- *Dadurch, dass ich nicht den gezeichneten Weg zum Pass »Aretxabalagane« gegangen bin, sondern die Landstraße Bl-2713 genommen habe, und dadurch, dass ich hinter Lezama dem Vorschlag des Outdoor-Buches gefolgt bin und auf der N-737 weiter gelaufen bin – habe ich sicherlich etliche Meter und einige Zeit eingespart.*
- *Die Holzstelen fehlen heute wieder gänzlich.*
- *Unterwegs gab es einen Automaten, bei dem ich mein Kleingeld loswerden und eine gekühlte Cola trinken konnte.*

- *Das Wetter: blauer Himmel, Sonnenschein, vielleicht knapp unter 25 Grad.*
- *Am Telefon (beim traditionellen Samstags-Anruf) sagte mir Helmut, dass sein Sohn Martin neulich geäußert habe, er habe Angst, ich sei – wenn ich zurückkäme – nicht mehr der alte. Ich habe Helmut gesagt, er solle ihn beruhigen, ich sei noch der alte (auch wenn ich bestimmt recht verändert heimkehren werde – das habe ich aber nicht gesagt!).*
- *Um 16 Uhr stand ich gegenüber vom Rathaus in Bilbao; das Thermometer zeigte 33 Grad (in der Sonne) an.*
- *An den schönen modernen Sehenswürdigkeiten Bilbaos bin ich vorbei gegangen und habe sie schon mal fotografiert: Fußgängerbrücke – Guggenheim-Museum mit der Spinne von Louise Borgoise und dem Blumenhund von Jeff Koon – Musik-Palast.*
- *Vor dem Guggenheim-Museum musste ich als »Pilger« für eine und mit einer spanischen Gruppe älterer Herrschaften zum Filmen posieren.*
- *Da »es« heute so gut lief, bin ich einfach von Bilbao nach Santurce weiter gelaufen, um für den morgigen Sonntag einen Ruhetag »herauszulaufen«. So wurde es heute die bisher längste Strecke meiner Tour: Zwar nicht die angegebenen 47 Kilometer (da ich heute Morgen einige Kilometer eingespart habe), aber gut 40 Kilometer waren es doch! Gegen 19.15 Uhr kam ich in Santurce (nach der Überfahrt über den Fluss Nervion mit der Kabinenbahn der berühmten Hängebrücke) an und kam im gleichnamigen Hostal gut unter.*
- *Heute in einem Monat werde ich – So Gott will! – in Compostela ankommen!*

Noch 30 Tage! **19/9/04**

19.30 Uhr in einer Bar in der Nähe unseres Hostals »Santurce«

So ein Ruhetag, besonders am Sonntag, tut richtig gut! Da kann die Pilgerseele nachkommen und sich ausruhen. Nach einer längeren Nachtruhe sind wir mit der S-Bahn (die hier C-Bahn heißt) nach Bilbao rein gefahren. Leider regnete es die ganze Zeit. Dort waren wir in der Santiago-Kathedrale um 10.30 Uhr im Gottesdienst. Anschließend bummelten wir zum Guggenheim-Museum. Das Bauwerk ist ja faszinierend und überwältigend. Die ständige Ausstellung aber beschränkt sich auf einige großformatige Werke von Pop-Künstlern (Andy Warhol, Claes Oldenburg, Roy Lichtenstein ...). Ansonsten zwei umfassende Sonderausstellungen: von James Rosenquist (der zu den amerikanischen Pop-Künstlern gehört, dessen Name ich aber noch nie gehört hatte) und Marc Rothko mit seinen farbig fein abgestimmten abstrakten Bildern. Anschließend genossen wir in einer Pizzeria zu Dritt eine Riesenpizza für vier Personen. Dann fuhren wir zurück nach Santurce zu einem Nachmittagsschlaf, der allerdings durch den Lärm der Straße erheblich gestört wurde. Danach Wandervorbereitungen für Morgen, einige obligatorische Sonntags-Telefonate und jetzt das erste abendliche Bier.

In der Santiago-Kathedrale gab es einen schönen Pilgerstempel und drei Hinweise auf »unseren« Heiligen und seine Wallfahrt:

Einmal stand er selbst (mit Buch und abgebrochenem Pilgerstab) am Eingangsportal – als Pendant zum Apostel Petrus.

Dann gab es in der Kirche eine schöne Barockdarstellung von 1760 der »Nuestra Señora del Pilar« mit einem kleinen knienden anbetenden Jacobus davor. Diese Begebenheit aus Saragossa ist uns ja schon in Frankreich begegnet.

Schließlich: In den Schlusssteinen des Chorgewölbes und auf den Vorderseiten der Alben der drei konzelebrierenden Priester prangte das rote Santiago-Ritterkreuz. Dieses Kreuz, das unten in einem Schwert endet, war das Abzeichen des Santiago-Ritterordens, der (ähnlich wie die »Ritter vom Heiligen Grab« für die Jerusalem-Pilger) für die Jacobus-Pilger zuständig war, für deren Schutz und eine unbehinderte Wallfahrt, aber auch für die Wiederbesiedlung eroberter Gebiete mit christlichen Bauern und das Freikaufen christlicher Gefangener. Dieser Orden wurde 1168 in Cáceres (an der »via de la plata«) gegründet; er hatte später seinen Sitz in dem von den Katholischen Königen in Auftrag gegebenen »Hostal San Marcos« in León, einem repräsentativen Renaissancebau, über dessen Eingangsportal Jacobus als »Matamoros« zu sehen ist. Dieser Ritterorden erinnert nochmals stark an die politische Dimension der Wallfahrt. Merkwürdig, dass sich deren Abzeichen bis heute auf den Gewändern der Domkapitulare erhalten hat.

Heute habe ich Dreiviertel meiner Wallfahrtszeit hinter und nur noch ein Viertel vor mir! Kaum zu glauben, wie schnell die Zeit verging, die anfangs so unendlich lang vor mir lag.

Noch 29 Tage! **20/9/04**

11 Uhr auf dem Küstenweg hinter La Arena
mit Blick aufs Meer

Mein eigener Schatten: Da ich schon seit geraumer Zeit ständig von Ost nach West laufe, habe ich ihn in der Morgensonne lang vor mir, in der Mittagssonne auf gleicher Höhe neben mir und in der Abendsonne lang hinter mir. Ein schönes Gleichnis dafür, wie man mit all dem, was den eigenen »Schatten« angeht, umgehen kann. Wie man all das, was oft so dunkel und bedrückend und belastend groß und mächtig vor einem liegt, »hinter sich« bringen kann: Indem man es in den Blick nimmt, nicht verdrängt oder verleugnet, sondern mutig und entschlossen darauf zugeht; nicht davor ausweicht oder wegläuft, sondern es auf dem Lebens- und Glaubensweg bewältigt. Allerdings geht das nicht nur in der Kraft des eigenen Weitergehens; es muss auch so etwas geben wie im Bild die »Sonne«: ein Licht der Erleuchtung, der Erkenntnis, der Einsicht, das zur Orientierung und Klärung beiträgt und hilft. Vielleicht ist dabei das hellste Licht der, der von sich gesagt hat: »Ich bin das Licht der Welt« (Joh 8,12). Wenn ich mich immer wieder an ihm orientiere, kann ich jede dunkle Zukunft hinter mir lassen, kann ich sogar das Dunkel des Todes hinter mich bringen.

Dass ich schon seit längerem nach Westen laufe, merke ich auch daran, dass mein linker Arm brauner ist als der Rechte!

Und noch etwas bringt das ständige Laufen »westwärts« mit sich: Man kann die Zielorte abends schlecht fotografieren (wegen des Gegenlichts), und man kann sie auch morgens nicht fotografieren (wegen des erneuten Gegenlichts).

Auf dem Strand von La Arena und jetzt auf dem herrlichen Küstenweg kamen mir folgende kuriosen Gedanken (vielleicht hat mich der surrealistische Pop-Künstler Rosenquist mit seinen unzusammenhängenden Collagen gestern unbewusst geprägt):

Heut Morgen bin ich nicht geschwommen,
Hab kein Geheimnis mitgenommen.
Darüber freun sich alle Frommen,
Ich wird jedoch einen Tadel bekommen.
Wär allerdings noch mehr Sonne gekommen,
Hätt ich vielleicht doch noch geschwommen.

Gegen 16 Uhr auf dem Sandstrand von Castro Urdiales

Nun wird das Pilgern fast zum Urlaub! Ich liege hier auf dem schönen kleinen Sandstrand dieses bezaubernden Ortes; bin schon geschwommen und habe die Wellen genossen; die Wassertemperaturen sind atlantisch (so wie in der Bretagne), aber bei bedecktem Himmel, ab und zu Sonnenschein und gut 25 Grad lässt es sich aushalten. Deshalb muss ich die skurrilen Gedanken von heute Vormittag ergänzen:

Am Nachmittag bin ich dann doch geschwommen,
Hab mein Geheimnis mitgenommen.
Darüber ärgern sich alle Frommen,
Ich werd jedoch ein Lob bekommen.
Da noch mehr Sonne ist gekommen,
Bin ich ins Meer hinausgeschwommen.

Ich muss sicherlich für die anderen Strandlieger einen merkwürdigen Anblick abgeben: käseweiß, nur das Gesicht, der Hals, die Unterarme und die Waden dunkelbraun – eben bi-color.

Gestern Abend waren wir »beim Chinesen« essen, es ist ja auch völkerverbindend, in Spanien chinesisch zu essen (waren wir ja auch schon mal in Luxemburg). Das Essen war preiswert und reichlich. Heute Morgen war ich nach einem kurzen Barbesuch und einem Telefonat mit meiner Lieblingscousine um 8.30 Uhr auf dem Weg. Von Santurce aus bin ich die Nationalstraße N 639 weitergelaufen – vorbei an den riesigen Hafenanlagen. Dadurch habe ich wohl etliche Kilometer eingespart, denn gegen 10.30 Uhr lief ich schon über den Sandstrand von La Arena. Dort traf ich die drei spanischen Pilger von vorgestern wieder. Diesmal musste aber ein gemeinsames Foto geschossen werden. Dann ging es über den traumhaften Küstenweg bis Ontón. Dort überschritt ich die Grenze vom Baskenland nach Kantabrien. Dem Ratschlag des Outdoor-Buches folgend, habe ich von dort die Nationalstraße N 634 genommen und konnte mich deshalb schon um 14.45 Uhr nach ca. 25 Tageskilometern mit Meinhard hier an der Touristeninformation treffen, um mit ihm zu unserem schönen Hostal »La Ronda« zu gehen. Da ich auf meinem Weg über die Uferpromenade (mit einem tollen Blick auf den Fischerhafen, die Kirche »La Asunción« und die Burg) hier am Strand vorbeigekommen bin, reizte es mich, zum ersten Mal auf meinem Atlantik-Weg ins Meer zu gehen.

Noch 28 Tage! **21/9/04**

11.30 Uhr in einem Bus-Warte-Häuschen am Ortsausgang von El Pontarrón de Guriezo kurz vor dem Überschreiten des rio Agüera

Nun bin ich schon ein Vierteljahr unterwegs! Am 21. Juni bin ich gestartet, heute ist der 21. September! Sonst ist ein Vierteljahr geprägt von einer großen Vielfalt: unzählige Termine, verschiedenste Veranstaltungen, unterschiedlichste Liturgien, private und dienstliche Feiern, vielerlei Gespräche, kürzere und weitere Fahrten, mannigfaltige Vorbereitungen ...

Dagegen im letzten Vierteljahr »unterwegs«: Tag für Tag ungefähr derselbe Ablauf, eine wohltuende Monotonie und Gleichförmigkeit prägt die Zeit. Auch wenn jeder einzelne Tag von einer gewissen Hektik und Hast geprägt ist, so erlebe ich die Gesamtzeit als ruhig dahinfließend. Dadurch entsteht eine große Entspanntheit und Gelassenheit. Das ist so ähnlich wie im Urlaub am Meer. Nur, dass es jetzt noch viel länger dauert und viel prägender ist. Ein merkwürdiger Gegensatz entsteht dadurch: Trotz des äußeren Voran-gehens und »unterwegs«-Seins breitet sich eine innere Ruhe und Gelöstheit aus.

Um ein Bild zu gebrauchen: Das ist wie ein Rosenkranz, Perle reiht sich an Perle – Tag reiht sich an Tag, und als kleine Unterbrechung zum Atemholen schenke ich mir ungefähr alle 10 Tage einen Ruhetag (wie beim Rosenkranz die Vater-unser-Perle).

Gestern Abend haben wir in einem Hafenlokal eine Fischsuppe und Fisch gegessen. Heute Morgen habe ich mir erst mal nach dem Aufstehen den Kopf am Fenster blutig gestoßen. Dann war ich nach einem »Frühstück« im Hostal um 8.30 Uhr auf dem Weg, fast immer auf der N 634, die aber wegen der parallelen Autobahn nur wenig befahren ist. So kommt man gut voran. Leider lädt das Wetter (bedeckter Himmel, unter 20 Grad, sogar ein paar Regentropfen fielen) nicht zum Schwimmen ein, obwohl herrliche Sandstrände dazu verlocken und obwohl ich heute zum ersten Mal die Badehose, ein Badehandtuch und die Iso-Matte in meinen Rucksack gepackt habe. Unterwegs auf der N 634 stand ein Gedenkstein für einen Pfarrer von Castro Urdiales, der hier mit 30 Jahren 1980 tödlich verunglückte. Die Straße führt jetzt in einem großen Bogen um einen Meeresarm (»ria«) herum nach Liendo. In einem Feuchtbiotop dieses Meeresarmes habe ich einen weißen (!) Fischreiher gesehen (jedenfalls hatte das Tier die gleiche Form und Größe).

17.45 Uhr auf einer Bank an der Uferpromenade von Santoña mit Blick auf Laredo und das Ende der Halbinsel »El Puntal«

Von Liendo aus bin ich nach den Hinweisen des Outdoor-Buches gelaufen. Ein sehr schöner, wenn auch an einigen Stellen recht matschiger Weg, an den Ruinen des San Julián Kirchleins vorbei (vor der Kulisse des mächtigen Bergmassivs von Candina), dann hinauf zur Steilküste mit prächtigen Aussichten auf Meeresbuchten. In Laredo war die Kirche »Santa Maria« geschlossen. Am Rathaus aus dem 16. Jahrhundert kam ich vorbei. Davor stand ein Denkmal für Carlos V, der nach seiner vierzigjährigen Herrschaft am 28. September 1556 im Hafen von Laredo anlegte, um zu seiner letzten Reise zum Kloster Yuste in Zentralspanien aufzubrechen, wo er zwei Jahre später starb. Das Boot im Hafen von Laredo zur Überfahrt nach Santoña war schon im Winterschlaf, so dass ich noch ca. fünf Kilometer die Uferpromenade bis »El Puntal« weiterlaufen musste, wo ich gegen 17.15 Uhr eintraf und Meinhard und Peter traf. Gemeinsam setzten wir dann nach Santoña über. Das Wetter wurde heute Nachmittag viel besser, sogar die Sonne schien, aber zum Schwimmen blieb keine Zeit. Das Bier aus Peters Kühlschrank im Caravan schmeckt hier auf der Bank nach ca. 32 Tageskilometern besonders gut: Prost! Jetzt geht es zu unserer Unterkunft im Hostal »El Parque«.

Noch 27 Tage! 22/9/04

11.45 Uhr vor der (verschlossenen) Kirche »Santa Maria de Soano«

Am Tag des Sommeranfangs bin ich losgegangen – heute ist Herbstanfang! Eine ganze Jahreszeit war ich »unterwegs«. Für mich ist der Herbst die schönste Jahreszeit, mit seinen leuchtend bunten Blättern, mit der Fülle der Früchte, mit der Weinernte. Alles kommt zur Vollendung und Reife. Natürlich stellt sich auch der Bezug zum eigenen Leben ein: »Herbst des Lebens«. Viele Gedichte sprechen diesen »Herbst des Lebens« an. Für mich ist das faszinierendste Herbstgedicht das von Rainer Maria Rilke:

Herbst

Die Blätter fallen, fallen wie von weit,
als welkten in den Himmeln ferne Gärten;
sie fallen mit verneinender Gebärde.

Und in den Nächten fällt die schwere Erde
aus allen Sternen in die Einsamkeit.

Wir alle fallen. Diese Hand da fällt.
Und sieh dir andre an: es ist in allen.

Und doch ist Einer, welcher dieses Fallen
unendlich sanft in seinen Händen hält.

Auch mir muss klar sein: Die längste Zeit meines Lebens ist verflossen – hoffentlich kann ich im Blick auf mein Leben die Bibelworte auch auf mich beziehen: »Du guter und getreuer Knecht ... Komm, nimm teil an der Freude deines Herrn« (Mt 25,21) und »Du jedoch hast den guten Wein bis jetzt zurückgehalten« (Joh 2,10) – und hoffentlich ist da Einer, der auch mich »unendlich sanft in seinen Händen hält«.

Gestern Abend habe ich den gleichen Fisch gegessen wie vorgestern: »Lubina« – »Wolfsbarsch«: sehr lecker! Heute Morgen war ich gegen 8.15 Uhr »unterwegs«. Fast vier Kilometer bin ich bei bedecktem Himmel über den schönen Sandstrand von Noja gelaufen, auf dem meine Profilsohlen mächtig Eindruck machten.

14.15 Uhr am Strand von La Arena bei Isla

Der heutige Tag ist wie ein halber Ruhe- oder Urlaubstag. Ich brauchte nur knapp 20 Kilometer laufen; bin schon kurz vor 13 Uhr in Isla mit seinem prächtigen Palacio de los Condes und seiner mächtigen – schon von weitem sichtbaren – Iglesia de San Julián y Santa Basilisa (die Angaben zum Namen dieser Kirche differieren zwischen Santa Juliana und San Juan); bin dann hier hinunter zum Strand gegangen und war schon – heute Nachmittag bei strahlend blauem Himmel und Sonnenschein – im Atlantik schwimmen (zum zweiten Mal!). Wie ich gerade per Handy erfahre, sind wir in Isla im »Hospedaje Javier« untergekommen.

Noch 26 Tage! **23/9/04**

12 Uhr auf einer Bank vor der (verschlossenen) Kirche »Nuestra Señora de Galizano«

Letzte Nacht habe ich im Traum versucht, unserem Kaplan den Unterschied zwischen einer hierarchisch verfassten Kirche und dem »Volk Gottes« anschaulich zu machen. Dazu habe ich auf die beiden geometrischen Formen »Dreieck« und »Kreis« zurückgegriffen: Ein Dreieck mit der Basis »unten« und der Papst an der Spitze »oben« ist ein Zeichen für Hierarchie. Ein Kreis setzt sich aus vielen Kreissegmenten zur vollkommenen Form zusammen – ein Bild für das »Volk Gottes«. Ich finde, dieses Traum-Bild kann sich auch im Wachzustand sehen lassen!

Einige Pilger-Splitter der letzten Tage:

- *Inzwischen habe ich natürlich die Kathedrale von Compostela dreifach im Portemonnaie: als 1, 2 und 5 Cent-Stück.*
- *Meinhard und Peter haben festgestellt, dass mein Jacobus-Lied vom 5. September nicht nur auf die Melodie »Alles meinem Gott zu Ehren«, sondern auch auf die Original-Melodie des französischen Liedes gesungen werden kann (dann allerdings mit dem originalen Refrain).*
- *Nach matschigen Wegen werden abends vor der Körperpflege erst einmal die Schuhe (ich trage schon seit Wochen nur noch die halbhohen) in der Badewanne oder der Dusche vom Lehm befreit und anschließend mit Toilettenpapier zum Trocknen ausgestopft.*
- *Abends wird es jetzt schon ziemlich frisch und kühl. Da kann man schon einen Pullover gebrauchen.*
- *Kurz hinter Markina habe ich mir bei einem Zaun-Überstieg am Stacheldraht mein weißes Taschentuch zerrissen, das ich stets an meine Weste geknüpft habe, um griffbereit die Tropfen an meiner Nase zu entfernen.*
- *Mit meinen an die Weste geknüpften Taschentüchern habe ich kein Glück: Kurz hinter Islares hat sich das zweite selbständig gemacht (beim Brombeer-Naschen?) – ich nehme jetzt nur noch Tempo-Taschentücher.*
- *Die Kirchen in Kantabrien habe ich – wie im Baskenland – bisher auch alle verschlossen vorgefunden. Schade!*
- *Auch in Kantabrien schlagen die Kirchturmglocken die vollen Stunden zweimal hintereinander.*

- *Eine Halbliter-Plastikflasche Coca Cola an einem Automaten zu ziehen, wurde in den letzten Tagen zur erfrischenden Gewohnheit.*
- *Meine helle Weste wird von Tag zu Tag schmuddeliger.*

Gestern Nachmittag kamen Meinhard und Peter auch zum Arena-Strand mit dem Caravan, so dass ich mit ihnen (nach einem Begrüßungsbier) zurück nach Isla in unsere gute Herberge fahren konnte. In der dortigen Bar »La Chata« konnten wir zwar nicht essen, dafür aber etwas einkaufen: Schinken, Brot und Flan (Karamel-Pudding). Auf der Terrasse vor der Kirche – mit Blick ins weite Land zurück bis Noja – haben wir dann feudal gespeist: Serbische Bohnensuppe (aus Peters Vorräten), Wein aus Frankreich (den Meinhard noch im Auto hatte), Schinken, Käse, Brot, Flan – und als Absacker gab es sogar einen »Carlos III«. Ein herrlicher Abend!

Heute Morgen war ich um 8 Uhr ohne Frühstück auf der Straße. Es wurde gerade hell (Sonnenaufgang um 8.04 Uhr) und es war noch recht frisch. Ein Thermometer an einer Apotheke zeigte gegen 8.30 Uhr lediglich 11 Grad an. Auch die schöne romanische Kirche »Santa Maria de Bareyo« konnte ich nur von außen bewundern. Im Dorf Güemes fand ich endlich eine Bar, so dass ich gegen 11 Uhr einen Milchkaffee und etwas Süßes zu mir nehmen konnte. Vor diesem Ort hier habe ich versucht, ein abenteuerliches Foto von mir vor einem Camino-Schild mit Selbstauslöser zu schießen: der Fotoapparat hochkant auf und in meiner Iso-Matte. Die ganze Konstruktion fiel (hoffentlich erst nach Auslösen des Fotos – was sich aber erst zu Hause herausstellen wird) polternd zu Boden. Der Himmel ist heute leicht bedeckt, aber immer wieder kommt die Sonne durch. Mal schauen, ob ich heute wieder Atlantik-Kontakt haben werde, bevor ich mit dem Boot nach Santander übersetze.

15.30 Uhr auf dem Fährboot »Regina Pacis« von Somo nach Santander

Wie die Pilger des Mittelalters kürze ich die Pilgerstrecke ab, laufe nicht um die Bucht von Santander herum, sondern fahre mit dem Boot nach Santander hinüber. Der Weg bis Somo war wiederum traumhaft. Erst war ich am Strand in der Bucht von Langre. Dort ging ich bis zu den Oberschenkeln ins Wasser; dann sah ich aber, wie dreckig das Wasser war, und außerdem zog die beginnende Ebbe stark ins Meer hinein. Deshalb bin ich wieder auf die Iso-Matte zurück und habe mein karges

Mittagsmahl genossen (ein Butterbrötchen mit Schinken – ohne Butter – und Wasser). Dann ging es ein Stück über die Landstraße und danach bei herrlichem Sonnenschein mehr als zwei Kilometer über den Sandstrand von Somo bis zur Anlegestelle des Fährbootes. Kaum war ich dort, kam auch schon das Boot; und jetzt steuern wir auf das prächtige Panorama von Santander, der Hauptstadt Kantabriens, zu.

Kurz vor 18.30 Uhr in der Kathedrale von Santander

Hinter der Anlegestelle der Fähre traf ich bald Meinhard und Peter in einem Gartenlokal; zuerst ein kühles Begrüßungsbier, dann Besichtigung der Kathedrale mit vielen Jacobüssen: eine Holz-Figur, die ihn als Pilger darstellt, ein Glasfenster, das ihn ebenso zeigt (vielleicht ist es aber auch ein anderer Heiliger), und nochmals ein Glasfenster, das ihn als »Matamoros« zeigt. Alle Fenster sind von 1953, da Santander und auch Teile der Kathedrale im Jahr 1941 durch einen heftigen Feuersturm stark zerstört wurden.

Ja, hier sehe ich dich nun zum ersten Mal von Angesicht zu Angesicht (nicht wie vor Wochen durch das Fenster einer verschlossenen Kapelle). Die leuchtend bunten Farben, die dir der Künstler des Glasfensters gegeben hat, können nicht darüber hinwegtäuschen, dass du hier als Schlächter in einer Schlacht dargestellt bist. Auf deinem weißen Ross, die Fahne mit dem Santiago-Ritterkreuz in deiner linken Hand, das Schwert hocherhoben in deiner Rechten, schlägst du auf die am Boden liegenden Mauren ein. Zwar trägst du auch die Pilgergewandung (ein violettes Gewand, eine grüne Pilgertasche, ein grüner Pilgerhut mit Muschel) – aber dennoch bist du hier in einem blutigen Geschehen dargestellt (und das noch 1953!). Hättest du nicht statt des Schwertes das Buch mit der Frohen Botschaft in die Hand nehmen, auf die Kraft dieses Wortes vertrauen und darauf hoffen können, die Andersdenkenden und Andersglaubenden mit diesem Evangelium zu überzeugen? Denn auch für dich kann das Wort des Herrn gelten: »Alle, die zum Schwert greifen, werden durch das Schwert umkommen.« (Mt 26,52)

In dieser Kirche steht auch eine Holzfigur des Santo Domingo de la Calzada (mit zwei Hühnchen zu seinen Füßen), jenes Heiligen, dem die »Hühnerlegende« zuerst zugeschrieben wurde. Ungefähr auf der Höhe von Santander liegt weiter südlich Burgos. Kurz davor spielt die Geschichte von dem unschuldig Gehängten in dem Städtchen, dem der »heilige Dominikus vom Weg« den Namen gegeben hat. Unter der

Figur steht auch der Spruch, den man in Sto. Domingo de la Calzada öfters findet: »Que cantó la gallina después de asada« (»Was krähte der Hahn, nachdem er gebraten war!«).

Deshalb an dieser Stelle meine Gedanken von 1988 zur »Hühnergeschichte«:

Santo Domingo de la Calzada

Des Wirtes Töchterlein las gerade im Alten Testament die Josefsgeschichte
Als der schöne Pilgerjüngling Jacob die Gaststube betrat
Wie Potifars Weib stürzte sie sich auf ihn
Er aber hatte nur seinen Namenspatron im Sinn
Der Trick mit dem Silberbecher klappte erneut
Und so kam für Jacob schnell sein scheinbares Ende am Galgen
Die fürsorgende Liebe der Eltern und die ungläubige Ironie des Richter verliehen dem Federvieh am Bratspieß erneut Flügel
Der Hahn kräht diese uralten Geschichten pausenlos in die Kirche
Die Pilger-Touristen schütteln verständnislos ihre Köpfe
Und versuchen, mit Stöcken und Schirmen eine weiße Hühnerfeder zu ergattern
Alle ziehen reichbeschenkt in ihre Heimat zurück
Der Apostel hält unter jeden schützend seine Hand

Jetzt beginnt gleich die heilige Messe – am Vorabend meines Geburtstages danke ich Gott mit dieser Eucharistiefeier und allen, die mir das Leben geschenkt haben, die mich auf meinem Lebensweg begleiten und dafür, dass ich leben und zur Zeit die »Fülle des Lebens« genießen darf!

Noch 25 Tage! 24/9/04 – mein Geburtstag

11.30 Uhr auf einer Bank im Bahnhof von Mogro (mit einer tollen Übersichtstafel zum »El camino de la costa«)

Heute habe ich Geburtstag! Vor 62 Jahren erblickte ich spätabends das Licht der Welt. Zum zweiten Mal begehe ich meinen Geburtstag in Spanien. Heute vor 21 Jahren – auf unserer ersten Zu-Fuß-Wallfahrt mit Andrea, Ingrid, Marianne, Gerhard und Helge – schrieb Marianne ihrem damaligen Freund und jetzigem Ehemann (der auch heute Geburtstag hat und 50 wird!) und mir in die Tagebücher: »Euch beiden wünsche ich, dass jeder von euch mindestens genauso alt wird, wie ihr heute zusammen werdet!« Damals wurden wir zusammen 70 Jahre (Gerhard 29 und ich 41). Jetzt gehe ich schon stramm auf diesen Wunsch zu!

Eigentlich wollte ich ja vor zwei Jahren meinen 60. Geburtstag auf diesem Weg alleine feiern. Dann aber kam die Herz-Operation »dazwischen« und so habe ich das Erlebnis in diesem Jahr.

Rückblickend kann ich sagen, dass ich schon einige schöne Geburtstage gefeiert habe: An den 10. kann ich mich nicht mehr erinnern (als »Sextaner«); den 20. habe ich bei der Bundeswehr »gefeiert« (mit einem halben freien Tag und einem einsamen Kaffee-trinken in einem Café in Wetzlar); den 30. habe ich daheim in Wuppertal begangen; den 40. habe ich mit großem Büfett in der Studentengemeinde gefeiert; der 50. in Homberg war das rauschendste Geburtstagsfest meines Lebens; der 60. wurde schon etwas verhaltener mit einigen Kaarstern und etlichen Bekannten gefeiert. Eine unvergessene Geburtstagsfeier war 1998, als Gerhard und ich zusammen unseren 100. in Mettmann mit vielen Gästen von beiden Seiten feierten. Damals entstand eines der letzten Fotos meiner Mutter; so, wie sie war: lachend, mit blitzenden Augen, kommunikativ, mit einem Weinglas.

Jeder Geburtstag ist ja ein Anlass, dankbar zurückzuschauen und hoffend nach vorne zu blicken. Die Lebens-Rückschau geschieht auf diesem Weg fast täglich. Es ist eine schöne bereichernde Erfahrung, Zeit dafür zu haben, sich an Lebensabschnitte und Ereignisse und Begegnungen zu erinnern und sie sich nochmals anschaulich vor Augen zu halten. Sicherlich wird es auch auf dem »Rest« des Weges noch einige Rückblicke geben.

Nach vorne zu schauen und zu planen, ist schwer. Ich hoffe, noch einige Jahre in Gesundheit und Kraft leben zu dürfen. Nach meiner Planung beim Stellenwechsel von Homberg nach Kaarst wollte ich noch ca. 10 Jahre im Dienst sein; d.h. jetzt noch fünf oder sechs Jahre. Wenn sich die Atmosphäre und die Akzeptanz in Kaarst weiterhin verbessern, werde ich diese Zeit noch gut und hoffentlich kreativ für andere da sein können. Aber wer weiß, wie alles Planen und Hoffen enden wird! Hier stelle ich mich ganz unter die Weisheit aus dem Buch der Sprüche (Spr 16,9): »Des Menschen Herz plant seinen Weg, doch der Herr lenkt seinen Schritt«.

Oder auch etwas melancholischer: »Denn nur noch wenige Jahre werden kommen, dann muss ich den Pfad beschreiten, auf dem man nicht wiederkehrt.« (Ijob 16,22) – Ich hoffe, dass die »wenigen« noch recht »viele« sein werden!

Der 24. September ist der erste Tag des Sternzeichens »Waage« – und so bin ich ein »Waage-Mensch«, von denen man sagt, dass sie auf Ausgleich, auf Harmonie, auf Gerechtigkeit, auf Vermittlung ... ausgerichtet sind. So steht es auch auf der Unterseite meiner kleinen Pillen-Dose, in der ich meine täglichen fünf Tabletten aufbewahre: »Waage: Freundschaft und Harmonie sind ihr sehr wichtig. Sie ist immer um Ausgleich bemüht – und dabei manches Mal fast zu diplomatisch.« Ich hoffe, dass ich einiges davon verwirkliche!

Nach einer etwas unruhigen Nacht (ich habe Dank der Biere, des Weins und des »Carlos III« doch gut geschlafen) in unserem Hostal »Peña Cabarea« in Santander, sang mir Meinhard heute Morgen nach dem Wachwerden ein Geburtstagsständchen (»Viel Glück und viel Segen ...«) und zupfte mich leicht am Ohr mit den Worten: »Mach es gut, alter Junge!«. Das ist ein spanischer Brauch, am Geburtstag jemanden am Ohrläppchen sanft zu ziehen und zu wünschen: »Felicidades, chaval!« (»chaval« = Junge oder Mädchen). Gemeinsam haben wir ein Geburtstagsfrühstück eingenommen und um 8.15 Uhr war ich auf dem Weg »westwärts« – bei idealem Pilgerwetter: bedecktem Himmel, ein wenig Wind, Temperaturen um die 20 Grad, trocken (obwohl gestern in der Zeitung für heute Regen angekündigt war). In einer Bäckerei kaufte ich zwei Teilchen, wobei mir die Verkäuferin noch zwei kleine Brötchen dazu packte: das erste (anonyme) Geburtstagsgeschenk! Dann ging es aus der Stadt Santander hinaus; die Wegmarkierung (mit gelben Pfeilen) und die Wegbeschreibung (des Outdoor-Buches) waren hervorragend.

Unerklärlicherweise war nach der Planung der Ort Boo de Piélagos als heutiges Etappenziel angegeben. Dann wäre ich schon kurz nach 11 Uhr am Ziel angekommen. Jetzt bin ich schon ein Stück weiter und werde heute (hoffentlich) bis Santillana del Mar kommen.

Unterwegs erreichten mich immer wieder Geburtstagsgrüße und -wünsche per Handy: eine SMS von Monika, eine SMS von Ingrid und Stefan Kallenberg, Anrufe von meiner Lieblingscousine Hilde mit Mann John, von meiner »Perle« Anna mit Mann Norbert und von Uli aus dem Pastoralteam – es werden sicherlich noch weitere folgen!

20.30 Uhr in der Bodega »El Porche« in Santillana del Mar

Unterwegs kamen mir folgende Gedanken zu meinem Geburtstag:

Ad multos annos!
Geburtstag – jährliches Feiern eines Ereignisses,
zu dem deine Zustimmung nicht erfragt wurde.
Die Zeitspanne des Erinnerns und des Dankens
wird immer undurchsichtiger und länger.
Die Anzahl der Tage des Bangens und Hoffens
wird überschaubarer und kürzer.
Bis der letzte Tag deines Lebens kommt,
zu dem du wiederum nicht gefragt wirst.

Weitere SMS und Telefonate von »zu Hause«: von Ulrike und Günter Simon, von Neffe Paul und seiner Frau Kerstin, von Agnes und Helmut, von deren Söhnen Martin und Andreas, von Cousin Heinz Roth und seiner Frau Brigitte, von Anne, von der evangelischen Pfarrerin Mieke Seeliger – mit vielen weiteren Grüßen und Glückwünschen. Ich habe von hier angerufen: Gerhard, den Mit-Pilger von vor 21 Jahren, zum 50. Geburtstag und meinem Neffen Gerhard zum Namenstag gratuliert und mich bei den Hennemännern für das Geburtstagspaket bedankt.

Gegen 17 Uhr bin ich hier angekommen – nach 38 Kilometern, und habe mir damit selbst ein Geburtstagsgeschenk gemacht, denn jetzt können wir zwei (!) Ruhetage hier in diesem wunderschönen (wenn auch von Touristen überlaufenen) Ort verbringen – dem »Rothenburg von Kantabrien«. Der Weg hierher war heute Nachmittag sehr gemischt, mal durch Industriegebiete, mal durch herrliche Landschaften. Bei der Kapelle San Cipriano von Camplengo begann es zu regnen (ein Kilometer vor dem Ziel!). In unserem »Hostal Montañés« kamen wir gut unter. Gegen 19 Uhr fand eine kleine Geburtstagsfeier auf dem Camping-Platz in Peters Caravan statt. Bei einer Original-Flasche »König Pilsener« sang Meinhard mir ein Geburtstagslied auf die Melodie »Ihr Mächtigen, ich will nicht singen …«:

Dem Kurt-Peter Gertz will ich jetzt singen; denn er hat Geburtstag heut',
will ihm ein kleines Ständchen bringen, ihm zur Ehre und auch zur Freud'.
Unser Pfarrer war er sechzehn Jahre, eine Zierde seines Stand's,
von der Wiege bis zur Bahre versorgte er uns alle ganz.

Der Kurt-Peter hat Geburtstag, darum feiern wir ihn heut',
der Kurt-Peter, er soll leben noch lange Zeit.
Der Kurt-Peter hat Geburtstag …

Er kommt allmählich in die Jahre, wo man sich nach Ruhe sehnt,
ziemlich grau sind seine wen'gen Haare, auch an die Brille hat er sich gewöhnt.
Doch nach dem Einsatz von fünf By-Pässen läuft er wieder wie geölt,
nur darf die Pillen niemals er vergessen, weil ihn sonst die Krankheit quält.
Der Kurt-Peter hat Geburtstag …

Er zog schon oftmals auf Sankt Jacobs Straßen, dem großen Heiligen zur Ehr,
durch weite Ebenen, durch enge Gassen, auf hohen Bergen und nun auch am Meer.
Er trotzte Regen, Sturm und Sonne, trug Mühen jeder Art ganz brav,
Speis' und Trank war'n seine einz'ge Wonne und in der Nacht – trotz Lärm – dann tiefer Schlaf.
Der Kurt-Peter hat Geburtstag …

Nach diesem Geburtstags-Song überreichte er ein paar selbstgestickte Tüchlein und den Geburtstags-Karton der Hennemänner (mit Müsli-Riegeln und einer Flasche »Killepitsch«). Danach besuchten wir um 20 Uhr die Schnell-Messe (knapp 20 Minuten) in der Kirche Santa Juliana (mit der diesjährigen Tageslesung aus dem Buch der Prediger – Koh 3,1–11 – mit der berühmten Stelle: »Alles hat seine Zeit …«: eine passende Geburtstags-Lesung!). Und jetzt genießen wir ein einfaches, preiswertes Geburtstagsessen.

Noch 24 Tage! 25/9/04

Ruhetag in Santillana del Mar

Noch 23 Tage! 26/9/04

17.15 Uhr bei einem Sonntagnachmittagskaffee in einer cafétería in Santillana, dem »hübschesten Ort Spaniens« (wie der Werbeprospekt nicht zu Unrecht verspricht)

Gestern haben wir einen geruhsamen Tag in diesem malerischen Ort mit vielen mittelalterlichen Bauwerken und noch mehr Touristen verbracht. Nach dem späteren Aufstehen und einem Frühstück in einer Bar gingen wir erst einmal zum Pfarrer, um uns einen Stempel zu holen. In seinem Museums-Arbeits- und Wohnzimmer (mit vielen alten Figuren und Bildern) bekamen wir auch einen. Danach besuchten wir den Kreuzgang und die Kirche Santa Juliana. Wundervolle Skulpturen und Ornamente zieren die Kapitelle im Kreuzgang, wobei der islamische Einfluss unverkennbar ist. In der Kirche sind besonders hervorzuheben: romanische Darstellungen der heiligen Anna mit Maria, der heiligen Juliana wie sie den Drachen besiegt, der vier Evangelisten, einer »Majestas Domini« und ein romanisches Taufbecken. Im spätgotischen Altarretabel entdeckte ich auch einen kleinen Jacobus.

Danach habe ich in einer Bar ein umfangreiches Karten-Schreib-Programm absolviert. Nach einem ausgiebigen Mittagsschlaf besuchten wir das Diözesanmuseum von Satander, das hier in einem ehemaligen Klostergebäude untergebracht ist: eine umfangreiche und erstaunliche Sammlung! Drei Jacobus-Darstellungen habe ich (verbotenerweise!) fotografiert. Außerdem habe ich dort ein barockes Holzrelief mit einer Weihnachtsdarstellung aus dem 18. Jahrhundert entdeckt, auf dem Josef eine Lilie in der Hand hält (eine Ikonographie, nach der ich bisher im Zusammenhang mit meiner diesjährigen Weihnachtsmeditation über ein Dali-Bild vergeblich gesucht habe). Die Präsentation im Museum war allerdings manchmal etwas merkwürdig. Da standen – wie in einer Verkaufsausstellung – über ein Dutzend verschiedene Rochüsse nebeneinander, oder da hingen – wie in einer Briefmarkensammlung – Dutzende Kruzifixe neben- und übereinander.

Anschließend nahmen wir an der Messe im Klarissen-Kloster um 19.15 Uhr teil. Mit vehementer Stimme und Gestik verband der Prediger (so weit ich das verstehen konnte) die drei Lesungen des Sonntags aus Amos, dem ersten Timotheus-Brief (»Mann Gottes«) und das Gleichnis vom »armen Lazarus und dem reichen Prasser« miteinander und stellte sie unter das Leitwort der »Gerechtigkeit«. U.a. sagte er, dass mit dem Verteidigungshaushalt der USA der Hunger in der ganzen Welt beseitigt werden könnte. Etwas merkwürdig war die Teilnahme und Gestaltung von über 20 jüngeren und älteren Nonnen hinter einem Gitter auf der rechten Seite des Altarraums, das erst zur Kommunion geöffnet wurde. Heftig gestört hat mich ein Banknachbar, der während der Messe mindestens 15 Mal (so oft habe ich gezählt) auf seine Uhr schaute.

Schön, dass wir heute am Sonntag noch einen Ruhetag haben! Das hatten wir bisher noch nicht – zwei Ruhetage hintereinander, und wir genießen sie! Auch heute haben wir wieder länger geschlafen und sind dann zum Museum und zur Nachbildung der Höhle von Altamira (in etwa zwei Kilometer Entfernung) gelaufen, die 2001 eröffnet wurden, sehr informativ und anschaulich. Auch wenn man die Original-Höhle nicht mehr betreten darf, so ist doch die Nachbildung (in gleicher Größe und Farbgebung) so gut gelungen, dass man einen nachhaltigen Eindruck der Künste unserer Vorfahren (die keine Neandertaler waren!) von vor ca. 15000 Jahren erhält.

Nach einem erholsamen Mittagsschlaf sitze ich nun hier, werde die letzten Postkarten schreiben und mich für die morgige Tagesetappe, die 38 Kilometer verheißt, vorbereiten, ausruhen und kräftigen.

Noch 22 Tage! 27/9/04 – mein Tauftag

11.30 Uhr in der (geöffneten!) neugotischen Kirche »San Pedro Ad Vincula« in Cobreces

Vor 62 Jahren wurde ich im »Kapellchen« – wie die Elberfelder liebevoll das St. Josef-Krankenhaus nennen – getauft: auf den Namen Kurt Peter (der Bindestrich kam erst später durch Gewohnheit dazu). Der »Kurt« kam von meinem Vater, der »Peter« wohl auf besonderen Wunsch meiner Mutter, die mich auch immer nur »Peter« nannte (nur wenn es ernster und brenzliger wurde, rief sie mich »Kurt-Peter«). Taufpaten waren meine Großmutter und Onkel Rolf. Getauft hat mich Rektor Wilhelm Zündorf, der später Stadtdechant in Barmen wurde; meine Mutter war bei der Taufe wohl gar nicht dabei. In Ermangelung eines Taufkleides wurde mir ein Messgewand übergelegt (das wäre doch schon ein passender Anfang für eine Heiligen-Biographie!). Jedenfalls bin ich dankbar dafür, dass meine Eltern mich trotz der dunklen braunen Zeiten – in denen das gar nicht selbstverständlich war – haben taufen lassen und mir so die Grundlagen eines sinnvollen Lebens- und Glaubensweges gelegt haben. Die Wichtigkeit der christlichen Taufe hebe ich bis heute dadurch hervor, dass ich in jedem Hochgebet auch für diejenigen Heiligen bete, »deren Namen wir in der Taufe erhalten haben« (Merkwürdigerweise hat sich über diese Ergänzung bis heute noch kein Liturgie-Nörgeler beschwert!).

Passend zum heutigen Tauftag, ist dieser Tag wohl der besondere Tag meines Namenspatrons: Gegen 7 Uhr wurde ich durch das mehrfache Krähen eines Hahnes geweckt (Gebet des Hahnes aus der Arche: »Vergiss nicht, Herr, ich lasse die Sonne aufgehen!«). Dann vernahm ich im Evangelium zum Gedenktag der Weihe des Kölner Domes das Messiasbekenntnis des Petrus und die Schlüsselübergabe an ihn. Die erste größere Kirche, an der ich vorbeikam, war die große, alleinstehende »San Pedro«-Kirche von Oreña. Und jetzt sitze ich hier in der neugotischen Kirche »San Pedro Ad Vincula«. Meist wird mein Namenspatron ja nur mit den »Schlüsseln des Himmelreiches« dargestellt: Zeichen seiner Auserwählung und Vollmacht. Manchmal kommt auch noch ein Hahn dazu: Erinnerung an die Verleugnung seines Herrn (»Ehe der Hahn kräht, wirst du mich dreimal verleugnen« – Mt 26,34), Hinweis auf seine Schwäche und sein Versagen. Beide Zeichen – Schlüssel und Hahn – waren bei einer Petrus-Darstellung an der Fassade des Kathedrale von Santander zu sehen. Hier in der Kirche kommt noch ein drittes Zeichen hinzu. Auf einem Barock-Holz-Relief im Chorraum dieser neugotischen Kirche ist die Befreiung des Petrus aus den Ketten im Gefängnis durch einen Engel dargestellt (vgl. Apg 12,6–10). So können die Ketten Hinweis sein auf sein Eintreten für den Glauben bis zur äußersten Konsequenz, bis zum Ende.

Schlüssel, Hahn und Ketten: Zeichen meines Namenspatrons – Zeichen vielleicht eines jeden Christen. Jeder ist mit Vollmacht und Würde ausgestattet und hat die »Schlüssel« zum Sinn des Lebens durch die Taufe; jeder steht immer wieder in der Versuchung, im Leben und im Glauben zu versagen, sich nicht zum Herrn zu bekennen; und jeder ist manchmal auch wegen seines Glaubens gebunden und gefesselt und kann nur hoffen, von einem »Engel« befreit oder getröstet zu werden.

Heute Morgen bin ich um 8.15 Uhr gestartet, lediglich mit einem Kaffee im Magen, den ich in einer Bar bekam (Brötchen waren noch nicht geliefert). An einer Bar, an der ich nach ca. fünf Kilometern vorbeikam, hing ein Schild mit einer Entfernungsangabe nach Compostela: 495 Kilometer. Davon muss ich heute 38 Kilometer zurücklegen!

16 Uhr auf einer Bank in Gerra mit dem Tagesziel in der Ferne vor Augen

Hinter Cobreces kam ich in La Venta de Tremalón an einer kleinen verschlossenen Santiago-Kapelle vorbei, bei der ich durch ein zerbrochenes Fenster im Chorraum wiederum einen »Matamoros« sehen konnte.

Bis Comillas bin ich über die Landstraße gelaufen und habe dadurch ein paar Kilometer und viel Zeit eingespart.

In Comillas manifestierte sich das petrinische Moment des heutigen Tages in einem gewaltigen Bauwerk, das schon aus weiter Ferne zu sehen war und beherrschend über der Stadt lag: eine päpstliche Universität der Jesuiten; in einem grandiosen Stilgemisch Ende des 19. Jahrhunderts erbaut; und heute nicht mehr »in Betrieb«, eine steinerne Macht- und Überlegenheits-Demonstration! Auf dem wuchtigen Eingangstor waren die Tiara und die gekreuzten Schlüssel viel größer als das Christuszeichen; und sie prangten sogar über diesem!

Von Comillas aus bin ich den Empfehlungen des Outdoor-Buches gefolgt und auf weichen Sandstränden mit herrlichen Meeresblicken bis hierher gekommen.

San Vincente de la Barquera liegt jetzt mit einer phantastisch blauen Bucht unter mir. Ich werde wohl so gegen 18 Uhr dort ankommen – nach ca. 35 Tageskilometern bei bestem Pilgerwetter: blauer Himmel, Sonnenschein, Wind.

Die Pilgerschwestern und -brüder, die weiter südlich auf dem »camino francés« laufen, müssen jetzt die »Meseta« zwischen Burgos und León durchqueren. Diese Strecke wird schon in alten Reiseberichten als die »Hölle« bezeichnet. Und es gibt Pilger, die diese Strecke auslassen oder mit dem Bus fahren – diese Strecke, die von Staub, Hitze und Dürre geprägt ist, auf der die Sonne unbarmherzig brennt, kaum Schatten gespendet wird und der Durst unerträglich quält. Aber wer den »Himmel« – das »Haus des Apostels« in Compostela – erreichen will, der muss auch durch diese »Hölle«.

In Erinnerung an meinen zweimaligen »Höllen-Gang« 1983 und 1988 hier Gedanken von damals:

Meseta 1988

Endlose Grenzlinie zwischen Erde und Himmel
Alle Worte verstummen auf dem Weg
Nur die inneren Bildworte des Psalmisten steigen auf aus der Tiefe
»Meine Kehle ist trocken wie eine Scherbe …«
»Wie der Hirsch lechzt nach frischem Wasser …«
Die Sonne scheint unbarmherzig auf ihr ureigenes Land
Zerborstene Erde
Und dennoch: Überall gelbe und blaue, rote und grüne, orange und violette Farbtupfer
Gräser und Blumen und Ähren
Wann werden die ersten Farben verblassen?

Und hier habe ich auf dem Nordweg grüne Wiesen, dunkle Wälder und das blaue Meer. Dafür sind aber die Jacobus-Spuren hier rarer! Man kann nicht alles haben!

Noch 21 Tage! 28/9/04

11.45 Uhr in der »Bar Rincon« in Serdio bei einer Cola

Gestern bin ich hinter Gerra noch ein Stück Landstraße gegangen. Dann habe ich Schuhe und Strümpfe ausgezogen und bin barfuß über den Strand und durchs Meer gelaufen (welch eine Erfrischung für die Füße!). Nach Überquerung der 600 Meter langen vielbogigen Brücke aus dem 15. Jahrhundert kam ich gegen 17.45 Uhr in Vincente an. In Peters Wohnmobil wurde zur Begrüßung eine Flasche »König Pilsener« serviert. Um 19 Uhr haben wir die Messe in der Kirche »Santa Maria de los Angeles« besucht, in der zwei Darstellungen unseres Pilger-Heiligen zu sehen waren. Der unfreundliche Pfarrer kümmerte sich überhaupt nicht um uns, sondern überließ es anderen, uns einen Stempel zu besorgen. Zum Abendessen gab es dreimal Fisch: Fischsuppe, Langustinen (zum ersten Mal auf dieser Tour!) und vielgrätigen Dorada. Dazu die üblichen Biere, Rotwein und Cognac.

Heute Morgen habe ich es sehr ruhig angehen lassen, da ich heute nur ca. 16 Kilometer bis Unquera laufe (fast ein halber Ruhetag!). Erst um 8 Uhr bin ich aufgestanden, übliches Rödeln, in einer Bar gefrühstückt und die allerletzten Postkarten geschrieben. Dann bin ich nochmals hoch zur Kirche gegangen, um Fotos im Morgenlicht zu machen. Am Südportal entdeckte ich ein herrliches Kapitell: eine geigenspielende Figur (Engel?), die von einem taktschlagenden Affen begleitet wird. Erst gegen 9.45 Uhr war ich auf der Piste, mit herrlichen Rundblicken auf San Vincente und wunderbaren Ausblicken auf die »Picos de Europa«. Diesen Blick genoss ich ausgiebig auf einer Freiluft-Toilette.

Das heutige Tagesevangelium (Lk 9,51–56) handelt von »unserem« Apostel, der hier gar nicht als friedlicher Pilger vorkommt, sondern als rachsüchtiger Vergelter: »Sollen wir befehlen, dass Feuer vom Himmel fällt und diese Dörfer vernichtet?«, das hat schon matamorischen Charakter!

Im vorigen Dorf Hortigal zweigte ein Pilgerweg nach Santo Toribio de Liébana ab. Dabei handelt es sich um einen klassischen Abstecher, den zahlreiche frühere Pilger des Küstenweges unternahmen. Rund 50 Kilometer führt dieser Weg in die bizarre Bergwelt der »Picos«, wo im Kloster von Santo Toribio de Liébana die größte Kreuz-Reliquie der

Christenheit verehrt wird. Der heilige Toribius soll sie im 5. Jahrhundert aus Jerusalem mitgebracht haben. Diese Reliquie brachte dem Kloster das päpstliche Privileg ein, immer wenn der Festtag des Heiligen, der 16. April, auf einen Sonntag fällt, ein »Heiliges Jahr« (»Jubileo«) zu begehen, in dem den Pilgern ein vollständiger Ablass gewährt wird. Damit reiht sich Santo Toribio neben Jerusalem, Rom und Compostela in die einzigen Wallfahrtsorte der Christenheit ein, die ein »Heiliges Jahr« feiern dürfen.

In diesem Kloster schrieb um das Jahr 776 der Mönch Beatus seinen Apokalypsen-Kommentar, dessen Illustrationen zu den schönsten und ungewöhnlichsten des frühen Mittelalters gehören, immer wieder abgeschrieben wurden und das Kloster von Santo Toribio de Liébana in der gesamten Christenheit berühmt machten.

Eine Engelsdarstellung aus dieser Beatus-Apokalypse ziert auch die kleinen Wegweis-Schilder hin zu diesem Kloster.

Heute vor 21 Jahren kam ich zum ersten Mal zu Fuß in Compostela an. Damals war der Weg noch ein echtes Abenteuer: Nur wenige Hundert Pilger gingen den Weg jährlich; er war noch schlecht markiert (so dass wir uns auch ein paar Mal verlaufen haben); und in den Pfarrhäusern und Klöstern wurde man noch sehr freundlich aufgenommen und manchmal sogar bewirtet. Wir waren damals echte Pioniere. Unterwegs trafen wir damals auch mehrmals einen Pilger (»Monsieur George«), der von Paris aus gestartet war – nach seiner Pensionierung mit 60 Jahren. Damals kam uns dieser Mann recht alt vor und wir staunten ehrfürchtig, dass jemand in diesem Alter noch den Mut und die Kraft hat, einen solch langen Pilgerweg zu unternehmen. Jetzt bin ich selbst in diesem Alter und bin selbst auf dem langen camino von meinem »zu Hause« zum »Haus des Apostels«.

Ein Tagebuch-Ausschnitt vom 28. 9. 1983:

»Der himmlische Rundfunk, Regionalprogramm Compostela meldet heute: Hohes Pilgeraufkommen zwischen Arzua und Santiago de Compostela. In einer Prozession von insgesamt 12 Personen laufen wir seit heute morgen 7 Uhr (seit Arzua) bis Santiago, das wir hoffentlich vor Anbruch der Dunkelheit erreichen; es laufen: die drei Schweizer, Denis, Luze, Monsieur George und wir sechs! Manchmal ein wenig mühsam, mit so vielen den richtigen Weg zu finden, die Pausen festzulegen, die Pausenlängen zu bestimmen – unsere Anzahl von sechs Personen scheint wohl doch das obere Limit zu sein, um den Weg sinnvoll und zügig laufen zu können. Meist sind wir heute den alten Camino gelaufen (auch wenn er manchmal ein wenig mühsam zu finden war): wieder auf

schattigen Wegen, häufig gesäumt von den hohen, schlanken, rindenlosen Eukalyptus-Bäumen, wie in einem tropischen Urwald oder (nach Monsieur George) wie in einer Kathedrale mit ihren schlanken, himmelstrebenden Pfeilern. Augen und Nasen kommen jedenfalls voll auf ihre Kosten ... Sitze im 2-Sterne-Hotel auf dem Bett und habe nur den einen Gedanken: Angekommen!! Nach 4 1/2 Wochen und ca. 800 Kilometern endlich da! Kamen mit Einbruch der Dunkelheit hier an; direkt in die Kathedrale zum ersten Gebet beim Apostel ... dann zur Mittelsäule am Eingangsportal, die Hände in die Säule gelegt und den persönlichen Wunsch dem Heiligen ans Herz gelegt; auch eine Kopfnuß beim Meister Mateo geholt: der Glaube muß konkret, greifbar und spürbar sein! Sonst ist er nur ein hohles Gedankengebilde.«

19 Uhr in der Bar unseres Hotels »Canal«

Schon gegen 14 Uhr bin ich in Unquera angekommen und (wie ich per Handy erfuhr) im Hotel »Canal« gut untergekommen. Die beiden waren zum Kloster Liébana gefahren. Gerade trank ich mir aus lauter Frust (denn dorthin wäre ich auch gerne mitgefahren!) ein Bier, da kam ein erneuter Handy-Anruf von Meinhard: »Ich bin gegen 15.30 Uhr zurück und dann fahren wir nochmals hier hinauf.« Da bin ich schnell unter die Dusche gesprungen, habe mich fertig gemacht und dann sind wir die über 40 Kilometer lange Strecke durch herrliche Landschaften hinauf zum Kloster gefahren. In der Kirche war eine Holzfigur des heiligen Toribio aus dem 14. Jahrhundert und in einer Ausstellung im Kreuzgang eine weitere aus dem 18. Jahrhundert von diesem Bischof Asturiens im 5. Jahrhundert, der die größte Kreuzreliquie der Christenheit mit ins Kloster nahm. Diese Reliquie konnten wir zuerst nur durch ein Gitter in der Barock-Kapelle von ferne sehen. Später kam aber ein Franziskaner-Pater und bat uns beide und andere Gläubige in die Kapelle zu kommen für eine kurze Erklärung und einen Segen mit der Kreuzreliquie. Dort durften wir alle nach vorne kommen und die Reliquie berühren (wobei das Kreuzreliquiar im unteren Teil eine Öffnung hat, so dass man wirklich das Holz erfühlen konnte). Im Schnelldurchgang haben wir eine Ausstellung über die Beatus-Apokalypsen besichtigt mit einer informativen Aufstellung über die 25 verschiedenen Abschriften, die von dieser Handschrift existieren und die über die Museen der Welt verstreut sind. Vom Kloster fuhren wir wieder ein Stück bergab bis zur mozarabischen Kirche Sta. Maria la Lebeña aus dem Jahr 925. Das, was zuerst besticht – der

Turm – ist eine Zutat des 19. Jahrhunderts. Von außen weisen nur die Ornamente der Dachsparren auf den mozarabischen Stil hin. Aber im Inneren waren die Hufeisenbögen nicht zu übersehen, obwohl es bei den Öffnungen zu den drei Apsiden-Kapellen auch einfache Rundbögen gab. Erstaunlich, dass die Christen des 10. Jahrhunderts in den Gebieten, die teils noch muslimisch waren oder vorher von der islamischen Architektur geprägt waren, so von diesen Architekturformen fasziniert waren, dass sie für ihre eigenen Kultstätten auf diese orientalischen Formen zurückgriffen. Besonders beeindruckend in dieser Kirche ist ein Stein aus dem 9. Jahrhundert (also aus der Zeit vor der Erbauung der Kirche), der vielleicht ein Altarvorsatz oder eine Kanzel war, und auf dem insgesamt neun Kreise (acht kleinere und ein Doppelkreis in der Mitte) zu sehen sind. In einer Erklärung dazu wurde erläutert, dass die kleineren unteren Kreise das irdische Leben und die oberen Kreise das verherrlichte Leben Christi symbolisierten, und der große Doppelkreis mit seinen 16 Strahlen ein umfassendes Zeichen für das »Licht der Welt« sei. Wenn diese Interpretation wirklich zutrifft, ist sie wiederum ein Hinweis darauf, dass die Menschen früherer Zeiten sich den anderen, den himmlischen Dimensionen, nur andeutungsweise und zeichenhaft näherten und jeden plumpen Realismus scheuten.

Das war wirklich ein toller Ausflug an diesem halben Ruhetag! Schön, dass solche Besichtigungen (Dank eines Autos!) neben dem Pilgerprogramm möglich sind.

Noch 20 Tage! 29/9/04

14.30 Uhr etwas oberhalb der Kapelle Cristo de Camino mit Blick auf Llanes und das tiefblaue Meer

Pssst! Machte der Johannes-Knabe auf dem Barock-Relief mit der Weihnachtsdarstellung (auf der ich Josef mit der Lilie im Stall von Bethlehem fand) im Diözesanmuseum von Santillana del Mar. Der kleine Johannes hatte seinen Finger auf den Mund gelegt, um das Jesus-Kind nicht im Schlaf zu stören und um an das Geheimnis der stillen, der Heiligen Nacht zu erinnern.

Pssst! Machte die Göttin der Liebe Venus als kleine bronzene Barock-Plastik im Museum von Le Puy mit dem Titel »Venus lehrt Amor das Geheimnis der Liebe«. Sie legte ebenfalls ihren Zeigefinger auf den Mund und machte so deutlich, dass die Liebe keine Worte braucht und vom Geheimnis des Schweigens lebt.

So ist es: Die Liebe braucht keine Worte und lebt vom Schweigen. Die Sprache des Herzens ist lautlos und still. Sie redet innerlich mit Gedanken, Erinnerungen und Schwingungen. Wenn ich im Meer schwimme oder mit nackten Füßen durch den Sand des Strandes oder die Fluten des Meeres laufe, dann gibt es solche lautlosen Schwingungen und Verbindungen hin zu meinem Geheimnis, das mir die Lust am Meer vermittelt hat, und das immer präsent ist, wenn ich in Kontakt zum Meer bin. Das monotone Rauschen des Meeres verschluckt alle Worte und ist wie der auf den Mund gelegte Zeigefinger. Pssst!

Gestern Abend waren wir in einem kleinen Lokal lecker essen. Ich habe nochmals Langustinen genossen und anschließend den Fisch »Jargo«.

Nach einer ruhigen Nacht und einem kargen Frühstück (Milchkaffee und ein »Corbata« – ein Blätterteig-Teilchen mit Zuckerguss in Form eines Hundeknochens) war ich um 8.15 Uhr unterwegs. Nach 100 Metern überquerte ich den Meeresarm Ria de Tina Mayor. Mitten auf der Brücke stand ein Grenzstein mit den Markierungen: Provinz Santander und Provinz Oviedo. Damit hatte ich gleichzeitig die Grenze von Kantabrien nach Asturien überschritten. Zu dieser Region ein paar geschichtliche Hinweise aus dem Outdoor-Buch (S. 104 f.): »Nach der Invasion der Iberischen Halbinsel durch die Araber im Jahr 711 wurden die letzten christlichen Widerstandsreste in die nördlichen Bergregionen zurückgedrängt. Bei Covadonga in den asturischen Bergen konnte im Jahr 722 ein christliches Heer den Arabern die erste Niederlage beibringen. Der siegreiche Heerführer Pelayo begründete damit das Königreich Asturien und den spanischen Mythos der Reconquista, d.h. der Wiedereroberung der Iberischen Halbinsel von den Mauren. Ende des 8. Jahrhunderts hatte sich das Königreich Asturien ausgedehnt und stabilisiert, so dass die Sicherheit der Berge aufgegeben werden konnte und Oviedo zur Hauptstadt wurde. Im 9. Jahrhundert erlebte Asturien eine Blütezeit, in der die wichtigsten Bauwerke im vorromanischen oder sog. asturischen Stil errichtet wurden. Die Beziehung zur Heilsgeschichte, die dem jungen Königreich zusätzliche Legitimation im Kampf gegen die Mauren einbringen sollte, wurde durch die Entdeckung des Jakobusgrabes in Galicien hergestellt, das damals im asturischen Einflussbereich lag. Das Reich expandierte weiter nach Süden, so daß bereits im Jahr 914 die Hauptstadt nach León verlegt wurde. 1230 vereinigten sich schließlich die Königreiche Kastilien und León, womit Asturien endgültig an Bedeutung verlor. Um den Ursprung des kastilisch-leonesischen Königreiches und den der Reconquista dennoch angemessen zu würdigen, wurde im Jahr 1388 der Titel des Prinzen von Asturien geschaffen, mit dem seither und bis heute der kastilische bzw. spanische Thronfolger bedacht wird. Obwohl in Asturien der Ursprung des kastilisch-leonesischen Reiches und letztendlich Spaniens liegt, hat die Region bis heute viele Eigenarten bewahrt, was besonders an der Randlage auf der Iberischen Halbinsel und am gebirgigen Charakter der Region liegt. Von den Randsprachen Baskisch, Galicisch und Katalanisch abgesehen, ist Asturien die einzige spanische Region, die einen stark von der Staatssprache differenzierten Dialekt aufweist, das sog. bable. Besonders im Westen ist es sehr verbreitet und geht dialektal allmählich ins Galicische über.«

»Unterwegs« sah ich einen Auto-Aufkleber: »Asturias paraiso natural«. Vom »Paradies« konnte ich allerdings bisher kaum etwas genießen, da der Weg heute mehrfach über die vielbefahrene Nationalstraße N-634 ging. Lediglich die letzten 800 Meter hier hinauf durch einen Eukalyptus-Wald zur Kapelle Cristo del Camino und der herrliche Blick hier oben, wo Meer und Himmel am Horizont miteinander verschmelzen, entschädigen für das viele heutige Asphalt-Treten.

Beim Trott auf dieser lauten und langweiligen Straße kamen mir folgende Gedanken zum heutigen Erzengel-Fest zugeflogen:

»Engelwärts«

Nicht nur an seinen Flügeln man einen Engel erkennt,
Sondern gleichfalls an Mund, Händen und Herz.
Wenn sein Mund lautlos Worte der Liebe bekennt,
Wenn seine Hände streichelnd lindern den Schmerz,
Und wenn sein Herz sich in Sehnsucht verbrennt:
Dann fliegt Dein Du auch flügellos engelwärts.

Zum heutigen Michael-Fest habe ich Michael Thiele aus unserem Pastoralteam eine Namenstags-Postkarte geschrieben mit einer Darstellung »Michael als Drachentöter« aus der Petrus-Kirche von Bessuéjouls.

Noch 19 Tage! 30/9/04

12.15 Uhr Rast an einer asturischen Jacobusweg-Markierung bei der Kapelle San Antonio hinter Villahormes

Gestern bin ich nach ca. 24 Kilometern bei Sonnenschein gegen 15 Uhr im Stadtkern von Llanes angekommen. Dann habe ich erst einmal die bunten »Erinnerungswürfel« des baskischen Künstlers Agustín Ibarrola am Ende der Hafenmole kopfschüttelnd bestaunt und bin dann zur merkwürdigen, wie ein Kastell mit zwei runden Türmen befestigten Kirche der »Virgen de Guia« hinaufgestiegen. In der nach ihr benannten »Pension La Guia« kamen wir gut unter. Nach dem Reinigungsritual habe ich mir im – im mittelalterlichen Turm der Stadtbefestigung untergebrachten – Informations-Büro einen Stempel geholt und danach die in der Nähe liegende Kirche von Llanes »Santa Maria de Concejo«, die 1973 von Papst Paul VI zur »Basilika« erhoben wurde, besichtigt. Am Südportal konnte man trotz der Verwitterung noch einige Heilige identifizieren: Antonius mit dem Tau-Stab, Laurentius mit dem Rost und Andreas mit dem Andreaskreuz. Den Chor der Kirche zierte ein riesiger Altar im plateresken (nach Art der Silberschmiede) Stil, den schon Karl I (der spätere Kaiser Karl V) bewunderte, als er 1517 zum ersten Mal nach Spanien kam und in Llanes zwei Nächte verweilte. Damals war der Altar wohl gerade fertig geworden und Karl soll sich mit dem französischen Künstler Leon Picard, der in Burgos lebte, unterhalten haben. Natürlich entdeckte ich im Altar links auch einen kleinen Jacobus und grüßte ihn, indem ich ihm für einen Euro ein Licht aufsteckte und ihn illuminierte. Nach zwei vorabendlichen Bieren nahmen wir um 20 Uhr an der Messe teil, die schneller gelesen wurde als Engel – zu deren Ehren die Messe »gefeiert« werden sollte – fliegen können. Der spirituelle Gewinn solcher Messen bewegt sich Richtung Null; der materielle Gewinn besteht darin, dass die Kirchen zu den Messzeiten geöffnet sind, dass die Altäre (kostenlos) beleuchtet sind und dass es (meist anschließend) den Pilgerstempel gibt. Danach gab es ein gutes und sehr preiswertes (8,50 € einschließlich Wein) Abendessen (mit »Fabada asturiana« – einer weißen Bohnensuppe mit Wursteinlagen – die mich heute Morgen in die Büsche trieb) und einen Absacker.

Heute Morgen war ich (nach einer etwas lärmerfüllten Nacht) früher als die Sonne aufging auf dem Weg, gestärkt mit einem anständigen Frühstück: Kaffee und ein Brötchen mit Rührei und Schinken (da ich heute über 30 Kilometer »machen« muss).

Der Weg bis hierher war sehr schön und abwechslungsreich, über Wiesen-, Feld- und (Eukalyptus) Waldwege, mit Ausblicken links auf die Picos und rechts aufs Meer, über Sandstrände und an Meeresbuchten vorbei, über wenig befahrene Landstraßen. Das alles bei bedecktem Himmel, etwas schwüler Luft und Temperaturen so um die 20 Grad.

Unterwegs kam ich an den verlassenen Klosteranlagen von San Antolín de Beón vorbei und bin auch darin herumgegangen. Im Outdoor-Buch wurden sie als »malerisch« charakterisiert. Ich fand sie eher traurig, trostlos und bedrückend, ein paar verlassene und z. T. zerstörte Häuser und eine völlig verödete leere Kirche aus dem 13. Jahrhundert mit einigen Bruchstücken von Steinsarkophagen und Steinwappen, das war alles, was von diesem Kloster, das im 11. Jahrhundert gegründet wurde, übrig geblieben ist. Ob dies das Schicksal mancher Klöster und Kirchen in der Zukunft sein wird? Öde, verlassen, zerstört, leer, bemoost – mit ein paar Relikten, die an vergangene bessere Zeiten erinnern?

Eben in Naves habe ich den ersten richtigen asturischen »Horreo« gesehen, die hier in Asturien viel größer sind als in Galicien. Außerdem sind sie hier quadratisch, während sie in Galicien rechteckig sind. Diese charakteristischen Bauten stehen auf Stelzen in Pyramidenform, die hervorkragende Steine als waagerechte »Kapitelle« haben, so dass keine Tiere sie erreichen können. Sie werden vor allem zur Aufbewahrung von Maiskolben genutzt, die so gegen Mäuse oder andere Nager geschützt sind. Hier in Asturien scheinen sie auch zur Aufbewahrung und Lagerung von anderen Lebensmitteln genutzt zu werden, ja, teilweise dienen sie heutzutage sogar als Wohnraum.

Dazu ein Gedanken-Splitter von 1999:

Horreos

Wie riesige Reliquienschreine bergen sie die Kostbarkeiten der letzten Ernte.
Lebensprall schimmern die gold-orangen Perlen der Maiskolben durch die schmalen Ritzen.
Kreuze und Sockelscheiben wehren alle Eindringlinge ab.
In winterlichen Zeiten sorgen die inneren Güter für das Überleben.

17 Uhr in einer Bar an der (scheußlichen) Kirche von Ribadesella, wo ich mich um 17.30 Uhr mit Meinhard treffe

Eben bin ich nach 31 Tageskilometern hier angekommen. Das Wetter war heute nicht pilger- und herzfreundlich, drückend und schwül. So bin ich streckenweise recht langsam gegangen, um meine »Pumpe« zu schonen. Der Weg war allerdings weiterhin wunderschön und vielseitig. Übernachten werden wir im Hotel »Patiño«.

Im letzten Dörfchen – in Cuerres – gab es eine schöne Pilgerspur, ein alter Brunnen aus dem 18. Jahrhundert, der immer schon »Fuente de los Peregrinos« genannt wurde. In seinem kleinen dreieckigen Giebel war das Christuszeichen »IHS« und ein Malteser-Kreuz zu sehen. Der Brunnen befand sich in unmittelbarer Nähe der Kirche San Mames – ebenfalls aus dem 18. Jahrhundert mit einer auffallend großen Säulen-Vorhalle (wobei laut Beschreibung die Säulen wahrscheinlich von einem Vorgängerbau stammen).

Solche Pilgerbrunnen gab es wohl öfters in der Nähe von Kirchen. Ein gutes Beispiel auf dem »camino francés« ist der große Pilgerbrunnen neben der Santiago-Kirche in Logroño. Diese Verbindung Kirche – Brunnen zeigt anschaulich, dass Seele und Leib zusammen gehören. Dass es nicht nur um die geistig-geistlichen Werte gehen kann, sondern dass auch der »Bruder Leib« sein Recht hat. Beides muss sich gegenseitig ergänzen. Das hat uns auch unser Herr und Meister vorgelebt und verkündet (deshalb ist es sinnvoll, dass sein Name auf dem Cuerres-Brunnen steht). Er hat sich um das leibliche Wohlbefinden der Menschen ebenso gekümmert wie um die innere Gesundheit: Heilung und Heil gehören zusammen. ER, der von sich am Jakobs-Brunnen zu der Samariterin sagte: »Ich gebe dem Menschen Wasser, das in ihm zur Quelle wird, die ewiges Leben schenkt« (Joh 4,14), will den Menschen – und vor allem auch den Pilgern – den leiblichen Durst in der Hitze des Weges und den inneren Durst nach dem Sinn des Lebens löschen.

Noch 18 Tage! 1/10/04

12 Uhr auf der Iso-Matte am Strand von La Vega

Gestern Abend begann es zu regnen, so dass wir mit dem Schirm in eine Pizzeria gehen mussten, wo ich Spaghetti mit Krabben und anschließend eine Paella mit Meeresfrüchten aß.

Da heute »nur« 23 Kilometer bis Colunga geplant sind, bin ich heute Morgen erst um 8 Uhr aufgestanden, habe in einer Bar einen Milchkaffee getrunken und ein Brötchen, belegt mit Schinken und Käse, genossen, und mich so gestärkt gegen 9 Uhr auf den Weg gemacht. Zuerst ging es über die 350 Meter lange Brücke über den Fluss Sella. Dahinter habe ich den alten romantischen Horreo (nach Anweisung des Outdoor-Buches) fotografiert und bin dann eineinhalb Kilometer über die schöne Uferpromenade von Ribadesella gegangen – mit dem geheimnisvollen morgendlichen Rauschen des Meeres wurden meine Gedanken in weite Fernen gelenkt. Der englisch-sprachige Prospekt von Ribadesella verheißt: »Where The Picos de Europa meet the Sea.«

Hinter dem Ort San Pedro sah ich auf der Straße zwei plattgefahrene Salamander in ihrer faszinierenden schwarz-gelben Färbung.

Auf den Wiesen standen einige Heuhaufen in »tetilla«-Form.

In den feuchten Sand eines Weges war der Wunsch eingeritzt: »Buen camino« – Danke!

Es scheint ein schöner Tag zu werden: am Himmel nur einige Federwölkchen, die Sonne scheint, ein kühles Lüftchen weht und die Temperaturen sind unter 20 Grad, angenehm zum Laufen und zum Baden. Denn als ich von der Anhöhe das Dorf (mit einigen alten Horreos) und den Sandstrand von La Vega sah, konnte ich nicht widerstehen: raus aus den Klamotten – rein ins Meer. Und wenn ich auch wegen der hohen Wellen und der atlantischen Wassertemperaturen nur wenige Meter schwimmen konnte, so war ich doch zum dritten und wahrscheinlich auf meinem Weg letzten Mal schwimmend im Meer. Herrlich! Jetzt habe ich am Strand noch ein paar schöne Steine gesammelt, die ich als »Handschmeichler« auch an die anderen Mitpilger (und ab Morgen der Mitpilgerin) für »unterwegs« verschenken kann.

Nun beginnt heute schon der Monat meiner Heimkehr. Kaum zu glauben! Und ich merke, wie dieses Datum (auch schon an den vorigen Tagen) meine Gedanken wieder nach »vorne« und an »zu Hause« lenkt: Wie wird es sein, wenn ich zurückkomme? Was ist alles zu erledigen? Wer und was erwarten mich? … Eigentlich möchte ich noch gar nicht so viel an das »danach« denken, sondern ich möchte im Hier und Heute leben – und mich auf den Weg und das Ziel konzentrieren. Hoffentlich gelingt mir das in den nächsten Tagen und Wochen noch intensiv! Immer wieder sollte ich mir das Motto vorsagen und leben: »Carpe viam!«.

Übrigens sitze ich ab heute wieder an der »mensa episcopi« und bekomme wieder Gehalt. Nun darf ich keine Frechheiten mehr über meinen Bischof denken, sagen oder schreiben!

Noch 17 Tage! 2/10/04

13.30 Uhr auf einer Steinbank an einem Haus
ca. 5 Kilometer vor dem Tagesziel Villaviciosa

Gestern erreichte ich Punkt 17 Uhr in Colunga unsere Unterkunft »Hostal El Mesón« (die schon am Ortsanfang mit einer großen Reklametafel auf sich aufmerksam machte). Der Weg war für mich ganz ruhig und erholsam. So eine »kürzere« Tagesetappe ist ganz entspannend. Man kann nicht nur hin und wieder stehen bleiben und den Blick auf die Berge und Meeresbuchten genießen, man kann nicht nur dem Rauschen der Wellen lauschen, man kann nicht nur ins Meer reinspringen, sondern man kann auch am Strand Foto-Versuche mit dem eigenen Schatten und den Fußspuren im Sand und Foto-Versuche mit Selbstauslöser »unterwegs« auf einer alten Pilgerbrücke und an einem asturischen Wegezeichen machen, man kann in Ruhe Tagebuch schreiben – und vor allem kann man immer wieder ein Päuschen einlegen und die Pilgerversuchungen in Form von dicken, schwarz-glänzenden Brombeeren genießen.

Die Wegführung war wiederum traumhaft-schön. Allerdings ging es einmal 200 Meter durch einen Hohlweg, der dicht-bewachsen mit Brombeersträuchern und Stechginster war und aus knöcheltiefem Matsch bestand. Meine schwarzen Schuhe waren anschließend braun und meine Beine und Arme erhielten einige blutige Kratzer.

Wahrscheinlich auch wegen des matschigen Bodens habe ich einige Bäuerinnen und Bauern gesehen, die Holzpantinen trugen, unter denen zwei Querstege sind. Sie heißen »Madreñas«. Diese Sorte Holzpantinen gibt es auch fein poliert und verziert als Ausgeh-Exemplare.

Das Wetter wurde nachmittags immer bedeckter, frischer und windiger – ja, es fielen sogar drei oder vier Regentropfen. Gut, dass ich schon mittags im Meer war, obwohl es »unterwegs« noch einige schöne Gelegenheiten gegeben hätte.

Im Informationsbüro von Colunga holte ich mir einen Stempel (das geht einfacher und schneller als »bei Kirchens«), dann trank ich mir ein Ankunftsbier, dann das übliche Reinigungsritual (mit ausgiebigem Säubern der Schuhe), dann Vorbereitungen für den nächsten Tag, dann ein Stündchen Ruhen auf dem Bett, dann die vorabendlichen Biere (der hiesige »Sidra« – eine Art Apfelwein – schmeckt mir nicht!), dann Fabada (die mich heute Morgen wieder in die Büsche trieb) und Sardinen zum Abendessen, dann »Carlos III« und eine ruhige Nacht!

Heute Morgen habe ich wieder bis 8 Uhr geschlafen (da es heute auch nur ca. 20 Kilometer sind); kleines Frühstück in einer Bar; einige Telefonate mit der Heimat.

»Unterwegs« habe ich nach vielen pilgerfreien Tagen mal wieder einen älteren Pilger getroffen, aus Lausanne. Er läuft von Santander nach Compostela und liebt (Gott sei Dank!) auch die Einsamkeit und das Alleine-Gehen.

Wenig später überholten mich einige Radfahrer, von denen einer abstieg und sich ein wenig mit mir unterhielt. Er war Ire und zusammen waren sie unterwegs nach Compostela. Er erzählte mir, dass er vor Wochen den Weg von St. Jean-Pied-de-Port bis León (auf dem »camino francés«) gemacht habe und dass dort Pilgermassen »unterwegs« seien. In der Woche, in der er gestartet sei, seien es über 700 Pilger gewesen. Da lobe ich mir doch die Ruhe und Einsamkeit auf dem »Nordweg«! Dann erreichte ich das architektonische »highlight« der letzten Tage: die Kirche »San Salvador de Priesca«, die im Jahr 921 geweiht wurde. An der Kirchentüre war zu lesen, dass man wegen des Schlüssels am Haus Nr. 2 fragen solle, was ich tat. Eine ältere Frau kam heraus und sagte, es würde etwas dauern. Schließlich erschien »Hochwürden« in abgewetzter Soutane in der Tür – was ich sofort nutzte, um nach einem Stempel zu fragen, den ich auch bekam – worauf er mit dem Auto davonfuhr. Seine Schwester (jedenfalls gab sie sich dafür aus) begleitete mich zur Kirche, schloss auf und erklärte mir vieles: herrliche Zeugnisse vorromanischer, asturischer Kunst, ohne figürliche Darstellungen, aber in phantastischer, wohl auch islamisch beeinflusster Ornamentik, mehrere Flechtbandkapitelle und einige Fresko-Reste, wobei in den Apsiden-Kapellen jeweils ein Dreierbogen gemalt war, und an einer Stelle konnte man das asturische Kreuz mit den am Querbalken angehängten Buchstaben Alpha und Omega erkennen. Das war wirklich eine Entdeckung!

Das Wetter heute ist bedeckt und trübe, aber glücklicherweise blieb der in der Zeitung angekündigte Regen bisher aus.

Zum heutigen Schutzengel-Fest richte ich folgende Bitten an meinen persönlichen Wege-Schutzengel:

Bitten an meinen persönlichen Wege-Schutzengel

Hüll mich in deine Flügel ein,
lass mich bei dir geborgen sein!
Trag mich über Matsch am Grund,
halt zu das Maul bei jedem Hund!
Halte mich auf morschen Brücken,
lass nachts mich schlafen ohne Mücken!
Befreie mich vom Wind im Magen,
schenk Stempel mir an allen Tagen!
Bewahre mich vor grellen Blitzen,
gib mir bei Pausen was zum Sitzen!
Verschone mich mit Pilgermassen,
hilf mir, mich in Ruh zu lassen!
Schütt abends reichlich Bier ins Glas,
verkürz das Kilometer-Maß!

Behüte mich vor praller Sonne,
erfülle mich mit Pilger-Wonne!
Beschirme mich bei starkem Regen,
begleite mich auf allen Wegen!
Lass mich bei dir geborgen sein,
hüll mich in deine Flügel ein!

Noch 16 Tage! 3/10/04
11.30 Uhr an der präromanischen Kirche
»San Salvador de Valdedios«

Am 19. September 1517 (Uhrzeit unbekannt) kam der junge spanische Thronfolger aus Flandern in Villaviciosa mit dem Schiff an, um als Karl I von seinem neuen Königreich Besitz zu nehmen. Zwei Jahre später wurde er als deutscher Kaiser unter dem Namen Karl V gekrönt.

Am 2. Oktober 2004 kam ich um 15.15 Uhr in Villaviciosa zu Fuß an, um als einfacher Pilger im Hotel »El Marquin« zu übernachten. In 16 Tagen werde ich (hoffentlich!) in Compostela zum richtigen Pilger gekrönt.

Die anderen kommen – der eine geht:

Um 18 Uhr trafen wir uns gestern mit Heidi, Heri und Otto aus Homberg: herzliche Begrüßung und ein gemeinsames Ankunfts-Bier. Dabei eröffnete uns Peter, dass er heute nach Hause fahren werde, da alles nicht so sei, wie er sich das vorgestellt habe. Ein wenig Verwunderung und Ratlosigkeit kam auf. So richtig erklären konnte er uns und kann ich mir diese Entscheidung nicht. Es bleibt ein leicht fader Nachgeschmack zurück.

Abends gingen wir alle zusammen um 20 Uhr in die Messe – die erste in Spanien, die ansprechend gestaltet war (sogar mit Orgel und Gemeinde-Gesang!). Anschließend haben wir in einer »Sedreria« (ohne diesen Trank zu trinken) rustikal und gut zu Abend gegessen: eine hervorragende Fischsuppe (mit viel Einlagen) und ein Omelette (mit Krabben, Pilzen, grünen Bohnen und Knoblauch). Danach haben wir in Peters Wohnwagen aus der Killepitsch-Flasche, meinem Geburtstagsgeschenk von Heidi und Heri, einen Abschiedstrunk genossen und uns verabschiedet.

Nach einer guten Nacht und einem guten Frühstück (ein »gutes Frühstück« ist ein Milchkaffee und ein mit Schinken belegtes Brötchen) war ich um 8.15 Uhr auf der Straße. Vier Kilometer hinter Villaviciosa – am Ortsanfang von Grases – gab es eine Weggabelung, zum einen der Küstenweg (mit der Muschelbezeichnung »Gijon«), zum anderen der Weg ins Landesinnere (Muschelbezeichnung »Oviedo«) Richtung »camino primitivo«, dem ich folgte.

Zitat Outdoor-Buch (S. 6): Nach der Wieder-Entdeckung des Apostelgrabes Anfang des 9. Jahrhunderts und nach der Schlacht von Clavijo (bei Logroño) im Jahr 844 strömten zahlreiche Pilger «aus dem Zentrum Asturiens mit der Hauptstadt Oviedo zur heiligen Stätte und begründeten damit den ersten Jakobsweg (Camino de Santiago Primitivo), der von Oviedo über Tineo, Fonsagrada und Lugo ins ferne Compostela führt. Bei Palas de Rei stößt dieser alte Weg heute auf den Hauptweg, der aus Kastilien kommt.« Diesen Weg, »der durch einsame Landschaften führt und das Pilgererlebnis des 10. Jahrhunderts am ehesten nachvollziehen lässt«, werde ich gehen.

Der erste Kultur-Höhepunkt des heutigen Tages war die kleine romanische Kirche San Juan de Camoca, die mir ein hilfsbereiter Mann aufschloss, so dass ich die wunderschönen Kapitelle bewundern konnte.

Der zweite Kultur-Höhepunkt kostete drei Kilometer Umweg, die vorromanische Kirche San Salvador de Valdedios, die 893 unter Alfons III geweiht wurde. Herrliche Zwillings- und Drillingsfenster (in der Apsis) und viele Reste einer ursprünglichen Bemalung. Über dem Eingangsportal wiederum das asturische Kreuz mit den »anhänglichen« griechischen Buchstaben »Alpha« und »Omega«. Dieser Umweg hat sich mehr als gelohnt (auch wenn er einen Euro Eintrittsgeld und zwei Stunden Zeitverzögerung gekostet hat)! Einen wunderschönen Stempel gab es auch noch (mit Muscheln und asturischem Kreuz).

14.15 Uhr auf einem Weg oberhalb des Passes »Alto de Campa« (in 400 Meter Höhe) mit phantastischem Blick auf die »Picos«

Schon als Theologiestudent in Bonn schrieb ich in meine Karrer-Bibel auf den inneren Umschlag: »Lk 17,10 – ein passender Spruch zum Silbernen Priesterjubiläum«. Lk 17,10 ist der letzte Vers des heutigen Sonntagsevangeliums: »Wir sind unnütze Knechte; wir haben nur getan, was unsere Schuldigkeit war.«

Ich selbst habe diesen Satz dann doch nicht zu meinem »Silbernen« gewählt, sondern meinen (verkürzten) Primizspruch, weil er mir – wie so manche überlieferten Worte des Herrn – zu überspitzt und übertrieben erscheint. Denn erstens ist es wohl kaum möglich, alle Kräfte und

Zeiten einzusetzen, alle Fähigkeiten und Möglichkeiten einzubringen in seine Arbeit (es wird immer auch noch ein Privatleben und Eigeninteressen geben!). Und zweitens, so ganz »unnütz« sind der Einsatz und die Arbeit dann doch nicht. Bei vielen wird doch die Verkündigung des Wortes Gottes und das Spenden der Sakramente auf »fruchtbaren Boden« fallen und damit (mehr oder weniger großen) Nutzen bringen. Seien wir deshalb als Priester bescheiden, aber auch selbstbewusst!

Der Weg bis hierher – bei blauem Himmel und Sonne – war wieder traumhaft schön (wenn auch manchmal ein wenig stachelig); nun auch noch mit dem Blick auf die Berge! Aber jetzt muss ich weiter, denn heute werden es gut 30 Kilometer bis El Berrón werden (und dazu kommen noch die gut drei Kilometer der »Lustrunde« zum »San Salvador de Valdedios«)!

Noch 15 Tage! 4/10/04
10.45 Uhr vor dem Palast von Meres

In solch einem ähnlichen Palast (der hiesige ist toskanisch beeinflusst) wird der heutige Tagesheilige in seiner Kindheit und Jugend gelebt haben, bis er allen Glanz und alle Macht und allen Reichtum verließ, um gemeinsam mit einigen Gesinnungsgenossen ein Leben in Armut zu führen: der heilige Franz von Assisi. Schön, dass es diesen Heiligen gibt – nicht nur, weil er auch mal um 1212 nach Compostela gepilgert ist –, sondern besonders, weil er diese Erde nicht als »Jammertal« madig machte, sondern in ihr Gottes schöne Schöpfung sah und sie in seinem berühmten Lied – im »Sonnengesang« – pries. Mit diesem Lied werden wir aufgefordert, auch das Schöne in dieser Welt wahrzunehmen, darin die Hand Gottes zu entdecken und verantwortungsbewusst mit seiner Schöpfung umzugehen. Dieser »Heilige der Umwelt« (besser sollte man immer von »Mitwelt« sprechen, denn wir Menschen sind nicht der Mittelpunkt, »um« den sich diese Welt dreht, sondern wir leben zusammen »mit« den anderen Geschöpfen!) kann uns immer wieder ein Vorbild sein – und wie sähe diese Welt, die so oft zerstört und ausgebeutet wird, anders aus, wenn die Menschen bei ihrem Umgang mit der Schöpfung in den »Sonnengesang« eingestimmt und danach gehandelt hätten! Zum Festtag dieses Heiligen fielen mir im Blick auf die »Mitwelt« und im Nachklang zum »Sonnengesang« 1999 (damals auf der »via de la plata«) folgende Gedanken ein:

Gesang am Festtag des heiligen Franziskus
Du schwarz-verdorrtes Sonnenblumengesicht!
Du dich selbst verzehrende Mondsichel!
Ihr wolkenverhangenen Sternzeichen!
Du beißender Rauch abgeflämmter Felder!
Du stark-geklortes Wasser in der Trinkflasche!
Ihr brand-verkohlten Baumskelette!
Ihr abgemähten gold-gelben Ähren!
Ihr geschnittenen rot-violetten Trauben!
Du geschundener Christus-Körper in der
Einsiedelei der »virgen del castillo«!
Du süßlich-verwesender Hundekadaver
im Straßengraben!
Laudato si, o mio Signor?

Zum heutigen Festtag herzliche Namenstags-Grüße an meine zweite Großnichte Franziska!

Gestern bin ich gegen 18.30 Uhr in El Berrón angekommen – an unserem Nobel-Hotel »Samoa«. Zusammen mit den drei neuen Homberger Pilgern bin ich die letzten fünf Kilometer gelaufen. Man sollte den Tag nicht vor dem Abend loben, denn nachdem ich gestern Mittag den Weg als »traumhaft schön« gepriesen hatte, musste ich hinter dem »Alto de Campa« 18 (!) Kilometer über Landstraßen laufen. Das Pilgern mit den und ohne »die anderen« gestaltet sich recht unkompliziert, wenn auch ein wenig merkwürdig. Morgens sieht man sich beim Frühstück, tagsüber trifft man sich vielleicht »unterwegs« (wie gestern am Kloster Valdedios), abends verabredet man sich zum Abendessen. Hauptsache: die meiste Zeit am Tag kann ich in Ruhe alleine laufen.

Da es heute nur ein »Spaziergang« von ca. 14 Kilometern bis Oviedo ist, bin ich erst um 8 Uhr aufgestanden und war nach einem »richtigen« Frühstück und dem obligatorischen Montags-Anruf bei meiner Lieblingscousine um 9.15 Uhr auf dem Weg – bei angenehm frischen Temperaturen und bedecktem Himmel.

18.15 Uhr in der Sakramentskapelle der Kathedrale San Salvador in Oviedo

»Quien va a Santiago / y no a San Salvador / visita al criado / y deja al Señor«: »Wer zum Jacobus geht und nicht zum Erlöser, besucht den

Diener und vergisst den Herrn« – getreu diesem Sprichwort aus dem hohen Mittelalter, mache ich diesmal auf meinem Weg Station in Oviedo und werde hier auch morgen einen Ruhetag einlegen.

Der Weg heute war wirklich nur ein »Spaziergang«; aber es ist schön, auch mal früh am Ziel anzukommen. Beeindruckend unterwegs war die große alte Pilgerbrücke fünf Kilometer vor Oviedo im Ort Colloto über den Fluss Nora. Wie von Geisterhand gelenkt, verzogen sich am Ortseingang von Oviedo Dunst und Nebel, und die Sonne brach durch, so dass ich die alten Gebäude, an denen der Weg vorbeiführte (»Convento de San Pelayo«, »Monasterio de San Vincente« und »San Tirso«), bis hin zur Kathedrale im hellsten Licht bewundern konnte – einschließlich der Kathedrale, wo ich um 12.45 Uhr ankam und dort Meinhard und ein wenig später auch »die anderen« traf. Im »Hostal Arcos« kamen wir gut unter (in der Nähe der Kathedrale; über dem Bett hängt ein Spätnazarener-Bild mit einem segnenden Christus: so sind wir gut beschützt). Gemeinsam aßen wir gut und preiswert zu Mittag, dann habe ich ein Mittagsschläfchen eingelegt und danach die Ausstellung »Luces de peregrinación« in den Ausstellungsräumen der »Banco Herrero« besucht, die vor allem die Beziehung zwischen Oviedo und Compostela aufzeigen will – zwischen der »sede real« und der »sede apostolica«, zwischen dem »Königssitz« und dem »Apostelsitz«, zwischen dem asturischen Herrscherhaus und dem galicischen Wallfahrtsheiligtum. Herrliche Exponate aus dem Kathedral-Museum und dem Pilgermuseum in Compostela und aus dem Kathedral-Museum und dem archäologischen Museum in Oviedo waren zu sehen, darunter eine Replik des berühmten Kreuzes, das Alfons III 874 der Kathedrale von Compostela schenkte – ein Goldkreuz mit gleich langen Armen als Symbol der asturischen Krone. Natürlich gab es auch ein paar schöne Jacobus-Darstellungen zu bewundern: die älteste – eine kleine asturische volkstümliche – aus dem 13. Jahrhundert aus Santa Maria de Biescas (Salas). Bemerkenswert ein Zitat von Goethe, das am Eingang der Ausstellung zu lesen war: »Europa nació peregrinando a Compostela«. Ich muss zu Hause mal nachschauen, wann und wo er das gesagt oder geschrieben haben soll! (Ich habe später »zu Hause« im Registerband der 24bändigen Artemis-Goethe-Gesamtausgabe unter den 3 Stichworten »Compostela« und den 65 (!) Stichworten »Europa« im Gesamtwerk Goethes nachgeschaut, aber das Zitat nicht verifizieren können.) Danach bummelte ich noch etwas durch die Straßen, wo man überall das Wappen von Oviedo entdecken kann: Zwei Engel, die das asturische Kreuz tragen – an Fassaden als Reliefs, auf Blumenkästen und Kanaldeckeln, auf Wimpeln und

Bodenplatten, auf T-Shirts und Straßenlaternen, überall tauchten sie auf.

Nun sitze ich hier in der Sakramentskapelle (in der es einigermaßen ruhig ist) und betrachte dich als Gewändefigur am spätgotischen Portal, das ins Hauptschiff der Kirche führt. In Stein bist du gehauen und gut erhalten, weil dein Standort draußen zum Standort drinnen wurde, als spätere Zeiten eine Barockkapelle vor den ursprünglichen Nordeingang zur Kirche bauten. Von »draußen« nach »drinnen«, vom Lärm des Alltags zur Stille des Gotteshauses, von den Gefahren der Außenwelt zum Schutz des Innenlebens: Solche Standortveränderung (wenigstens hin und wieder!) tut uns allen gut. Du zeigst auch noch einen Weg auf, wie das gelingen kann. Denn neben dem schönen großen Hut mit der Muschel auf deinem Kopf, neben dem Stab, den du in deiner Rechten trägst, hältst du mit der anderen Hand das Verkündigungsbuch – weit aufgeschlagen, so dass jeder aufgefordert wird, sofort mit dem Lesen zu beginnen; und nicht nur die eine aufgeschlagene Schriftstelle, sondern mehrere Abschnitte, denn da gibt es auch Lesebänder; und deinen Zeigefinger hast du zwischen die Seiten gelegt, die du auch noch aufschlagen willst, weil sie wichtig sind und wir sie lesen sollen. So bist du hier mit freundlich-väterlichem Gesichtsausdruck ein deutlicher Mahner an mich, immer wieder das »Buch der Bücher« aufzuschlagen und darin zu lesen. Mein Namenspatron direkt neben dir ist schon eifrig beim Lesen.

Noch 14 Tage! 5/10/04

11 Uhr in einer Bar nahe der Kathedrale in Oviedo

Gestern Abend gingen wir alle gemeinsam essen und trinken und verabschiedeten uns dann von »den anderen« für die nächsten drei Tage. Sie gehen heute weiter, während Meinhard und ich hier in der Hauptstadt Asturiens, in Oviedo (oder wie diese Stadt auf asturisch heißt: in »Uvieu«), einen Ruhetag einlegen. Der Ruhetag fing sehr schmerzhaft an. Ich stieß beim Zähneputzen heftig mit meinem Kopf unter das Hängeschränkchen über dem Waschbecken. Mit einem leichten Brummschädel nahmen wir dann um 9.30 Uhr an der Laudes und am Kapitelamt in der Barbara-Kapelle der Kathedrale teil, wo nicht nur ein einfacher Wochentag (»Dienstag der 27. Woche im Jahreskreis«) begangen wurde, sondern ein spanischer Gedenktag mit der Bezeichnung »Temporas de acción de gracias y petición«.

Danach haben wir uns Stempel in der »Camara santa« und in der Sakristei der Kathedrale geholt. Ich habe (verbotenerweise) den schönen Pilger-Jacobus am ehemaligen Nordportal und den Matamoros in der Sebastian-Kapelle fotografiert. Nach einem leckeren Milchkaffee werden wir gleich die »Camara santa« besichtigen, in der u. a. das »Kreuz des Sieges« hinter dickem Panzerglas ausgestellt ist, das von Engeln vom Himmel herabgebracht worden sein soll, das Pelayo in der Schlacht von Covadonga getragen haben soll, was ihm den ersten Sieg der Christen über die Mauren verschafft hat und was bis heute im Wappen der alten Residenzstadt Oviedo überall auftaucht. Danach werden wir zu den drei asturischen Kirchen »Santa Maria del Naranco«, »San Miguel de Lillo« und »San Julian de los Prados« fahren; und so unseren Ruhetag genießen.

Noch 13 Tage! 6/10/04

12.45 Uhr in einem Bushäuschen an der »Capilla de Santa Ana« in Premoño

Auf dem Weihnachtsrelief im Diözesanmuseum von Santander in Santillana del Mar, auf dem der kleine Johannes mit seinem auf den Mund gelegten Zeigefinger an das Geheimnis der Stillen Nacht erinnerte, schlief der Jesus-Knabe tief und fest.

Normalerweise habe auch ich einen gesunden, tiefen und festen Schlaf. Meinhard hat schon mehrfach festgestellt (siehe auch sein Geburtstagslied), dass ich ein »begnadeter Schläfer« bin, da ich kaum vom Lärm der Straße oder bei Gewitter wach werde oder sofort wieder einschlafe. In der vergangenen Nacht war das anders. Durch irgendein Geräusch wurde ich kurz vor 2 Uhr wach, und da durchfuhr es mich siedentheiß: Hast du eigentlich gestern nach der Autofahrt den Fensterspalt wieder geschlossen? Ich grübelte und sann nach und stellte mir schon alle möglichen Schreckensszenarien vor: von Autoknackern bis zu Überschwemmungen im Auto, denn es regnete in Strömen. Ich war kurz davor, aufzustehen und zum Auto zu gehen. Allein die Wärme des Bettes, der prasselnde Regen und der relativ weite Weg zum Parkplatz hielten mich davon ab. Aber an Schlaf war nicht mehr zu denken. Und so hörte ich jede Viertelstunde und vor allem jede volle Stunde den Glockenschlag der nahegelegenen Kirche San Isidoro: von 2 Uhr bis 6 Uhr. Erst danach habe ich ein halbes Stündchen geschlafen. So muss ich heute mit vier Stunden Schlaf (da ich schon um 22 Uhr im Bett war) auskommen und nicht gerade ausgeruht 31 Kilometer bis San Juan de Villapañada laufen. Aber diese schlaflosen Stunden erinnern mich daran, dass es viele Menschen gibt, die schlecht schlafen können und lange wach liegen und deshalb tagsüber recht müde und lustlos sind. Es ist schon eine große Gnade, wenn man gut schlafen kann, wenn einen nur weniges wach werden lässt und wenn man ausgeruht den Tag beginnen kann. Nur so ausgeschlafen konnte ich auch bisher die Anstrengungen meiner Wallfahrt durchstehen. Hoffentlich gilt auch für mich weiterhin das Bibelwort: »Der Herr gibt es den Seinen im Schlaf« (Ps 127,2), was auch übersetzt werden kann: »Zu Recht gibt der Herr den Seinen den Schlaf«. Danke!

Der gestrige freie Tag war recht geruhsam, aber vom Wetter her nicht schön. Nach dem Besuch der »Camara santa« (in der ich einige Fotos vom Jacobus und seinem Bruder Johannes verbotenerweise geschossen habe, bis ein Wärter wütend auf mich einschimpfte), des Kathedralmuseums und des Kreuzgangs begann es leicht zu regnen. Dann wurde der Regen bei der Außenbesichtigung der drei asturischen Bauwerke (die alle geschlossen waren) immer heftiger, so dass wir erst mal einen Nachmittagsschlaf einlegten. Danach habe ich mir in der Ausstellung »Luces de peregrinación« den wunderschönen und preiswerten (20 €) Katalog gekauft, den ich mir dann in der Bar neben unserem Hotel zu Gemüte führte, bis Meinhard zum verabredeten Zeitpunkt dazu kam. Wir tranken zusammen ein paar Biere und wollten dann zum Abendessen weiterziehen. Da es aber draußen Bindfäden regnete und es sogar ein paar Mal blitzte und donnerte, blieben wir in der Bar (ich hatte auch nur Sandalen an) und aßen dort beim Bier zwei belegte Brötchen (eines mit Fisch, das andere mit Huhn) – das bisher preiswerteste Abendessen für 1,80 €! Trotz des Absackers erwartete mich dann die angedeutete unruhige und kurze Nacht.

Heute morgen stellte ich dann am Auto fest, dass alle meine Sorgen und Schreckensphantasien unnötig waren: das Beifahrerfenster war geschlossen!

Nach einem kargen Frühstück war ich um Punkt 8 Uhr auf dem Weg, bei Dunkelheit mit einer guten Beschreibung und einem Stadtplan in westlicher Richtung hinaus aus der Stadt. So wie beim Hineinkommen die Sonne durchbrach, so gingen beim Überschreiten der Stadtgrenze gegen 9 Uhr alle Laternen aus. Glücklicherweise regnete es beim Verlassen der Stadt nicht, aber es war und ist sehr diesig, neblig und die Wolken hängen tief in den Tälern. In höheren Regionen gibt es nässenden Nebel, so dass ich den Schirm mehrfach aufspannen musste. Jetzt hat es wieder aufgehört zu nieseln. Eine Temperaturanzeige ließ 14 Grad aufleuchten. Heute habe ich wieder die längeren Beine an meine Wanderhose gemacht und das Hemd mit langen Ärmeln angezogen.

Noch eine Besonderheit bei der Darstellung des heiligen Jacobus in der »Camara santa« (von ca. 1170): Dort hält der Heilige (dessen Pilgertasche mit einer großen Muschel geschmückt ist) in seiner rechten Hand keinen einfachen Pilgerstab, sondern einen langen lanzenähnlichen Stab, der oben in eine Kreuzesform und unten in eine Pfeilspitze ausläuft, die das geöffnete Maul einer Schlange trifft, um sie zu töten. Vielleicht stehen hinter dieser Ikonographie alte Segenswünsche bei der Übergabe von Pilgerstäben (etwa: »Accipe hunc baculum sustentationem iteris ac laboris ad viam peregrinationis tuae, ut devincere valeas omnes catervas inimici«! oder: »Accipe baculum sustentationis vel defensionis Domini nostri Jesu Christi quo sustentante gressus itineris tui, firmiter pergere ac fortiter resistere valeas venenosis impulsionibus serpentis antiquae ...«) – der Pilgerstab also als Abwehr gegen die »alte Schlange«, den Teufel. Vielleicht hängt mit dieser Vorstellung zusammen, dass auf einem Kupferstich aus dem 18. Jahrhundert, den ich besitze, unter der Jacobus-Darstellung das Psalmwort zitiert wird: »Super aspidem et basiliscum ambulabis« (Ps 91,13: »Über Schlange und Ungeheuer schreitest du hinweg«).

Noch 12 Tage! — 7/10/04

12.15 Uhr in einem Horreo in Llamas

Der gestrige Weg war sehr schön und abwechslungsreich. Im letzten Ort vor Grado – in Peñaflor – gab es eine andere Sorte von Horreos: gleichsam als zweite Etage eines Hauses. Unten war der Stall, in der ersten Etage die Wohnung und in der zweiten Etage der aufgesetzte Horreo. In diesem Ort schenkte mir ein Bäuerlein, der gerade beim Ernten war, drei dicke leckere Äpfel. Im Bahnhof von Grado hing eine schön-gestaltete, informative Tafel zum »Nordweg« und »camino primitivo«. Um 15.30 Uhr kam ich etwas müde und abgekämpft (wegen der fehlenden Nachtruhe) in Grado bei unserem Hotel »Auto-Bar« an, brachte dort den Rucksack aufs Zimmer und lief dann noch fünf Kilometer – nur mit dem Schirm bewaffnet – weiter bis zur Pilgerherberge von San Juan de Villapañada, wo ich gegen 17.15 Uhr ankam und wo mich Meinhard mit dem Auto abholte. Nach einem guten Abendessen mit Hausmannskost (Fischsuppe, Lammkeule und Käse) und nach einer ruhigen Nacht, in der ich tief und fest geschlafen habe, bin ich heute Morgen ausgeruht gegen 8.30 Uhr (es war noch fast dunkel) an der Pilgerherberge gestartet.

Wiederum ist es heute ein wunderschöner Weg mit weiten Blicken in die herrliche bewaldete Hügel-Landschaft. Im Ort Cornellana habe ich mir das Kloster San Salvador aus dem 12. Jahrhundert angeschaut, das im Mittelalter auch für die Jacobus-Pilger sorgte. Auf einigen Steinreliefs und Wappen fand sich mehrmals eine Wölfin mit einem kleinen Kind – eine Variante der Gründungslegende von Rom?

Vor diesem Kloster stand ein Wegweiser mit ganz vielen Kilometerangaben in alle möglichen Richtungen. Nach Compostela waren es von dort noch 322 Kilometer. Ich hätte nicht gedacht, dass es noch so viele sind – aber das stelle ich nicht mit einem stöhnenden Unterton fest, sondern mit einem erleichterten, weil ich dann ja noch eine gute Wegestrecke »unterwegs« bin. Ich kann mir noch gar nicht vorstellen, anzukommen und dass es dann einen Tag gibt, an dem es nicht mehr weiter geht!

Da ich von den 322 Kilometern heute knapp 30 zurücklegen will und da die heutige Tagesetappe – laut Outdoor-Buch – »zu den schwersten des Jakobsweges werden« kann, weil es ständig bergauf und bergab geht (was ich bisher schon gemerkt habe und was sicherlich so weitergeht), will ich auch bald wieder aufbrechen (obwohl ich hier unter dem oder in dem Horreo guten Schutz gegen den gerade einsetzenden Regen gefunden habe).

Aber ein paar Fragen sollen vorher noch gestellt werden. Sie wurden angeregt durch ein Holzrelief in der Bar unseres letzten Hotels, unter dem ich heute Morgen ein karges Frühstück einnahm. Auf dem Relief war das Covadonga-Kreuz zu sehen und die lateinische Verheißung, die damit verbunden war: »Hoc signo tuetur pius – Hoc signo vincitur inimicus« – »Mit diesem Zeichen wird der Fromme geschützt – Mit diesem Zeichen wird der Feind besiegt«. Ist eigentlich immer klar, wer der Fromme und wer der Feind ist? Was ist, wenn der Feind der Fromme ist? Warum können sich die Weltreligionen nicht intensiver über ihre gemeinsamen Werte verständigen? Warum kann man sich nicht gemeinsam auf ein religiös fundiertes Weltethos einigen (wie es Hans Küng vorschlägt)? Warum kann man nicht die dogmatischen Wahrheitsfragen ein wenig zurückstellen und die gemeinsame Verantwortung für die Welt in der Aufrechterhaltung der Sinnfrage und der Behebung von Hunger und Elend in den Vordergrund stellen? In diesem Zusammenhang fällt mir eine Antwort unseres israelischen Führers auf der Israel-Fahrt der Homberger Gemeinde 1997 ein. Als wir uns über die Weltreligionen unterhielten und über ihre Gemeinsamkeiten und Gegensätze, da sagte ich sinngemäß: Wer Recht hat, werden wir sicherlich irgendwann »oben« erfahren. Da antwortete er: Es kommt nicht darauf an, wer Recht hat, sondern wer das Rechte tut!

Jetzt hat der Regen wieder aufgehört und ich werde weiterziehen, bevor ich mich weiterhin auf dogmatisches Glatteis begebe!

20 Uhr in der Bar unseres Hotels »Casa Aurelio« in »La Espina«

Das Bergauf und Bergab ging so weiter – aber es war eine wunderschöne, wenn auch anstrengende Tagesetappe!

Meine Mittagspause habe ich in der Vorhalle der Jacobus-Kirche von Quintana gehalten. Durch das Gitter des geöffneten Fensters der Sakristei konnte ich die Rückseite einer kleinen Matamoros-Gipsfigur sehen. In der Vorhalle rastete auch ein Pilger-Pärchen, das ich dann einige Zeit darauf auf der kleinen alten Pilgerbrücke über das Flüsschen Nonaya wiedertraf. Dort hielten wir dann einen kurzen Plausch: Sie sind Australier und leben in England. Sie laufen von Oviedo bis Compostela. Beide wollen auch ihre Ruhe haben und fürchten sich schon jetzt vor den letzten beiden Tagen auf dem »camino francés«. Dann reichte er mir die Hand zur Pilger-Brüderschaft und sagte kurz und trocken: »Jimmy«; sie ebenfalls: »Jane«. Ich erwiderte im besten Oxford-Englisch: »Peter«. Dann zogen sie weiter, und ich blieb noch etwas auf der Brücke stehen und dachte über Brückenschlagen zwischen den Völkern und Völkerverständigung auf dem »camino« nach.

Ein wenig hinter der Brücke kam ich an einem gepflegten kleinen Haus vorbei, an dessen Fassade nicht nur eine Muschel-Richtungs-Kachel, sondern auch eine Kachel mit einer ansprechenden Darstellung des pilgernden Jacobus angebracht war, ausgesprochen dekorativ. Danach erreichte ich Salas, laut Outdoor-Buch »ein hübsches Städtchen, vielleicht das schönste auf dem gesamten Weg von Oviedo bis Santiago«. Die Pfarrkirche aus dem 16. Jahrhundert »Colegiata de Sta. Maria La Mayor« war sogar geöffnet – vielleicht auch deshalb, weil dort um 17 Uhr eine Beerdigungsmesse sein sollte. Die Toten öffnen den Pilgern die Kirchentüren. Neben einem riesigen barocken Alabaster-Grabmal für den Erzbischof Don Fernando Valdes Salas von 1582, gab es auch einen herrlichen Barock-Altar-Retabel aus dem 17. Jahrhundert. Am Sockel waren dort die 12 Apostel dargestellt. Sie bildeten gleichsam die Basis für einige Heilsereignisse. Ganz rechts standen die beiden Apostel-Brüder Johannes und Jacobus. Der war etwas in die Ecke gequetscht. Als größere Darstellungen auf dem Retabel waren links die Taufe Jesu und rechts die Mantelteilung des heiligen Martin zu sehen. Hinter Martin auf dem Pferd flog ein kleiner Engel mit einem aufgeschlagenen Buch. Ein schöner Einfall – mit der Tat der Nächstenliebe geht ihm der Sinn und Wert der biblischen Botschaft auf: »Was ihr für einen meiner geringsten Brüder getan habt, das habt ihr mir getan!« (Mt 25,40). Nicht das Wort und die Botschaft sind hier zuerst, sondern die Tat. »Das Tun folgt dem Sein« heißt ein scholastischer Satz. Vielleicht ist es aber auch manchmal umgekehrt: Das Sein folgt dem Tun.

Durch das Stadt- und Festungstor des Palastes von Salas zog ich weiter. Auf einer »landschaftlich reizvollen und beschaulichen Strecke« (wie das Outdoor-Buch richtig bemerkte; aber eigentlich war der ganze Tag so) – immer bergauf, stärkte mich für die letzten Kilometer mit einigen am Morgen gepflückten Walnüssen, bis ich hier gegen 17.45 Uhr nach 29 Kilometern ankam. Die »anderen« waren noch weiter gegangen, weshalb wir sie erst morgen Abend treffen werden. Mit dem Wetter habe ich heute Glück gehabt. Dreimal musste ich den Schirm für jeweils ca. 100 Meter aufspannen, und als es einen kräftigeren Schauer gab, saß ich schreibend trocken in oder unter einem Horreo. Hier kam dann bei meiner Ankunft ein kräftiger Nebel auf. Dieses unbeständige Wetter soll bis Sonntag so bleiben. Mal schauen! Aber eigentlich kann mich jetzt nichts mehr erschüttern.

Noch 11 Tage! 8/10/04

10.30 Uhr an einer Muschel-Wegweiser-Stele im Nebel beim Ort Santa Eulalia

Nach dem gestrigen anstrengenden Tag, nach einem leckeren Abendessen (zum ersten Mal gab es »tortilla española«) und nach etlichen Alkoholika habe ich tief und fest geschlafen. Geträumt habe ich von einem Weg, auf dem ich blaue (!) Pfeile suchen musste und der zum Meer führte – eine traumhafte Aufforderung, den Weg über Compostela hinaus bis zum »Ende der Welt« nach »Finisterre« weiter zu gehen? (Womit ich ja auch im Wachzustand schon liebäugele!)

Nach einem guten Frühstück startete ich um 8.15 Uhr bei Dunkelheit und dickem Nebel in »La Espina« – der »Spitze« oder dem »Dorn«, ein Ort, der sicherlich 500 Meter hoch liegt. Die Dunkelheit wich – der Nebel blieb und erinnerte mich an eine Tagesetappe auf galicischen

Höhen vor Ourense auf der »via de la plata« 1999 durch dicken Nebel, bei dem mir folgende nebulösen Gedanken aufstiegen:

Nebel in Galicien

Silbrig-grau legt sich hochoben ein Schleier über den camino
Die markanten Konturen der Steineichen und Krüppelkiefern vereinsamen immer mehr und verschwinden schließlich
Das helle Grün des Farns und das kräftige Violett des Heidekrauts mischen sich allmählich in der milchig-weißen Trübe
Nur die gelben Tupfer des Stachelginsters behaupten sich lange hartnäckig
Hier und da ragen die Äste verkohlter Bäume wie Gespensterarme in den Dunst
Wie von Geisterhand gezeichnet taucht in der Ferne der schmale Streifen einer Hügellinie aus den Schwaden auf
Die Strahlen der Sonne machen dem Spuk ein jähes Ende

Aber der Nebel hat auch Vorteile. Man kann sich mitten auf dem Weg »in die Büsche schlagen« ohne gesehen zu werden.

Hunde sind immer wieder eine schreckliche Plage, sowohl die kleinen Pinscher, die kläffend auf einen zugerannt kommen, als auch die großen Viecher, die laut bellend an ihren rasselnden Ketten zerren. Was würde passieren, wenn so eine Kette mal reißen würde? Dann nutzt auch der Hinweis nichts mehr »ojo al perro« – »Vorsicht Hund«. Heute Morgen kam ich am Haus eines Pilgerfreundes vorbei. Er hatte einen kleinen Metallhund aufgestellt und darüber geschrieben: »ojo al ...«; und ein Pfeil zeigte nach unten.

Von der (sicherlich schönen) Landschaft sehe ich heute Morgen wegen des Nebels nichts und auch deshalb, weil ich ständig mit gesenktem Kopf gehen muss, um auf den Auf- und Abwegen einigermaßen durch den sehr häufigen tiefen Matsch zu kommen.

Nochmals einige Pilger-Splitter:

- *Die Pilgerhaltungskosten (Unterkünfte und Essen) sind in diesem Teil Spaniens durchweg preiswerter als in Frankreich; das tut der Pilgerkasse gut.*
- *Die Straßengräben, an denen man notgedrungen beim Asphaltlaufen vorbeiläuft, sind in Spanien erheblich vermüllter als in Frankreich.*
- *In Asturien schlagen die meisten Kirchenglocken die vollen Stundenzahlen nicht doppelt (Es gibt Ausnahmen: z. B. die Jacobus-Kirche in*

Quintana oder die Kirche in Grandas de Salime: San Salvador). Dafür sind hier manchmal die Glocken durch Lautsprecher ersetzt, die im Big-Ben-Ton die Viertel-, Halb-, Dreiviertel- und Stunden-Zahl ertönen lassen.

- *Mit fast jedem oder jeder, die man »unterwegs« trifft, wird ein Gruß ausgetauscht: »Holla, buenos dias!« oder nachmittags: »Holla, buenas tardes!«.*
- *Im Stadtgebiet von Oviedo gab es als Wegweiser auch viele in den Boden eingelassene Messing-Muscheln.*
- *Unter meinem aufgespannten schwarzen Regenschirm geht es sich inzwischen wie unterm Sternenzelt: Durch die Löchlein, die Brombeersträucher, Stechginster und Äste gerissen haben, blinkt überall strahlend-hell der Himmel durch.*
- *Neue Erfahrung: Wenn man die dicke Schale frisch-gepflückter Walnüsse entfernt, bekommt man nachhaltig gelb-grüne Finger.*
- *Die früheren Pilgerversuchungen – die leuchtend prallen Brombeeren – werden allmählich klein und schrumpelig: wie im richtigen Leben!*
- *Wenn die Wege total überschwemmt und matschig sind, dann ziert man sich zuerst und sucht Möglichkeiten (Steine, Grasbüschel, Wegränder, Begrenzungsmauern ...), um durchzukommen. Sind die Schuhe aber erst einmal nass und dreckig, dann macht es sogar Spaß – wie in Kindertagen – durch den quietschenden Matsch zu waten.*
- *Dadurch, dass die Schuhsohlen immer dünner werden, spüre ich den Untergrund (vor allem spitze Steine) immer mehr.*
- *Es gibt ein geschlechtsspezifisches Fahrverhalten von Autofahrerinnen und Autofahrern den Pilgern gegenüber. Auf Landstraßen weichen männliche Fahrer (vor allem Lastwagenfahrer) weit aus und machen einen Bogen (wobei sie oft den Blinker setzen), während Fahrerinnen haarscharf an den Pilgern vorbeifahren (wobei oft der Eindruck entsteht, dass sie auf sie zufahren).*

18.30 Uhr beim Bier in der Bar des Hotels »La Nueva Allandesa« in Pola de Allande, dem Zielort des morgigen Tages

Gegen Mittag lichtete sich der Nebel immer mehr, so dass ich allmählich die herrliche Landschaft wahrnehmen konnte. Der Charakter der Gegend hat sich inzwischen vom Bergischen-Land-Eindruck zum Schwarzwald-Niveau hoch entwickelt. Jetzt sieht man aber auch immer mehr verfärbte Laubbäume. Der Herbst wird sichtbar. In Tineo (immerhin fast 700 Meter hoch) schien leider immer noch nicht die Sonne, so dass ich eine schön-gestaltete moderne Sonnenuhr nur im nebligen Schatten bestaunen konnte. Da waren auf dem Boden die einzelnen Stundenstrahlen so gestaltet wie das Wege-Muschelzeichen, auch in denselben Farben gelb-blau. Daneben stand ein aus Blechteilen zusammengesetzter »Pilger«, auf dessen Brust eine dicke Messing-Muschel prangte und dessen Pilgerstab gleichzeitig der »Zeiger« der Sonnenuhr war. Dazu gab es noch einen lateinischen Spruch: »Viator horam aspice et abi viam tuam« – »Pilger, schau auf die Stunde und geh weiter deinen Weg!«. Das tat ich denn auch und begegnete kurz darauf einem Mann, der die hier vorkommenden merkwürdigen Holzpantinen (»Madreñas«) mit den Stegen trug. Ich muss wohl so intensiv darauf gestarrt haben, dass er stehen blieb und sie mir näher zeigte. Ich durfte sogar ein Foto davon machen und ging dann eilends weiter. Am frühen Nachmittag brach sogar die Sonne durch, so dass ich noch heftig ins Schwitzen kam, dafür aber die herrlichsten Aussichten auf Berge und Täler, Wiesen und Dörfer genießen konnte, zumal die Wege etwas weniger matschig wurden und es streckenweise auf Landstraßen ging.

Einen kurzen Abstecher machte ich zum verlassenen Kloster Sta. Maria La Real de Obona. Dieses Kloster, dessen Gründung bis zum Jahr 780 zurückreicht und dessen Kirche aus dem 13. Jahrhundert stammt, bot früher den Jacobs-Pilgern Hilfe und Unterkunft – so auch dem König Alfons IX, als er 1214 hierher kam. Nun liegt alles brach, zerfällt, vermüllt und geht einer ruinösen Zukunft entgegen.

Nach 30 Kilometern bei gutem Pilgerwetter kam ich dann am heutigen Zielort Borres um 17 Uhr an. Dort traf ich Meinhard und wir fuhren hier nach Pola de Allande, wohin ich morgen laufe und wo wir in diesem ansprechenden Hotel für zwei Nächte unterkommen. Hier trafen wir deshalb auch »die anderen« wieder, die dann morgen weiterlaufen, so dass wir ab jetzt immer einen Tag versetzt hintereinander pilgern. Erst in Grandas de Salime (wo wir zwei Nächte übernachten) oder in Lugo werden wir uns am Ende ihres und am Beginn unseres Ruhetages wiedersehen.

Heute hat Bert Gerresheim Geburtstag; er wird 69 Jahre. Seit fast 30 Jahren kenne ich diesen in Düsseldorf bekannten Künstler. Ich lernte ihn kennen, als ich während meiner Kaplanszeit Religionsunterricht am Düsseldorfer Lessing-Gymnasium gab, wo er damals Kunsterzieher war. Es entwickelte sich ein guter und intensiver Kontakt. Oft besuchte ich ihn alleine oder mit Gruppen in seinem Atelier in der Hüttenstraße in unmittelbarer Nähe von St. Apollinaris. Während meiner Studentenpfarrer-Zeit haben wir miteinander die Gestaltung der Kapelle im Carl-Sonnenschein-Haus besprochen; und er hat dann den kubischen Altar (mit den vier Reliefseiten in Anlehnung an die Emmaus-Geschichte »mächtig in Wort und Tat; gestorben und auferweckt«), den Tabernakel (mit dem Ende der Emmaus-Geschichte: »Er entschwand ihren Blicken«) und später den Osterleuchter, das Weihwasserbecken und den Kreuzweg geschaffen. Während meiner Homberger Zeit habe ich dann mit ihm zum zweiten Mal eine Kirche gestaltet. Er schuf dort den Tabernakel mit drei Reliefseiten: Vorne wiederholte er die Darstellung aus der Sonnenschein-Kapelle – charakterisierte aber hier einen Jünger mit der Muschel als Jacobs-Pilger. Als Jacobs-Pilger mit Stab, Pilgerhut und Pilgertasche sind auch Jesus und die beiden Emmaus-Jünger »unterwegs« auf der linken Seite zu sehen. Auf der Pilgertasche von einem der Jünger ist mein Geburtsdatum eingraviert, weil ich mir zu meinem 50. Geburtstag diesen Tabernakel von der Gemeinde schenken ließ. Auf der rechten Seite ist das pilgernde Gottesvolk zum himmlischen Jerusalem dargestellt, wobei »Jerusalem« hier »Santiago de Compostela« ist, durch dessen einzig erhaltenem altem Stadttor (»Mazarelos«-Tor) die Pilgerschar einzieht. Weiterhin schuf Gerresheim den Osterleuchter, vier Altarleuchter, einen Jacobus-Leuchter und vor allem das Jacobus-Reliquiar für die Jacobus-Reliquie, die wir 1987 von Grevenbroich-Neukirchen nach Homberg »translozierten«. Gerresheim hat dafür eine ungewöhnliche Jacobus-Figur geschaffen, die alle bisher auf meinem Weg gesehenen neueren Darstellungen des Pilger-Heiligen weit in den Schatten stellt, eine Sitzfigur, die aber im Begriff ist, weiterzugehen, so dass beides zusammen nachempfunden ist: Ausruhen und Laufen, Pause-machen und Pilgern, Meditation und Aktion. Zu dieser Figur habe ich im Jahr 2000, als ich zu 40 Kunstwerken der Homberger Kirche Abschieds-Gedanken formulierte, folgende Stichworte aufgeschrieben:

Das Jacobus-Reliquiar

Pilgern	*– Ausruhen*
Ankommen	*– Weitergehen*
Handeln	*– Nachdenken*
Verinnerlichen	*– Äußern*
Arbeiten	*– Aufatmen*
Schweigen	*– Reden*
Werden	*– Vergehen*
Sterben	*– Auferstehen*

Nicht nur als versilberter Heiliger
muss man sich selbst fest in der Hand halten
und sich SEINER sicheren Weg-Begleitung anvertrauen,
damit diese Gegensätze ineinanderfallen.

Auch wenn unsere Kontakte in der letzten Zeit etwas abgeklungen sind, so trinke ich jetzt doch einen kräftigen Schluck auf Bert's Wohl. Ad multos annos!

Noch 10 Tage! 9/10/04

12 Uhr auf dem »Alto de Lavadoiro« in 815 Meter Höhe

Am Abend meines Aufbruch-Tages – am 21. Juni – hat mir Frau Irmgard König in Homberg ein kleines selbstgeschriebenes Heft mit vielen biblischen Zitaten zum Thema »Weg« geschenkt. Daraus ein Zitat aus dem Jesaija-Buch am letzten zweistelligen Pilgertag vor meiner Ankunft: »Auf dem langen Weg bist du müde geworden, aber du hast nie gesagt: Es ist umsonst! Immer wieder hast du neue Kraft gefunden, darum bist du nicht schwach geworden.« (Jes 57,10). Ein schönes Wort – das zwar ursprünglich als Anklage gegen die Abgötterei Israels gerichtet war – für meine persönliche Situation! Ja, es stimmt: Es war und ist ein langer Weg; ein Weg, wie ich ihn so noch nie gegangen bin und nie mehr gehen werde; und ein gestalteter Zeitraum fern von »zu Hause«, wie ich ihn nie mehr erleben werde. Dieser Weg ist für mich die persönliche Lebens-Tabor-Erfahrung. Und es stimmt auch, dass ich manchmal recht müde und geschafft abends am Zielort ankam, vor allem, wenn die Tagesetappen länger als 30 Kilometer waren. Der »Bruder Leib« zeigt ebenfalls manchmal Ermüdungserscheinungen: das Zwacken unter dem linken Fuß; die »Pumpe«, die sich ab und zu ein wenig drückend bemerkbar macht; und vor allem das Zerren im rechten Oberschenkel, von dem ich sogar manchmal nachts wach werde. (Auch die täglich aufgeschmierte Pferdesalbe scheint da wenig zu helfen). Aber trotz allem habe ich nie gesagt: Es ist umsonst oder sinnlos. Nie habe ich Gedanken an Aufgeben oder Abbrechen gehabt. Im Gegenteil! Ich habe von Tag zu Tag mehr den Wert und den Sinn des »Unterwegs«-Seins gespürt: durch das Erleben von unterschiedlichsten Landschaften, durch das Kennenlernen herrlichster Bauten und Kunstwerke, durch die Begegnung mit vielen anderen Menschen und vor allem durch die Begegnung mit mir selbst. Das viele Nachdenken über mich und mein Leben, diese intensive »révision de vie« tat und tut mir gut und gibt mir neu Kraft und Mut und Freude. All dies hat mich die vielen Strapazen und Schwierigkeiten des langen Weges überstehen und bewältigen lassen. Ja, ich denke, diese innere Zufriedenheit und Ausgeglichenheit hat auch viel dazu beigetragen, dass mein »Bruder Leib« im Großen und Ganzen bisher diesen Weg verkraftet hat. Die Wechselwirkung von Innen und Außen, die Seele-Leib-Beziehung, dieses psychosomatische Miteinander, das sicherlich auch in dem Jesaija-Vers anklingt, habe ich sehr intensiv gespürt und werde ich (hoffentlich!) in den wenigen letzten Tagen auch noch erfahren.

Gestern Abend haben wir gemeinsam ein deftig-kräftiges asturisches Abendessen eingenommen: Kohlsuppe mit verschiedenen Wurst- und Speckeinlagen und danach mit Rindfleisch gefüllte Kohlrouladen. Ein vielfältiger Nachtisch (Flan, Sahne mit Nüssen, Schokoladentorte und Joghurt) und ein »Carlos III« rundeten das Essen ab. Nach einer geruhsamen Nacht, einem reichhaltigen Frühstück und einer Transfer-Fahrt startete ich um 9.30 Uhr in Borres. Ich bin nicht die im Outdoor-Buch vorgeschlagenen verworrenen und matschigen Auf- und Abwege gegangen, die dann doch immer wieder auf die Landstraße AS-219 zurückführten, sondern bin gleich auf dieser Straße geblieben, die bis hierher stetig bergauf führte. Dadurch wird die Strecke (wegen der weit ausholenden Kurven) zwar etwas länger (Tagesetappe bis Pola de Allande: ca.15 Kilometer: mehr ein Samstagnachmittags-Spaziergang!), ist aber weniger anstrengend und bietet noch mehr Ausblicke in die weite Landschaft! Ein kräftiger Wind – streckenweise als heftiger Gegenwind – bläst heute (etliche abgebrochene Äste liegen auf der Straße); es ist recht frisch und kühl, so dass ich manchmal die Hände in die Anorak-Taschen stecken musste, und ab und zu fallen auch ein paar Regentropfen. Der Name dieses Passes soll schon andeuten, dass der Dialekt im Westen Asturiens der galicischen Sprache sehr ähnelt.

Noch 9 Tage! 10/10/04

14 Uhr in einem (windgeschützten) Pinienwäldchen vor Berducedo

Gestern habe ich einen Gottesdienst gefeiert und an einem Gottesdienst teilgenommen. Am späten Nachmittag habe ich zusammen mit Meinhard auf dem Steintisch eines Parkplatzes an der AS-14 (an dem ich heute Morgen wieder vorbeikam) einen schlichten, aber stilvollen Gottesdienst gefeiert, mit einem kleinen Glaskelch (den ich 1978 in Hebron gekauft habe), mit einem Meinhard-Deckchen – bestickt mit dem Jerusalemer-Kreuz –, mit dem kleinen Holzkreuz von Herrn Haermeyer aus Kaarst und mit Liedern aus dem Liederheft der Homberger Israel-Fahrt 1997. Angeregt durch das Sonntags-Evangelium (Lk 17,11 –19) habe ich das Stichwort »Dank« in den Mittelpunkt gestellt. So wie es vom Samariter in dieser Frohen Botschaft heißt »Er dankte«, so haben auch wir immer wieder allen Grund zum Dank, für die schöne Welt, dass wir leben dürfen, für die Menschen, mit denen wir zusammen leben dürfen, für Jesus Christus und seine Frohe Botschaft.

Um 19.30 Uhr waren wir dann noch im Gottesdienst von Pola de Allande (von Innen ist die Kirche viel ansprechender als von Außen), um einen Stempel zu bekommen, den wir dann auch nach einer Messe, in der die Gemeinde sogar sang und die von zwei Mitdreißigern (es gibt also doch noch »jüngere« Priester in Spanien!) konzelebriert wurde, erhielten. (So ganz richtig ist es wahrscheinlich nicht, die Messe als Stempellieferant zu funktionalisieren!?). Nach einem kräftigen Abendessen, einem tiefen Schlaf und einem reichhaltigen Frühstücksbüffet (sogar mit Käse und gekochtem Schinken!) war ich heute Morgen um 9.30 Uhr auf der Straße. Ich bin erst die Landstraße AS-14 gegangen, da es immer wieder zu regnen anfing und da die Straße (wie gestern) langsam aber stetig bergauf führte. Es wehte wiederum ein kräftiger Wind (mehr ein Sturm!) und oben auf der Passhöhe hatte ich Mühe, dagegen anzugehen. Kurz vor dem Pass bin ich über den vorgeschlagenen Wanderweg gegangen – bis hinauf auf den »Puerto del Palo« in 1146 Meter Höhe. Zitat aus dem Outdoor-Buch (S. 144): »Der Aufstieg war schon reizvoll, aber auf dem weiteren Weg sind die Ausblicke wahrhaft spektakulär in tief eingeschnittene Täler.« So war und ist es! Die phantastischen Aussichten in die Landschaft weckten in mir vielfältige Gedanken des Dankes. Und so entstanden »unterwegs« die folgenden sieben (heilige Zahl!) Strophen, die nach der bekannten Melodie (»Danke für diesen guten Morgen …«) gesungen werden können:

Danke

Danke für Deiner Schöpfung Werke;
Danke, dass Du uns Vater bist.
Danke für Deine Liebesstärke,
die uns nie vergisst.

Danke, dass Du den Sohn gesandt hast;
Dank ihm, der uns als Bruder hört.
Danke, dass er des Todes Erblast
hat am Kreuz zerstört.

Danke für Deines Geistes Gaben;
Danke für dieses Lebensgut.
Danke, dass wir den Tröster haben,
denn er schenkt uns Mut.

Danke für Deine Frohe Botschaft;
Danke, dass sie mir Freiheit schenkt.
Danke, dass ihre starke Geist-Kraft
meine Schritte lenkt.

Danke für Deiner Botschaft Zeugen;
Danke für diesen Zwölferbund.
Danke, durch sie die Knie wir beugen
vor der Kirche Grund.

Danke aus dieser Schar für einen!
Danke für Jesu Donnersohn!
Danke! Er bittet für die Seinen
stets an Gottes Thron.

Danke! Er führt uns durchs Gelände.
Danke! Er ist der Pilger Freund.
Danke, dass wir am Weltenende
sind mit ihm vereint.

Noch 8 Tage! 11/10/04

12.45 Uhr auf der (glücklicherweise überdachten, denn es regnet z.Z. wieder in Strömen) Aussichts-Kanzel kurz vor der Staumauer des Navia-Flusses

Heute vor drei Jahren bekam mein Alter ein Datum und einen Ort: Am 11. Oktober 2001 saß ich zu Füßen des Berggipfels Es Teix (1062 Meter) auf Mallorca auf einem Stein und war zermürbt und deprimiert und den Tränen nahe. Nur mühsam hatte ich mich bis auf die halbe Höhe hochgeschleppt, musste immer wieder stehen bleiben und nach Luft schnappen und hatte einen kräftigen Druck auf der Brust – »angina pectoris« wie ich später gesagt bekam. Am Es Teix drängten mich die Mit-Wanderer, nach der Rückkehr vom Wanderurlaub (der damit für mich beendet war) zu einem Arzt zu gehen und mich gründlich untersuchen zu lassen. Das tat ich dann auch, und danach nahm die Entwicklung einen rasanten Lauf: EKG und Belastungs-EKG beim Hausarzt, Herz-Sonographie bei einer Kardiologin, Katheter-Untersuchung am 6. November im Lukas-Krankenhaus in Neuss mit der Diagnose: an fünf Stellen sind Herzadern verengt und nur durch fünf Bypässe zu beheben. Zu allen Voruntersuchungen vor der Operation blieb ich direkt im Krankenhaus, wurde am 14. November mit dem Krankenwagen in die Uni-Kliniken in Düsseldorf gebracht und dort am 16. November vier Stunden lang operiert. Alles verlief wohl ohne größere Komplikationen, so dass ich am 28. November entlassen werden konnte und meinen Aufenthalt in der Reha-Klinik in Bad Krozingen beginnen konnte, wo ich über Weihnachten blieb (das Weihnachtsfest habe ich mit meinen Neusser Freunden in Staufen ver- bracht), bis ich am 28. Dezember nach Hause gefahren wurde. Danach habe ich noch einen Monat zur Erholung in einem Kloster in Bad Honnef verbracht und dann den Dienst in der Gemeinde wieder aufgenommen. Während meines Krankenhaus- und Reha-Klinik-Aufenthaltes habe ich auch ab und zu Tagebuch geführt. Daraus ein Zitat:

> *»Die letzten Wochen sind wie ein dichter Nebel, in den jetzt wieder ein Sonnenstrahl fällt; wie ein langer schwerer Traum, aus dem es jetzt wieder ein Erwachen gibt; wie eine riesige Welle, die über mich schwappt und aus der ich jetzt luftschnappend wieder auftauche.«*

Seit der Operation spüre ich keine Beschwerden mehr mit meinem Herzen, gehe jährlich zur Kardiologin, und als ich diese beim letzten Mal fragte, ob ich denn wohl meinen »Lebenstraum«, den ganzen Weg nach Compostela zu gehen, wagen könne, antwortete sie: »Etwas Besseres können Sie Ihrem Körper gar nicht antun.« Und so ist es ja auch: Von wenigen Ausnahmen abgesehen, spüre ich auf dieser Wallfahrt keine Herzbeschwerden; ich fühle mich wohl und fit, nehme regelmäßig verschiedene Tabletten und erfreue mich bester Gesundheit.

Ein großes und herzliches Dankeschön an die Kunst der Ärzte und an den Forschergeist der Chemiker!

Etwas ist allerdings nach der Operation anders als vorher. Da ich an der Schwelle des Todes gestanden habe und ich auch unterschreiben musste, dass ich diesem äußersten Risiko zustimme, denke ich viel häufiger an mein Ende. Wann wird es sein? Wie wird das sein? Was wird danach sein? Ab und zu stelle ich mir in bestimmten Situationen vor: Wie wäre es für dich und deine Umgebung, wenn du jetzt tot umfallen würdest?

An den Tod werde ich auch hier auf meinem Weg immer wieder erinnert: durch Gedenktafeln für Verunglückte am Weg, durch Grabmäler in Kirchen, durch Sarkophage in Kreuzgängen und Museen und vor allem durch die Friedhöfe, an denen ich vorbeikomme und die ich auch manchmal kurz besuche. Manche älteren spanischen Friedhöfe haben über dem Eingang einen Mahnspruch für die Besucher. Zwei habe ich aufgeschrieben:

Friedhofsinschrift in Pendueles (29/9/04):

Con llanto regué mi cuna,	*Mit Weinen benetzte ich meine Wiege,*
tormento mi vida fué;	*Sturm war mein Leben;*
aqui por fin descansé.	*Hier kam ich endlich zur Ruhe.*

Friedhofsinschrift in Naves (30/9/04):

Podred umbre, polvo, nada	*Verwesung, Staub, nichts*
Me queda ya de la vida;	*bleibt mir schon vom Leben;*
Dejad sobre mi morada	*lasst auf meiner Bleibe*
Una lagrima vertida,	*eine vergossene Träne,*
pedid al dios bondadoso	*erbittet vom gütigen Gott,*
mi perdurable reposo.	*dass meine Ruhe fortdauere.*

Oder ich erinnere mich an die Friedhofsinschrift in Los Arcos auf dem »camino francés«:

Wir waren, was ihr seid; ihr werdet sein, was wir sind.

In diesem Zusammenhang sei auch noch eine »franziskanische Mahnung« erwähnt, die mir Bert Gerresheim auf eine Zeichnung schrieb, die er mir zur Einführung als Homberger Pfarrer am 8. April 1984 schenkte und die einen Wuppertaler Bleicher mit Totenschädel als Hinweis auf die Pest in dieser Stadt zeigt:

Kurt-Peter, guter Gottesmann,
am Ende klopft der Bleicher an.

Aber noch darf ich ja leben, darf zur Zeit etwas Wunderbares erleben und ich hoffe, dass das »Ende« noch nicht so schnell naht.

Gestern bin ich nach 23 Tageskilometern gegen 16.15 Uhr in La Mesa angekommen. Auf den letzten Kilometern regnete es nochmals, aber die herrlichen Ausblicke entschädigten für das schlechte Wetter und den kräftigen Wind. Kurz vor La Mesa sah ich auch seit langer

Zeit mal wieder ein Reh über die Straße springen, das den vielen schießwütigen Sonntagsjägern bis dahin noch entkommen war. Meinhard hat mich an der Pilgerherberge in La Mesa (wo ich mir einen Stempel besorgte) abgeholt und nach Grandas de Salime transferiert, wo wir für zwei Nächte in einer Pension unterkamen. Beim Besichtigen der dortigen Kirche (mit mindestens einem Jacobus, dem aber der Pilgerstab abhanden gekommen ist) trafen wir auch »die anderen«, mit denen wir dann später gemeinsam zu Abend aßen.

Heute Morgen bin ich nach dem Transfer um 9.30 Uhr in La Mesa gestartet – bei Regen und dickem Nebel. Die ersten Kilometer musste ich mit Regenponcho laufen. Später hörte der Regen auf und der Nebel lichtete sich. Streckenweise fing es dann doch wieder an zu regnen; es kam aber auch ab und zu die Sonne durch. Beim Abstieg in die Schlucht, die der Fluss Navia gegraben hat, der dort zum großen See von Grandas de Salime aufgestaut ist, sah man auf der anderen Seite den Zielort des heutigen Weges – Grandas de Salime – fast in greifbarer Nähe, aber es wird wohl noch einige Zeit dauern, bis ich dort (nach nur knapp 14 Kilometern!) ankommen werde, denn hinter der Staumauer geht es auf der Straße in Serpentinen nur noch bergauf.

Beim Abstieg auf endlosen Serpentinen und Schleifen kam ich durch nasses Laub und glitschige Steine mehrmals ins Rutschen und durch die am Boden liegenden unzähligen stacheligen Maronen-Bällchen manchmal auch ins Rollen.

Im Nebel auf der Höhe von La Mesa kamen mir ein paar Nebel-Gedanken:

Im Nebel

Undurchdringliches gestaltloses Grau verschlingt alle Gebilde.
Der vor mir liegende Weg endet in geheimnisvoller Ungewissheit.
Nur das Nächstliegende ist noch fassbar.
Ich bin mit meiner Einsamkeit alleine.

Noch 7 Tage! 12/10/04

11.30 Uhr auf dem »Puerto del Acebo« in 1030 Meter Höhe

Die gestrige Etappe war eigentlich ganz »einfach«: einmal »runter« – einmal »rauf« (Grandas de Salime liegt immerhin 562 Meter hoch), aber sie hatte es in sich! Und so kam ich genau beim 15-Uhr-Glockenschlag der San Salvador Kirche auch etwas geschafft bei unserer Pension »La Barra« gegenüber der Kirche an. Nach dem Frisch-machen habe ich mich deshalb etwas ausgeruht, die heutige Tagesetappe vorbereitet und mich ein wenig über Lugo schlau gemacht. Danach habe ich mir in einer Bar einen schönen Stempel geholt und einen Kaffee und zwei Schnäpse gegen die kalten Füße getrunken. Es wird frisch und ungemütlich in Spanien! Mit Meinhard habe ich gut in unserer Bar »La Barra« gespeist: Spinatsuppe, Schulterstücke vom Rind und ein leckerer Käse. Zum Absacker nochmals einen »Carlos III«. Noch im Dunkeln bin ich heute Morgen auf der »Avenida de Galicio« um 8.15 Uhr nach einem kargen Frühstück in der einzig geöffneten Bar (in der es von Jägern wimmelte) losgezogen.

Hier oben auf dem Pass ist die Grenze von Asturien nach Galicien, und die galicische Provinz Lugo beginnt. Gleich werde ich im ersten Dörfchen (ein einziges Haus!) Galiciens, in Acebo, sein.

Auf dem »camino francés« ist der erste galicische Ort das keltische Dorf O Cebreiro – ein urtümliches Dorf, das ganz unter Denkmalschutz steht, in dem ein »Gralskelch« verehrt wird und wo die Steinhäuser größtenteils spitze Strohdächer haben. Dieser Ort hat inzwischen viel von seiner Beschaulichkeit und Idylle durch die gewaltigen Pilgerströme verloren. O Cebreiro erreicht man ebenfalls nach einem mühsamen Aufstieg, so dass es wohl immer etwas Schweiß kostet, in Galicien anzukommen.

Zu dieser Gegend Spaniens noch ein paar Hinweise aus dem Outdoor-Buch über den »camino francés« (S. 131f): »Galicien (geschrieben mit »c« statt »z«, um es nicht mit dem polnischen Galizien zu verwechseln) im Nordwesten der Iberischen Halbinsel ist in vieler Hinsicht etwas Besonderes: Die Landschaft ist grün, da es häufig regnet. Leider hat man vielerorts das ökologische Verbrechen begangen, massenhaft Eukalyptusbäume anzubauen, was zwar gut riecht, sich aber nicht gut mit den einheimischen Pflanzen und Tieren verträgt. Galicien ist sehr bergig, was eine rationelle Nutzung des Bodens sehr erschwert; dazu kam die traditionelle Erbteilung, so dass heute Minifundien und Streusiedlungen dominieren. Dies sind entscheidende Gründe für die Armut auf dem Lande. In vorrömischer Zeit siedelten die Kelten in Galicien, worauf noch heute zahlreiche Traditionen zurückzuführen sind, wie der Dudelsack, der hier gaita heißt, oder der Hexenglauben. In Galicien wird jedoch keine keltische Sprache gesprochen, wie oftmals fälschlich behauptet wird. Galicisch ist eine romanische Sprache, die der portugiesischen Sprache näher steht als der spanischen (kastilischen), wenn auch Schreibweise und Aussprache eher letzterer Sprache ähneln. Galicisch ist neben Spanisch die offizielle Landessprache Galiciens. Galicien war nie ein eigenes

Königreich, sondern wurde immer von den Königen von León, Kastilien oder später Spanien beherrscht.«

Nun bin ich also im letzten Gebiet (»Comunidade Galega« stand auf einem Straßenschild) meiner Wallfahrt angekommen, im Begräbnis-Land des Pilger-Apostels. Zu dieser Landschaft habe ich 1988 folgende Eindrücke geschrieben:

Galicien

Zaghaft gelber Ginster, dunkel-violettes Heidekraut,
hoch-fächriger Farn, himmelblaue Hortensien
Fahl-grüne Kiefern, efeuumrankte Steineichen,
Esskastanien als kleine Stachelbällchen, überragt von grau-silbrigen Eukalyptusbäumen
Strohhaufen mit geflochtenen Zöpfen, kunstvoll gestaltete Mais-Speicher,
kapellenähnliche Backhäuser, Weinlauben vor grün-gestrichenen Türen der Häuser aus Bruchstein

Schrill-pfeifende Vögel, stolz-krähende Hähne,
ängstlich-quiekende Schweine, heiser-bellende Hunde
Dampfende Kohlsuppe, knoblauchgetränkte Krabben,
gesalzene Schweineschulter, milchig-weißer Brustwarzenkäse
Sattgrüne Hügel, fruchtbare Täler,
bedeckter Himmel, sich kräuselndes Meer
In diesem Land fand der Apostel als Verkünder der Frohen Botschaft
bei den verschlossenen Menschen wenig Beachtung
Durch dieses Land geleiteten seine Freunde Athanasius und Theodorus
den Leichnam ihres Herrn über holprige Wege – gezogen wurde der Holzkarren mit Scheibenrädern von gezähmten Stieren
Aus diesem Land erstand der Apostel unter einem funkelnden Stern
zu neuem Leben
Zu diesem Land führen die Wege der Länder
und vereinen sich am geöffneten Grab im Zeichen der Muschel

Noch ein anderer charakteristischer galicischer Eindruck, den ich 1999 formuliert habe:

Galicischer Granit

Weiß-rosa, fahl-orange, grau-schwarz
Als glitzernde Körnchen auf dem camino
Als flechtenüberzogene Begrenzungssteine am Weg
Als lange Quaderblöcke über Sumpf-Bäche

Als mäuseabwehrende Sockelscheiben unter Maisspeichern
Als übergroße Wappenschilde an kleinen Dorfkirchen
Als fein-gestaltete verträumte Augen der David-Figur am Haus des Apostels
Als blank-polierte Platten auf Gräbern derer, die ihren Weg schon beendet haben
Alle Steine macht der Regen zu Kunstwerken

Heute ist arbeitsfreier spanischer Nationalfeiertag, heute feiert Spanien den »Dia de Nuestra Señora del Pilar«. Die »Jungfrau von der Säule« ist uns schon erstmals in Frankreich am französischen Nationalfeiertag, am 14. Juli, kurz vor Pompierre begegnet und auch als »Patronin der Reisenden« vorgestellt worden. Hier in Spanien ist sie auch noch Patronin der »guardia civil«. Zu der legendären Begegnung zwischen Maria und Jacobus muss noch ergänzt werden, dass Maria dem enttäuschten Jacobus nicht »erschienen« ist, denn sie kam nicht vom Himmel, sondern zu ihren Lebzeiten aus Nazareth. Jacobus sah sie auf einer Säule, die von Engeln getragen wurde, über einem Felsen in Saragossa stehen und hörte sie sagen: »Lasse mir hier eine Kirche bauen und ganz Spanien wird christlich werden«. So geschah es und über dem Felsen wurde dann später eine mächtige Basilika mit elf Kuppeln gebaut. Saragossa wurde zum bedeutendsten Marienwallfahrtsort Spaniens, wobei man dort darauf besteht, der einzige Wallfahrtsort zu sein, zu dem Maria noch zu ihren Lebzeiten gekommen sei, und »La Virgen del Pilar« wurde neben Jacobus zur Patronin Spaniens.

Viele Kirchen und Kathedralen sind nach ihr benannt oder haben, wie auch die Kathedrale von Compostela, eine Pilar-Kapelle, und viele Spanierinnen tragen den Vornamen Maria Pilar.

Auf der Landstraße AS-28 hoch zum Pass kamen mir – streckenweise unterm Regenschirm – folgende ungebührlichen Verse zum heutigen spanischen Nationalfeiertag in den Sinn:

Virgen del Pilar

Maria – das ist nicht gelogen –
kam stehend auf einer Säule geflogen.
Sie hatte in Nazareth gehört,
ihr Donnersohn sei sehr verstört.
Ganz Spanien hätte sich verstockt gezeigt
und sei seiner Botschaft abgeneigt.
Die Iberer seien für ihn erledigt,

sie hätten geschlafen bei seiner Predigt.
Nun saß er da am Ebro und greinte,
Maria aber von oben meinte:
Bau ihnen ein schönes Gotteshaus
und schmück es mit hohen Retabeln aus.
Die Spanier lieben Glanz und Schein,
und bald werden sie alle Christen sein.
Gesagt, getan – so berichtet die Mär.
Seither hat España einen Feiertag mehr.

19 Uhr in der »Bar España« in Fonsagrada bei einem Kaffee und einem »Carlos III«

Um 15.45 Uhr bin ich hier nach knapp 30 Kilometern im ersten Übernachtungsort in Galicien angekommen – immerhin in 1012 Meter Höhe, mit herrlichen Ausblicken in die Landschaft, wenn das Wetter es denn zulässt. Heute war es sehr wechselhaft, mal Regen, mal kurzer Sonnenschein, mal Wind, mal trocken. Jedenfalls war es fast ständig fingerkalt und streckenweise konnte ich den Hauch meines Atems sehen. Auch für die nächsten Tage ist galicisches Regenwetter angesagt. Die Wetterkarte im Fernsehen zeigte für die Pyrenäen und die Picos schon Schnee an. Nur im Süden Spaniens scheint noch kräftig die Sonne. Außerdem musste ich heute öfters niesen und mir mehrfach die Tränen aus den Augen und die Tropfen von der Nase wischen. Ich fürchte, ich bekomme gegen Ende doch noch eine Erkältung. Deshalb habe ich heiß geduscht, mich danach für zwei Stunden ins Bett gelegt und trinke jetzt diesen heißen Kaffee und dieses Anti-Grippe-Getränk. Hier haben wir in der »Hospedaxe Cantabrico« neben der Kirche wiederum für zwei Nächte gebucht. Der Weg führte heute fast ausschließlich über Landstraßen. In Galicien gibt es auch diese Stelen mit gelb-blauen Muschel-Hinweisen. Hier zeigen allerdings die offenen Strahlen die Wegrichtung an. Außerdem ist man hier sehr genau. Es gibt nicht nur eine Kilometer-Angabe bis Santiago auf den Stelen, sondern sogar die Meterzahl ist angegeben. So war auf dem Stein im ersten galicischen »Dörfchen« Acebo zu lesen: 170 Kilometer und 937 Meter. So weit darf ich noch auf galicischem Boden bis zum »Haus des Apostels« (Dante) auf dem Sternenfeld laufen.

Noch 6 Tage! **13/10/04**

12 Uhr in einer Bar in Paradavella im »Tal« zwischen den beiden Pässen »Alto de Cerredo (960 Meter) und »Alto de Fontaneira« (930 Meter)

Gestern Abend haben wir einfach und preiswert gegessen: eine Linsensuppe (schmeckte wie bei Muttern!) und »chuleta de ternera«. Nach einer ruhigen Nacht und einem kargen Frühstück in der »Bar España« war ich um 8.15 Uhr auf dem Weg – eine halbe Stunde vor Sonnenaufgang (heute laut Zeitung 8.41 Uhr). Dann ließ sie sich aber sehen und vergoldete in der Ferne die Gipfel der Berge und in der Nähe die Wipfel der Pinienbäume oder versilberte die Nebelschwaden in fernen Tälern und die jungen Eukalyptusbäume am Weg. Allmählich aber bedeckte sich der Himmel immer mehr und kurz vor dieser Mittagsrast fielen die ersten Regentropfen. Die Temperaturen werden von Tag zu Tag geringer (heute sind höchsten 15 Grad angesagt). Die Hände habe ich unterwegs stets in den Anorak-Taschen vergraben. Hier in der Bar lasse ich es mir erst einmal gut gehen: ein Milchkaffee, Käse und Brot, ein »Carlos III« (zum ersten Mal tagsüber, soll nicht zur Gewohnheit werden, tut aber bei der Kälte gut!) – alles zusammen für 3 €.

Der Weg heute führt streckenweise auf Feld- und Waldwegen, meist aber über die Landstraße C-630. In den Straßengräben sieht und riecht man viel Müll – darunter vor allem unzählige weggeworfene Zigarettenschachteln. Auch auf den spanischen Packungen sind jeweils Hinweise auf und Warnungen vor der Gefährlichkeit des Rauchens. Ein paar solcher Warnungen habe ich aufgeschrieben:

»Proteja a los niños: no les haga respirar el humo de tabaco« (»Schütze die Kinder: lass sie nicht den Tabakrauch einatmen«)

»Fumar perjudica gravemente su salud y la de los que están a su alrededor« (»Rauchen schädigt schwer deine Gesundheit und derjenigen, die sich in der Umgebung aufhalten«)

»Fumar puede reducir el flujo sanguineo y provoca impotencia« (»Rauchen kann den Blutfluss herabsetzen und Impotenz hervorrufen«)

»Fumar acorta la vida« (»Rauchen verkürzt das Leben«)

»Fumar obstruye las arterias y provoca cardiopatias y accidentes cerebrovasculares« (»Rauchen verstopft die Arterien und ruft Herzkrankheiten sowie Hirngefäßschäden hervor«)

»Fumar provoca cáncer mortal de pulmón« (»Rauchen ruft tödlichen Lungenkrebs hervor«)

»Fumar puede matar« (»Rauchen kann töten«)

Da bin ich froh, dass ich dieses Laster nicht habe. Das hat sicherlich auch seinen Grund in der Mitgliedschaft im »Bund Neudeutschland«: »Der NDer raucht und trinkt nicht« – hieß ein Grundsatz im »Hirschberg-Programm«. An das erste Gebot habe ich mich gehalten und dadurch in meinem Leben viel Geld gespart und einen Gesundheits-Risiko-Faktor vermieden. Das zweite Gebot habe ich nicht befolgt und lasse mir die Alkoholika – in etwas gesteigerten Quantitäten auch auf dieser Wallfahrt – schmecken. Aber wie heißt der blöde Spruch?: »Die Summe aller Laster ist 100 Prozent«. Prost!

Eben kam ich an einem neueren Wegekreuz vorbei, an dessen Schaft der Heilige in der Darstellung des »Pórtico de la Gloria« der Kathedrale von Compostela thronte. Ein kleiner Vorgeschmack auf das Ziel.

Noch 5 Tage! 14/10/04

18.15 Uhr auf der Bettkante in unserem Hostal »Mar de Plata« in Lugo

Bei 13 Grad kam ich gestern nach 29,5 Tageskilometern in Cádavo-Baleira um 15.15 Uhr an, mit eiskalten steifen Fingern, so dass ich mir erst mal in einer Bar einen Kaffee und nochmals einen »Carlos III« genehmigte.

Bis zum Pass »Alto de Fontaneira« regnete es in Strömen und stürmte es heftig, so dass ich manchmal Mühe hatte, den Schirm festzuhalten. Um 16 Uhr holte mich Meinhard an der Kirche ab, und wir fuhren zurück zu unserer Pension »Cantabrico«. Dort erst mal raus aus den nassen Socken und Schuhen und rein unter die heiße Dusche. Danach ein Nachmittagsschläfchen. Um 20 Uhr nahmen wir an der Messe teil und erhielten anschließend einen schönen Pilgerstempel, auf dem sogar der Hinweis auf den »camino primitivo« zu lesen ist: »Fonsagrada. Puerta de Galicia del Camino Primitivo«. Heute Morgen dann Transfer nach Cádavo-Baleira, und nach einem kargen Frühstück war ich um 9 Uhr auf der Straße. Erst bin ich dann bei dichtem Nebel die Landstraße C-630 gelaufen. Dem Hinweis im Outdoor-Buch – »von der anschließenden Gefällstrecke sieht man am Horizont bereits Lugo« – konnte ich nicht folgen, da ich kaum die Hand vor Augen sah. Später begann es dann auch noch zu regnen, und ich musste mit Poncho und Schirm weiterlaufen. Hinter Castroverde hörte der Regen dann zeitweilig auf, so dass ich dem markierten Weg gefolgt bin, über schöne Wiesen- und Waldwege, die allerdings streckenweise recht matschig waren. Einmal bin ich sogar »versumpft« und mit meinem rechten hohen Schuh in Matsch geraten, der noch tiefer war als der Schuh. Unterwegs habe ich auf einer Wiese einen Fuchs gesehen, der allerdings schnell Reißaus nahm, als ich meine Fototasche öffnete. Der Weg führte dann vor Lugo zur alten Pilgerbrücke über das Flüsschen Rato, von wo aus man einen tollen Blick auf die immense Eisenbahnbrücke hatte. Durch das Stadttor »Porta de San Pedro« habe ich dann patrongemäß die Stadtmauer durchschritten. An diesem Tor war ein Gedenkstein aufgestellt mit folgender Inschrift: »Por agui entrou o rei Alfonso II O Casto, no seculo IX, inaugurando o primeiro »Camiño de Santiago«. 1996«. (Hinweis darauf, dass hier König Alfons II, der Keusche (759–842), im 9. Jahrhundert die Stadt betrat und so den ersten »Jacobsweg« begründete). Über die Plaza Mayor erreichte ich dann nach 33 Tageskilometern um 16.45 Uhr die Kathedrale und traf dort Meinhard. Durch das Santiago-Tor von 1749 mit der Matamoros-Darstellung gingen wir hier ins Hostal »Silbersee« (Karl May lässt grüßen!). Wegen der Schlechtwetterprognose für den heutigen Tag, stand heute morgen in einer Zeitung, dass der heutige Tag ein Tag sei, um ins Kino zu gehen. Dieser Vorschlag hat allerdings für mich ein paar Tücken. Wo soll ich hier ein Kino finden? Wann soll ich bei 33 Kilometern die Zeit finden, ins Kino zu gehen? Wie soll ich etwas verstehen bei meinem kargen Spanisch? Und überhaupt: Ich mag Kino eigentlich nicht besonders und schaue mir auch nur selten einen Film an. Mir laufen die bewegten Bilder zu schnell, und manchmal komme ich überhaupt nicht mit (auch bei Krimis im Fernsehen blicke ich nur selten durch). Mir sind stehende bzw. hängende Bilder lieber. Darauf kann ich mich konzentrieren und einsehen und langsam meine Blicke schweifen lassen und so das Bild aufnehmen und erfassen.

Noch 4 Tage! 15/10/04

12 Uhr in der St. Froilán-Kapelle der Kathedrale von Lugo

Gestern Abend haben wir uns hier vor der Kathedrale mit »den anderen« getroffen, haben ein paar Wiedersehens-Biere miteinander getrunken und sind dann essen gegangen: vorweg eine »caldo gallego« (eine Kohlsuppe, gekocht von diesem hochstengeligen Kohl, den man hier überall sieht), danach »gambas al ajillo« und zum Schluss »queso del pais« – alles abgerundet mit einem »Carlos III«. Danach haben wir uns bis zum Treffen in Compostela von »den anderen« wieder verabschiedet. Heute Morgen haben wir an unserem (letzten!)

Ruhetag etwas länger geschlafen und sind um 9 Uhr in die Kathedrale zur Messe gegangen. Am Altar mit der Barockdarstellung der »Jungfrau mit den großen Augen« (»Virgen de los Ojos Grandes«), die einen wirklich sehr intensiv und durchdringend anschaute, haben wir zu Ehren der heutigen Tagesheiligen an einer (Schnell-) Messe teilgenommen, zu Ehren der heiligen Theresia von Avila, jener großartigen Ordensgründerin, die mit starker Kraft gegenüber den kirchlichen und weltlichen Autoritäten ihr Lebenswerk nach ihrer Lebenswende im Kloster der Menschwerdung (Encarnación) in Avila durchgesetzt hat. Siebzehn Klöster hat sie gegründet und ist kreuz und quer durch Spanien gezogen, um ihren Ordensgedanken überall zu realisieren.

Zwei Zitate von ihr:

»Nada te turbe – Nada te espante – Todo se pasa – Dios no se muda – Solo Dios basta«
(»Lass nichts dich verwirren, Von nichts dich erschrecken, Alles geht vorüber, Nur Gott kennt keinen Wechsel, Gott allein genügt«)

Und ein nachdenkenswerter Wege-Gedanke:

»Wege entstehen,
wenn wir sie gehen«

Zu Ehren dieser Heiligen, deren Spuren wir im Herbst 2001 mit Hombergern und Kaarstern gefolgt sind und die auch einen köstlichen Humor besessen haben muss, habe ich 1999 auf der »via de la plata« folgende Gedanken notiert:

Gebet am Festtag der heiligen Theresia von Avila
Lasset uns beten, wie die selbstbewusste Patronin Spaniens uns zu sein gelehrt hat:
»Wenn Rebhuhn, dann Rebhuhn – wenn Fasten, dann Fasten«
Wenn Lachen, dann Lachen – wenn Weinen, dann Weinen
Wenn Reden, dann Reden – wenn Schweigen, dann Schweigen
Wenn Ruhe, dann Ruhe – wenn Pilgern, dann Pilgern
Wenn Ziel, dann Ziel – wenn Weg, dann Weg
Wenn Weinstock, dann Weinstock – wenn Rebe, dann Rebe
Amen

Nach der Messe und dem Erhalt eines großen Stempels in der Sakristei waren wir in einer Bar frühstücken und haben dabei auch das hier typische Gebäck genossen: »churros«: nichts Besonderes, aber gezuckert schmecken sie ganz passabel. Danach haben wir die römische Brücke über den Fluss Miño (über die ich morgen Lugo wieder verlassen werde) und die römischen Thermen ganz in der Nähe (in einem Thermal-Hotel) besichtigt. Ich bin dann zum Kreuzgang der Kathedrale und ins Diözesan-Museum in der Kathedrale gegangen, in dem recht wahllos einiges zusammengetragen ist: hervorragende Objekte (wie das Chrismon de Quiroga, dem ältesten Zeugnis des Christentums in Galicien aus der ersten Hälfte des 5. Jahrhunderts), aber auch allerlei Plunder (wie Pistolen und Gedenkmünzen). Immerhin waren auch drei schöne sitzende Jacobüsse zu sehen, von denen einer auf seiner Pelerine neben den Muscheln auch das Santiago-Ritterkreuz trug.

Nun sitze ich hier in der Froilán-Kapelle. Der heilige Froilán – einst Bischof von León – ist der Stadtpatron von Lugo und wird hier sehr verehrt. Gerade ist hier vom 4. (das ist wohl der Festtag des Heiligen) bis 12. Oktober der oder das 250. »aniversario« (Jubiläum?) gefeiert worden. Von ihm gibt es auch eine Darstellung auf der Bronzetür der Kirche »Virgen del Camino« kurz hinter León. Dabei ist die Nase des Heiligen dort ganz blank gescheuert, denn es gibt den Brauch, ihn an die Nase zu packen, wenn man einen Partner oder eine Partnerin sucht. Ich erinnere mich, dass auf unserer Compostela-Fahrt 1993 Frau Peiffer ihren Mann Peter nur mit Mühe davon abhalten konnte, des Heiligen Nase anzupacken.

Zur Stadt Lugo noch ein paar Informationen aus einer Stadt-Broschüre: »Lugo wacht eifersüchtig über seinen Ursprung. Man weiss, dass seine ersten Bewohner Kelten waren und dass sein Name entweder vom Gott Lug oder von der Tatsache stammt, dass die Stadt auf einem »lucus« gegründet wurde, dem lateinischen Wort für einen heiligen Wald, den einige auf einen Druidenkult zurückführen, der die Sonne und den Mond anbetete.« Die Römer förderten im Fluss Sil Gold und bauten im 3. Jahrhundert die heute noch bestehende Stadtmauer von über zwei Kilometer Länge, die im Laufe der Zeit von zehn Stadttoren durchbrochen wurde. Darunter auch das Stadttor direkt bei der Kathedrale, die in ihrem Grundbestand romanisch ist, deren Bau 1129 begonnen wurde und deren Fassade von demselben Architekten errichtet wurde, Fernando de Casa y Novoa, der auch die Obradoiro-Fassade der Kathedrale in Compostela entwarf: die »Puerta de Santiago« mit einer Matamoros-Darstellung in der Nische. Von dort führt die »rua de Santiago« hinab zur römischen Brücke, über die ich morgen die Stadt wieder verlassen werde, um die letzten drei Tage (jeweils mit mehr als 30 Kilometern) Richtung Compostela zu laufen.

Diese römische Brücke über den Rio Miño und die in ihrer Nähe gelegenen Thermalquellen erwähnt auch schon Hermann Künig von Vach in seinem gereimten Pilgerführer von 1495 »Die walfart und Straß zu sant Jacob« (V. 504).

Über 4 Meilen kommst du nach Lucas (Lugo) in die Stadt
da hinter einer Brücke ist ein Wildbad
Die Stadt ist abenteuerlich gebaut
dass dann ein jeglicher wohl schaut
dann sollst du bei dem Bad über eine Brücke gehen ist mein Rat
So hast du 9 Meilen in die zerbrochene Stadt (Mellid?)

Noch 3 Tage! 16/10/04

17.30 Uhr in der Kirche San Tirso in Palas de Rei

Gestern am späten Nachmittag haben wir das Provinzmuseum von Lugo besucht, eine reichhaltige Sammlung von alten Goldschätzen, römischen Grabmälern und Mosaiken, mittelalterlicher Kunst, religiöser Barockkunst (darunter zwei kleine Jacobus-Figuren aus dem Material Azabache – diesem schwarzen speckigen Stein, der uns in Compostela noch häufiger begegnen wird – aus dem 17. und 18. Jahrhundert) und viel galicische Lokalkunst aus dem 19. und 20. Jahrhundert (alles sehr dem Gegenständlichen verhaftet). Dann besuchten wir noch eine Ausstellung in einem Bankgebäude mit dem verheißungsvollen Titel »Cronica de Santiago« – es waren alles Bildchen eines Lokalkünstlers, der akribisch Plätze und Gassen in Santiago de Compostela gemalt hat. Danach haben wir ein kräftiges Abendessen genossen (Salat und gegrillte Gambas).

Heute Morgen war ich nach einem mittelmäßigen Frühstück (Kaffee mit fünf churros) um Punkt 8 Uhr auf der »rua de Santiago«. Für heute hatte ich mir das Fleece in meinen Anorak eingeknüpft, da die Temperaturen immer weiter bergab gehen (beim Start waren es 11 Grad). Außerdem habe ich mir bald den Poncho übergezogen, da es wieder zu regnen begann. Den ganzen Tag über habe ich immer mal wieder den Schirm aufspannen müssen, und die letzten Kilometer bin ich jetzt bei kräftigem Regen, Wind und Nebel gelaufen: typisch galicisches Wetter!

Kurz hinter dem Ortsende von Lugo stand der Muschel-Kilometer-Stein mit der ersten Angabe unter 100 Kilometer: 99,884 Kilometer bis Santiago. Dort in der Nähe habe ich auch den ersten galicischen Horreo gesehen. Im Gegensatz zu ihren asturischen Exemplaren sind sie hier viel kleiner und in einer rechteckigen Kastenform. »Unterwegs« habe ich dann noch mehrere gesehen – zum Teil recht schön geschmückt (meist mit einem Kreuz und einer kleinen Zierform). Der Weg von Lugo bis hierher – diese 37 Kilometer – führte ausschließlich über die kleine Landstraße 4004. Dabei wurden mehrere kleine Hausansammlungen durchquert, die manchmal recht schöne kleine romanische Kirchen besaßen, um die herum Kirchhöfe mit prunkvoll-geschmacklosen Gräbern angelegt waren: so in San Roman, Sta. Cruz und Santa Marina. Auf dem romanischen (?) Türsturz der Kirche in Sta. Cruz war die Büste eines segnenden Christus zu sehen und links und rechts davon luna und sol.

Am Ortseingang von Palas de Rei mündete der »camino primitivo« in den »camino francés« – und schon hatte ich ein Pilgerpärchen und eine Pilgerin vor mir und ein Pilgerpärchen hinter mir. Dort am Ortseingang werden riesige neue Pilgerherbergen gebaut. Hier in der Kirche San Tirso gab es dann gleich einen Stempel, und immer wieder kamen auch Pilgerinnen und Pilger herein. Jetzt ist es mit der Einsamkeit und der Ruhe »unterwegs« wohl vorbei! Aber erst einmal hoffe ich auf eine ruhige Nacht in der Hospedaje »Gundina« hier im ersten Ort auf dem »camino francés« (bei dieser Tour), in dem ich schon einmal am 26. September 1983 und am 9. August 1988 übernachtet habe.

Wie ein Kilometer-Stein anzeigt, sind es von hier noch 65,5 Kilometer bis Compostela.

Noch 2 Tage! 17/10/04

11.45 Uhr in der Kirche von Furelos

Es ist wirklich so: Man braucht auf dem »camino francés« keine Karte und keinen Führer mehr – man braucht nur den Pilgern, die vorweg gehen, nachzulaufen. Und das noch Mitte Oktober – wie mag das erst im Sommer gewesen sein? Dennoch muss man bedenken, dass für jeden einzelnen die Strapazen und eventuellen Blasen bleiben. Hier in der Kirche ist gerade eine Gruppe von über einem Dutzend Pilgerinnen und Pilger – alle mit einem einheitlichen roten Anorak bekleidet – aus Venezuela und Argentinien angekommen, und der Pfarrer erklärt mit vielen Worten die Kirche – vor allem den Kruzifixus, der nur mit einer Hand angenagelt ist und die rechte Hand ausgestreckt nach unten öffnet.

Gestern Abend waren wir um 20 Uhr in der Samstags-Messe zum Sonntag (vorher wurde der Rosenkranz automatisch »vom Band« vorgebetet). Der Pfarrer hatte wohl wegen des aufs Kirchendach prasselnden Regens keine Lust zum Predigen. Vielleicht war ihm aber auch zu dem spröden Text des Sonntagsevangeliums (Lk 18,1–8) von dem Gott-nicht-fürchtenden Richter und der quengeligen Frau nichts eingefallen. Zu solchen Perikopen stellten wir früher in Predigtkreisen fest: »Der Text ist uns nicht gewachsen«. Anschließend haben wir ein einfaches Abendessen genossen (mit zwei »Carlos III« zur Verdauung) und gut und ruhig geschlafen, so dass ich heute Morgen um 8 Uhr aufbrechen konnte. Leider hatte die Bar noch nicht geöffnet, so dass ich den Sonntagmorgen ohne Frühstück beginnen musste. Die erste Bar nach einigen Kilometern war so mit Pilgern überfüllt, dass ich direkt rückwärts wieder rausgegangen bin und erst nach ca. 10 Kilometern in einer Bar einen Milchkaffee und zwei Stücke Kuchen zu mir genommen habe. Immer wieder wurde ich von Pilgerinnen und Pilgern überholt, die alle einen kräftigeren Schritt als ich haben (und im Schnitt ein bis zwei Generationen jünger sind). Ich habe allerdings auch den Eindruck, dass sich meine Schritte beim Gedanken an das Ende meiner Wallfahrt verlangsamen, so als ob ich das Ende noch aufhalten oder verlängern könnte. Kurz vor Furelos habe ich die (letzte!) Provinzgrenze nach »A Coruña« überschritten.

Auf dem Weg hierher regnete es immer wieder (mal weniger, mal kräftiger). Unter meinem Regenschirm und Regenponcho kamen mir folgende Impressionen:

Galicisches Wetter

Aufgespannte schwarz-glänzende Regenschirme über Pilgerhüten …
Abtropfende silbrig-funkelnde Perlen auf Grashalmen …
Aufspritzende Kreismuster-formende Blasen-Tropfen in Pfützen …
Monotones Rauschen von triefenden Blättern bemooster Steineichen …
Sich wider-spiegelnde weiß-grüne Eukalyptus-Bäume auf feuchtem Grund …
Farbverstärkende Nässe auf bunten Granitsteinen über rauschenden Bächen …
Prickelndes Prasseln auf mein beschützendes dunkles Sternenzelt …
Der galicische Himmel weint über dem Grab seines Heiligen,
und ich wische mir eine Träne aus den Augen …

17.30 Uhr vor der Kirche von Arzua auf einer Bank

Auch wenn ich es eigentlich nicht will – es lässt sich nicht vermeiden: Gedanken an »danach« und an »zu Hause«. (So habe ich schon in den letzten beiden Nächten vom »danach« geträumt. Ich musste einer Schulklasse von meinem Weg erzählen, und in der letzten Nacht wusste ich bei der Feier der heiligen Messe nicht mehr weiter und man musste mir helfen. Hoffentlich bleibt das nur ein Traum!).

Und da denke ich daran, dass ich heute in drei Wochen, am 7. November, zum Translatio-Fest in Homberg predigen muss. Bei meinem Weggehen am 21. Juni abends habe ich über den ersten Teil des Satzes »Sie ließen alles zurück und folgten Jesus nach« (Lk 5,11) gepredigt. Am Translatio-Fest – so kurz nach meiner Rückkehr – will ich den zweiten Teil »bepredigen«: »Sie folgten Jesus nach«. Vielleicht drei Gedanken dazu:

»Nachfolgen« (wie das Wort schon beinhaltet) hat viel mit »unterwegs«-sein zu tun. Von Jesus wird immer wieder im Neuen Testament berichtet, dass er ging und »unterwegs« war. Er hatte kein Zuhause, keine ständige Bleibe, keinen festen Wohnsitz. Und wer Jesus nachfolgen will, muss zumindest innerlich und geistig-geistlich »unterwegs« sein: beweglich, nicht etabliert, nicht auf Standpunkten beharren, Neues entdecken, kreativ und phantasievoll sein, sich auf Unbekanntes einlassen, im Leben und im Glauben Überraschungen zulassen.

Zweitens: »Unterwegs«-sein ist nicht immer leicht und einfach. Beim Pilgern sind es die Schmerzen, die Blasen, das Schwitzen, die Schwierigkeiten, die inneren Anfechtungen und Widerstände auf dem Weg. All dem darf man nicht ausweichen, darf nicht resignieren und aufgeben, sondern muss es annehmen und durchstehen. Wer Jesus nachfolgt, wird auch mit Schwierigkeiten und Schwerem konfrontiert: mit Zweifeln, mit Krankheiten, mit dem Tod. »Bei Jesus sein« heißt dann, sich damit auseinander setzen, einen möglichen Sinn darin finden, den eigenen schweren Weg mit dem schweren Weg Jesu bis hin zum Kreuz verbinden.

Und drittens: Viel Schönes kann man »unterwegs« erleben: Landschaften, Bauwerke, Begegnungen mit Menschen, persönliche Tabor-Erlebnisse. Bei der Nachfolge Jesu wird man auch viel Positives, Befreiendes, Schönes und Herrliches erfahren: seine Frohe Botschaft, seine Gegenwart in den Sakramenten, seine Nähe im Gebet. Und vor allem: Der Sinn des Lebens wird bei ihm eröffnet und erfahren. Der Himmel steht offen – auch über den Tod hinaus. So heißt »Jesus nachfolgen« letztendlich: Ihm durch den Tod hindurch zu neuem Leben folgen.

In der Kirche von Furelos sah ich heute Mittag noch ein Plakat vom »Tag der geistlichen Berufe« vom 2. Mai dieses Jahres. Darauf war eine Darstellung der Emmaus-Szene vom Pfeiler des Kreuzgangs in Sto. Domingo de Silos abgebildet: die beiden Jünger, die hinter Jesus (der durch seine Muschel-Tasche als Jacobs-Pilger gekennzeichnet ist) hergehen und ihm im wahrsten Sinne des Wortes »nachfolgen«. Auf dem Plakat war zu lesen: »Amósame o camiño da vida«. »Amósame« ist eine alt-galicische Form, heißt im heutigen galicisch »A mostrame« – und so lautet diese Aufforderung übersetzt: »Zeig mir den Weg des Lebens!«. Diese Bitte an Jesus ist zugleich unser Beruf und unsere Berufung: andere Menschen auf den Sinn des Lebens aufmerksam zu machen und sie dafür zu begeistern. Das ist der Auftrag aller Theologinnen und Theologen. Ich hoffe, dass ich in meinem Berufsleben wenigstens einige für diesen Auftrag motiviert habe. Jedenfalls haben – angeregt durch Besinnungstage und Besinnungsurlaube für Jugendliche – einige junge Frauen und Männer Theologie studiert (vor allem für das Lehrfach). Und Benedikt Schmetz aus Homberg hatte zwar schon seit seiner Kindheit den Wunsch, Priester zu werden, aber ich denke, dass ich ihm diesen Wunsch auf eine solide Grundlage gestellt habe, indem ich ihm einerseits die positiven Möglichkeiten dieses Berufes aufgezeigt (und hoffentlich auch vorgelebt), indem ich ihm aber auch andererseits schonungslos die Schwierigkeiten und Risiken (gerade in der heutigen Kirche) aufgedeckt habe. Nach vielen Überlegungen hat er sich dann 1998 weihen lassen, und wir haben eine beeindruckende feierlich-fröhliche Primiz in Homberg gefeiert. Aus unseren Kontakten ist so etwas wie eine Freundschaft zwischen verschiedenen Generationen geworden. Wir treffen uns regelmäßig, unternehmen etliches gemeinsam und machen zusammen Urlaub in der Bretagne. So kam es auch, dass er mir vor zwei Jahren die Predigt zu meinem 60. Geburtstag in Kaarst hielt. Daraus einige Zitate (Sonntagsevangelium: Mt 21,28–32):

»Mich hat nämlich der zweite Sohn in dem Evangelium, das Jesus uns heute erzählt, sehr an dich erinnert. Dieses scheinbar erst mal dickköpfige »Nein« und dieses Durchdenkende und auch Hinterfragende und schließlich dieses »Ja, ich gehe!«. Der Weg zum Reich Gottes – glaube ich – der führt durch diese Widerstände hindurch und niemals an ihnen vorbei. Und diesen Widerständen, lieber Peter, denen hast du dich immer wieder gestellt im Leben, in der Zeit deines Studiums – auch in der Auseinandersetzung mit dem Priesterberuf –, der Zeit in Freiburg und auch später in deiner Zeit in den Gemeinden, wo du immer wieder

auch die Widerstände benannt hast, sie ausgehalten hast und auch auf die Konflikte eingegangen bist, auch dann, wenn wir manchmal uns gedacht haben in der Gemeinde: »Na, muss das denn jetzt sein?«. Aber ich hab gespürt – und das ist auch Teil meines Berufsweges gewesen –, dass genau diese Widerstände uns geholfen haben, ein tiefes Ja als Christen sprechen zu können. Nämlich ein Ja, das nicht darauf angelegt ist, zu allem Ja und Amen zu sagen, sondern ein tiefes Ja zu dem Glauben und zu dem Christus, der uns innerlich berühren möchte und deswegen dürfen wir nicht an den Widerständen unseres Lebens vorbei gehen, sondern müssen sie anschauen in uns selbst, wie auch innerkirchlich in der Welt, müssen sie benennen, aushalten, um durch die Widerstände hindurch zum Ja zu finden … Ich glaube, Sie haben einen guten Pfarrer hier, einen, der es Ihnen nicht erspart, nüchtern auf die Zukunft zu sehen, aber mit dem Sie ganz gewiss das, was kommt, mit Hoffnung auf Ihren Schultern tragen können und gewiss einen guten Weg durch die Zeit gehen werden. Tragen Sie ihn und tragen wir einander an dieser Hoffnung. Amen.«

Nach ca. 29 Kilometern bin ich hier an der Kirche in Arzua um 17.30 Uhr angekommen.

Das Wetter war heute Nachmittag angenehmer, trockener und zeitweilig sogar sonnig, obwohl es wieder nieselte, als ich hier ankam.

Heute habe ich den 50. Film eingespult: Wer (außer mir) will sich so viele Bilder wohl anschauen!?

In der Jacobus-Kirche von Boente war im Hauptaltar ein schöner sitzender Jacobus mit zwei Muscheln am Hut zu bewundern, der so eine Art Brustkreuz trug: Ob denn »unser« Heiliger auch schon Bischof war? In dieser Kirche gab es auch einen schönen Stempel und ein Bildchen vom Heiligen.

»Unterwegs« kam ich kurz ins Gespräch mit einem Kanadier. Zusammen waren sie eine Vierer-Gruppe aus Quebec, die von St. Jean-Pied-de-Port nach Compostela laufen. Erstaunlich, wie viele Pilgerinnen und Pilger aus Übersee auf dem »camino« sind.

Leider muss ich hier draußen vor der Kirche sitzen, da »drinnen« jetzt wohl eine Beerdigungsmesse beginnt.

Im »Meson do Peregrino« sind wir hier gut und preiswert (12 € für jeden) untergekommen.

»Die anderen« werden jetzt um diese Zeit wahrscheinlich in Compostela ankommen.

Nur noch dieser eine Tag! 18/10/04

7.50 Uhr in der Bar unseres Hostals – in Erwartung eines Kaffees

Eigentlich hätte ich ja nach einem schmackhaften Abendessen (»Caldo Gallego«, Rinderzunge und eine Portion Käse aus Arzua – der am Stück aussieht wie eine aufgeblasene Diskusscheibe) und in einem Hostal mit dem Namen »Meson do Peregrino« gut schlafen müssen – habe ich aber nicht! Zu laut? Zu warm? Zu viel Schnaps? Zu aufgeregt? Jedenfalls habe ich mehrfach den Stundenschlag der nahegelegenen Kirche gehört, so dass ich ein wenig unausgeschlafen den letzten Tag bewältigen muss.

Ein letztes Mal hat Meinhard heute Morgen »Ultreia!« gewünscht und so hoffe ich, diesen letzten Tag auf dem Weg hin zum »Haus des Jacobus« auch noch zu überstehen – auch wenn es nochmals ca. 37 Kilometer auf dem markierten »camino« sind.

Heute feiert die Kirche den Evangelisten Lukas – jenen Evangelisten, der die Botschaft der Freude in besonderer Weise vermittelt hat. Das Wort »freuen« kommt bei ihm häufiger vor als bei den anderen Evangelisten – etwa auch in den Gleichnissen von dem verlorenen Schaf, der verlorenen Drachme und dem »verlorenen« Sohn: »Freut euch mit mir!« (Lk 15,6).

Es ist schön, dass ich gerade am Festtag dieses frohen Evangelisten in Compostela ankommen werde und ich hoffe, dass ich heute Abend auch sagen und es allen zurufen kann: »Freut euch mit mir!« – Ich habe es geschafft! Ich bin am Ziel meines Lebenstraumes angekommen! Obwohl sich in die Freude auch ein wenig Trauer und Wehmut mischen, dass es nun zu Ende geht, dass dieses Leben »unterwegs« nun aufhört, dass dieser freie und ungebundene Lebensrhythmus nun bald wieder durch Pflichten und Aufgaben ersetzt wird.

Aber jetzt genieße ich erst noch mal diesen letzten Tag – und zuallererst einen Milchkaffee mit zwei süßen Teilchen.

16.30 Uhr in der riesigen Herbergs-Anlage auf dem »Monte do Gozo« (galicische Schreibweise)

Manchmal sind die Pilgermassen ja auch hilfreich! Ich war heute Morgen um kurz nach 8 Uhr auf dem Weg. Da war es noch stockdunkel, und ich hätte Mühe gehabt, den »camino« zu finden. Da war es gut, dass vor mir eine Gruppe startete, die mit Taschenlampen ausgerüstet war. Die legte zwar einen kräftigen Schritt vor, so dass ich Mühe hatte, hinterher zu kommen, aber so war ich auf dem richtigen Weg und konnte schon einige Kilometer im flotten Schritt zurücklegen. Die erste Kilometerangabe, die ich dann im Morgengrauen entziffern konnte, lautete: 33 Kilometer.

Zum Ende hin macht sich ein gewisser Materialverschleiß bemerkbar. Die Lasche mit dem Nippel an meinem Regenponcho ist abgerissen, das Gestänge an meinem schwarzen Schirm löst sich auf und vor allem, die Profilsohlen der Absätze an meinen hohen Schuhen sind inzwischen ab- und rundgelaufen.

»Unterwegs« kam ich an zwei Gedenktafeln für Fuß-Pilger vorbei, die im »Heiligen Jahr« 1993 am letzten Tag ihrer Wallfahrt kurz vor Santiago ihr Leben in Gottes Hand zurückgegeben haben. »Herr, gib ihnen die ewige Ruhe!«

Zum Tod eines Pilgers hat Elisabeth Alferink in ihrem Büchlein »Auf den Spuren des Jakobus« im Anschluss an die jüdische Überlieferung, dass Gott im Tod den Menschen küsst, um so seine Seele zurückzuholen, folgende ansprechenden Gedanken formuliert (S. 44):

Der Kuss Gottes

Unser Leben beginnt mit Gottes Atem:
Er haucht unserem Leib eine Seele ein.

Unser Leben endet mit Gottes Kuß:
Er holt unsere Seele zu sich zurück.

Unser Leben ist nur ein göttlicher Hauch.
Ein einziger Atemzug aus Seinem Mund.

Vor gut einer Stunde bin ich durch den Ort »Lavacolla« gekommen. Hier mussten sich früher die Pilger kräftig im Bach waschen, dann wurden später ihre zerlumpten, verdreckten und verlausten Kleider auf dem Dach der Kathedrale von Compostela am »cruz de ferro« (das es immer noch gibt) verbrannt, und die Pilger wurden neu eingekleidet. Der Ortsname »Lavacolla« heißt drastisch-derb übersetzt: »Wasch die Eier!«. Peter Peiffer hat vor Jahren mal eine freiere »Übersetzung« vorgeschlagen: »Wasch den Dudelsack!«.

Dieser Berg, auf dem ich jetzt angekommen bin, der »Monte do Gozo« – der »Berg der Freude«, heißt deshalb so, weil man von hier aus nach dem langen Weg zum ersten Mal das Ziel des Weges, die Kathedrale von Compostela, sieht. Heute sieht man allerdings wegen des Regens und der Nebelschwaden nichts. Ich frage mich auch, was die Menschen im Mittelalter gesehen haben, denn heutzutage sieht man bei gutem Wetter die Fassadentürme und den Uhrenturm – und die standen ja im Mittelalter noch nicht.

Dafür gab es aber einen schönen Brauch, der mit diesem »Freudenberg« verbunden ist. Derjenige oder diejenige aus einer Pilgergruppe, der oder die zuerst auf dem Berg oben ankam, durfte sich »Pilgerkönig« nennen. Deshalb gingen die Menschen vor dem Berg schon mal einen Schritt schneller oder begannen zu laufen, um als erster oder erste anzukommen.

Es gibt sogar die Theorie, dass es in Spanien so viele Nachnamen mit »rei« oder in Frankreich mit »roi« oder in Deutschland mit »König« gibt – das habe nichts mit blauem Blut in den Adern, sondern damit zu tun, dass es in der Familie vielleicht mal einen »Pilgerkönig« gab. Da ich auf dem »camino« alleine gegangen bin, erkläre ich mich jetzt hiermit feierlich zum »Pilgerkönig«.

Schade, dass längs des »camino« rechts und links so viel Müll liegt – obwohl genügend Mülleimer und Müllcontainer aufgestellt sind. Traurig, dass selbst die Pilgerinnen und Pilger so unachtsam mit der Schöpfung umgehen.

Der erste Kilometerstein mit einer Angabe unter 10 Kilometer zeigte hier vor dem Berg (die Angaben sind wiederum wie auf dem »camino primitivo« mit Meter-Angaben) an: 7.836 Kilometer. Von hier sind es jetzt noch ca. sechs Kilometer bis zur Kathedrale.

Dieser letzte Tag ist wohl der erste, an dem ich vom Anfang bis zum Ende unter dem geöffneten Regenschirm laufe. Auch wenn es nicht immer kräftig geregnet hat, so war der Regen doch sehr ausdauernd. Der Himmel weinte den ganzen Tag: Trauer- oder Freudentränen?

Noch ein paar Gedanken (aus dem Jahr 1988) zum »Monte del Gozo« (spanische Schreibweise), der viel von seinem Charme und seiner Stille von damals verloren hat und der anlässlich des 4. Weltjugendtages (15. bis 20. August 1989) mit 30 riesigen Gebäuden überbaut wurde, in denen jeweils mehrere hundert Menschen Platz finden.

Monte del Gozo

Kurz vorher wurden die Schritte länger, einige liefen.
Die Schmerzen an Füßen und Gliedern waren für Augenblicke vergessen.
Jeder wollte der rei oder rey, der roi oder re, der king oder König seiner Pilgergruppe werden.

Der Titel des ersten wurde zum Namen für Generationen.
Auch die letzten weinten vor Freude.
Am Horizont weisen winzige Hörner zum Himmel.
Vor der untergehenden Sonne sind sie die ersten erkennbaren Zeichen vom Haus des Apostels.
Mit vielen Gebeten und Gesängen danken alle Pilger ihrem Herrn.
Was für Mose unerfüllte Hoffnung blieb, ist für sie nahe Gewissheit:
Der Schritt über die Schwelle des Heiligtums.
Die letzten Meter trägt und zieht sie der Gesandte des Herrn.

1. Tag nach der Ankunft 19/10/04
10.45 Uhr in der Kathedrale von Compostela

Das ist schon merkwürdig: Da gehe ich monatelang auf einem langen Weg auf ein Ziel zu – und beim Ankommen geht dann alles ganz schnell. Vom »Berg der Freude« ging es hinunter und vorbei an einem riesigen Denkmal »Porta itineraris Sancti Jacobi«, das zum jetzigen »Heiligen Jahr« errichtet wurde – mit zwanzig fast lebensgroßen Bronzefiguren von Persönlichkeiten, die alle im Laufe der Geschichte in irgendwelcher Beziehung zu Compostela standen: u. a. Theodomiro de Iria, Alfonso II El Casto, Domingo de la Calzada, Calixto II, Dante Alighieri, Isabel de Portugal, Josémaria Escrivá (ob das »Opus Dei« dieses Denkmal zu Ehren seines Gründers finanziert hat?) und natürlich Juan Pablo II, der zum Weltjugendtag 1989 in Compostela war. Von dort war der »camino« bis zur Kathedrale gepflastert und ausgeschildert. Um 17.45 Uhr war ich dann bei strömendem Regen (der aber wohl hier zur Stadt dazu gehört: »Compostela, wo der Regen Kunst ist«) an der »Heiligen Pforte« (die nur in den »Heiligen Jahren« geöffnet ist), reihte mich in die Menschenschlange ein und konnte endlich gegen 18 Uhr den Heiligen auf dem Hauptaltar umarmen. Nach altem Brauch habe ich ihm ins Ohr geflüstert: »Freund, empfiehl mich; alle, die mir am Herzen liegen; und alle, die mir anvertraut sind, bei Gott!« Da ich wegen eines Gottesdienstes noch nicht zur Mittelsäule am »Pórtico de la Gloria« gehen konnte, holte ich mir im Pilgerbüro neben der Kirche meine »Compostela« (Pilgerurkunde) und ließ sie mit meinen lateinischen Vornamen ausfüllen (»Conradum Petrum«). Es ist die vierte »Compostela«, die meine Jacobus-Wand zu Hause zieren wird: Zweimal auf dem »camino francés« (1983 und 1988) und einmal auf der »via de la plata« (1999), von der wir genau heute vor fünf Jahren in Compostela ankamen. Nun darf ich mich viermaliger echter »Pilger« nennen – so wie Dante in »Das Neue Leben« (Kap. 40) geschrieben hat:

> *»Denn Pilger kann man in doppeltem Sinne verstehen, in einem weiten und in einem engen. Im weiteren, insofern als jeder außerhalb seines Vaterlandes ein Pilger ist; im engeren heißt der nur Pilger, der zum Hause des hl. Jakob (»la casa di santo Jacopo«) geht oder von dort kommt.«*

Dann konnte ich endlich meine Finger in die fünf Löcher der Pórtico-Säule legen, dem Heiligen für die geglückte Wallfahrt danken und seinem Lächeln meinen geheimnisvollen Wunsch anvertrauen (den ich aber nicht verraten darf!). Auch beim Meister Mateo ging ich noch vorbei, bei dieser hockenden Figur Richtung Hauptschiff – und ließ mir von ihm eine »Kopfnuss« geben (er ist nämlich der »Heilige der Kopfnüsse«) in der Hoffnung, dass einiges von seinem Geist und seiner Kreativität und seinem Schönheitssinn auf mich überspringt.

Um 19 Uhr traf ich mich vor der Kathedrale mit »den anderen«: Glückwünsche, Umarmungen, Dank – vor allem bei Meinhard habe ich mich herzlich für seine Begleitung bedankt. Gemeinsam tranken wir ein leckeres Begrüßungsbier und genossen später ein ausgiebiges Abendessen. Vor dem Schlafen nahm ich noch einige Glückwunsch-SMS auf dem Handy entgegen: von Hilde, von Anne, von Helmut und Agnes, von Anna und Norbert ...

Heute Morgen habe ich (trotz des Straßenlärms) in unserer Hospedaje »Pazzos Alba« (am Herradura-Park) bis 9 Uhr geschlafen, habe dann mit Meinhard in einer Bar gefrühstückt (mit einem Stück Santiago-Torte) und mir danach im Informationsbüro Informationen über den Weg nach Finisterre geholt. Denn nun bin ich fest entschlossen, die 90 Kilometer bis zum »Ende der Welt« auch noch zu laufen.

Hier in der Kathedrale ist ein Lärm wie in einer Bahnhofshalle. Schrecklich! Zur Ruhe kann man hier nicht kommen, und so ist es auch schwierig, sich auf Gedanken und Gefühle des »Ankommens« zu konzentrieren. Deshalb ein paar Gedanken von früheren zu-Fuß-Ankünften:

> ***(1983):***
> *»Sitze hier in der Rua del Villar, der alt-ehrwürdigen Geschäftsstraße bei Kaffee und Pilgertorte zum Frühstück im Ausgehanzug – Merkwürdiges Gefühl, sitzen zu können, ohne daß es gleich weitergeht; ohne Rucksack*

und Wanderschuhe; ohne Streß; aber auch ohne Ziel! Angekommen! Einfach nur da sein, da sitzen, sich ausruhen, auf sich wirken lassen, entspannen, es sich gemütlich machen, bummeln, Schaufenster gucken, Kaffee trinken – ohne Streß, ohne Hektik, ohne Weiter!«

(1988): Santiago de Compostela

Peregrino, todos los caminos del mundo llegan a Compostela.
Angekommen!
Jeder ist erfüllt von Freude und Trauer.
Wisst ihr nicht, dass ich dort sein muß, wo mein Freund ist?
Du, empfiehl mich bei Gott!
Der Apostel lächelt still und nickt.

(1999): Heiliges Jahr 1999

Lange Menschenschlangen winden sich zur geöffneten heiligen Pforte.
Der Heilige lässt sich von allen geduldig die Schultern berühren.
Sein heiliges Haus ist erfüllt von lautem Geschwätz.
Mit leicht zitternder Hand leere ich den Löffel voller Weihrauch ins Botafumeiro.
Weit geöffnete Augen folgen den Schwingungen des rauchenden Fasses.
Ungezählte Wünsche steigen zum Gesandten des Herrn am Herrlichkeitsportal hinauf.
Er hört sie und schweigt.
Tief im Inneren eines jeden einzelnen Pilgers glimmt ein Funke Heiligkeit.

2. Tag nach der Ankunft 20/10/04

10 Uhr in der Kathedrale

Gestern durfte ich um 12 Uhr bei der Pilgermesse zusammen mit dem Erzbischof von Santiago de Compostela Xulian Barrio Barrio und etlichen anderen Priestern am Hauptaltar der Kathedrale konzelebrieren, Kommunion austeilen und anschließend wiederum das herrliche Schauspiel mit dem größten Weihrauchfass der Welt, dem »botafumeiro«, bestaunen. Dieses Rauchfass hatte im Mittelalter eine ganz praktische Bedeutung. Die Pilger durften nämlich in der Kathedrale (auf den Emporen) übernachten, und da kann man sich vorstellen, welche Gerüche morgens in der Kirche waren, die dann durch den Weihrauch vertrieben wurden. Heutzutage ist das Schwingen des Fasses am Ende der Pilgermessen ein großer Dank an Gott, ein Ausdruck dankbaren

Glaubens, der bis in die Nase konkret wird. Zu diesem Weihrauchfass habe ich 1988 (am 15. August, am Fest der »Aufnahme Mariens in den Himmel«) auch ein paar Zeilen formuliert:

Botafumeiro

Der dich, o Jungfrau, in den Himmel aufgenommen hat.
Die große Sichel des Mondes enthebt die apokalyptische Frau dem Irdischen.
Dem nächtlichen Lebenszeichen verwandt, schwingt im weiten Bogen das silberne Faß
durch das Querschiff und berührt fast die uralten Gurtbögen.
Nach oben gerichtete Blicke, staunendes Murmeln und zuckende Blitze
begleiten das verzehrende Feuer und den heiligen Rauch.
Alle Verwesungsgerüche verwehen.
Menschenfreundlicher Glaube dringt tief in die Nasen.
Herr, wie Weihrauch steige mein Beten auf zu Dir!

Bei der Aufzählung der Pilgergruppen und Einzelpilger am Beginn der Messe wurde ich erwähnt als der »eine deutsche Pilger, der den Nordweg gelaufen ist«. Da ich von der Predigt des Erzbischofs nicht allzu viel verstand, habe ich mir unterdessen den pompösen Hauptaltar näher betrachtet, dessen Baldachin von überdimensionierten Engeln gehalten und getragen wird, und der von einem Matamoros »gekrönt« wird. Mittendrin in all dem Gold und Silber sitzt der Pilgerheilige – eine Holzfigur des 13. Jahrhunderts –, der seit diesem Jahr eine neue Silber-Pelerine trägt, weil die alte durch das Handauflegen der Pilger stark abgenutzt war. Ich konnte auch beobachten, in welcher Weise die Pilger den Heiligen umarmten: manche legten ihm eine Hand auf, andere beide und dann sah ich sogar, wie jemand ihm die Augen zuhielt. Merkwürdig bei der Messe war, dass alle Konzelebranten »per intinctionem« unter beiden Gestalten kommunizierten, statt aus dem Kelch zu trinken. Aber »mojar« (»zoppen«) ist hier in Spanien ja Usus.

Nach der Messe gingen wir alle gemeinsam essen, legten danach ein Mittagsschläfchen ein und ich besuchte dann das »Pilgermuseum«. Bei strömenden Regengüssen bin ich durch die Stadt gegangen. Regen als Kunst ist ja ganz schön, aber es kann auch zu viel Kunst geben! Im Pilgermuseum gab es neben vielen hilfreichen Informationen zur Geschichte der Wallfahrt und der Kathedrale auch viele schöne Darstellungen des Pilger-Heiligen. Verbotenerweise habe ich etliche fotografiert. Das Abendessen nahmen wir wiederum gemeinsam ein. Danach verabschiedeten Meinhard und ich »die anderen«

herzlich, die heute nach Hause fliegen. Nach einigen Absackern habe ich bestens bis 8.30 Uhr geschlafen. Dann habe ich mit Meinhard in einer Bar gefrühstückt. Danach bin ich ins Büro der »Erzbruderschaft von Santiago« (in der Kathedrale neben der »Heiligen Pforte«) gegangen, habe mich dort informieren lassen über die Bedingungen der Aufnahme (wobei die nette junge Frau dort in ihrem schlauen Buch mein Kommen im Oktober angekündigt fand: Bert Gerresheim und Francesco hatten sie Anfang des Jahres darüber informiert und sich auch für mich als Referenzen angegeben) und habe dann den Antrag auf Aufnahme in die »Archicofradía Universal del Apóstol Santiago« unterschrieben. Vielleicht klappt es sogar, dass ich am kommenden Sonntag während der Pilgermesse aufgenommen werde und die Bruderschafts-Medaille umgehängt bekomme. Das wäre natürlich der krönende Abschluss meiner Wallfahrt! Im Büro der Erzbruderschaft stand eine kleine Bronzefigur des pilgernden Apostels von Bert Gerresheim.

Es ist immer wieder ein erhebendes Gefühl, vor dem »Pórtico de la Gloria« zu stehen, diesem herrlichen romanischen Portal, das Meister Mateo 1188 vollendet hat. Ein Weltgerichtsportal, das aber nicht Angst und Schrecken verbreitet, auf dem die Hölle nur in Andeutungen zu finden ist, sondern ein Portal, das Güte und Barmherzigkeit ausstrahlt. Der Weltenrichter ist umgeben von den vier Evangelisten mit ihren Symbolen und von etlichen Engeln, die die Leidenswerkzeuge in den Händen halten und so die Menschen in die Erlösung einbeziehen. Darüber wölbt sich der Kranz von 24 Ältesten, die alle ein zeitgenössisches Musikinstrument in Händen halten und so den Weltenrichter musikalisch umrahmen. Ein wahrhaft himmlisches Orchester! Die Gewändefiguren – Apostel auf der rechten, Propheten auf der linken Seite – scheinen dazu zu tanzen und strahlen lächelnd eine fröhliche innere Heiterkeit aus.

Und auf der Mittelsäule, dort wo vor diesem Herrlichkeits-Portal nur Christus oder Maria Platz nehmen durften, thronst du und empfängst die ankommenden Pilger. Auch du strahlst ein leises Lächeln aus und freust dich mit denen, die den langen Weg zu dir zurückgelegt haben. In deiner linken Hand hältst du den Tau-Stab als Zeichen deiner Größe und Würde. Mit deiner Rechten zeigst du eine Schriftrolle, auf der früher die Worte zu lesen waren: »Dominus me misit« – »Der Herr hat mich gesandt«. Und damit machst du allen Pilgern deutlich: Nicht du bist das Ziel der Wallfahrt, sondern der, der dich gesandt hat – Jesus Christus. Du bist lediglich der Wegweiser zu ihm hin, du lenkst meine Gedanken und Schritte zu ihm hin, du führst mich zu ihm hin. Dafür danke ich dir!

Zu diesem Herrlichkeits-Portal, das für mich den Gedanken der Errettung aller Menschen konkretisiert, habe ich 1988 (als das Portal genau 800 Jahre alt wurde) folgende Gedanken aufgeschrieben:

Pórtico de la Gloria

Bescheiden kündet der Türsturz vom großen Jubiläum – vor genau achthundert Jahren vollendete Mateo dieses Prachtwerk.
Der Meister selbst hockt zu Füßen seines Herrlichkeitsportals.
Er nimmt es nicht selbstgenügsam in den Blick, sondern schaut auf den, zu dessen Ehre er arbeitete.
Er duldet es, ab und zu einen Funken seines Genies zu verschenken.
Hoch über ihm richtet in Güte der Allgewaltige die Menschen.
Engel tragen die Werkzeuge seines Erlösertodes.
»Solo Dios basta« künden ihre Gesichter.
Das himmlische Orchester spielt dazu seine eigenartigen näselnden und schrillen Weisen.
Darunter tänzeln links und rechts die Propheten des Alten und die Apostel des Neuen Bundes.
Der Ernst des Geschehens weckt die Heiterkeit ihres Inneren.
An der Mittelsäule thront der Apostel am Stammplatz seines Herrn und dessen Mutter.
Er aber weiß: Mein Herr hat mich gesandt.
Dieser Auftrag gilt auch mir persönlich.
Still lege ich meine fünf Finger in die uralten Löcher.

16.15 Uhr in einer Bar bei einem Kaffee und einem Stück Santiago-Torte

Draußen regnet es, schüttet es, gießt es! Mein schwarzer Schirm hat nach der heutigen Pilgermesse bei einer Windböe sein Gestänge aufgegeben. Nun habe ich nur noch den kleinen Taschenschirm. Aber das Wetter soll in den nächsten Tagen besser werden!

Heute habe ich nochmals fünf Postkarten geschrieben, an alle, die dem »CCC« angehören – dem »Compostela-Christbaum-Club«: Seit der Compostela-Fahrt mit der Homberger Gemeinde 1999 treffen sich immer Anfang des Jahres unter dem imposanten, reich geschmückten Christbaum von Karl Heinz und Brigitte Men in Düsseldorf, Anne, Agnes und Helmut, Ulrike und Günter Simon, Regina und Klaus Seitz sowie meine Wenigkeit. Eine schöne Tradition!

Zum Ankommen hier in Compostela noch ein Bibel-Zitat aus dem handgeschriebenen Büchlein, das mir Frau König mit auf den Weg gegeben hat. Im alttestamentlichen Buch Josua (Jos 9,13) heißt es: »Unsere Mäntel und unsere Schuhe, sie sind durch den weiten Weg ganz abgenützt.« Das kann man wohl sagen! Meine helle Weste ist dreckig und speckig und hat ein Loch (durch mein erstes Abenteuer). In wenigen Tagen werde ich sie entsorgen. Und die Absätze meiner hohen Schuhe sind rundgelaufen und wohl auch nicht mehr zu reparieren. Aber drei Tage müssen sie noch durchhalten!

Nach diesem praktisch-realistischen biblischen Gedanken auch noch ein spiritueller, dem ich aus ganzem Herzen zustimmen kann (Dtn 1,31): »Da hat der Herr, dein Gott, dich auf dem ganzen Weg, den du gewandert bist, getragen, wie ein Vater seinen Sohn trägt, bis du an diesen Ort kamst.« Herr, dafür danke ich dir und dem, den du gesandt hast!

Bevor ich Compostela verlasse, noch ein Gedanke von 1988 zu einer der schönsten Figuren, die sich an der Südseite der Kathedrale findet – geschaffen von Meister Mateo:

David

Ganz alleine sitzt er da – nur die durchbrochene Krone kündet von seiner Königswürde.
Abseits von Macht und Menschenverachtung streicht er seine Fiedel und lauscht versunken
seinen Lebensklängen.
Misstöne sind darunter – die Namen Batseba und Urija steigen in ihm auf.
Auch die Geschichte mit Goliat sieht er jetzt in einem anderen Licht.
Die Wohlklänge seines Lebens haben ihn bekannt gemacht.
Seine Lieder werden noch heute angestimmt.
O Gott, mein Herz ist bereit, ich will dir singen und spielen.
Unter seinen verschränkten Beinen windet sich ein kleiner, gebundener Dämon.
Die Macht der Musik hält alles Böse und Unheil vom Haus des Apostels fern.
Von drinnen dringen manchmal durch die dicken Mauern geheimnisvolle Worte.
Ein neuer König und ein neuer David wird verkündet.
All das versteht er nicht, aber er hört genau hin.
Vielleicht ist es auch für ihn wichtig.

3. Tag nach der Ankunft 21/10/04

12 Uhr an der mittelalterlichen Brücke von Augapesada

Am 21. Juni bin ich losgegangen – am 21. Oktober starte ich nochmals: hin zum »Ende der Welt« auf dem »Pilgerweg von Finisterre«. Zu diesem Weg, der seit 1997 ebenfalls mit gelben Pfeilen (und nicht mit blauen wie im Traum!) markiert ist, schreibt ein gut-gestalteter Prospekt vom Informationsbüro in Compostela: »Die eigentliche Jakobswallfahrt endet in Santiago de Compostela. Doch seit an der Stelle, wo sich heute die Stadt erhebt, das Grab des Apostels entdeckt wurde (9. Jh.), gab es immer wieder Pilger der iberischen Halbinsel oder aus dem restlichen Europa, die sich für eine Verlängerung ihrer Reise bis zur Todesküste (Costa da Morte) entschieden, die am rauhen Atlantischen Ozean im äußersten Westen Galiciens liegt. Die Gründe für diese Pilgertradition sind vielfältig, stehen aber in gegenseitiger Beziehung zueinander, und ihr Resultat ist der sogenannte Pilgerweg von Fisterra-Muxia. Den Menschen des Altertums und noch des späten Mittelalters galt die Todesküste als Ende der bekannten Welt, als westlichster Zipfel des europäischen Kontinents, als Zielpunkt einer am Himmel von der Milchstraße markierten Strecke. Sie war, mit anderen Worten, ein mythisch-symbolisch aufgeladener Raum, der an den beeindruckenden Felsen des Kaps Fisterra (finis terrae) endete. An diesem Kristallisationspunkt heidnischer Mythen und Riten erschauderten die Römer (2. Jh. v. C.) beim Anblick der im Meer untergehenden riesigen Sonne.«

Gestern am späten Nachmittag bin ich (mal bei Regen, mal ohne; statistisch gibt es in Galicien im Oktober 19 Regentage) durch die Stadt gebummelt, zuerst zur »Capilla del Pilar« am Herradura-Park. Von diesem Park aus, in dem ein mächtiger Baum durch den Sturm entwurzelt war, habe ich den herrlichen Blick auf die Kathedrale genossen. Dann habe ich den »Einstieg« für den heutigen Weg erkundet und bin danach zur Kathedrale gegangen. Überall in der Stadt – in Mülleimern, in Straßengräben, auf Müllcontainern – lagen Dutzende umgeknickter Schirme. Ganz lange habe ich die Fassade der Kathedrale betrachtet und bin dann langsam – immer wieder stehen bleibend und schauend – um die Kathedrale herum gegangen: Nordportal – »Heilige Pforte« – Uhrenturm – Silberschmiede-Portal – Kreuzgang – Fassade. Mit diesem bedächtigen Umschreiten habe ich Abschied genommen vom »Haus des Apostels«. Ob ich es in meinem Leben nochmals wiedersehen und eventuell ein neuntes Mal ankommen werde?

Zum linken Tympanon des »Silberschmiede-Portals« ein Zitat aus dem »Liber Sancti Jacobi«:

> *»Es darf auch nicht in Vergessenheit geraten, dass eine Frau neben der Versuchung des Herrn steht; sie hält in ihren Händen das stinkende Haupt ihres Versuchers, das von ihrem eigenen Ehemann abgeschlagen wurde; zweimal am Tag küsst sie jenes Haupt, von ihrem Mann dazu gezwungen. Oh welch ungeheure und bewundernswert gerechte Strafe für die ehebrecherische Frau; man sollte sie allen erzählen!«*

Die Altstadt habe ich gestern Abend durch das Mazarelos-Tor verlassen, um mich dann mit Meinhard in einer Bar zum Abendessen zu treffen. Das Mazarelos-Tor ist das einzig erhaltene Stadttor von Compostela. Dieses Tor hat Bert Gerresheim auf dem Homberger Tabernakel abgebildet. Dort geht das »pilgernde Gottesvolk« durch dieses Tor ins »himmlische Jerusalem« ein, dem auf diesem Tabernakel die Silhouette von Compostela verliehen wurde. Durch diese »Porta de Mazarelos« sind wir 1999 am Ende des Weges auf der »via de la plata« in die Stadt eingezogen.

Heute Morgen bin ich erst um 8 Uhr aufgestanden; danach habe ich mit Meinhard in einer Bar gefrühstückt. Die Wettervorhersage im Fernsehen sah gut aus und bot ein für Spanien ganz ungewohntes Bild: nur in Galicien Sonne – im restlichen Spanien Wolken und Regen. In den letzten Tagen sah es immer umgekehrt aus! Dann bin ich mit Meinhard zur Kathedrale gegangen und wollte dort noch einen Auftrag erfüllen, den mir einige mit auf den Weg gegeben haben – nämlich eine Kerze beim Heiligen anzuzünden. Aber richtige Kerzen gibt es in der Kathedrale nicht, nur diese merkwürdigen elektrischen Lämpchen, die man durch ein Geldstück illuminieren kann. Das habe ich aber gelassen und stattdessen nochmals den Heiligen umarmt und ihm alle Sorgen, Wünsche, Bitten und Anliegen anvertraut. Ich meine, er hätte mir leicht zugenickt!

Danach war ich um 9.15 Uhr auf dem Weg Richtung Westen. Ungefähr am Ortsausgang stand eine Weg-Stele mit Kilometer- und Meter-Angabe: 88 Kilometer und 22 Meter bis zum »Ende der Welt«. Das ist schon merkwürdig, nicht mehr auf Compostela zuzugehen, sondern es zu verlassen: Das Ziel wird zum Ausgangspunkt. Der Heilige, den ich so lange vor Augen hatte, stärkt mir jetzt den Rücken. Aber es ist schön, nochmals ein Stück weiter zu gehen und so meine Wallfahrt gleichsam »auslaufen« und ausklingen zu lassen und mich in die Schar der Pilger einzureihen, die zum »Ende der Welt« gegangen sind und gehen. Auf dem Weg hat mich aber bisher erst ein einziger Pilger überholt. Die Pilgerflut des »camino francés« ist verebbt! Der Weg, der gut mit gelben Pfeilen (in beide Richtungen – hin und zurück!) markiert und durch Kilometer-Stelen (bei denen aber die meisten Schildchen herausgebrochen sind) gekennzeichnet ist, führt sehr schön durch Eukalyptus-Wälder und kleine Dörfer. Er ist geprägt durch die Unwetter der letzten Tage, abgebrochene Äste, entwurzelte Bäume, abgerissene Rinden der Eukalyptus-Bäume, vom Regen zerfurchte Wege. Aber heute scheint nach etlichen Tagen mal wieder die Sonne. Es ist angenehm warm, und ich kann sogar ohne Anorak laufen. Hoffentlich bleibt es so auf dem »camino finisterra«!

17 Uhr in der Bar unseres Hotels »Tamara« in Negreira

Nach 22 Kilometern bin ich gegen 15.30 Uhr hier in dem einzigen größeren Ort auf dem »camino finisterra« angekommen. Die Sonne verschwand heute Mittag hinter den Wolken, aber es blieb trocken.

»Brücken« ist ein Thema des heutigen Wegeabschnitts. Da war zunächst die Brücke »Augapesada«, wo ich Mittagsrast machte, eine kleine, einbogige Brücke aus dem Mittelalter. Dann kam ich in den Ort, der nach seiner Brücke benannt ist: Ponte Maceira, eine mehrbogige, in sich gekrümmte, elegante Brücke über den Fluss Tambre – die »signifikanteste Brücke dieses gesamten Pilgerwegs« (Prospekt). Sie stammt aus dem 14. Jahrhundert und wurde im 18. Jahrhundert neu errichtet. »Über die Zeiten hinweg war die Brücke von großer Bedeutung für die Verkehrsverbindung zwischen Santiago und der Gegend um Fisterra.« (Prospekt). Und im Wappen dieses Ortes hier ist eine Brücke zu sehen, die von oben her von einem Stern zerstört wird, so dass ein römischer Soldat (rechts) das Kreuz (links) nicht erreichen und vernichten kann. Dieses Wappen erinnert daran, dass die Schüler des Jacobus – Theodorus und Athanasius –, nachdem sie im Boot mit dem Leichnam ihres Meisters gelandet waren, in die Stadt Dugium bei Finisterrae gingen, um beim römischen Legaten die Erlaubnis zur Bestattung des Apostels auf dem Gebiet des heutigen Santiago einzuholen. Doch habe der misstrauische Legat sie einsperren lassen. Schließlich hätten die Schüler fliehen können, wurden aber beinahe von den Römern eingeholt. Hinter ihnen stürzte aber auf wunderbare Weise (wiederum spielt ein Stern eine Rolle!) die Brücke ein, und so konnten sie ihre Häscher abschütteln. Brücken können also nicht nur verbinden, sondern auch trennen. Und eine kleine Brücke über den Fluss Barcala wird mich morgen aus diesem Ort hinausführen.

Jetzt habe ich schon alle »Sehenswürdigkeiten« dieses Städtchens besichtigt: das Denkmal eines Pilgers (der aussieht, als müsse er sich mal schleunigst in die Büsche schlagen), den Palast O Cotón (eine mittelalterliche, im 17. Jahrhundert restaurierte Festung) und die (verschlossene) Kapelle San Mauro.

4. Tag nach der Ankunft 22/10/04

13.30 Uhr auf einem Rastplatz hinter Maroñas

So ganz alleine ist man auf diesem Weg Richtung Atlantik nicht. Bisher haben mich drei Pilger (darunter der aus der Nähe von München, der mich gestern schon überholte) und zwei Pilgerinnen überholt, und ich habe einen Pilger überholt, der später in einem Auto des Zivilschutzes an mir vorbeigefahren wurde. Die Leute im Auto hielten an und fragten, ob es mir gut gehe. »Alles o.k.!«

Auf dem Weg hierher habe ich eine ältere Frau vor Maroñas gesehen, die einen originellen Hut aus Stroh trug, der für diese Landschaft typisch sein soll.

Im Ort Maroñas standen eine ganze Reihe – z.T. verfallene – Stein-Horreos.

»Unterwegs« durch die herrlichen Eukalyptus-Wälder habe ich folgende Gedanken notiert:

Finisterre

Nach einem langen Weg bis zum Äußersten gehen …
Zu vielen Erfahrungen das Letztbekannte fügen …
Mit dem Heiligen im Rücken am Ende der Welt ankommen …
Um dort getröstet zu hoffen, dass die untergehende Sonne einen neuen Morgen schenkt …
Um danach gestärkt zu glauben, dass der Gekreuzigte die Erde mit dem Himmel verbindet …
Um daheim versöhnt den Weg neu zu wagen, der alle anderen übersteigt …

Gestern Abend haben wir nach einem Spätnachmittags-Schlaf und einigen Aperitif-Bieren (es gibt ja immer erst ab 21 Uhr etwas zu essen!) in unserem Hotel gut zu Abend gespeist: Gemüseeintopf und danach »Gambas a la Plancha«. Es ist immer wieder ein sinnlicher Genuss, diesen Viechern die Köpfe abzudrehen, ihre Panzer zu knacken, das weiße Fleisch herauszupulen, es mit Zitrone zu überträufeln und es genüsslich zu verspeisen. Und dann danach die Schwänze auszulutschen und die matschigen Finger einzeln abzulecken, um schließlich zum verschmierten Rotweinglas zu greifen und einen kräftigen Schluck zu schlürfen. Aber jetzt gibt es lediglich ein Stück Brot mit (vom Abendessen mitgenommenen) Käse und einen Schluck Wasser!

20 Uhr in der Bar des Hotels »Larry« in Cee

Kurz vor 18 Uhr bin ich nach gut 38 Kilometern (die letzte Gewalttour!) im Dorf Hospital angekommen, wo es früher mal eine Pilgerherberge und ein Pilgerhospital gab. Unterwegs kam mir ein jüngerer Pilger entgegen, der auf seiner Iso-Matte ein Schild befestigt hatte mit der Aufschrift: »peregrino italiano on camino Fatima« – was es nicht alles für »Wege« gibt! In Olveiroa bin ich dann kurz (bei so viel Kilometern steht man ganz stark unter Zeitdruck!) bei der »Iglesia Santiago de Olveiroa« mit der nicht schön, aber geschmacklos angestrichenen Büste des Pilger-Heiligen über dem Eingang und am »Cruceiro de Santiago de Olveiroa« vorbeigegangen.

Hinter Olveiroa wurde die Gegend bergig und einsam, kein Haus, keine Straße. Und dann musste ich am vorletzten Tag mein drittes Abenteuer überstehen. Ich kam an einen Bach, der aber durch die Unwetter der letzten Tage zu einem kleinen reißenden Fluss angestiegen war. Es gab keine Brücke, und die größeren Steine zum Überqueren, die aus dem Wasser ragten, waren zu weit auseinander, um von einem zum anderen zu springen. Und zwischen diesen Steinen war der reißende Fluss sicherlich einen knappen Meter tief. Es blieb mir nichts anderes übrig, als größere Steine ausfindig zu machen, die zwar überflutet, aber noch einigermaßen niedrig unter der Wasseroberfläche lagen und mich dann vorsichtig von einem zum nächsten vorzutasten. Glücklicherweise bin ich nicht abgerutscht, aber bis zu den Waden war ich mehrmals im kalten Wasser: Schuhe, Strümpfe, Hosenbeine – alles klatschnass! So fuß-nass musste ich die letzten Kilometer bis Hospital gehen, einem Nest, das auf keiner Autokarte verzeichnet ist.

Deshalb dauerte es eine Zeitlang, bis mich Meinhard gefunden hatte. Ich habe mir die Wartezeit in einer Bar mit einem Kaffee und einem Schnaps verkürzt – auch, um meine Füße einigermaßen warm zu halten. Als ich dort in der Bar saß, begann es auch leicht zu regnen. Ansonsten war der ganze Tag (wie im Wetterbericht angekündigt) trocken, aber sehr windig. Oft musste ich gegen den heftigen Wind angehen, und überall lagen wieder abgebrochene Äste und Zweige herum und auch einige umgestürzte Bäume. Manchmal habe ich im Vorbeigehen auf die Bäume geachtet, ob mir vielleicht etwas auf den Kopf fallen würde. Ich habe aber alles gut überstanden.

Nachdem mich Meinhard in dem Nest Hospital, von dem es morgen bis Finisterre noch knapp 30 Kilometer sind, gefunden hatte, sind wir hier nach Cee gefahren (einem Ort am Meer, der 16 Kilometer vor dem Ziel liegt und den ich morgen dann nochmals zu Fuß durchqueren werde), wo wir im Hotel »Larry« gut untergekommen sind. In dem Zimmer gibt es allerdings keine Heizung, so dass wohl meine Schuhe und Strümpfe bis morgen nicht trocken sein werden. Aber den letzten Pilgertag werde ich wohl auch feucht überstehen!

Im Fernsehen kam gerade ein Bericht über die Pilger des Jacobs-Weges mit dem Hinweis, dass es im »Heiligen Jahr« 2004 bisher 165 000 Pilger gab! (Davon bin ich einer!)

5. Tag nach der Ankunft 23/10/04

16.30 Uhr in der Kirche Sta. Maria dos Areas

Wie hatte Frau Kaps aus der Kaarster Gemeinde am Tag meines Aufbruchs gesagt? »Mit Ihrem Optimismus und mit Ihrem Frohsinn kommen Sie noch weiter als Compostela!« Nun bin ich noch ein gutes Stück weiter gekommen und in drei Tagen bis ans »Ende der Welt« gegangen. Das war sehr hilfreich und entspannend, nach der Ankunft in Compostela noch aus-zulaufen und die Wallfahrt ausklingen zu lassen; und nicht so abrupt »fertig« zu sein.

Heute Morgen bin ich um 9 Uhr nach einem guten Frühstück mit Schinken und nach dem Transfer in Hospital gestartet. Von dort bin ich bei kräftigem (meist Gegen-)Wind die ca. 28 Kilometer bis hierher gelaufen. Von der Höhe O Cruceiro da Armada (247 Meter hoch) sah man zum ersten Mal in weiter Ferne und ganz im Dunst Finisterre. Über Cee und später am Meer entlang ging ich bis zum Ort Finisterre, wo ich gegen 16 Uhr eintraf. Mit Meinhard gehe ich jetzt noch bis ans wirkliche »Ende der Welt«. Hier in der Kirche gibt es zwei Jacobus-Darstellungen: eine Holzfigur (neueren Datums?), die recht bunt angemalt ist und die ein aufgeschlagenes Buch in der linken Hand hält, in dem zu lesen ist: SANTUS JACOBUS ZEBEDEUS. Und eine ältere, in Stein gehauene, Figur an dem Relief, das den Tabernakel umrahmt.

»Unterwegs« haben mich eine Pilgerin aus Südafrika, die jetzt in London lebt, und ein Pilgerehepaar aus dem Hunsrück überholt. Sie hatten nicht das Flussabenteuer überstehen müssen, da ihnen in der Pilgerherberge von Olveiroa gesagt worden war, dass der Fluss unpassierbar sei.

Beim Laufen gegen den starken Wind habe ich schon mal über meine erste Predigt nach der Wallfahrt am nächsten Sonntag in Kaarst nachgedacht. Predigttext: Lk 19,1–10 (Zachäus-Geschichte). Darüber habe ich mir schon mal früher auf dem Weg Gedanken gemacht; deshalb nur ein paar Stichworte. Im Blick auf Jesus: Er war im wörtlichen Sinne »unterwegs«, und er ist im übertragenen Sinne seinen Weg gegangen. Im Blick auf Zachäus: Um Jesus zu begegnen, muss man sein »zu Hause« und Etabliert-sein verlassen. Wenn Schwierigkeiten auftauchen (Menschenmenge), muss man seinen eigenen Weg gehen und neue Möglichkeiten erkunden, einen neuen Standort suchen, eine neue Sicht. Jesus bedankt sich für diese Kreativität und Phantasie und kehrt bei Zachäus ein (nicht wegen seines Glaubens oder irgendwelcher Werke). Noch ein Gesichtspunkt: In dieser Geschichte wird die Individualität des Einzelnen gegen die Menge herausgestellt (die manchmal die Sicht versperren kann). Jeder muss seinen persönlichen Weg gehen, um mit Jesus in Verbindung zu kommen.

20 Uhr auf der Bettkante unseres Hostals »Rivas« in Finisterre

In der Marien-Kirche aus dem 12. Jahrhundert haben Meinhard und ich gemeinsam das »Salve Regina« gesungen und sind danach die restlichen zwei Kilometer bis zum Leuchtturm des Kaps gelaufen, mit herrlichen Aussichten auf die stürmisch-bewegte See. Am Kreuz von Finisterre auf dem 140 Meter hohen Granitfelsen haben wir ein paar gegenseitige Fotos gemacht. Dann haben wir uns die Hand gereicht und erleichtert (aber auch ein wenig wehmütig) festgestellt, dass nun die Wallfahrt endgültig zu Ende ist, dass es jetzt nur noch ein »zurück« gibt. Leider hingen die Wolken sehr tief, alles war ein wenig dunstig und neblig und an einen herrlichen Sonnenuntergang am Kap war nicht zu denken. Die Zeile meines Jacobus-Liedes »Mit der Sonn am Weltenende finden strahlend wir dann Ruh« wurde in der Realität nicht Wirklichkeit; der übertragene Sinn dieser Zeile wird hoffentlich ebenfalls vorläufig noch nicht Realität!

Zu Finisterre habe ich 1988 ein paar Gedanken formuliert (damals sind wir mit dem Bus hierher gefahren):

Finisterre
Das Ende der Erde – der Anfang des Himmels
Der Abschluß des Pilgerweges – der Eintritt in eine neue Welt
Die Grenze der eigenen Leistung – das Geschenk der göttlichen Gnade
Vor dieser Horizontlinie standen staunend die Jacobsbrüder
Vor dieser Horizontlinie stehen lärmend die aufgeklärten Postmodernen
Für sie gibt es keine Grenzen, Schranken oder Endpunkte
Sie drehen sich lieber ständig im Kreis

Dann sind Meinhard und ich zurückgegangen, haben nochmals in die Kirche Sta. Maria dos Areas reingeschaut (wo gerade eine Hochzeit zu Ende ging) und dort den letzten (schönen!) Stempel erhalten. So hat auch die Stempelei nun ein Ende.

Danach haben wir etwas für den »Bruder Leib« getan und die ersten Ankunfts-Biere getrunken. Ich habe mich frisch gemacht und einige unbenutzte Kleidungsstücke aus dem Koffer für die Rückfahrt geholt.

Eigentlich wollte ich jetzt auch die lustigen weißen Socken mit der Aufschrift »Ich kann nicht mehr« (was nicht stimmt!) anziehen, die mir die Erzieherinnen in Kaarst vor meinem Weggehen geschenkt haben, aber inzwischen regnet es draußen in Strömen und so muss ich dicke Socken und Schuhe anziehen.

Was habe ich für ein großes Glück gehabt, dass ausgerechnet die drei Tage meines Weges von Compostela bis hierher trocken waren!

Nun gehen wir (hoffentlich!) lecker essen und werden morgen früh nach Compostela fahren, um dort um 12 Uhr an der Pilgermesse teilzunehmen. Ob ich sie wohl als »Erzbruder« verlassen werde?

6. Tag nach der Ankunft 24/10/04
20 Uhr in der verräucherten Bar des Hostals »Delfin« am Ortsanfang von Astorga

Nun hat alles doch noch geklappt, und ich habe als »Erzbruder« Compostela verlassen.

Heute Morgen war ich kurz vor 11 Uhr – wie bestellt – am Büro der Erzbruderschaft. Aber die nette junge Dame kam erst kurz vor 11.30 Uhr und meinte, es gebe Probleme. Dann kam auch noch der Präsident der

Bruderschaft hinzu; und halb englisch, halb spanisch erklärte er, dass es eigentlich keine Sondertermine zur Aufnahme gebe. Es gebe nur die drei vorgesehenen Termine an den drei Feiertagen des Jacobus im Jahr: am 23. Mai (Schlacht von Clavijo), 25. Juli (Martyrium) und 30. Dezember (Überführung der sterblichen Überreste) und ob ich nicht Ende Dezember wiederkommen könnte. Ich sagte ihm, dass dies als Pfarrer einer Gemeinde kaum möglich sei. So ließ er sich umstimmen und sagte, wenn der Erzbischof einverstanden wäre, könnte es klappen. Ich ging in die Sakristei, um zu konzelebrieren (zusammen mit ca. 30 »Mitbrüdern« – darunter auch Pfarrer Hans-Ulrich Wiese aus Köln, der früher mal zu unserem »Pastoralkreis« gehörte und mich herzlich begrüßte). Kurz vor dem Einzug in die Kathedrale kam die nette junge Frau von der Erzbruderschaft und sagte, der Erzbischof werde mich am Ende der Messe aufnehmen und drückte mir die Urkunde mit dem Versprechen in die Hand. Nach dem Botafumeiro-Spektakel wurde ich dann an den Altar gebeten und der Erzbischof Xulian Barrio Barrio las folgenden Text: »Recibid la Medalla de Socio de número de la Archicofradía Universal del Apóstol Santiago y al llevarla sobre vuestro pecho, recordad que esta Asociación tiene entre sus fines, recogidos en los Estatutos, fomentar la devoción y el culto al Apóstol Santiago y la peregrinación cristiana a su Glorioso Sepulcro. Que El sea vuestro constante protector y os alcance del Señor abundantes gracias y el logro de la vida eterna.« (»Empfangt die Medaille als zählendes Mitglied der Universellen Erzlaienbruderschaft des Apostels Santiago und erinnert euch beim Tragen der Medaille auf eurer Brust daran, dass diese Vereinigung zu ihren Absichten hat, wie sie in den Statuten zusammengefasst sind, die Frömmigkeit und den Kult gegenüber dem Apostel Santiago und die christliche Wallfahrt zu seinem glorreichen Grabmal zu hegen. Möchte Er euer ständiger Begleiter sein und euch vom Herrn reichliche Gnaden und den Besitz des ewigen Lebens erlangen«). Und ich musste folgendes Versprechen ablegen : »Acepto con gozo la acogida como Socio de número de la Archicofradía Universal del Apóstol Santiago y prometo cumplir fielmente cuanto en sus Estatutos se dispone. Que Dios me ayude, y conceda su gracia, por intercesión de la Virgen del Pilar y del Apóstol Santiago.« (»Ich nehme mit Freuden die Aufnahme als zählendes Mitglied der Universellen Erzlaienbruderschaft des Apostels Santiago an und verspreche, treu zu erfüllen, was in ihren Statuten beschlossen ist. Gott möge mir helfen und seine Gnade auf die Fürsprache der Muttergottes auf der Säule und des Apostels Santiago gewähren«). Dann bekam ich vom Erzbischof die Medaille umgehängt und war damit Mitglied der seit 1499 bestehenden Erzbruderschaft. Damals sprach sich Papst Alexander VI (der alte Schlingel!) dafür aus, dass »man eine Bruderschaft beider Geschlechter, aus jeder Nation und Provinz, die es gibt und von welchem Erdteil sie auch stammen möge, bildet und ausrichtet.« Die Medaille (an einer schicken weinroten geflochtenen Kordel) zeigt auf der einen Seite das Bildnis des Apostels vom Hochaltar und auf der anderen zwei gekreuzte Pilgerstäbe mit Kalebasse, eine Muschel und das Santiago-Ritterkreuz mit der Umschrift: »Archicofradía del glorioso Apóstol Santiago«. Ich werde immer nur den Apostel sichtbar tragen! Der Erzbischof hat mir sogar nach der Überreichung lächelnd die Hand geschüttelt (obwohl er sonst – im Gegensatz zu seinem Vorgänger Varela – recht reserviert ist und die konzelebrierenden Priester in der Sakristei nicht begrüßt). Nach der Messe habe ich sofort meinen Jahresbeitrag für 2005 (30 €) bezahlt. Insgesamt war das dann doch der krönende Abschluss meiner Wallfahrt – so etwas wie die »Pilgerkrönung«, die auf vielen Bildwerken dargestellt ist (wie etwa in Linz am Rhein). Meinhard hat mich im Büro der Bruderschaft unter einer Figur des Apostels mit stolzgeschwellter Brust und umgehängter Medaille fotografiert.

Gestern Abend haben wir bei wolkenbruchartigem Regen schnell ein Restaurant aufgesucht und es dort auch gut angetroffen: als Vorspeise »caldo gallego«; danach eine leckere überbackene Jakobsmuschel im Muschelgehäuse und dann noch »gambas al ajillo«. Zum Abschluss des Essens und zum Ende der gesamten Wallfahrt haben wir uns dann einen »Carlos I« genehmigt. Der Wirt stellte uns die (natürlich nicht volle) Flasche auf den Tisch und wir durften sie leeren.

Heute Morgen sind wir um 8.30 Uhr in Finisterre losgefahren, waren um kurz nach 10 Uhr in Compostela, haben dort noch einen Kaffee genossen, sind dann durch das Mazarelos-Tor in die Altstadt und zur Kathedrale gegangen. Alles weitere s.o.!

Nach der Messe haben wir in einer urigen Bodega Schinken und Käse gegessen und sind dann Richtung Osten gestartet. Beim Verlassen von Compostela haben wir nochmals kurz an der »Porta itineraris Sancti Jacobi« gehalten und all der Männer und (einiger) Frauen gedacht, die im Laufe der Geschichte in besonderer Beziehung zu Compostela standen.

Gegen 18.45 Uhr kamen wir hier in Astorga an (wobei wir »unterwegs« nochmals erfahren konnten, wie gebirgig Spanien ist), wo es etwas schwierig war, eine Unterkunft zu finden, so dass wir wieder zurück zum Ortsanfang fuhren, wo wir hier im Hostal »Delfin« gut unterkamen.

7. Tag nach der Ankunft 25/10/04

20 Uhr auf Zimmer 307
im vornehmen Hotel »Jauregui« in Hondarribia

Nun übernachten wir die letzte Nacht in Spanien in dem Ort, in dem wir die erste Nacht verbracht haben, in Hondarribia. Allerdings diesmal nicht in der Jugendherberge, sondern in dem 3-Sterne-Hotel »Jauregui«.

Heute Morgen sind wir kurz nach 9 Uhr in Astorga gestartet und über Landstraßen und Autobahnen (mit den Geldern der Europäischen Union werden in Spanien auf Teufel-komm-raus neue Straßen gebaut) nach Sto. Domingo de la Calzada gefahren – in den Ort, wo die »Hühnerlegende« angesiedelt ist und der herrliche Slogan verbreitet ist: »donde cantó la gallina después de asada« (»wo der Hahn kräht, nachdem er gebraten war«). Die Hühner im Kirchen-Käfig waren immer noch da – wohl nicht dieselben wie früher, aber die gleichen. Dort haben wir eine Kleinigkeit zu Mittag gegessen und sind dann weiter gefahren bis Eunate. In diesem kleinen mysteriösen Kirchlein sang Meinhard nochmals das »Dum pater familias«; und dann fuhren wir über Pamplona Richtung Norden. Morgen werden wir Spanien verlassen.

Übrigens: Heute in zwei Monaten ist der erste Weihnachtstag (Meinhards Geburtstag)!

8. Tag nach der Ankunft 26/10/04

19.30 Uhr in der Bar »Les Sports«
in der Nähe unseres Hotels »Le Français« in Amboise

Heute Morgen haben wir (nach einem ausgezeichneten Frühstücksbüffet!) Spanien gegen 9.30 Uhr verlassen. Spanien entließ uns etwas unfreundlich (oder waren die Regentropfen Tränen der Trauer?). Aber im Laufe des Tages wurde das Wetter immer besser. Mittags haben wir Station in Pons gemacht – diesem Ort mit der alten Pilgerherberge und den Grablegen. Alles ist wohl kürzlich frisch restauriert worden und sieht sehr ansprechend aus. Trotzdem bleibt der Gedanke an den Tod der Pilger, die »auf der Strecke blieben«. Diese Pilgerherberge ist bis heute ein steinernes Zeugnis dafür, dass Pilgern nicht nur bis ans »Ende der Welt«, sondern auch bis zum Ende des eigenen Lebens führen kann.

In der romanischen Kirche von Pons habe ich vor der Mutter-Gottes-Statue zwei Kerzen entzündet (da es in der Kathedrale von Compostela keine Kerzen gab), eine für alle Menschen, die mir am Herzen liegen, eine für alle Menschen, die mir ihre Anliegen, Wünsche und Bitten mit auf den Weg gegeben haben. Gemeinsam haben wir nochmals das »Salve regina« gesungen.

In die Mitte des Kreisverkehrs in Pons hat man eine recht gelungene Pilgergruppe aus Bronze aufgestellt, die den Weg hin zur Herberge weist.

Dann fuhren wir weiter nach Tours, wo wir gegen 16.30 Uhr ankamen. Schön, dass wir in die Wallfahrt zum Jacobus nun gegen Abschluss auch noch den anderen Pilger-Patron, den heiligen Martin, mit-einbeziehen und dass sich so der Kreis zwischen dem Apostel der Hoffnung und dem Heiligen des Teilens schließt, und dass damit auch eine versöhnliche Verbindung zwischen Homberg und Kaarst hergestellt wird. Wir besuchten dort die gotische Kathedrale St. Gatien, die inzwischen glanzvoll restauriert ist (bei meinem letzten Besuch war sie eingerüstet) und die im herrlich-goldenen Abendlicht erstrahlte.

Die Fenster im Chorraum von 1300 mit den Darstellungen des Lebens und der Legenden des heiligen Martin haben wir uns besonders intensiv angeschaut – vor allem natürlich das Medaillon mit der Mantelteilung.

Von Tours sind wir bis hierher gefahren – einem angenehmen Ort mit einem gewaltigen Schloss und einer romanischen St. Denis-Kirche.

Meine Versuche, mir noch bei einem Coiffeur die Vier-Monats-Haare und den Rausche-Bart schneiden bzw. stutzen zu lassen, hatten keinen Erfolg, da alle Läden schon um 19 Uhr schließen wollten. Anna hat mir allerdings eben am Telefon gesagt, ich solle so nach Hause kommen, wie ich als Pilger aussehe. Mal schauen!

9. Tag nach der Ankunft 27/10/04
10 Uhr im Auto auf der Autobahn A 10 vor Orléans

Gestern Abend haben wir nochmals ein richtiges Schlemmer-Menü zum Abschluss genossen: Kir als Aperitif, ein Salat aus Krabben und Jacobsmuscheln, Lamm-Koteletts, Käse und Mousse au chocolat, dazu einen Rotwein des Hauses. Den inzwischen obligatorischen Schnaps-Absacker haben wir uns wegen der enormen Preise in Frankreich geschenkt.

Vom Fenster unseres Hotels aus schauten wir auf einen Brunnen, der 1968 von Max Ernst gestaltet wurde: wasserspeiende Ur-Wesen und kleine Kröten in einer lustigen Anordnung. Ich habe den Brunnen heute Morgen (nach einem guten Frühstück) in allen Details fotografiert, danach fuhren wir weiter.

Einige Gedanken und Gefühle auf der Heimfahrt: Es ist schon merkwürdig, heute Abend nach so langer Zeit wieder »zu Hause« zu sein.

Einerseits habe ich ein richtiges Grummeln im Bauch vor diesem Gedanken: Was wird mich erwarten? Wie werden die neugierigen Reaktionen der Menschen sein? Was soll ich antworten, wenn man mich fragt, wie es war? Eine solche Erfahrung kann man nicht mit wenigen Worten zusammenfassen oder vermitteln! Wie schnell und intensiv muss ich mich wieder in die alltägliche Arbeit stürzen? Was muss alles geregelt, erledigt und entschieden werden? Wie schnell kann ich Entwicklungen der letzten Monate nachvollziehen? Welche Überraschungen und Unannehmlichkeiten erwarten mich, die vielleicht bisher am Telefon oder Handy verschwiegen wurden? Wie lange wird meine innere Ruhe und Gelassenheit andauern?

Andererseits bin ich natürlich auch voller Neugierde und Freude: Was hat sich verändert? Welche Probleme haben sich inzwischen gelöst oder sind entstanden? Und natürlich freue ich mich, alle netten und lieben Menschen wieder zu sehen, die mir am Herzen liegen. Auch auf meine schön-gestaltete Wohnung freue ich mich. Nach dem langen »Weg« wird es gut tun, auch mal wieder »zu Hause« zu sein. Vor allem die Jacobus-Bilder und -Statuen in meiner Wohnung werde ich mit verändertem Blick anschauen. Für die Arbeit in der Pfarrei habe ich neue Kraft und frischen Mut getankt. Viele Probleme und Sichtweisen sind mir auf dem langen Weg klarer geworden. Vor allem bin ich mir selbst ein gutes Stück näher gekommen. Das ist sicherlich der »Hauptgewinn« dieser Wallfahrt: der Blick auf mich selbst und mein Leben, diese »révision de vie«. Und mit dieser klärenden Rückschau auf mein Leben kann ich gestärkt und hoffnungsfroh nach »vorne« schauen.

10. Tag nach der Ankunft in Compostela 28/10/04

12 Uhr in meiner Wohnung

Gestern Abend sind wir um kurz vor 18 Uhr in Kaarst angekommen – die Glocken der Kirche läuteten, das ganze Pastoralteam und Anna standen vor der Wohnung, schwenkten Fahnen und überreichten einen Blumenstrauß. Herzliche Begrüßung durch jeden einzelnen und dann haben wir gemeinsam mit einem Glas Sekt angestoßen. Von Meinhard habe ich mich herzlich verabschiedet und mich nochmals für seine Begleitung bedankt.

Das richtige »Ankommen« zu Hause wird sicherlich ein paar Tage dauern. Ich habe schon flüchtig die Post überflogen (darunter etliche Willkommens-Grüße), den Koffer, die Tasche und den Rucksack ausgepackt, die Damen des Pfarrbüros begrüßt und mit dem Kaplan erste Absprachen getroffen. Jetzt muss ich noch den neuen Terminkalender anlegen, und dann wird allmählich der Alltag einkehren.

Es ist schon ein komisches Gefühl, nach über vier Monaten wieder in der eigenen Wohnung zu sein, mit »normaler« Kleidung herumzulaufen und schon mit einigen Gemeindemitgliedern gesprochen zu haben. »Schön, dass Sie wieder da sind!«, sagen sie alle – ich antworte immer: »Ich weiß nicht, ob ich mich auch freuen soll; ich muss erst mal richtig ankommen.«

Übrigens habe ich sieben Kilo »unterwegs« gelassen (mit 75 bin ich losgegangen; heute Morgen zeigte die Waage 68 Kilo) – und das, obwohl die Haare und der Bart immer noch nicht gestutzt sind.

Ausgegeben habe ich in der Zeit ca. 7000 € – also gut 50 € pro Tag: ein kostspieliges, aber kostbares Unternehmen!

13. Tag nach der Ankunft in Compostela – eine Woche nach meiner Aufnahme in die Erzbruderschaft 31/10/04

22 Uhr in meiner Wohnung

Nun bin ich eigentlich schon wieder richtig »zu Hause«. Das »Ankommen« daheim und das Eingewöhnen gingen besser und schneller als ich es erwartet hätte. (Und auch noch in Erinnerung habe von meiner ersten Wallfahrt 1983, nach der ich tagelang »auftauchen« musste und jeglichen Kontakt mit anderen Menschen vermieden habe). Aber diesmal ist die Rückkehr unproblematischer und einfacher.

Am Donnerstagnachmittag habe ich den Terminkalender für die nächste Zeit angelegt und mich dadurch schon wieder »geerdet«. Abends kamen Agnes und Helmut, und wir haben die Sektkorken auf die Rückkehr knallen lassen.

Freitagmorgen bin ich nach Wuppertal zum Grab meiner Eltern gefahren und habe ihnen für mein Leben und für dieses Lebenserlebnis gedankt. Auf dem Rückweg bin ich über Homberg gefahren, habe bei Heidi noch Anzieh-Sachen vom Abend des ersten Pilgertages abgeholt, habe auf der Sparkasse einige finanzielle Dinge geregelt und dort auch Meinhard getroffen. (Er hat nur zwei Kilo abgenommen.)

Als Dank für meine gelungene Wallfahrt habe ich – wie ich es mir unterwegs vorgenommen und dem Heiligen versprochen und gelobt habe – einen größeren Geldbetrag für die Ausstattung der Kaarster Kirche überwiesen, speziell für die 15. Station des Kreuzweg-Zyklus von Frau Theresia Schüllner. Damit wollte ich meine Verbindung zur Kaarster Gemeinde und zur St. Martinus–Kirche dokumentieren, aber auch eine bleibende Erinnerung an meine Wallfahrt schaffen. Immer, wenn ich jetzt auf die Auferstehungs-Station schaue, kommt mir mein »Lebenstraum« in den Sinn. Zugleich konkretisiert sich in dieser Station die Grundbotschaft unseres Glaubens, über die ich »unterwegs« öfters nachgedacht habe: durch den Tod hindurch zu neuem Leben.

Zu dieser Station Gedanken aus dem Begleitheft:

»Mit einem deutlichen Abstand zu den anderen 14 Kreuzwegtafeln hat Frau Schüllner zum Osterfest 2002 eine Auferstehungs-Station gehängt. Der Abstand macht sichtbar und erfahrbar: »Auferstehung« und »Ostern« lassen eine andere Dimension anklingen als die erd-verbundenen und unserer Erfahrung zugänglichen Kreuzwegstationen. »Auferstehung« und »Ostern« entziehen sich weitestgehend unseren Vorstellungen und Erfahrungen. So kann diese »Station« lediglich ein Versuch sein, mit den Gestaltungsmitteln unserer Zeit dieses schwierige Thema »Auferstehung« und »Ostern« vor Augen zu stellen. Zu erkennen ist das Christusbild des Grabtuchs von Turin (in der Umkehrung von Schwarz und Weiß), das seit langer Zeit mit dem Tod Jesu in Beziehung gebracht wird. Dieses Turiner Leichentuch schafft eine assoziative Verbindung zum Leidensweg Jesu – gleichzeitig löst es sich auf dieser Station aber nach »oben« in ein helles leuchtendes Weiß auf, so dass eine völlig andere, verwandelte Dimension angedeutet wird. Ist auf den Kreuzwegtafeln insgesamt die Horizontale beherrschend, so ist es hier die Vertikale. Die an das Turiner Leichentuch erinnernde Todes- und Lichtgestalt taucht auf aus stürzenden schwarzen Steinblöcken, die das Zersprengen des Grabes und des Todes vor Augen stellen. Tod und Leben, Zerstörung und Neuanfang, Kreuz und Auferstehung, Karfreitag und Ostern sind in dieser abschließenden Station anschaulich verdichtet.«

In Ratingen habe ich 55 (!) Filme zum Entwickeln und Rahmen weggebracht. Die Dias werden mir helfen, mir meinen Weg immer wieder in Erinnerung zu rufen und die einzelnen Stationen und Orte immer wieder präsent werden zu lassen.

Den Rest des Tages habe ich mit dem Durchsehen der Post verbracht und den Abend glücklich in Ruhe genossen.

Gestern habe ich die Predigt zum heutigen Sonntag über die Zachäus-Geschichte ausformuliert.

Dann habe ich noch Einladungen geschrieben und gestaltet zu einer Wiedersehens-Feier am 13. November. Als Bild habe ich dabei die Titelseite der Nürnberger Ausgabe des Pilgerführers von Hermann Künich von Vach (um 1500) genommen, das einen Pilger zeigt, der in voller Pilgerausrüstung vor dem Bildnis des Jacobus (mit Stab in der linken und großer Muschel in der rechten Hand) kniet und betet: Er ist wohlbehalten angekommen und dankt (ähnelt er mir nicht ein wenig?). Bemerkenswert an der Darstellung ist, dass auch eine Pilgerin durch die Tür hereintritt, um den Heiligen zu verehren – ein Zeugnis dafür, dass auch Frauen im Mittelalter »unterwegs« auf den Pilgerstraßen waren (es ist aber nicht die »spanische Bäuerin«, von der ganz am Anfang mal die Rede war!).

Aufschlussreich ist die Überschrift über diesem Holzschnitt: »Die Straß zu sant Jacob in warheit gantz erfaren« – damit ist wohl eine äußerliche und eine innerliche Erfahrung angesprochen. »Äußerlich« insofern, als es ein »ganz« langer Weg ist, der zurückgelegt werden muss, und eine »ganz« lange Zeit, die dafür benötigt wird. »Innerlich« deshalb, weil dieses »ganz« auch »intensiv«, »mit allen Möglichkeiten«, »total«, »nachhaltig« bedeuten kann. So habe ich denn auch in die Einladung geschrieben: »Ja, den Weg zum heiligen Jacobus habe ich in den vergangenen Monaten wahrlich »ganz« erfahren: in seiner ganzen Länge und in seiner ganzen Bedeutung.«

Heute hatte ich schon wieder Bischofs-Kontakt: Bischof Dr. Reinhard Pünder, Bischof der Diözese Coroata im Nordosten Brasiliens, hat mit uns die Messe gefeiert und damit ein Zeichen für die Katholizität unserer Kirche gesetzt. Ich habe am Anfang des Gottesdienstes kurz über meinen Weg bis hin nach »Finisterre« erzählt; der Bischof griff dieses Stichwort auf und erinnerte daran, dass durch die Entdeckung Amerikas durch Kolumbus das »Ende der Welt« ausgedehnt wurde und neue Dimensionen bekam – bis hin zur heutigen weltweiten Globalisierung. Ob sie ein Segen sein wird, muss sich noch erweisen – auch dadurch, dass die Menschen neue »Grenzen« für sich akzeptieren.

Heute Abend war ich bei den »Neussern« lecker essen – wie so oft vor meiner Wallfahrt und als Beitrag zu meinen verlorenen Kilos.

21. Tag nach der Ankunft in Compostela 8/11/04

11 Uhr in meiner Wohnung

Gerade komme ich von Homberg zurück – von der Feier des Translatio-Festes. Gestern Nachmittag war um 17 Uhr der Gottesdienst in der frisch-restaurierten Kirche: lauter altbekannte fröhliche Gesichter. Natürlich wurde auch das »Dum pater familias« gesungen. Gepredigt habe ich über den zweiten Teil des Satzes »Sie verließen alles und folgten Jesus nach.«

Anschließend war im Pfarrsaal eine schöne feucht-fröhliche Feier. Zuerst gab es gesangliche und instrumentale Darbietungen zum Pilgerweg. U. a. wurde auch »mein« Lied gesungen: »Auf Sankt Jacobs langen Wegen …« Viele Gespräche, viel Austausch, viele frohmachende Bemerkungen – ein gelungener Abschluss meines Pilgerweges.

Dieses Tagebuch beschließe ich mit Gedanken, die die gemischte Gefühlsstimmung bei der Rückkehr von einer langen Wallfahrt widerspiegeln, die ich schon 1988 in Worte zu fassen versuchte und die ich jetzt (ein wenig verändert) wiederhole:

Wieder zu Hause

Worte von Wohlmeinenden – Gedanken aus einem wehmütigen Pilgerherzen …
Froh, wieder daheim zu sein? – Ja, aber auch ein wenig traurig …
Nun beginnt wieder der graue Alltag – Ja, aber etwas heller …
Das Leben geht weiter – Ja, aber leicht verändert …
Dank Dir, Begleiter!
Dank Dir, Herru Sanctiagu!
Dank sei Gott, dem Herrn!
Ja, ich komme bald!
Ultreia!

Benutzte Literatur

Elisabeth Alferink, Auf den Spuren des Jakobus, Stuttgart 2003

Dantes Poetische Werke, Bd. 3, Die Göttliche Komödie. Das Paradies, Freiburg 1908

Dantes Poetische Werke, Bd. 4, Das Neue Leben, Freiburg 1908

Horst Degen, Pilgerwanderung 2002 von Trier nach Toul, in: Die Kalebasse, Nr. 33, Solingen 2002, 3–45

Der Pilgerweg von Fisterra-Muxia (Broschüre) 2004

Die Jakobswege in Kantabrien (Broschüre) o. J.

Helmut Domke, Aquitanien, München 1978

Helmut Domke, Spaniens Norden, München 3/1977

Andreas Drouve, Geheimnisse am Jakobsweg, Innsbruck 2/2003

Rudolf Gabrisch, Der Jakobsweg von Cluny nach Le Puy, in: Die Kalebasse, Nr. 34, Solingen 2003, 3–31

Kurt-Peter Gertz, Impressionen und Expressionen auf dem Camino, Ratingen 1988; nochmals veröffentlicht in der Zeitschrift »Trutznachtigal«, Bochum 1/1990, 61–77

Kurt-Peter Gertz, Impressionen und Expressionen auf der via de la plata, Ratingen 1999

Kurt-Peter Gertz, Jacobus-Predigten 1987 – 1997, Ratingen 1997

Kurt-Peter Gertz, »JA« und »NEIN«. 50 bunte Ferien-Splitter aus der Bretagne 2003

Kurt-Peter Gertz, KIRCHEN-Ansichten – Einsichten – Aussichten, Ratingen 2000

Kurt-Peter Gertz, Tagebuch vom Camino de Santiago 1983

Kurt-Peter Gertz, Tagebuch vom Camino de Santiago 1987 und 1988

Birgit Götzmann, Frankreich: Jakobsweg. GR 65 von Le Puy nach Saint-Jean-Pied-de-Port, Struckum 2003 (Outdoor Handbuch 128)

Javier Garcia Gomez u. a., Museo das peregrinacións, Santiago de Compostela 1997

Heribert Hennemann: Der Jakobsweg an der Nordküste Spaniens, in: Die Kalebasse, Nr. 36, Solingen 2004, 58–61

Heribert Hennemann: Tagebuch vom »Camino de la Costa«, Ratingen 2001

Heribert Hennemann: Tagebuch vom »Camino del Norte«, Ratingen 2003

Heribert Hennemann: Tagebuch vom »Camino primitivo«, Ratingen 2004

Klaus Herbers, Der Jakobsweg. Mit einem mittelalterlichen Pilgerführer unterwegs nach Santiago de Compostela, Tübingen 1986

Michael Kasper, Jakobsweg, Struckum 1996 (Outdoor Handbuch 23)
Michael Kasper, Spanien: Jakobsweg. Nebenrouten in Nordspanien, Struckum 1999 (Outdoor Handbuch 71)
Michael Kasper, Nordspanien: Jakobsweg. Der Küstenweg, Struckum 3/2003 (Outdoor Handbuch 71)
Katholische Kirchengemeinde St. Martinus, KREUZ-*WEG*-STATIONEN, Kaarst 2002
Hermann Künig, Pilgerführer nach Santiago de Compostela (1495). Hrsg. von Ludwig Hengstmann. Solingen 1996
Landschaftsverband Rheinland (Hrsg.), Jakobswege. Wege der Jakobspilger im Rheinland Bd. 2, Köln 2002
Langres-Cluny. Vorläufige Planungshilfe. Solingen 1999
Les Chemins de Saint-Jacques-de-Compostelle. De Cluny au Puy-en-Velay, Clermont-Ferrand 2000
Luces de peregrinación. Sede real y sede apostólica (Ausstellungskatalog), Oviedo 2004
Carmen Rohrbach, Muscheln am Weg. Mit dem Esel auf dem Jakobsweg durch Frankreich, München 2002
Hansjörg Sing, Der Jakobsweg, Ulm 1985
Marie-Isabelle Soupart – Philippe Hiegel, Die Kathedrale von Metz, Metz 2003
Martin Thull, Kleines Pilger ABC, Volkach 2003
Robert Ward, Pilgerwege eines Ungläubigen – unterwegs zwischen Santiago, Fatima und Lourdes, Stuttgart 2004
Heinrich Wipper, Planungshilfe Trier–Langres. Solingen 2003
Heinrich Wipper, Charlieu. Ein cluniazensisches Kloster am Jakobsweg, in: Die Kalebasse, Nr. 34, Solingen 2003, 32–44
Heinrich Wipper, Der Jakobsweg von Le Puy nach Cahors und zum Marienheiligtum von Rocamadour, Bonn 1992
Heinrich Wipper, Der Jakobsweg von Cahors nach Roncesvalles, Solingen 2000

Hinweis: »Die Kalebasse« ist die Zeitschrift der Sankt-Jakobusbruderschaft Düsseldorf e. V. (www.jakobusbruderschaft.de)

Bilder vom

L(l)eben auf dem Weg

Wie auf allen meinen Reisen und Pilgerwanderungen trug ich auch auf dieser Jacobus-Wallfahrt meinen kleinen Olympus-Fotoapparat in einer Tasche am Gürtel bei mir. Ich wollte möglichst viel von all den Sehenswürdigkeiten, Landschaften und Begebenheiten »unterwegs« im Bild festhalten. Deshalb habe ich über 50 Filme »verknipst« und dabei über 1800 Dias »geschossen«.

Je länger die Wanderung dauerte, desto mehr Schwierigkeiten ergaben sich beim Fotografieren: Die ständige Richtung von Ost nach West in Südfrankreich und Spanien brachte morgens und abends Probleme mit dem Gegenlicht; dadurch, dass es immer später hell und immer früher dunkel wurde, lagen manche Objekte im trüben Dämmerlicht; und der galicische Regen verändert zwar einige Bauten in neue Kunstwerke, tut aber der Kameralinse nicht gerade gut.

Besonders abenteuerlich gestalteten sich manche Fotos mit Selbstauslöser: Oft musste ich auf eine Brücke und vor eine Wegmarkierung hechten, um noch rechtzeitig aufs Bild zu kommen; und ein fester »Standpunkt« der Kamera auf wackliger Iso-Matte oder auf einem Brückengeländer oder auf einem Straßenschild war nicht immer gegeben.

Trotzdem sind die meisten Bilder etwas geworden und sind für mich eine schöne und hilfreiche Erinnerung an mein »L(l)eben auf dem Weg«. Die folgende kleine Auswahl kann dies deutlich machen. Nur an wenigen Stellen wurden dabei Bilder anderer Personen, deren Namen dann in runden Klammern angeben sind, verwendet.

Kurt-Peter Gertz

Kaarst · St. Martinus

Düsseldorf-Kaiserswerth (J. Marquardt)

Ratingen-Homberg · Jakobuskirche

Köln am Rhein (H. Wipper)

Kölner Dom · Jakobusfenster

In Euskirchen (M. Trennhaus)

Bad Münstereifel · Stiftskirche

▼ *Ahekapelle im Genfbachtal*

Prüm · Basilika St. Salvator

Schönecken · St. Antoniuskapelle · Jakobusrelief

Echternach · Basilika St. Willibrord

Trier · St. Matthias

Römerstraße durch Lothringen (H. Wipper)

Metz · Kathedrale

Metz · Kathedrale · Chagall-Fenster

Langres · Kathedrale

Langres · Diderot-Denkmal

Langres · Jakobusfigur in der Rue Charles Beligné

Beim Tagebuchschreiben (M. Trennhaus)

Durch die Weingärten Burgunds

Dijon · Saint-Michel

Meinhard T. beim Sticken

Cluny · ehem. Abtei (H. Wipper)

Cluny · Ruine der Abteikirche

Col des Écharmeaux · Napoleon-Denkmal

Beaune · Hôtel-Dieu

Beaune · Hôtel-Dieu · Weltgericht (H. Wipper)

Wanderwegweiser bei Beaune

Saint-Jacques-des-Arrêts

La Bénisson-Dieu

Saint-Jean-Saint-Maurice · Jakobusfresko

Le Puy (H. Wipper)

Le Puy · Kathedrale

Le Puy · Kathedrale · Schwarze Madonna (L. Comte)

Le Puy · Kathedrale · Jakobusstatue

Pilgersegen in Le Puy
(M. Trennhaus)

Le Puy · Pilgerkreuz (H. Wipper)

Le Puy · Anfang der »Via Podiensis«

Jakobsweg auf der Aubrac-Hochebene

Aubrac

Conques · Abteikirche · Tympanon

Conques · Abteikirche, Westfassade

Hinter Conques

Cahors · Kathedrale · Westfassade *Cahors · Pont Valentré*

Mit M. Trennhaus in der Herberge »Aube Nouvelle« in Durfort-L.

Moissac · Abteikirche · Tympanon

Moissac · Abteikirche · Südportal

Vor der Abteikirche von Moissac (M. Trennhaus)

Sauvelade (M. Trennhaus)

Saint-Palais · »Stein von Gibraltar«

Atlantik bei Zarautz

Bilbao · Hafen in der Morgendämmerung

Bilbao · Guggenheim-Museum

Bilbao · Kathedrale · Virgen del Pilar

Überfahrt von Laredo nach Santoña (M. Trennhaus)

Santillana del Mar

Hinter Santillana del Mar

Oviedo · Kathedrale San Salvador

Straßenschild »Vorsicht Pilger« bei Lugo

Lugo · Santiago-Stadttor

Am neuen Jacobsweg-Denkmal in Santiago (M. Trennhaus)

Santiago · Kathedrale · Westfassade

Santiago · Kathedrale · Portico de la Gloria

CAPITULUM hujus Almae Apostolicae et Metropolitanae Ecclesiae Compostellanae sigilli Altaris Beati Jacobi Apostoli custos, ut omnibus Fidelibus et Peregrinis ex toto terrarum Orbe, devotionis affectu vel voti causa, ad limina Apostoli Nostri Hispaniarum Patroni ac Tutelaris **SANCTI JACOBI** convenientibus, authenticas visitationis litteras expediat, omnibus et singulis praesentes inspecturis, notum facit: Dnum Conradum Petrum Gertz hoc sacratissimum Templum pietatis causa devote visitasse. In quorum fidem praesentes litteras, sigillo ejusdem Sanctae Ecclesiae munitas, ei confero.

Datum Compostellae die 18 mensis Octobris anno Dni 2004 . Annus Sanctus

Secretarius Capitularis

Pilgerurkunde

Archicofradía
Universal del Apóstol Santiago
Patrón de España

Don Kurt - Peter
GERTZ

recibió
la Medalla de Socio de Número de la Archicofradía Universal del Apóstol Santiago, Patrón de España, en la S.A.M.I. Catedral, el día 24 de Octubre de 2004.

El Secretario

Aufnahme in die Erzbruderschaft von Santiago

Mit Freunden vor der Kathedrale von Santiago (am 18. 10. 2004)

Finisterre · Santa Maria · Jakobusstatue

Am Kreuz von Finisterre (M. Trennhaus)

Angekommen (M. Trennhaus)